— 춤이 있는 풍경 —

늘봄

이 책은 월간 「춤」 500호 발행을 기념하여 제작되었습니다.

「춤」지 1976년 6월호~2017년 10월호까지 연재된

「춤이 있는 풍경(風景)」 전편(全篇)과 「권두시(卷頭詩)」를 추리고,

새로 청탁된 원고를 추가하여 장르와 게재 호수에 관계없이

작가 성함 가나다 순으로 실었습니다.

| 춤이 있는 풍경 |

한국춤평론가회 엮음

늘봄

▌춤이 있는 풍경 ▌

창간호(1976년 3월호) 『춤』
題字 如初 金膺顯 / 表紙畵 全 虎

500호(2017년 10월호) 「춤」
題字 一石 李熙昇 / 表紙畵 宋仁憲

□ 발간사

「춤이 있는 풍경風景」을 엮으며

― 月刊 『춤』 잡지 500號를 기념하여

『춤』은 2014년 작고하신 조동화 선생이 우리문화에 있어서 춤계의 지위향상과 춤의 기록문화 창달을 위해 1976년 3월 창간한 이래 한 호도 빠지지 않고 발행되어 이번 2017년 10월호로 500호에 이르게 되었습니다. 1999년 세로쓰기에서 가로쓰기로 바뀐 것 말고 신국판 흑백의 문학적인 편집체제를 고집스럽게 지금까지 유지해왔습니다. 故 조동화 선생의 1999년 1월호 후기를 옮겨봅니다.

세로쓰기 체제를 이달(275호)부터 가로쓰기로 바꿨다. 活字(활자)체제에서 컴퓨터寫植(사식)으로 옮긴 이후 「춤」으로선 가장 큰 변화이다. 그때(205호)의 편집후기는 이렇게 적고 있다.

「문화」가 「산업」에 종속된다는 말을 실감한다. 「춤」이 활자 인쇄를 끝까지 지키려 하였으나 그 산업이 없어져 버리니 더 버틸 수가 없어 … 사식으로 옮긴다. 뭔가 큰 패배감 같은 것을 느낀다.

이번 역시 그와 비슷한 감정이 없는 것은 아니다.

오늘 月刊 『춤』 지 통권 500호를 기념하여 「춤이 있는 풍경」 제하의 화보집을 펴냅니다.

「춤이 있는 풍경」은 원래 「춤」 지 창간때부터 지금까지 무용가들이 아닌 화가들이 자신의 춤에 대한 생각을 그림과 글로 함께 표현한 이색적인 칼럼으로 거의 500편이 되었습니다. 여기에 120여 분의 무용가와 평론가들의 원고를 새로 청탁하여 싣고 권두시도 좀 보태니 620쪽에 이르는 춤풍경이 완성되었습니다.

총 600여 작가 분들 성함을 장르와 시간에 상관없이 가나다순으로 실었으며, 무엇보다 처음 편집형태 그대로 세로편집을 하였습니다. 가로쓰기로 발전된 활자체를 세로쓰기로 한 것, 게다가 오른쪽 펼침의 책이 불편하고 시대착오적일 수 있지만, 그동안 「춤」지가 살아온 것처럼, 살아갈 것처럼 「문화」가 「산업」에 종속된다는 말에 대한 반항, 다짐이라 이해를 구합니다.

이 책이 우리 춤계분들뿐 아니라 일반 독자분들께도 널리 읽혔으면 좋겠습니다. 그래서 춤에 대해서 좀 더 생각하게 되고 많은 분들이 우리 춤에 조금 더 가깝게 다가갈 수 있으면 더욱 좋겠습니다. 그것으로 춤 500호 기념으로 주위 민폐 끼치지 않고 궁리 끝에 이 책을 내고자 했던 의미를 찾을 수 있지 않을까 기대합니다.

지난 40여 년간 춤 표지화를 그려주시고 『춤이 있는 풍경』에 기꺼이 투고해주신 500여 화가 분들께 이 자리를 빌려 감사드립니다. 이 책을 내는 데 일일이 찾아뵙고 허락 받지 못했음을 용서 구합니다. 매달 「춤의

얼굴」 사진을 찍어주신 주명덕, 정기헌 선생님, 미국에서 매주 춤 기사를 모아 우편으로 보내주시는 진경희 선생님, 그동안 권두시를 써주신 500여 시인 분들께도 감사드립니다. 오늘 춤지가 있기까지 작품과 좌담과 평을 함께 했고, 500호를 축하하며 순간의 망설임도 없이 청탁을 받아주신 모든 무용가분들께 감사드립니다.

춤지의 오랜 「살롱」 필자분들, 독자들, 조동화 선생님의 오랜 동지 분들께 감사드립니다. 그리고 함께 하는 춤평론가회분들, 춤지가족분들 감사하고 수고하셨습니다.

조동화 선생님께 이 책을 먼저 드립니다.

2017년 10월

월간 『춤』 발행인
趙榆顯
조유현

『춤』지 500호, 감성의 춤을 지성知性의 세계로

월간 전문지가 500호를 맞이한다는 것이 우리 현대사에서 경이로운 일임을 새삼 강조할 필요는 없을 것이다. 문자를 주체로 하는 문학에서도 「현대문학」 정도이니, 「춤」지의 500호는 쌓아올린 역사, 즉 축적된 문화사료를 대신하는 말이 된다. 춤 공연, 춤 문화도 이젠 어디 내놓아도 끄떡없이 단단함을 표상하는 말이다.

다름 아닌 미천한 것으로 취급되던 춤계를 지성知性의 세계로 만들었다는 것이 「춤」지의 핵심적인 업적이다. 그럼으로써 춤도 한국 사회와 대화할 수 있고 다른 분야와 어깨를 나란히 하면서 그 위상을 제고, 정립했다.

각 분야 석학이나 당대 최고의 명성을 자랑하는 인물들을 춤계에 끌어들이면서 춤 애호가로 만든 것은 「춤」지이면의 조동화 선생의 확고한 의지로서 가능한 것이었다. 선생님은 우리 문화 예술계를 일군 1세대라 할 만한 인적(人的) 배경(정치가들까지 포함해서)을 춤계에

내놓았다고 할 수 있다. 그러나 그 베풂이 쉽게 이루어진 것은 아니다. 예를 들어 비디오아트 창시자로 국제적인 명성을 지닌 백남준과의 춤 무대를 만들어내기까지 감내해야 할 많은 일들이 있었다. 조 선생님의 덕목 중의 하나는 춤을 위해서는 뭐든 너그럽게 수용하고 거기에 맞는 방법론은 찾아내는 명철한 판단력을 발휘하신다는 점이다. 그렇게 인내하며 「춤」지를 통해 춤계를 다른 세계로 이끄셨다.

「춤」지의 업적은 우선 평론가를 만들어냈다는 것이다. 아니 불모의 춤계에 「춤평론」이라는 것을 인식시켰다는 표현이 옳겠다. 기록예술이 아닌 춤을 평론가의 펜으로 기록화했고, 이는 문화축적의 한 축으로 편재된다. 그러면서 춤도 지적(知的)인 예술임을 알리게 되는데, 현대춤의 부흥, 정착에 결정적으로 기여했고, 더불어 창작한국춤의 계몽으로 안무가를 「춤작가」로 인식시키게 된다.

「춤」지 편집장으로 13년을 일한 나로서는 다른 업적에

비해 상대적으로 묻히는 「해외정보」 부분을 크게 생각한다. 지금은 손바닥안의 스마트폰에 의해 외국 춤 정보가 홍수처럼 넘치고 있으니 10년, 20년, 더 내려가 40년 전의 우리 상황을 요즘 젊은 무용가들은 상상을 할 수 없을 것이다. 니진스키, 이사도라, 누레예프, 마고트 폰테인, 마사 그레이엄, 볼쇼이발레 등등 서구의 역사적인 인물들을 『춤』지를 통해서 처음 만나게 된다. 아방가르드, 포스트모던 댄스 등등 시대를 앞서가는 춤 예술을 한국에 처음으로 소개한 매체도 『춤』지이다.

조동화 선생님은 이 해외정보에 심혈을 쏟으셨다. 해외서적 구입, 뉴욕타임스 찾아보기, 주한외국문화원과의 협조 등의 노력은 단 한 사람이 읽더라도 가치가 있다는 전제하에 이루어진 것이다. 이런 사실이 10여 년쯤 인터넷 시대에 들어오면서 사회적인 급변에 의해 잊혀가는 것이 아쉽다.

출판과 건축은 내용적으로 문화이지만 「문명」이라고 한다. 정신적인 것이지만 물성(物性) 측면이 절대적이라는 것이 그러하다. 『춤』지 500권은 책 그자체로서의 예술이라고 본다. 「가장 문학적인 잡지」에게 주는 상으로 선정되었듯이 많은 문학인과 예술인들이 이를 인정하고 있다. 작은 책자에 활판인쇄, 동판과 활를 인정하고 있다. 작은 책자에 활판인쇄, 동판과 활

자를 배치해 마치 한 면 한 면을 판화처럼 찍어내었다. 지면 하나하나가 판화예술로서의 아름다움을 추구하였다. 점점 사라지는 활판인쇄소를 찾아다니며 마지막까지 힘든 과정을 해냈던 일들이 생각난다. 활판에 세로쓰기 책이 발간되면 선생님은 지면의 오목볼록한 활자 흔적을 손으로 만지시며 감촉의 기쁨을 감추지 않으셨다. 후에는 활판 인쇄소를 찾지 못해 컴퓨터 편집으로 바꾸었지만 오랫동안 세로쓰기를 고집하셨었다. 6·25 전쟁 중에 김남조 시인의 첫 시집 「목숨」의 장정을 하셨던 조 선생님은 미술가로서의 특이한 감각이 있으셨고, 그것이 고스란히 『춤』지에 담겼다. 내용과 외장 면에서 유니크한 『춤』지 그 자체를 작품처럼 소장하고 있는 분들도 여럿 보았다.

춤의 지적(知的) 가치 획득은 조동화선생의 『춤』지와 그 계몽시대를 함께한 일선 무용가들의 의식 자각이 동반된 활동력의 소산임을 다시 강조한다.

김敬愛
경 金
애

춤평론

한국 춤의 역동적인 흐름을 고스란히 담아낸 월간 『춤』

작년에 한 국제학술대회에서 중국의 한 이론가이자 평론가를 만난 적이 있다. 스스로를 춤평론가라고 소개하자 그는 대뜸 「한국의 춤평론가들은 매우 전문적이고 영향력 있다고 알고 있다. 중국의 경우 춤 평단이 제대로 조성되어 있지 못하다. 부럽다」고 하면서 「어떻게 그럴 수 있는냐?」고 물었다. 「조동화라는 춤평론가가 일군 「춤」지가 40년 이상 발행되었기에 가능했다」고 답하면서 다시 한 번 특정 인물에 의해 예술과 평론이 얼마만큼 변화하고 발전할 수 있는지를 되새겨 볼 수 있었다.

사실상 세계적으로나 역사적으로, 개인이 발행하는 춤 전문지가 결간 없이 41년 8개월 동안 통권 500호를 발행해왔다는 것은 전무후무하다. 이러한 계량적인 의미를 넘어 「춤」지는 내용적인 가치에 있어서 더욱 중요한 가치를 지니고 있다. 「춤」지는 1976년 창간 당시, 저급하고 낙후된 예술이라는 춤에 대한 부정적인 시각을 불식시키고 춤의 사회적인 인식을 높여가는 데 큰 역할을 하였다. 비교적 제한된 춤계의 영역에서 벗어나서 관련 예술분야나 문화계 전반과 지속적으로 접촉하며 우리 사회 속에서 춤에 대한 사회적 인식을 높여갔던 것이다.

또한 한국춤의 역동적인 흐름을 고스란히 담아내는 1차적 사료(史料)로서의 역할을 충실히 실행해왔다. 찰나에 소실되어가는 공연예술로서의 춤을 기술하고 평가함으로써 동시대에는 널리 알리는 한편 다음 세대에게는 사료(史料)로서 역할하고 있는 것이다. 「춤」지가 정례적인 지면을 제공함에 따라 제대로 된 그러므로 전문화된 춤 평단이 확립되어갔다는 데 이의를 달 사람은 없을 것이다. 이전에 산발적인 춤평론 활동에서 벗어나 다양하고 심층적인 논의가 가능해지면서 춤평론가들의 전문성이 강화될 수 있었다. 같은 맥락에서 춤평론가의 저변 확대와 조직화가 가능해졌다. 넓어진 등단 기회와 자연스러운 세대교체를 통해 춤 평단에 일련의 계보가 형성될 수 있었다. 뿐만 아니라 춤평론가들의 활동영역의 심층화와 다변화는 곧 1987년 한국춤평론가회의 발족으로 이어졌다. 춤 전문지라면 가장 중요한 점이 춤평론가의 자율성을 보장할 수 있는 가인데, '춤'지는 현실적인 어려움 속에서도 일단 지면을 부여하는 평론가들에게는 고유한 권한을 최대한 인정해주었다. 말하자면 평론가의 힘과 자유로움을 마음껏 고양시키는 것이 편집상의 방향이자 정책인 것이다.

연극평론가 고승길은「현재 춤계에 기관이나 협회가 아닌 개별적으로 발행되는 춤 전문지가 4~5개 정도 되는 것으로 안다. 다른 공연예술 분야에서는 거의 불가능한 일이다. 춤계가 다른 분야보다 상대적으로 작은 규모임을 고려하면 얼마나 대단한 일인지 알 수 있다. 춤계의 평단이 지금과 같이 펼쳐질 수 있는 것은 조동화 선생의「춤」지가 있었기에 가능하리라 본다」고 말한바 있다.

2014년 발행인 조동화 선생의 별세와 함께「춤」지는 타의든 간에 변화의 시기를 맞이할 수밖에 없게 되었다. 내심「포스트 조동화 시대」에 춤 평단이 나아가야 할 방향 제시를「춤」지가 확고히 해주었으면 하는 바람도 있다. 물론 가장 어려운 역할이지만 그동안「춤」지가 해왔던 본연의「가장 어렵기 때문에 가장 중요한」역할을 이어나가기를 바라는 마음인 것이다.

1976년부터 장장 41년 8개월 동안 통권 500호를 결간 없이 이어가고 있는「춤」지는 우리 춤과 춤평론의 역동하는 현대사를 일구어가는 소임을 다해왔으며 동시에 그 자체로 현재 진행 중인 역사이기도 하다。월간「춤」통권 500호를 축하하며 무용계와 평단에 새로운 비전을 제시하고 하나의 리더로서 이끌어가던 전성기의 면모를 다시 한 번 기대해본다.

沈珽玟
심정민
춤평론

춤에 관한 모든 화가들의 백과사전

— 『춤』 500호를 축하하며

십여 년 전인가 나는 처음 『춤』지에서 미술살롱을 청탁받고 이상하다 생각하며 『춤』지에 미술평을 쓰게 되면서 그 오랜 인연이 시작되었다. 조유현 발행인이 춤을 맡게 되면서 『춤』지 표지와 『춤이 있는 풍경』 꼭지를 써줄 화가들을 추천하면서 계속되었으니 『춤』과의 인연은 십수 년을 훌쩍 넘었다.

매달 『춤』지를 펼쳐 보면 다소 고집스럽다 할까 그 변하지 않는, 고색창연한 편집이 미술전문가인 나에게는 꼭 맘에 들지는 않았지만, 이제 그것도 전통이 되다 보니 너무나 익숙해져서 그래야만 『춤』지처럼 느껴지는 것을 보면 익숙함이란 이런 수상한 매력을 또 가지고 있나 싶다.

미술인인 내게 『춤』지의 매력은 무엇보다 매달 화가들의 그림이 실리는 표지와 『춤이 있는 풍경』이다. 거슬러 올라가면 내로라하는 동·서양화가들은 물론이거니와 조각, 판화, 섬유 등 다양한 장르의 작가들이 흑백의 조그만 지면에 실렸다. 마치 화가들의 백과사전처럼 말이다.

우리나라를 대표하는 최고로 유명한 작가에서부터 30대 화가들까지 모두가 이 잡지의 표지와 삽화를 거쳐 갔으니 놀라운 일이 아닐 수 없다. 어떻게 보면 어떤 미술전문 잡지보다 한국 화가들의 모든 흔적과 숨결이 배어 있는 자리라는 생각이 퍼뜩 드는 이유이다.

작가들의 장르 또한 다양한데, 열거해볼까. 장욱진, 천경자 화백을 비롯해, 단색화의 대부 박서보, 멋쟁이 신사화가 남정 박노수, 山화가 박고석, 하모니즘의 김흥수, 수채화가 김태, 한국적 민화의 대부 이만익, 인기작가 설악산의 김종학, 조각가 최만린,

고정수, 조각가 엄태정, 이대원 화백, 황용엽, 뛰어
난 감성의 변종하 등 그들은 모두 한국현대미술에 독보
적인 위치를 차지한 예술가들이다. 또한 판화가 김상
구, 단색화 정창섭, 이두식, 한만영, 설치작가 조성
묵, 국립중앙박물관장 최순우 씨, 비디오아트의 백남
준은 물론, 원로미술평론가 이경성, 강선학 선생, 만
화가 고바우 김성환 선생은 몇 번씩 그리셨고, 행위미
술가 이혁발의 작품도 볼 수 있다. 황주리 등 주목받는
젊은 작가 이정웅, 박성민, 신철, 전지연, 이사라와
금년도 춤 표지를 맡은 송인헌 작가도 있다.

「춤」은 무용잡지 답지 않게 화가들의 그림으로 표지를
장식한다는 데 그 색다른 멋이 있다. 매년 한 작가를
선정하여 1월호부터 12월호까지 총 12점의 그림을 부
탁하고 표지화로 하는 등 「춤」지의 표지 사랑과 작가
사랑은 남다르다.

더욱이 옛 향수를 느끼게 하는 이색적인 세로쓰기 편집
과 화가들이 춤을 어떻게 생각하고 춤을 어떻게 그리는
지 엿볼 수 있는 이 「춤이 있는 풍경」의 독특한 내용은
다른 어떤 잡지에서도, 미술잡지에서도 찾아 볼 수 없
다는 것이다. 또한 그간 화가들이 그려 놓은 이 「춤 풍
경」이 수백 점에 달한다니 그 예술적 가치 또한 무시할

수가 없을 것 같다.

박물관을 따로 만들 필요 없이 이 그림들만 잘 모아 전
시하여도 그대로 근사하고 아주 멋있는 사료적 가치가
있는 한국판 「춤 그림 박물관」이 될 것이다.

마침 이번에 500호를 맞아 그것을 한데 묶는 기획은
100여 명의 글을 새로 받아 총 600여
명의 화가, 문화예술인들의 작품이 실린다니 대단한 책
이 나올 것이다. 이 「춤이 있는 풍경」은 춤 관련 독자들
만 아니라, 춤에 문외한인 내게도, 모든 독자들에게도
꽤 매력적이고 재미있는 책이 될 것만은 확실하다.

나는 앞으로도 더 많은 훌륭한 작가들이 「춤」지에 표지
그림을 그리고 춤에 관한 풍경을 그려 「춤」지의 수준과
품격을 올려놓을 것을 기대한다.

이런 훌륭하고 고귀한 문화예술자산을 보관하고 이끌
어 오신 故조동화 발행인과 그런 선친의 뜻을 저버리지
않고 「춤」을 이어받은 조유현 대표에게 힘과 용기를 빈
다. 그리고 어려운 일 해내셨다. 다시 한 번 500호
발간을 축하드린다.

金鍾根
김종근
미술평론

85, 날춤 KANG

진실眞實 한 춤

사람은 모두가 생활을 통하여 조그많게 혹은 소극적으로 춤을 추며 살아가고 있는 것은 아닌지, 말하자면 누구나 춤쟁이에 속하는 것 같기도 하다.

어린아이가 볼멘소리로 투정을 부리는 제스처 속에서, 아낙네들이 허리를 잡고 깔깔대며 웃어젖히는 몸짓 속에서, 후반전 5분을 남기고 선취골을 얻은 축구선수의 환희에 겨운 순간적 용트림이 춤이 아니고 무엇인가. 춤은 의도적인 욕구나 필요에서뿐 아니라, 의식하지 못하는 가운데 타인에게 드러내는 나의 참 모습이고 전인적(全人的)인 진실의 표현이 아닐까 한다.

그래서 보기 좋은 춤이란 고결한 심성에서, 흐트러지지 않은 생활 가운데서, 건강한 사지(四肢)를 통한 오랜 숙달에서도 보여지지만, 실제로는 막연한 생활 속에서 닥치는 절실한 순간의 작태나 어설픈 동작들이 더욱 적나라하고 순직한 그것이 아닐까 생각해본다. 그래서 춤은 우리에게 먼지도 털게 하고, 이끼도 벗겨주며, 응축된 기(氣)도 폭발시켜서 결국엔 우리를 건강하게 지켜주는 그런 것이 아닌지.

글·그림
姜光植
강광식
(서양화)

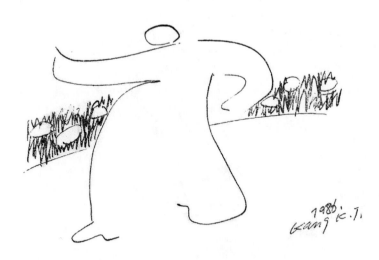

인간의 몸짓 춤

춤! 생각만하여도 신명나는 일이다. 그래서 저 먼 원시시대의 동굴벽화에서부터 오늘의 그림에서도 많은 춤을 소재로 한 그림을 접할 수 있나 보다.

그림 그리는 화가치고 춤을 소재로 한 그림을 그려보거나 한번쯤 생각해보지 않는 작가는 없을 것이다.

춤은 인간이 태어나면서 우리들의 생활과 더불어 있었고, 오늘을 생활하는 인간들의 감정과 사상을 표현하는 중요한 예술언어가 되어 왔다 할 것이다.

사실 춤 공연을 자주 가보지 못함을 늘 아쉬워하지만 한정된 무대 공간을 뛰쳐나와 넓은 우주 공간을 배경삼아 펼쳐지는 춤을 그려본다.

물론 우리의 춤이나 전위무용 등에서는 무대를 무시한 공연을 보지만 춤이 좀 더 우리들의 생활의 일부로서 표현되는 즐거움을 생각해본다.

글 · 그림
姜國鎭
강국진
(서양화)

강수진

그녀는 손끝, 발끝으로 무언가를 이야기한다

춤의 한 동작에서 그다음 동작으로 넘어가며 그녀는

자신의 이야기에 빨려들게 한다

몸짓만으로 그렇게 재미있게 이야기할 수 있다는 걸

그녀의 춤을 보며 처음으로 느꼈다

사실 알고 보면 한 점의 그림도 많은 이야기를 한다

고흐의 그림을 보면 한 무더기의 감자도, 그저 한

개의 의자도 무언가 많은 이야기를 해주고 있다

그리고, 그녀의 발을 보게 되었다

그녀의 깃털처럼 가벼운 몸짓을 위해 그녀의 발은

고통을 참고 많은 덩어리들을 만들어내고 있었던 것

이다

한 사진작가가 담은 그녀의 발은 고뇌하며 어깨와

팔의 통증을 이겨내며 묵묵히 캔버스를 대하던 작가

의 몸과 같이 느껴지기도 한다

그녀의 발은 그녀의 춤의 뿌리처럼 느껴지기도 한다

나는 강수진의 팬이 되고 말았다.

글·그림
康基旭
강기욱
(서양화)

16

연습실에서

우수, 경칩 사이. 머리가 유난히 검고 키가 조금 작게 느껴지는 그녀는 여울을 밟고 자근자근. 언덕배기 아래로 바람 불어 마른 풀잎을 뉘이고, 저문 오후. 가는 팔다리를 들어 올리며, 그 사이로 역광의 흐름이 그녀를 흠뻑 적셔 놓고, 흑백사진을 보듯 그녀의 연습장은 넓고 조용했다.

마른나무 바닥 위로 작은 물기가 돋아나는 적연함. 스쳐가는 그 냉기. 창틀에 가득한 모래와 그 속에서 파랗게 드러내 자리를 잡은 풀잎. 그녀는 목덜미를 깜짝 놀라게 드러내놓고 내 뒤에서 나타났다.

그러나 너무 작은 가슴에 내 가슴이 졸아들면서, 그녀 가까이, 땀내 가까이, 칼처럼 벼린 허리를 안아 보며, 발끝을 세우고 가까이, 문득 넘어지는 풀잎 몇. 너무 짙은 초록이었다. 한 번 더 물길을 차며 작은 가슴 사이로 햇살을 받고, 너무 안타까운 우수, 경칩사이 추위. 그림자 몇이 황급히 무대 뒤편으로 사라지고. 아직 돋아나지 않은 풀잎. 그녀는 낮고 가볍게 도약, 검은 머리를 질끈 묶고, 차갑게 돌아 보는.

글·그림 **강선학**
(미술평론)

봄날에

너에게 눈길 줄 틈이 없었다
어두운 데서 밝은 곳으로
잠들었다 깨어남으로 내가 몹시 어수선하던 사이

너는 춥고 길었던 겨울의 시간들을 고요한 기다림으
로 재워 두었다가
바깥을 향해 일제히 터뜨리는 순백의 잔치 시작 하
였구나

부드러운 바람이 좋고 날카로운 바람이면 또 어떠리
눈부시게 흔들다가 찬란하게 춤을 추다가 문득 뚝

허공중에 몸을 던지다 해서 네가 절망이라도 할까
꽃그늘 아래 서성이는 나에게 너는 악수를 청한다
가볍고 환하게 웃음 터트리며

그럼 우리 다음 봄날에 또…

글·그림
姜水乭
강수돌
(서양화)

18

푸르스름한 치마

― 『춤』誌 500호를 기념하며

게 누가 날 찾는가 / 날 찾으리 없
건마는 / 어느 누가 날 찾는가

푸르스름한 치마를 입은 저녁이었다지, 당신이 벽 속으로
추락한 것은
벽 속에는 검은 사내들
칼춤추며 옷고름 자르는
검은 바람들의 혀

당신은 검은 바람의 문을 마구 밀었다지, 열리지 않는 그
문을,
검은 비는 주루룩주루룩 날리고

저만치 켜진 불빛들
숨죽여 소곤거리는 혈관들
당신의 증조할머니, 당신의 외삼촌, 당신의 큰언니, 당
신의 막내동생
검은 비는 주루룩주루룩 날리고

푸르스름한 치마 죽음의 휘장처럼 펄럭이는 침묵의 기도

아, 절망의 아름다움이여
애린의 비애여

푸르스름한 거대기도, 맨살의 우리네 지붕에 펄럭이고
피들은 깊어 깊어
결코 멈추지 않아
당신 뼈 속을 흘러흘러
지구처럼 펄럭이고 펄럭이고

게 누가 날 찾는가 / 날 찾으리 없
건마는 / 어느 누가 날 찾는가

姜恩喬
강은교
(시인)

발레는 살아있는 조각

신이 인간에게 내리신 축복 중에 가장 경탄스러운 것은 우리에게 아름다운 육체를 주신 것이 아닌가 한다. 어느 한 구석도 나무랄 데 없는 그 아름다움, 그 완벽한 구조, 뼈마디 마디, 근육 하나하나가 아름다운 균형을 이룬 구조물인 것이다. 우리 몸의 움직임의 하나하나, 그 몸짓의 변화에 따라 우리 몸의 아름다움은 비할 데가 없는 것 같다.

내 몸을 움직여서, 내 몸을 도구로 써서 연주할 수 있는 예술―춤, 그것처럼 직접적이고 감동적인 예술이 어디 있을까. 인간의 육체 위에 더하여 우리 몸속에 영혼을 담고 있으니 몸과 그 혼이 함께 춤추는 것이다.

나는 그저 좋아서 기회만 있으면 발레를 보러 가기를 좋아 했다. 머리끝에서 발끝까지 다듬어진 순간순간의 동작은 그대로 살아 있는 조각인 것이다. 내게 잊을 수 없는 춤의 장면은 여러 번 보았던 ┌백조의 호수┐ 중에서도 몇 년 전 뉴욕에서 보았던 루돌프 누레예프의 공연은 잊을 수가 없다. 그 완벽한 동작, 그 언어, 내게는 그대로 시였고 조각이었다.

글·그림
姜恩葉
강은엽
（조각）

하늘새의 춤

몸짓이여, 호흡이여
춤을 추어라.
끝없는 파동으로
춤을 추어라.
깊고 깊은 심연 속에서
만나는 님
님의 미소로
춤을 추어라.
하늘새의 눈 속에 사는 님이여
님의 체온으로
춤을 추어라.

글·그림
姜讚模
강찬모
(한국화)

혼자만의 축제

작업실 문을 연다. 새벽의 고요함마저도 숨죽인 시간, 감각의 날을 세워 서서히 무대를 걷다가 멈춘다. 고양이 걸음으로 살금살금 나아가다가 게걸음으로 옆걸음 쳐 자리를 옮긴다. 때론 잰걸음으로 가끔은 발끝을 세워서 완급을 조절하여 호흡을 가다듬다가 다시 배회하듯 천천히 걸음을 내딛는다. 순간 호흡을 정지한 채 울 컥울컥 감정을 토해낸 후 다시 몸을 뒤로 젖혀 한 곳을 응시하다 다시 껑충 자리를 옮겨본다. 팔을 공중으로 들어 올렸다가 크게 돌려 순간의 감정을 실어 내리 꽂는다.

나의 작업과정에서 물감을 뿌리거나 던지는 행위, 속도의 완급을 조절하여 손목 스냅으로 화면에 붓 자국을 남기는 일, 물감이 마르기 전 순간의 감성으로 화면을 긁고 문지르다 보면 신명나게 춤이라도 한 판 춘 듯하다. 작업실에서 즐기는 혼자만의 축제다. 축제가 끝나면 작업실 문을 나선다. 밝아 오는 여명과 함께 나의 일상은 다시 시끄러워진다.

글·그림
姜泰雄
강태웅
(서양화)

나무

나무는 사람을 닮았다고 합니다.
세상에서 가장 아름다운 것이
나무라고도 합니다.
나무는 비바람을 만나면 춤을 추면서
시원한 소리를 내며, 싱그러움을 발산
합니다.
때로는 세상에 지친 나그네들이
나무그늘에 쉬어 가기도 합니다.
나무는 화려하게 꽃을 피우고
열매를 만들어 세상에 나누어 줍니다.
나무는 온갖 고난과 영화의 세상을
품으며 그 자리에 그냥 있었습니다.
오늘은 바람이 불어 나무는 아름답게
그냥 춤을 춥니다.
내 속에 우물이 출렁거립니다.

글·그림
강^姜 행^幸 복^福
(판화)

한없는 자유에의 몸부림

요즘 TV에서 춤을 많이 보게 된다. 하기야 움직이는 기구에는 화려한 춤이 있어야 분위기가 잡혀 가기 때문이려니….

우리의 춤은 말할 것 없고 나라마다 다른 여러 가지 이국적 의상이 화려하게 빛나는 가운데 힘찬 남자가 민족의 애환을 호소하듯 여리게 춤을 추는가 하면, 아름다운 여인이 나와 날렵하게 춤을 준다.

춤을 보고 춤을 따라 여행하는 전문가들은 매우 행복하겠지. 춤이 있는 곳에 무아가 있다. 땀에 젖은 무용수들의 신들린 몸의 율동은 확실히 인간의 원초적 삶의 절규이며 생과 사의 고뇌를 에누리 없이 보여주는 것이다. 한 마리의 나비처럼 날다 끝나는 적막은 나를 깊은 회상에 젖어들게 한다. 그것은 한없는 자유에의 몸부림인가….

글・그림
康煥燮
강
환
섭
(서양화・판화)

흥을 아는 의자

돌아가는 물레 위에서 음악의 선율을 느끼며 자유로이 틀어 올려져

제멋대로 흔들거리고 있는 네 개의 흙기둥.

평평한 원판 위에서 태어날 때의 운율을 기억하며 춤추고 싶은 다리되어 붙어있다.

흥에 겨워 어깨 들썩이며 물레 돌린 주인 손끝 땜에 들썩들썩 틀어진 크고 작은 기둥들.

모두 엉겨붙어 누군가를 기다리는 하나의 의자가 되었다.

옛 음악을 느끼고 흔들며 춤추고 싶기에, 이리저리 뛰어다니고 싶기에, 네 다리 가진 의자는 오늘도 기다린다.

미친듯이 춤추다 그 열기 그대로 전해줄 손님을. 지치도록 뛰다 거친 숨결 토해줄 뜨거운 몸을.

내 온몸으로 남은 열기 느끼고, 당신에겐 편안한 휴식을 주리다!

글·그림
高炅媛
고
경
원
(도예)

님과 함께

「저 푸른 초원 위에 쭈쭈르쭈르쭈르~ 사랑하는 우리 님과 한평생 살고 싶어.」

얼마 전 「나 가수」라는 모 방송 프로에서 가수 김범수가 남진의 「님과 함께」를 원곡보다 훨씬 빠르게 리메이크하여 불렀던 노래이다. 김범수가 「겟 올라잇!」을 외쳐 댈 때마다 어깨가 절로 들썩여지면서 푸른 초원 위의 행복한 노년을 상상해 보았다.

조용필의 「이젠 그랬으면 좋겠네」라는 노래의 가사 말처럼 가까이의 소중한 것을 잊고 살았던 것은 아닌지, 꿈을 찾아 멀리 떠나려고만 했었던 것은 아니었는지 나를 반추해 보면서 오랜 세월을 함께 한 소중한 사람과 스텝을 맞추게 될 그날을 꿈꾸어 본다.

슬로우, 슬로우, 퀵퀵 … 춤추는 스텝만이 아닌 느린 가슴으로 호흡하며 삶의 춤을 추게 될 그날을 말이다.

글·그림
高琦賢
고기현
(한국화)

반딧불이의 춤

저 멀리서 해저의 깊은 속내만큼
짙은 어둠이 머리 위에 머무르면

춤추듯 다가오는
하얀 반딧불이의 무리들

작은 빛의 너울거림에
생명과 영혼의 율동이 그려진다.

글 · 그림
고 高
동 東
욱 郁
(사진)

한 권의 책

책을 구하기가 별 따기보다 어려웠던 때가 있었다. 1960년대 말 한국에서 유일하게 영어서적을 수입하여 판매하던 종로의 범한서적에 스타니슬라프스키의 유명한 『배우수업』을 주문해놓고 10개월이나 지난 후에 입수한 기억이 아직도 생생하다. 지금 같으면 1개월 안에 입수할 수 있을 책인데. 내가 처음 『춤』지에 『동양의 춤』이라는 연재물을 기고할 때에도 책을 구하기는 마찬가지로 어려웠다. 서점에 가보면 일반서적은 그런대로 구할 수 있었지만 전문서적은 구하는 데 시간이 많이 걸렸다. 간혹 미군부대의 도서관에서 파본으로 나오는 책이 종로와 청계천에서 나돌아 다녔는데 구하는 사람이 많아서인지 운이 좋아야 내 손에 들어올 수 있었다. 다행히 충무로 입구의 일본서점에서는 대략 1개월 이내에 책을 주문하여 구입할 수 있었다. 일본이 지리적으로 가까운 나라이기 때문이리라. 브레히트, 벤야민, 마틴에 슬린의 책도 영어판이 아니라 일본 번역판으

로 읽었다.

20여 권에 불과한 기초 서적으로 어떻게 『동양의 춤』이라는 연재물을 쓰려고만 용을 부렸는지 부끄럽기만 하다. 그것도 인도, 동남아시아 지역의 춤만 아니라 중국, 일본의 춤까지 다루겠다는 엄청난 계획을 갖고 있었으니 무모하기만 했다. 몇 회의 연재를 끝내고 나서야 무래도 자료가 부족하다는 생각에서 조동화 선생님께 좋은 자료가 없느냐고 여쭈어보니 선생님께서 잠깐 기다리라고 하시더니 2층에 올라가시더니 한 권의 책을 가져오셨다. 나카니시 다케오(中西武夫)의 『동아(東亞)의 무용』(1943)이라는 편역서였다. 이 책은 비록 동양과 서양 연구자의 글을 옮겨서 엮은 것에 불과하다고 해도 워낙 자료 구하기가 어려웠던 때의 나에게 많은 도움이 되었다. 그리고 무엇보다 좋은 글을 쓰게 하려는 선생님의 두터운 배려와 정성이 배어 있는 책이라는 생각에서 지금도 어떤 책보다 소중하게 간직하고 있다.

글　高勝吉　고승길
（연극평론）

꽃, 영원한
어머니의 표상

꽃잎은 어머니의 마음을 닮았다. 꽃잎의 생이 마치 어머니가 자식을 품듯 비바람으로부터 암·수술을 보호하고, 아름다운 색과 향기로 벌과 나비를 불러들인다. 꽃받침이란 자리에 묶여 얽혀있다가도 때가 되면 자기가 떠난 빈자리에 또 하나의 생명을 틔울 준비를 해놓고 고요히 흩어지는 모습이 어머니의 생과 닮았다. 어젯밤 불어온 비바람 때문에 꽃잎의 몸짓이 더욱 격렬해진다. 이 작은 생명체 안에서 희생적이고 무조건적인 자식사랑을 보는 듯해서 가슴에 감동이 스며온다.

글·그림
고은주 高銀珠
(동양화)

1990 고정수

드가와 춤

춤에 대한 모티브를 집요하게 다룬 화가는 아마 드가만한 작가가 없을 것 같다. 그는 무용발표회를 수시로 드나들며 늘 무희들이 취하는 동작 하나하나를 놓치지 않고 감상했다.

그가「내 눈앞의 모든 대상은 아무리 빨리 움직여도 내 두 눈으로 잡아먹는다」라고 한 말은 얼마나 지독한 관찰력의 소유자였나 가늠 할 수가 있다. 춤추는 사람들이여 상상해보라. 수많은 관객들이 제각기 다른 직업을 가졌겠지만 그들 중 유별나게도 앞자리에서 고성능 비디오보다 더한 작품소재로 삼는 한 선으로 자신을 구석구석 살펴 작품소재로 삼는 한 작가가 있다면 아마 그 무희는 공연 때마다 한층 설렐 것이다. 드가의 그림이나 조각을 보노라면 포즈가 꾸밈새가 없이 마치 나비처럼 지극히 환상적이고 꼭 스냅사진을 보는 것 같다.

내 방에 걸린 그의 파스텔 그림「프리마 발레리나」를 보며 나도 그 주인공 무희처럼 또 드가처럼 신명나게 작품에 몰입하고 있는지 반성해본다.

글·그림
高正守
고 정수
(조각)

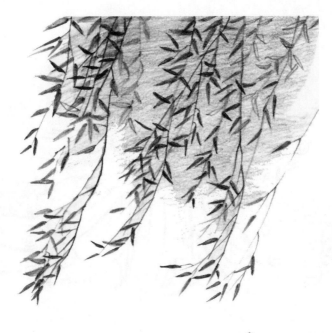

KONGSEONAH 07

봄날의 축제

새롭게 시작하며 따뜻한 봄날을 기다
리는 정월. 어떻게 걸어왔는지, 어
떻게 달려왔는지, 그렇게 한 해의 시
작은 늘 돌아오옵니다.

흰머리가 늘어나옵니다. 왜 이렇게 흰머
리가 많아졌지?

이리저리 뒤척이며 뽑아내는 머리카
락, 어느새 테이블 위는 가득 쌓여만
갑니다. 우리 엄마도 이렇게 나이드
셨나 봅니다.

난 늙어가는 것 정말 싫은데 …….

「세월 앞에 장사없다는 말」 실감하는
그런 날이었습니다. 내 마음속에 숨
겨져 있던 행복과 불행 중 희망, 기
쁨, 축복을 살짝 꺼내어 따뜻한 봄날
의 축제를 향연하고 싶습니다.

글·그림
孔善阿
공선아
(한국화)

춤의 표정
表情

인간의 감정은 손의 표정이라고 하면 과언일까.

손은 제2의 얼굴이라고도 한다. 손의 표정에 의해 그 사람의 감정을 우리는 느낄 수가 있다. 따뜻하고 부드러운 감정에서 화려하고 격렬한 표정까지도 이러한 동작은 보통사람들의 생활몸짓이고 그것은 춤의 기본 발상이다. 여기에 음률을 실어 승화시켜 가면 몸짓으로 표현하는 예술이 아닐까.

때로는 나의 그림에 춤추는 장면이 등장한다. 작업에 골몰하다 보면 그 원초적인 몸짓을 생각 아니할 수가 없다.

춤의 조형적 선율들은 때로는 붓을 잡은 사람의 오감을 타고 헝클어진 피 가닥에서 뽑아내는 삼베 올처럼 화면에 구도와 색채가 되어 집요하게 감정을 뽑아낸다.

춤, 그 한마당이 끝나면 허전한 마음도 감돌지만 그 선율들은 고이 가슴속에 잠들었다가 때가 되면 색채의 리듬을 타고 다시 화폭에서 춤을 추리라.

글·그림

郭喆伯
곽철백
(서양화)

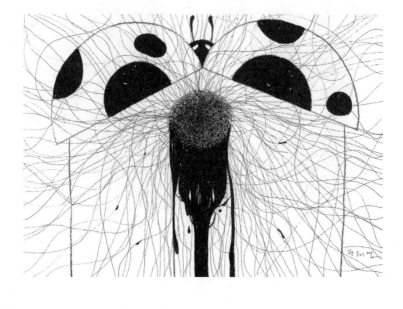

두려움

몸에서 나는 피는 그것이 빨간색이기 때문에 무서운 것이다. 만약 무채색(無彩色)이라면 무섭지 않겠지. 내 몸속의 피는 피가 아니다. 내 몸속에서는 실이 자라고 있다. 꼭 머리카락 같다. 문득 몸이 무섭다는 생각이 든다. 이 실들이 자꾸 자라서 하수구에 낀 머리카락처럼 마구 엉켜서 구멍을 뒤덮고 구멍 밖으로 자라나고 있다. 그리고 곧 내 몸을 휘감을 테지. 그때쯤엔 눈과 입과 손과 발이 모두 실로 뒤범벅되어 보지도, 말하지도, 꼼짝달싹하지도 못하고 누군가의 구원만을 기다리며 아름다웠을 그때를 회상하고 있을 것이다.

글·그림
郭泰榮
곽태영
(서양화)

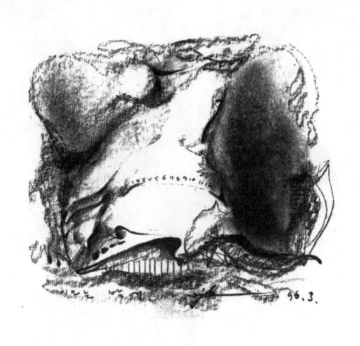

96.3.

나에게 보내는 편지

그리워하는 어떤 존재도 손에 잡히지 않는다.

서로가 특별한 존재인 줄 착각하며 살아 왔는데…

돌이키기엔 너무 많은 흔적이 남아 있다.

밤새 비가 내리고 거센 바람이 불었다.

그 앞에서 너는 얼마나 초라하고, 비굴한 모습을 보였던가, 왠지 모를 원망이 내 마음을 조여 온다.

역시 신비스러운 것은 없다.

쉽게 경직되고 쉽게 경박해지고 존경의 힘마저 극단적인 이기심에 사용되는 추상적인 존재일 뿐인 것을…. 지금 밖엔 또 비가 내리고 있다.

날개를 가진 갈매기처럼 자유롭고, 평화롭게 살고 싶은데, 과연 넌 무엇을 위해 이렇게 절제하며 또 내가 아닌 다른 모습으로 살아 왔어야만 했는가.

차라리 자유인이 되고 싶다.

어차피 허무하다면 차라리 가볍고 짧게

너 감성가는 그 길을 도와주고 싶다.

글·그림 **곽 호 진**
(서양화)

녹음綠陰 짙은 날의 춤

나는 비교적 춤을 가까이서 보고 살았다. 가까이에 춤추는 이가 있어서 그 정열이 어떤 형체인가를 알고 있다고 할 수 있다. 누구나 그렇게 연상하듯이 춤추는 이는 뜨겁다. 나는 그것에 곧잘 감명 받았고, 때문에 춤 무대도 몇 번 만들어 보았다.

무대라는 밀폐된 공간 속의 몸짓, 그 인위적인 것의 감동은 체감으로만 느낄 수 있는 것, 설명은 어려워진다. 어느 시인의 말대로 춤은 아무 말 말고 그저 보는 것에 그치는 것이 더 좋으리라.

여름엔 공연장 안의 춤들은 쉰다. 그러나 그들이 쉬는 동안 더 뜨거운 무대 뒤의 춤들이 있음을 알고 있다. 나는 솔직히 무대 위의 춤 보다 그것을 만들어가는 과정에서 굉장한 춤을 보고 있다. 연습장의 갈등, 내면세계의 구현을 위한 몸부림 등. 이것이 녹음 짙은 날의 춤이다.

글·그림

구본렬

具本烈
(화가)

구본숙 「자라의 행방」

춤을 통해 얻은 생명의 변주

꿈을 꾸듯 삶의 궤적을 따라가 봅니다. 현실과는 또 다른 꿈을 꾸며 긴 여행을 떠납니다. 새로움을 찾는 조심스러운 도전, 그 속을 스치는 수많은 은 유들은 춤 속에서 깊은 울림을 이끌어 냅니다. 몸짓으로 세상의 풍경에 들어 가고 그 속에서 사람들의 숱한 이야깃거리와 인생살이의 다양한 변화와 감각들, 그리고 묻혀있던 삶의 흔적들을 쉼 없이 노래합니다.

영혼의 몸짓이 어둠을 가르는 그 짧은 순간, 지친 삶들은 생기를 얻습니다. 춤은 깊은 곳에서부터 꿈틀거리는 생명의 변주입니다. 춤은 삶에 남겨진 무수한 발자취를 음미할 수 있는 소중하고 아름다운 울림입니다.

글
具本淑
구본숙
(현대춤)

수상水上의 발레리나

물속의 달밤인 얼음 위를
거북등을 탄 토끼모양
생글거리며 나오는 발레리나야!

하마, 너는 잔잔한 바닷가에
홀로 구으는 조개로구나.

아니, 너는 외론 섬을 벗하고
찰싹이며 도는 파도로구나.

옳지, 너는 푸른 물결을 차며
나는 갈매기로구나.

옳아, 너는 넙적 바위틈을
내려 떨어지는 폭포로구나.

얼시구, 너는 고궁(古宮) 뜰에
나래 펼친 공작(孔雀)이로구나.

그렇지, 너는 가을 노을에
그림자 짓는 갈대로구나.

절시구, 너는 제 신명에
미칠듯 도는 망아지로구나.

좋고, 너는 깊은 소(沼)에서
피어 오르는 수련(睡蓮)이로구나.

좋다, 너는 땅에서
갓 뛰어 오른 청개구리로구나.

아니면, 너는 한여름 밤 강가를
초롱 들고 휘도는 반딧불이로구나.

아이구, 너는 한천(寒天)을 날으는
마지막 잎새로구나.

나 몰라, 너는 내 눈시울에
맺히는 구슬이로구나.

사막(沙漠)의 달밤인 얼음 위를
나만이 발견했던 샛별이듯
숨고 마는 발레리나야!

오오, 육신(肉身)의 광채(光彩)!

具常
(시인)

어떤 꿈

봄날의 산야는 어여쁜 소녀의 부끄러움과 그 만큼의 기대감으로 너울거리며 거기에 서 있다. 아지랑이 뒤로 보이는 대자연은 움트는 생명의 주악을 연주한다.

아!

그네들은 탄성을 올렸다. 아름다워라.

하늘을 향해 오른손을 높이 치키며 둥글게 서 있었다. 때 아닌 정막을 깨뜨리며 포장마차를 나오는 이들은 두 팔을 벌려 손을 흔들며, 꺼이꺼이 소리 지른다. 붉게 타오르는 가로등 아래, 봄비는 그네들의 등을 적시고 있었다.

그네들은 젖은 도로변에 둥글게 둘러 앉아 춤을 추기 시작한다. 그중 한 명은 광적인 춤을 추어 댄다. 행동의 언어, 춤과 인간, 부정할 수는 없는 충동의 춤이다.

이웃집 학생 같은 그네는 일본 형사차림의 이에게 붙들려갔다 …

그네들은 하늘을 나는 한 마리 새이고 싶어 하였다.

글 · 그림
具在山
구재산
(조각)

무수홍 한국의 봄날을 추다(1984)

조 선생님!

잘 계시지요?

사십 년 전 그러니까 1977년 10월 경이었네요. 런던에 새들러스웰스 극장에서 국립무용단이 15일 간을 공연하면서 선생님께 춤 기행 원고를 보내던 생각을 하면서 눈앞에서 그 극장을 보고 있습니다.

「국수호 씨 많은 것을 보고오라우!」 하시던 그 말씀을 따라 오늘도 앞으로 십년을 창작할 영혼의 양식을 찾아서 한 달간의 여정을 보내며 소식 드립니다.

지금도 항상 저를 지켜보고 계시다는 생각을 하면서 춤을 추고 만듭니다.

제 춤에서는 항상 선생님의 정신이 살아 숨 쉬고 있습니다. 감사드립니다.

제 춤 인생에 선생님이 계셨다는 것이 신의 축복이었습니다. 그때까지 하나님처럼 지켜봐주시고 옳은 길로 제 춤을 인도해주십시오.

얼마 안 있어 뵈러갑니다. 진정 감사합니다!

— 런던에서 국수호 올림

글
鞠守鎬
국수호
(한국춤)

춤추는 노란 미소

오랜 기간 동안 나의 그림에 자주 등장하는 것들이 있다.

「해바라기와 나비」

내가 해바라기를 그릴 때면, 동구 밖에서 나를 기다리는 누나의 포근하게 감싸주는 듯그런 얼굴 모습과 여운처럼 길게 남는 노란미소가 언제나 나를 끌어안곤 한다. 붉은 태양아래 고개 숙여 동생을 기다리는 누나의 마음은 언제나 나의 캔버스에 해바라기가 되어 나타난다. 그럴 때면 나는 훨훨 춤추는 노랑나비가 되어 누나의 미소 속에 잠겨든다.

그것들을 그리면서 나는 끊임 없이 내 이상을 혼신을 다해 불어넣는다. 내가 즐겨 다루는 표현기법보다는 그 기법을 통해서 감상하는 이와 얼만큼 공감대를 형성하였는지가 중요하기 때문이다.

나는 인생의 이상을 위해 서투른 날갯짓을 오늘도 끊임 없이 표현하고 있다.

글·그림
鞠承善
국승선
(서양화)

춤이란 주황색 당근 썰기

일단 썰어야 한다. 정확하게 날이 향하게 하고, 힘이 최소한으로 들지만 중간에 멈춰지지 않도록 한다. 다른 생각을 하면 다칠 수 있다. 그 집중력, 「지금」이 아니면 안 된다.

고등학교 1학년 딸 권아진 양이 연습실에서 촬영한 필자의 사진을 놓고 그린 그림

춤을 추기 위해서 일어나고, 춤을 추기 위해서 밥을 먹는다. 춤을 추기 위해 산다. 연습을 게을리 하면 하루 만에 내가 알고, 이틀 만에 친구가 알고, 사흘 만에 이웃이 안다고 했다. 그렇게 모든 원을 하나로 모으며 춤을 대했다. 「네가 소품의 도움 없이 공간을 바꿔봐」라고 말해주던, 지금은 남편이 된 친구를 만났고, 「엄마 춤춰야 되잖아」라고 나의 컨디션을 챙겨주는 아이들이 있다.

공연 날 아침, 눈을 뜨면서부터 내 몸만을 바라보고 준비하고 싶은데, 침대를 벗어나 극장까지 가는 길에 많은 역할들이 있다. 그중 기억나는 하나가 「볶음밥을 위한 당근 썰기」. 「아! 공연 날 아침에 도마 쓰기는 정말 싫은데…」라고 생각했지만, 시간 속을 뚜벅뚜벅 걷듯이 깨끗하게 단순하게 당근을 썰던 어느 날의 기억은 특별하게도 나의 춤에 영감이 되었다. 그 명확한 나의 의도와 함께 베어져나오던 단단함, 동그랗게 퍼지던 무늬들, 그렇게 다르지 않다는 것을 배워간다. 춤이 삶과 그 촉촉한 주황색의 은은한 향기.

글
鞠銀美
국은미
(현대춤)

管城子夐無人會此時心

　　新春

幽人偶逐東風轉曲曲春流步步沙山意岸容

何處見梅糚淡泊柳絲斜

　　觀處容舞

此曲傳來問幾年峨冠闊袖貌魁默樂奏萬千

奇怪狀舞呈三五豔陽天低仰赴節回長面來

往隨歌聲偶肩王篆雜林聲己冷阿誰喚起處

容仙

　　山齋拈韻

권적『구곡문집』중 관처용무

내 거인 듯 내 거 아닌

나의 취미, 취향 이런 것들에 대해 돌이켜 보니, '내 것이라 할 만한 게 없다'는 사실을 발견하게 된다. 내 것인 줄 알았던 가지가 모두 다 부모님 것 그대로라는 점은 일종의 정체성 확인이라는 점에서는 유익할 수도 있겠으나, 개인의 독자성, 자율성이라는 점에서는 그다지 반가울 일도 아닌 것이다.

그래서 취미로서의「춤」의 발견은 새로운 경지의 도전으로써 신선한 바 없지 않았는데, 어느 날 11대 조부의 문집에서 한시 하나를 발견한 것이다. 사대부가 무용을 보고 시를 짓는 일이 드물었던 조선중기, 사헌부 관리였던 권적(權迪)은 처용의 춤을 보고 그 생김새와 움직임, 음악에 대해 묘사한「관처용무(觀處容舞)」란 시를 남긴 것이다. 이런! 춤 구경하고 글 쓰는 취미도 이미 다하셨네. 어쩌나! 나는, 새로운 것이 하나 없구나.

글
權炅河
권경하
(출판)

42

「볼레로」의 조르주 동

화가가 아닌 사람들이 밀레나 피카소를 알고 있듯이 무용가가 아닌 나는 누레예프와 마사 그레이엄 그리고 공옥진 등을 알고 있다.

그것도 매스컴이나 지면을 통해서일 뿐 그들의 실제 무대공연을 보지는 못했다. 그러나 최근 「사랑과 슬픔의 볼레로」란 영화에서 조르주 동 (Jorge Donn)으로부터 받은 감동은 그의 공연을 직접 보고 싶은 열망에 사로잡히게 한다.

화면을 통한 그의 육체는 마치 정확한 구도의 그리스 조각이 살아 움직이는 듯 튕기는 듯한 팔다리의 율동감은 보는 이로 하여금 팽팽한 긴장감을 느끼게 하는 약동(躍動)의 극치였으며, 인간의 본능적인 욕망과 갈등을 극도로 절제된 단순한 동작의 반복만으로도 우리가 표현할 수 있는 언어 이상의 깊은 감동과 아름다움을 주었다면' 그것이 바로 춤이 지향하고자 하는 순수한 예술 세계가 아닐까 싶다.

글·그림
權美星
권미성
(서양화)

인류의 가장 오래된 예술

최초의 예술이 뭘까.

고고학적 발굴에 따르면 가장 오래된 예술품은 조각이다. 북아프리카 모로코에서 발굴된 「탄탄비너스」라는 돌조각은 50~30만 년 전 것으로 추정된다. 벽화로 가장 오래된 스페인 엘 카스틸로 동굴벽화는 4만 년 전으로 조사됐으니 조각이 그림보다 앞선다. 문학은 문자가 탄생한 기원전 4000년 이후로 역사가 훨씬 더 일천하다.

고고학적 증거는 없더라도 도구 없이 가능한 예술이 선행하지 않았을까. 목소리를 이용한 노래와 몸을 이용한 춤이다. 보통은 노래 곧 음악이 먼저 생기고 그에 발맞춰 춤이 탄생했을 거라 생각한다. 하지만 가무의 기원은 제례행위다. 의례행위로서 춤이 앞서고 노래가 뒤따랐을 가능성도 있다. 어쨌든 음악과 결부된 몸짓으로서 춤은 그렇게 인류의 가장 오래된 예술이다.

사진은 호주 북부 카카두국립공원 내 노우렌지 록 바위 비탈면에 그려진 「벼락인간」 나마르곤(Namarrgon)이다. 호주 원주민이 자신들의 조상이라 믿는 벼락인간의 포즈 자체가 이미 춤사위 아니던가.

글·그림
權宰賢
권 **재현**
(언론)

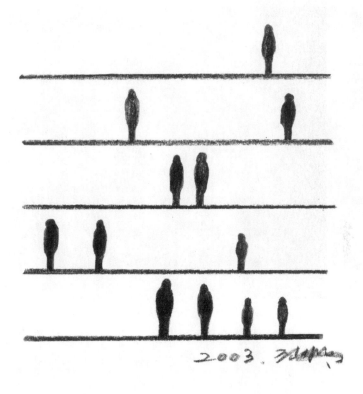

2003. 권치규

봄은 춤과 함께

나는 작품 속에서 인간의 모티브를 형상화하여 희망적인 미래를 이야기하고자 합니다.

인간의 모티브는 공간 속에서 과거와 미래를 연결하는 희망의 메시지로서의 표상입니다.

흔히 봄은 희망에 비유되어지고 희망은 설렘과 역동적인 몸동작의 에너지를 함축한 춤과 같은 것이지요.

아주 느린 또는 격렬한 춤의 시작과 끝은 정지된 상태이듯이 내 삶의 근원인 가족의 의미와 미래를 준비하는 에너지원으로 삼고 있습니다.

글·그림
권치규
權治圭
(조각)

생生 ─ 낮은 곳

눈으로 보고, 귀로 듣고, 마음으로 통하는 경지…。
이는 단지 손으로 그리는 그림이나, 몸짓으로 행위 되는 춤이
나, 악상에 따라 들리는 음률로 이르게 되는 것은 아니다.
창작을 하는 이들의 지향하는 바, 즉 사상을 담아내는 철학적
행위가 수반되었을 때 비로소 마음이 통하는 그림이 되고, 춤
이 되고 또 음악이 되는 것이다.

한국화를 그리는 나는 수세기동안 동아시아의 회화 이론의 근
간을 마련해준 사혁의 이론「고화품록」중에서 그 원리를 찾
는다.

내가 만난 자연의 가장 낮은 곳! 그리고 나의 내면과 직관적
관조를 타고 붓은 화면에서 움직이게 되는 것이다. 붓으로부
터 흐르는 필선은 리듬을 타고 또 다른 춤을 추며 풀숲을 그린
다. 그러다가 어느새 나도 모르게 풀숲과 일체가 되어 풀숲
한가운데서 있곤 한다. 그렇게 낮은 곳에서 바라본 자연에서
이것은 바로 정신까지도 외현시키는 원초적인 힘을 지닌 기운
생동의 원리에 의해 가능한 것이 아닐까?

글·그림

권 희 연
(한국화)

유년幼年 의 기억

사람들은 누구나 유년(幼年)에 대한 기억(記憶)을 가진다.

그리고 그 유년의 기억은 가장 순수하고 아름답게 사람들의 가슴속에 오래도록 간직된다.

복잡하고 바쁜 삶을 살아가는 현대인(現代人)들은 모든 것을 잊고 편안한 안식을 찾을 수 있는 곳으로 돌아가길 원하며 그러한 갈망의 끝은 유년의 시절이다.

누구에게나 아름답고 순수하게 기억(記憶)된 시절', 결코 되돌릴 수 없기에 더욱 소중한 추억으로 남는다.

결코 되돌아 갈 수 없는 시간(時間) 때문에 안타까워하고 애타한다.

유년의 기억은 나를 위로해주며 끊임없이 무언가를 향해 달려갈 수 있는 힘을 준다. 새로운 행복을 느낄 수 있도록 해준다.

글 · 그림
琴太香
금태향
(동양화)

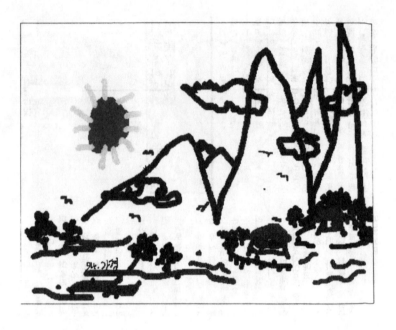

무제

아득한 곳에서 영혼의 부르짖음이 온
다.

물안개 빛 영롱한 이슬안개 뒤로 정겹
고 따스한 생명의 몸짓.

아지랑이 하늘거리던 영상의 뒤안길

꿈결 같던 미감에 온 몸이 촉촉하다.

밝음과 맑음의 척박한 땅 가슴 저린 감
수성의 혈맥으로 생명의 탄생과 죽음
이 넘친다.

살아있음의 느낌과 정서의 감각으로

일생을 하루의 일과처럼 보내리라.

탄생은 호흡이 되고 죽음은 맥박이 되
어 영혼의 순수함도 잊으리라!

글·그림
金佳慶
김가
경·
(서양화)

조각난 가짜 기억의 행렬

예전 일들이 떠오른다. 희미하다. 지난 모습들이 불투명하게 보이면서 불안하게 느껴진다. 안개 자욱한 도로를 달리고 있다.

예전 일들이 떠오른다. 끊어진다. 지난 모습들이 조각나 보이면서 단편적으로 느껴진다.

깨진 거울을 한없이 보고만 있다.

예전 일들이 떠오른다. 겹쳐진다. 지난 모습들에 다른 기억이 조합되어 혼란하게 느껴진다.

뿌연 먼지는 지금도 쌓이고 있다.

알고 있고 보아왔던 대상은 그때 그 모습이 아니다. 다만 당황하지 않으려는 노력의 일환으로 애써 부정하고 다시 떠올리려 하지 않는다.

연이은 기억의 행렬, 그 안에 보이는 불안정한 다양한 모습은 지금의 존재를 투영하기에는 온전하지 못하다. 무엇이 진짜인지 몰라 다만 모든 것을 지금 모습으로 덮어 버릴 뿐이다.

다만 변하지 않는 것은 모든 것은 변한다는 사실이다.

글·그림
金建一
김건일
(동양화)

그들의 춤

그들의 흥겨운 움직임을 처음 본 순간
새벽 첫 공기를 들이 마시듯
신선함과 짜릿함이
온몸에
전율을
느끼게 했습니다.

그들의 춤은
신선한 새벽공기처럼
가슴속 깊이 들어와
세상을 깨우듯
나를
상쾌하게 했습니다.

글·그림 金庚民
김경민
(조각)

동숭동 『춤』지 사무실 앞에서 피천득 선생님과 함께

늘 넉넉하던 『춤』지의 품

조동화 선생님이 계신 동숭동 『춤』지 편집실은 모든 이의 사랑방이라는 말이 꼭 어울렸다. 근접하기 어려운 명성을 가지신 분들이 늘 오고 갔는데 춤, 문학, 미술, 연극, 음악 등 예술가는 물론이고 정치가, 종교인, 언론인, 관료 등 그 분야의 당대 이름 높은 분들뿐 아니라 극히 지위가 낮은 이들, 어려움에 처한 이들, 심지어는 속임수 있는 물건 팔러오는 이들까지 드나들었다. 자료가치가 없는 줄 뻔히 아시면서도 그가 원하는 값에 사주시기도 하시는 데는 놀라지 않을 수 없었다. 개방화 초기의 중국 연변의 조선족, 중앙아시아의 가슴 아픈 사연을 지닌 교포들까지 갖가지 인물들도 있었다. 문명의 이기를 모아서 연변에 보내는 일 등 도움 주는 일들을 늘 하시는 선생님을 거들었던 기억이 새롭다.

무엇보다 선생님은 이들의 사연을 자기일로 받아들여서 조언, 결국 그 상담자에게 보탬이 되는 결과를 꼭 만들어내셨다. 『서영이 아빠』 피천득 선생님도 단골 멤버 중 한 분이셨다. 그때는 교과서에 실린 문필가에게 커피를 내고 포즈도 잡던, 그런 흥분의 연속이었다. 사진은 1993년 11월에 찍은 것이다.

글
金敬愛
김경애
(춤평론)

「난타」 중국 공연 관람 후 동료들과 (왼쪽 세 번째가 필자)

춤, 영원히 함께 하고픈 반려자

2013년 겨울, 처음 중국행 비행기에 몸을 싣고 떠날 때는 이렇게 오랜 시간 중국에 머물 거라 생각하지 못했다. 뿌연 스모그 속 마스크를 낀 채 무용실로 향하는 내 모습이 초라하게 느껴질 때도 있었다.

당시 내가 의지할 수 있었던 유일한 소통수단은 춤이었다. 춤이라는 언어를 통해 중국 무용수들과 소통하며 작품을 만들고, 한국과 중국을 연결하는 글로벌문화콘텐츠사업을 진행하게 되었다. 춤은 나에게 영원히 함께 하고픈 '반려자'다.

꼭 함께 하고 싶기에 꼭 해야만 하는 일들이 있다. 너무 빈곤하지 않게 화려할 순 없더라도 아름답게 함께 하고 싶다.

글
金庚暎
김경영
（발레）

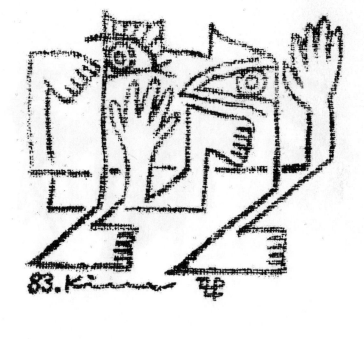

강산월 江山月

물 절로 산(山) 절로 달도 나도 저절로 욕
망(慾望)에 불타는 삶 눈이 멀었네
나도 바람을 닮은 깃발이 됐네
춤에는 망각(忘却)의 세월(歲月)이 있지
님의 품속 시궁창에도 춤은 있는 법(法)
춤에는 삶과 죽음이 함께 뒹굴지
춤은 제멋에 추어야 살맛이 난다던데 나
를 버리는 모양새가 춤이 되다니
이제 나도 어엿한 미치광이
저 황홀한 영혼(靈魂)의 울림을 따라 비
바람 휘감긴 춤사위 서리서리 깨어진 꿈
잊어버린 그림자
춤 없는 세상사(世上事)! 나없는 꼴 허
공(虛空)에 구름 따라 펄럭여 보는 오늘
또 무엇으로 훨훨 사라져가리

글·그림
金寬鉉
**김
관
현**
(서양화)

춤은 영혼의 노래며 기도

춤은 영혼의 노래며 기도이다. 특히 인간의 희로애락을 육체로 표현할 수 있는 무용가를 보면 예술가 중에서도 가장 으뜸 되는 사람처럼 생각된다. 그래서 춤추는 사람을 보면 달리 보인다.

춤추는 것은 언제 보아도 좋다. 일부러 찾아가 구경을 하지는 못해도 춤추는 그림이나 사진은 일부러 찾아서 보는 습관이 있다. 그런 영상만으로도 춤은 나를 심취케 하고 충족시켜 준다.

필경 나에게 기회만 있었다면 무용을 하게 했을지도 모른다는 생각도 해볼 때가 있다.

이제까지의 나의 그림에 춤이 주제(主題)였던 경우가 몇 번 있었다. 그러나 그것이 늘 만족스럽지 못했다. 춤은 나에게 있어서 힘에 겨운 것으로 느껴지는 것은 이 때문인지도 모른다.

글·그림
金光培
김광배
(동양화)

무중력 無重力 의 춤

글·그림
金敎鏞
김교용
(서양화)

그림을 하는 입장에서 춤을 바라보면, 춤 그
자체는 내게 무한한 창조의 장(場)이 된다.
물론 미술에서도 행위미술이 있지만 인간의
원초적인 표현 행위로서의 미술과 무용의 합
일점은 시각성에 있는 것 같다.
무용하는 친구로 인하여 춤을 접하여 보았지
만 무엇인가 답답한 것이 있다. 지구상에 고
착되어진 행위보다는 무중력 상태의 움직임
같은 것을 나름대로 상상해본다. 아직은 공
상과학적인 이야기 같지만 재미있는 발상인
듯하다. 무한대의 공간을 자력으로 나는 인
간들, 오직 시간과 공간만 필요할 뿐이다.

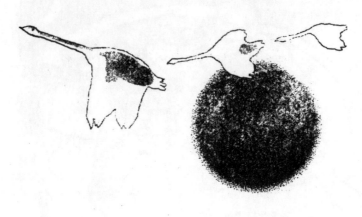

날아가고 싶은 마음

천고마비(天高馬肥)의 가을이 다가오면 어린 시절의 기억이 가끔 떠오른다.

석양 무렵이면 가까운 친구들과 뒷산에 올라가서 먼 하늘을 바라보며,

기러기 울어 예는 하늘 구만리
바람이 싸늘 불어 가을은 깊었네
아~아~ 너도 가고 나도 가야지

다 같이 노래를 불렀다. 그럴 때면 참말로 어디선가 기러기 떼가 열을 지어 훨훨 춤을 추며 날아와서는 저 멀리 사라지곤 하였다. 그것을 보며 더욱 신이 나 서 목이 터져라 부르던 때엔, 우리들이 기러기 노래를 부르니까 그 노래 소리를 듣고 기러기가 춤을 추며 우리를 찾아온다고 생각했다.

나는 지금도 그때의 일이 생각나면 이 숨 막힐 듯한 공해(公害)를 벗어나 그 기러기같이 춤을 추며 맑고 깨끗한 대자연(大自然)을 향해 어디론가 자꾸만 자꾸 만 날아가고 싶은 마음이 생기는 것이다.

글·그림
金丘林
김구림
(서양화)

안무가와 무용수와
관객의 공감을 위해

무용적 소통방법은 미술적 소품과 음악 및 빛의 조화를 보조받으면서 안무가의 작품의도를 전하는 춤 공연을 무대화하는 것을 말한다.

나는 무용수에게 춤을 출 때에는 첫째 진지하고, 둘째 민감해지기를 요구한다. 진지함은 반복훈련을 인내하여 수려한 기술을 터득하게 하고, 민감성은 몰입도를 높여서 두려움을 극복하고 즐기는 과정에서 동감(同感)을 체험할 수 있기 때문이다.

춤 공연은 안무가와 관객이 무용수를 통하여 만나는 정서소통의 장(場)이기 때문에 나는 동감력(同感力)이 좋은 무용수를 좋아한다.

또한 관객들에겐 시청각적 공연에서의 정서적 체험을 통하여 공감(共感)을 시도하길 권해본다. 그렇게 하기 위해 공연장에 오기 전 작품의도와 안무가의 성향과 무용수들의 특성들에 대한 정보를 찾아보고 와야 감상에 무리가 없다.

나는 오늘도 안무가와 무용수와 관객이 정서적 아름다움에 대한 동감과 공감을 소통시키기 위한 만남의 장이 춤이 추어지는 무대였으면 하고 노력한다.

글 · 그림
김근희 金槿姬
(한국춤)

삼바 리듬에 인생을 맡기듯…

마야 문명의 후예인 멕시칸들은 일반생활에서 삼바와 살사리듬에 맞춰 걷고 춤추고 사랑을 나눈다. 남미의 특유의 유연함이 몸에 배어 있어 생활움직임 자체가 춤이고 자기표현이다. 어딜 가나 음악이 있고 춤이 있고 사랑이 있다.

줄거리 찾아 떠나는 남미여행

분주했던 일과가 끝나고 해가지면 먼 바다 위에 둥그런달이 서서히 수면 위로 올라온다. 잔잔하면서도 때론 거대한 파도가 멀리서 모든 이들을 향해 달려오듯 에메랄드빛 하얀 거품으로 띠를 만들면서 밀려온다. 그들은 그러한 대자연의 장관아래 분주했던 하루를 잊고 조용한 달빛 아래로 자기 자신을 던져 놓는다. 마치 무대 위에 달빛은 조명이 되고 바다는 그 달빛을 받은 무대가 되고 파도는 많은 무용수가 춤을 추듯 역동적인 움직임을 만들어낸다.

칠흑 같은 어둠 속에서 바다에 비춰지는 달빛은 인간의 탄생, 사랑, 죽음 등 우리의 인생을 표현하는 듯하다. 그들의 문화 중에는 해골문화가 있다. 그들은 삶에는 이승과 저승 두 개의 삶이 있다고 한다. 두 개의 삶이 똑같고 소중하다는 것이다. 그래서 죽음을 두려워하지 않고 이승에서와 똑같이 받아들이는 것이다. 묘지에서도 그들은 노래하고 춤추며 저승의 삶에 들어가는 것을 축하한다.

매년 11월 1일을 죽은 자의 날로 정해 죽은 자를 찬양하고 같이 어울려 하루를 즐겁게 보낸다. 그들의 삶은 철저히 자연과 더불어 사는 삶을 살고 자연 속에서 그들만의 철학을 느끼고 배우고 즐기는 것이다.

아직도 어디선가 삼바 리듬 소리가 멀리서 들려오는 것 같다.

글·사진
김 긍 수
金 兢 洙
(발레)

왼쪽부터 조동화 유분순 안재승 하유영 김기전 김경옥 강선영 박용구 이병임 임성남 강이문 장호영 최현

대구무용소사

大丘舞踊小史

1973년 늦은 가을 예술가에게 주는 경북문화상을 받았다. 무용무대가 없던 시절이라 콩쿠르에서 안무상을 탔었는데 예술인에게 주는 예술상을 상금까지 받았으니 기쁜 마음에 손님들을 대구와 경주로 초청했다. 지금 생각하니 한국전쟁 이후 서울 무용가들이 대구에서 만나는 첫손님이었다.

조동화 김경옥 박용구 강이문 이병임 안재승 강선영 임성남 최현 정막 대학 4학년 류분순, 이렇게 뭉쳐 서울에서 만나지 못했던 분들이 대구에서 모였으니 옛날 애기로 밤을 새며 하룻밤을 지내고 돌아가셨다. 이렇게 서울 손님들이 다녀간 후 내가 1960년에 설립했던 대구발레아카데미에서 강연과 세미나에 무용가를 초청했는데, 박외선 강선영 임성남 선생이 실기강의를 했다.

강이문 선생과 정병호 선생도 작품을 내놓기도 했다. 그 작품이 문화공보부 창작지원작품으로 선정된 「산하 억만년」인데, 1970년 4월24~25일 서울 국립극장 무대에 올릴 수 있는 영광을 가졌다. 문화공보부가 처음이자 마지막으로 공모해서 선정한 자유현대춤이었다. 당시 한국춤은 강선영 선생이 선정되었다.

그 후 영문도 없이 사라지고 1980년대로 오니 춤 공연이 풍성해졌다. 조동화 선생께서 설립하신 『춤』을 통해 대구를 소개하게 되고, 조동화 박용구 두 분 선생님들은 대구를 자주 들러 주셨다. 대구의 무용발전은 『춤』지가 있어 성장했고, 또 대구를 알리는 큰 영광과 사랑을 받았다.

글

金起田

김기전
(현대춤)

창간호 표지들

『춤』 지령 500호, 전문지 명예를 오롯이 새긴 일대사건

2016년 말 기준으로 「잡지 등 정기간행물의 진흥에 관한 법률」에 따라 등록된 잡지는 무려 4,931종. 그렇다면 이들 잡지의 생명력은 어떠할까. 지난 2014년 한국잡지협회가 잡지정보관에 마련한 「명예의 전당」을 보면 그 실상을 여실히 알 수 있다. 이 공간은 월간지 기준으로 통권 500호 이상(발행기간 40년 이상) 지령을 자랑하는 잡지들의 공로를 기리고자 마련되었다. 여기에는 순수문예지 「월간문학」을 비롯하여 교양지 「샘터」, 종합예술지 「공간」, 여성지 「주부생활」, 종교지 「기독교사상」, 스포츠레저를 다루는 「월간 산」, 「월간 골프」, 「낚시춘추」 등 82종이 그 이름을 올렸다. 전체의 2%도 안 되는 잡지만이 40년 이상 살아남았다는 뜻이다. 이처럼 머지않아 명멸하는 게 잡지의 운명일진대, 이제 그 명예의 전당에 「춤」지가 당당히 이름을 올린다니 감회가 무량하다. 대중성은 고사하고 「무용」이란 말보다 「춤」을 더 기꺼워했던 조동화 선생의 집념 하나로 우뚝 솟은 전문지이기에 그 값을 어찌 매길까 싶다. 그 뒤를 이어 묵묵히 고군분투하는 2세 발행인의 노고로 보아 1천 호도 너끈하리라 믿는 것으로 「춤」지 500호 발행을 경하하련다.

글
金基泰
김기태
(출판평론)

니진스키를 꿈꾸며

20여 년간 나는 꿈속에서 니진스키를 만났다. 어느 날은 객석에서 그의 화려한 춤을 보며 흠뻑 매료되기도 하고, 어떤 날은 그가 춤출 때 그의 그림자가 되어 마치 내가 니진스키인 양 춤추기도 했다. 어떤 날은 엄청난 도약으로 관객의 머릿수를 다 세고 내려온 적도 있다. 솜털처럼 가벼운 그의 도약이 내 것인 양 우쭐거리며 그렇게 꿈속을 노닐었다.

니진스키와 만나는 꿈속에서 나는 「장미의 정」, 「세헤라자데」, 「페트루슈카」의 주인공이 되어 맘껏 허공을 가로질렀다. 지금도 그렇게 니진스키를 꿈꾼다. 니진스키와 같은 멋진 춤을 춰보진 못했지만, 그처럼 후세의 안무가들에게 영감을 주는 작품을 만들지는 못했지만, 나는 오늘도 꿈속에서 니진스키를 만난다. 모차르트를 흠모한 살리에리처럼.

글
김金佶勇
길
용
(발레)

김나이 「One」(2015)

삶이 피어나는 춤이 될 때까지

글
김나이
(발레)

춤을 위해 앞만 보고 날았다. 춤을 위해 어린 나이에 가족과 떨어져 지냈고, 춤을 위해 친구(경쟁자)들도 멀리했다. 나의 꿈은 무용수가 되는 것이었고 무대에서 훨훨 날고 싶었다.

춤은 내 인생의 컴퍼스이며, 길잡이였고, 무용수로서의 꿈은 뉴욕에서 이루었다. 나는 동양인으로서 유일하게, 자랑스러운 한국 사람으로서 무용의 살아있는 전설인 미하일 바리시니코프(Mikhail Baryshnikov)와 무대를 함께할 수 있었다.

하지만 타지에서 무용수로 결실을 맺었을 때 나를 무용수로서 기억해줄 혹은 나의 기쁨을 나눌 사람이 없었다. 비로소 그때 나는 춤이 아닌 삶이, 가족이 그리웠다.

춤은 예술이요 즉, 예술은 삶에서 피어나는 나눔이라고 생각한다. 무용수로 꿈을 키우며, 나는 숲만을 보았고 나무들을 보지 못했다. 나 자신의 희로애락에서 나온 춤이 누구의 공감을 얻고 나눌 수 있는 것인지? 사랑하는 사람들과 삶을 살아가며, 나는 이제야 말로 삶의 춤, 예술로서의 춤에 도전하며 끝없는 날갯짓을 해본다.

춤추는 아빠.

ⓒ 김민지(필자의 딸)

살아 있는 춤, 살아가게 하는 춤

바람이 분다。공기를 마신다。공기를 내뱉는다。걷는다。때론 달리기도 한다。공기를 먹는다。숨 쉰다。내가 살아 있다。창밖으로 빗소리가 들린다。그 떨어지는 소리는 제각기 다르다。물방울이 창문에 그려진다。나도 그렇게 그려지고 있다。

누구의 목소리가, 사회의 아픔이, 서민의 기쁨이 나의 뇌에게 속삭인다。내 몸이 그것을 듣는다。그 목소리에, 그 아픔에, 그 기쁨에 내가 움직인다。내가 춤춘다。

춤은 나를 살아가게 하는 물이자 음식이다。50이란 문턱을 넘으며 열심히 걸어온 이 춤이 내가 잘한 선택이라 믿고 계속 가길 소망한다。춤, 참 어렵다。

글
김남진
金南振
(현대춤)

여름밤의 추억

개울가 모래 위로
하얀 달빛이 쏟아져 내려옵니다.
어둡던 마을이 대낮을 맞이합니다.
어둠에 가려 보이지 않던
원두막과 사과나무가 하얀 옷을 입고
우뚝 키가 오른 옥수수와 댑싸리도
울간 옆 텃밭과 두렁에 나란히 줄을 섭니다.
초저녁 풀숲의 반디는 달빛사이로 사라지고
하얀 밤이 조용조용 잠을 청합니다.

글·그림

金惠翼
김 덕 기
(동양화)

처용處容아

― 『춤』 창간(創刊) 3주년에 부쳐

내가 청산(靑山)을 바라볼 때

내 눈앞에는

일천(一千)마리 백학(白鶴)이 나래를 편다

내가 달을 쳐다볼 때

내 맘속에는

천년 전 처용이 두 팔을 쳐든다

나의 삶은 나의 춤

너의 눈물은 너의 사랑의 노래

뜨고 지는 해달은 하느님의 춤

처용아 내 사랑아

너의 가슴은 텅 빈 동굴(洞窟)

흐느껴 울기보다 차라리 춤을 추자

김동리
金東里
(시인)

너와 나 사이

무대 위에서 무희가 춤을 춘다.
공간을 가르며 아름다운 동작의 손짓, 발짓,
몸짓
관객의 눈은 무희의 모든 동작을 눈여겨본다.

이제 다른 시각으로 춤을 본다.
무희, 그를 제외한 나머지 공간을 본다.
무희와 공간이 서로 밀고당기는 관계 속에 아름
다운
공간의 선이 보인다.
손을 내밀면 공간은 밀려들어 가고
몸을 숙이면 공간은 또다시 밀려나온다.

너와 나,
공간과 사물(무희) 사이는 음(陰)과 양(陽)처럼
서로 밀접한 관계를 가진다.
공간이 내가 되고 내가 공간이 되어 무아(無我)
의 경지로···。

글·그림   金東淑
김동**숙**
(조각)

|66

승무

└얇은 사 하이얀 고깔은 ‥‥┐

어느 날 이곳저곳 채널을 돌리다 나의 눈
에 들어온 승무는 그 옛날 억지로 외워야
했던 그런 승무가 아니었다.

TV라는 작은 공간에서 보여지는 큰 움직
임은 디자인과 커피를 함께 하는 나에게는
훌륭한 시각적 충격이었다.

아름다운 움직임에 향기가 온 방을 진동하
고 있었으니 ‥‥.

부드러운 것이 강한 것을 이긴다고 한다.
승무는 부드러운 곡선의 움직임으로 이루
어지고 있으나 결코 약하지 않았다.

오히려 요즘 비보이들이 추는 그러한 춤에
서 느껴지는 것 보다 더 강함을 느꼈다.

승무를 보고난 후의 나의 가슴은 결코 고
요하지 않았다.

글·그림

金東朝
김동조
(시각디자인)

한恨의 손짓

초등학교시절—할머님을 따라 종로 경운동(慶雲洞)에 있던 문화(文化)극장이란 세칭 삼류극장을 잘도 드나들었었다. 그 시절 노인들의 유일한 즐거움은 「창극단(唱劇團)」이었던 것 같았다. 여러 내용의 극이 얼핏얼핏 기억을 스치나 여태까지도 내 뇌리에서 사라지지 않는 몸짓이 있었다. 여인, 특히 천민(賤民) 여인들의 처절한 창唱 중 수시로 짓는 몸짓, 서서히 몸을 움직이다가 허공을 향하여 문득 손을 터는 듯한 몸놀림……

성장하면서 나는 그 몸짓—손놀림이 의미하는 것은 무엇이었을까? 생각해왔다. 그것은 한(恨)이 아니었을까—먼 피안(彼岸)을 향하여 원망스레 내젖는 한의 손짓—국악 특히 가야금, 대금의 애끓음을 대할 때마다 이어지는 그 몸놀림의 연상(聯想)—우리 민족만의 특유한 한이 서린 율동이었다. 이것을 나는 몇 해 전 공간(空間)사랑에서 공옥진 여사의 몸놀림에서 다시 발견하고 전율했다.

글 · 그림
김金東駿
동준
(서양화)

봄을 기다리는 마음

눈을 감으면 아련히 떠오르는 고국산천(故國山川) 이국(異國)땅에서 태어나서 보고픈 고향(故鄕)을 찾지 못한 심정(心情)은 향수(鄕愁)만으론 채워지질 않는다.

이십성상(二十星霜)만에 찾아온 남(南)쪽 향리(鄕里) 붉게 타오른 진달래ㆍ개나리ㆍ예와 다름없이 낯선 나그네 반겨주었건만 북녘에서 불어온 소슬바람은 애타게 흐느껴 운다.

ㄴ아직도 조국(祖國)의 봄은 멀었다고…ㆍ

왈칵 솟구쳐오는 잉얼된 눈물ㆍ얼룩진 암공(暗孔) 속에서 이방인(異邦人)이 다된 치마저고리가 너울너울 춤을 춘다.

꽃가루가 되어 나비가 되어 새가 되어 조국산천(祖國山川) 마음껏 날고 싶어라.

글ㆍ그림
김등미 金登美
(서양화)

가을을 맞으며

지난여름, 유난히도 힘겨워왔던 더위에 대한 기억이 아직도 남아 있지만 계절의 순환은 어김이 없다. 바람이 불고 어느새 가을이다! 이 가을에 난 무엇부터 시작할까. 철지난 여름옷을 정리하고 홑이불을 세탁해서 장롱 깊숙한 곳에 챙겨 넣고 보일러에 별 이상이 없는지를 점검하고서는 벌써 반쯤이나 지난 9월의 달력을 새삼스레 쳐다본다.

마음속에 온통 찬바람이 스며들어서 상실의 느낌으로 허무를 중얼대고 조락의 쓸쓸함에 나 자신이 온전히 지배당하기 전에, 차분히 나를 돌아봐야 한다는 조급증에 마음만 앞선다. 하지만 괜찮다. 맑고 눈부신 햇살에 반짝이는 세상을 보고 살아래서 있으면, 그 햇살에 반짝이는 세상을 보고 있노라면 눅눅한 기분은 온데간데없이 단지 행복하다는 느낌만을 가질 뿐이다.

바람이 분다. 문을 꼭꼭 닫고 가슴속을 파고드는 바람을 가리기 위해 옷깃을 여미겠지만 내 가슴속엔 언제나 바람의 흔적이 머물 것이고, 나는 거친 바람 속에서 제대로 살기 위해 안간힘을 쓸 것이다. 이 가을엔 더 열심히 살자.

글·그림

金美成
김미성
(서양화)

브람스와 종소리

브람스의 음악 속에는 뜨거운 사색과 차가운 서
정성이 녹아 있다. 그의 만년의 심경이 잘 드러
나 있는 마지막 작품, 교향곡 제4번에는 인생
의 끝자락에 서 있는 인간의 고독과 체념이 담겨
있다.

가을의 깊이가 묻어나는 듯한 현악기의 애절한
멜로디는 건조한 가슴 속에 꺼지지 않고 있던 불
씨에 바람을 일으키고, 뒤늦게 타오르는 뜨거움,
그 열기는 곡이 자아내는 무거운 슬픔의 그림자
속에서 어느덧 차가운 잔재가 되어 버린다.

죽음의 존재를 인식하면서부터 시작되는 삶에
대한 뜨거운 애착과 차가운 탄식…

일요일이면 어김없이 들려오는 교회의 종소리처
럼, 예고되었지만 알지 못했던, 듣지 못했던,
인생의 마지막 종소리는 그 길로도 짧은 파장을
일으키며 차가운 이별을 고하고,

채 타오르지 못한 불씨는 흩어지는 종소리와 함
께 뜨겁게 자취를 감춘다.

글·그림

金美淑
**김
미
숙**
(서양화)

나의 마음속에는─꿈

나는 오늘도 꿈을 꾼다.

눈을 감으면 백일몽같이 아련한 세상이 보이다.

그곳에는 또 자아의 세계로 향하는 사다리도 있고, 어리고 푸른 사철나무 화분도 있다.

구름 속을 헤매다 보면 구멍이 열리고, 또 다른 세계로 빠져들게 된다.

겹겹이 쌓인 구름 속에는 또 다른 구멍이 있다.

나는 오늘도 꿈을 꾼다.

글·그림 **김 미 영**
(서양화)

어머니의 춤

신나는 음악이 방 안 가득 울리고, 어머니는 춤을 추셨습니다. 우리 눈엔 그저 두 손을 위아래로 내렸다 올렸다를 반복하는 단순한 손동작의 연속이었습니다. 또한 한 발을 앞으로 내딛으면 그 다음은 다른 한 발을 뒤로 내딛는 발동작과 가끔은 몸의 방향을 휙 돌리는 테크닉도 보여주십니다. 어머니는 신이 나셔서 오랜만에 찾아뵌 자식들을 춤으로 반겨주셨습니다. 음악이 바뀌자 이번엔 지그시 두 눈을 감고 어느덧 몸과 마음은 선율을 따라 움직입니다. 춤추기에 몰입하신 모습이 참 아름답습니다. 혹시 지난 삶을 떠올리고 계신 건 아닐까요. 문뜩 제 눈시울이 붉어집니다.

이젠 당신이 즐기는 춤을 마음껏 추실 수 있습니다. 남에게 보여주기 위한 화려한 몸짓이 아니라 지난 세월의 어려움을 춤으로 위로받는 것입니다. 작은 손짓과 발짓으로 그 마음이 전해집니다. 그냥 서 있는 것으로 보이는 어머니의 춤은, 자식 뒷바라지로 미루었던 춤추기를 지금에야 이루신, 그 뜻이 담겨 있는 당신만의 표현방식이자 움직임입니다.

글·그림
김민구
金玟玖
(서양화)

사이 영역 - 꿈꾸다

나의 존재와 비슷한 존재
나의 욕망과 비슷한 욕망
그리고 무수한 같은 응시

무한한 생존 욕구에 반(反)하는
유한한 현실의 공간
얽히고설킨 취함의 경쟁
내재된 불신과 서로간의 두려움
자기보호
인간의 인간에 대한 늑대

내가 살아가는 이곳은 저마다의 복잡한 상황 논리
가 공존하는 곳
생존의 순수성과 이기적인 물욕의 어지러운 대결
그 갈등의 봉우리를 넘어서 날고 싶은 이곳
오늘도 나는 유토피아를 꿈꾼다.

글·그림
김병극
金炳克
(서양화)

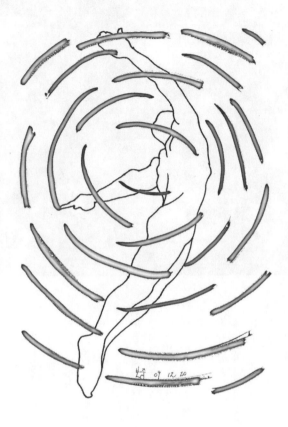

창조

「고난 가운데에서도 창조를 열망하는 자들은 새 힘을 얻어 독수리가 날개 치며 올라가듯 할 것이며 달음질하여도 지치지 아니하고 외로이 걸어가도 흔들리거나 피곤치 아니하리라」는 창조에 대한 열망으로 도약하는 춤동작에서 영감을 보았다。 창조하는 일은 드넓고 높은 창공을 솟구치는 힘이나 그 힘은 지상에 엄연히 늘 상존하는 고뇌와 고통을 동반한다。이를 디디고서야 환희에 찬 도약은 비로서 진정한 창조의 의미를 갖게 된다。

글 · 그림
김보중
(서양화)

춤, 목우 그리고 나

나는 춤으로 늘 나의 작은 우주를 그리려고 했지만 결국 작은 우주가 아닌 윤회라는 큰 바퀴 속에서 돌아가고 있다는 의미를 느끼면서 나의 춤과 인생에 그 깊이를 채워왔다. 내가 조동화 선생님을 만난 것은 대학원 논문 심사위원인 선생님을 찾아갔을 때이다. 추운 겨울 짙은 감색 코트를 입고 오신 선생님 인상이 지금도 내 머릿속에 남아있다. 늘 소탈하신 모습에서 고고함이 느껴졌다. 그러고 보니 우리 무용계는 물론 나 개인으로도 「춤」지와의 인연은 길고 끈끈했다.

나는 골동품을 좋아한다. 큰 돌보다 상여에 달았있던 작은 목우(꼭두)들 속에서 나의 삶의 방법과 희열을 볼 수 있는 눈을 가지게 되면서 그것을 찾아다녔다. 가끔 선생님께서 특이한 목우가 있으면 내게 알려주시기도 했다. 나는 선생님의 격려 덕분에 목우 숫자를 점점 늘렸다고도 생각이 된다. 그 목우의 아름다움 덕에 나는 작품 속에 가면이나 인형을 많이 활용했고 목우들의 소리를 들으면서 내 작품들 속에 많은 사람들의 인생을 담을 수 있었다. 페르시아 시인인 오마르 하이얌이 「나는 물처럼 왔다 바람처럼 가는구나」라고 했던 11세기의 글귀와 불교적 자연관이 둘이 아니라는 생각을 하면서 선생님은 가셨지만 500호를 맞이하는 「춤」지의 역할은 여전하다는 생각을 한다.

글
金福姫
김복희
(현대춤)

상념의 춤

모든 이들이 잠드는 시간, 잠을 청하려 자리에 눕는다. 어지러이 스치는 일상의 찰나들이 지나간다. 사랑하는 사람들과 잊혀가는 사람들, 기억하고 싶거나 기억하고 싶지 않은 순간순간들이 덩어리 되어 흩어지고 그 속에서 무엇인가를 찾아 헤매는 나를 본다. 얼마쯤 지났을까.

가중되는 혼란 속에 머리를 흔들고 일어나 불을 밝히고 앉는다. 서서히 퍼져가는 스탠드 불빛 왼쪽으로 오래전에 제작했던 테라코타 소품들이 보인다. 물고기를 타고 있는 꼬마 녀석, 울고 있는 녀석과 포옹하고 있는 남녀 상들이 차례로 불빛에 드러나고 그 옆으로는 왼발을 한껏 치켜들고 비상하듯 춤을 추는 작품(승무)이 보인다. 비록 세련미는 없지만 투박하고 영성한 점이 오히려 정감 있어 평소에 내가 애착을 가지고 있는 작품 중 하나이다.

표현할 수 없는 슬픔을 누르고 절제로 넘치는 내면의 의지를 한바탕 춤사위에 묻으려는 비구니의 치맛자락 그 속에 나 또한 들리지 않는 노래를 부르며 보이지 않는 춤을 추며 잠들지 않는 밤을 보낸다. 내 마음의 거리에서.

글·그림
김金 奉 徹
봉
철
(조각)

나의 무대 舞臺

도장을 새기듯 목판(木板)을 만들어 찍을 때에 나는
바탕을 대개 회색으로 한다。 검정색을 아주 엷게
찍으면 곧 회색이 나오는 것이다。 이런 작업은 대
개 밤에 한다。 조용한 가운데 잡념을 버리고 몰두
할 수 있기에 ⋯⋯。

같은 판을 여러 장 찍다 보면 이 작업 자체가 하나
의 틀이 되어버린다。 잉크를 칠한 다음 종이의 양
옆을 두 손으로 받쳐 든다。 조금도 틀리지 않게 하
기 위해 힘껏 누른다。 가로、 세로、 둥글게、 고루
고루 문질러준다。 그리고 또 한 장의 장⋯⋯。 나
는 기계마냥 손、 발、 눈、 온몸을 자동으로 움직
이고 있다。 이럴 때 머릿속에 남아있는 회색 톤의
바탕이 하나의 무한한 공간을 만든다。 나의 몸체
는 점점 작아지며 이 공간에 빨려들어 간다。 미끄
러졌다가는 다시 서고、 빙글빙글 돌다가는 멈추
기도 하고─ 공간 속의 춤이 계속된다。
이 공간을 나의 무대라 하고 싶다。 아무 거리낌 없
이 무대 위에 연기가 계속된다。 공간은 한없이 넓
혀진다。

글 · 그림
金相九
김상구
(판화)

당신은 춤이다

― 금연재(琴研齊) 주인(主人)계※

당신은 춤이다.
당신은 그냥 춤이다.

당신은 춤이다.
당신은 그냥 춤이다.

인사동(仁寺洞)을 거닐어도
당신은 춤이다.

공간(空間) 사랑에 나타나도
당신은 춤이다.

마로니에 대학로(大學路)에서도
당신은 그냥 춤이다.

때로는 돌을 본다.
당신은 돌과 말을 한다.

돌은 춤을 춘다.
이윽고 돌을 보고 있으면―

아무것도 없는 평지(平地)
그 평지 위서 물결이 인다.

드디어 한 덩이 돌!
물결을 뒤집어 씌운다.

金相沃
김상옥
(시인)

* 춤지 조동화 선생을 지칭하는 말, 260p 참조

그 유연하고 섬세한 선(線)이

재작년에 대북(臺北)인가 하는 곳에서 그곳 고전가무극(古典歌舞劇)의 하나인「홍랑(紅娘)」의 TV 녹화 실황을 볼 수 있었다. 무슨 가청(歌廳)인가 하는 곳에서 그곳 고전가무극(古典歌舞劇)의 하나인「홍랑(紅娘)」의 TV 녹화 실황을 볼 수 있었다.

그때 가장 인상적인 것은 그녀들이 손가락을 움직이며 그리는 갖가지 표현이었다.

나는 이른바 춤과는 전혀 관계가 없을 뻣뻣한 성격을 가진 타이지만 그렇기에 오히려 그들이 그리는 그 유연하고 섬세한 선(線)이 아프도록 눈에 새겨졌는지 모를 일이다.

하기야 나 같은 뻣뻣한 것이 있어야 부드러운 것이 돋보일 것이며, 그런 까닭으로 나름대로 춤의 소재(素材)의 한구석을 차지할 수 있으리라.

물의 잔잔함과 출렁임, 메뚜기가 뛰고 족제비가 달리며, 나비를 기다리며 꽃잎은 하늘거리고, 앙상한 가지 끝에 바르르 떨고 있는 잎새들. 왜 이 모든 것들은 저마다의 목숨을 살며 스스로를 노래하며 춤추고 있는 것일까.

모든 존재하는 것들은 어느 무엇에 의해서, 그리고 무엇을 위해서 제각기 노래하고 춤추며 슬퍼하고 기뻐하며 침묵하고 있는 것일까.

글·그림 金瑞鳳
김서봉
(서양화)

웃 음

핑그르르 꽃이 피어난다. 향기가 뚝
뚝 묻어 난다.

어느새 창밖에 봄이 무르익어간다.

리드미컬한 바람따라 소리도 못 낼
만큼 아픈 성장통 겪으며 슬금슬금
봄이 자라난다.

씰룩씰룩 춤을 춘다. 이것이 춤인지
허우적거림인지 … 손끝이 움직인
다. 발끝도 덩달아 비비적댄다. 몇
시간 전부터인지도 모르게 틀어져
있는 라디오였는데 제목도 모르는
음악에 나도 흔들흔들, 무슨 행위를
하는 양 흔들흔들어 춤을 춘다.

음악이 끝났다. 허우적대던 내 팔도
제 자리로 돌아왔다. 내 발도 돌아
왔다. 다시 창 넘어 봄의 춤을 만끽
한다. 봄의 일부인양 움직거렸던 내
몸을 보니 피식 웃음이 난다.

글·그림

김錫석蘭란
(도예)

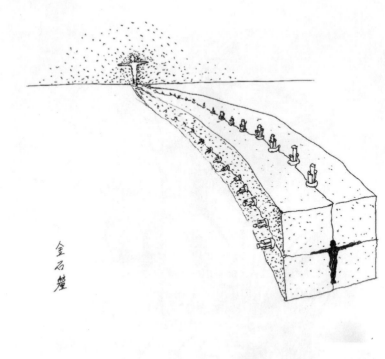

돌을 바라보다

돌에 관심이 많다.

아니 좋아한다. 나와 너무 많이 닮아서다.

돌의 조각적 유미성보다 정직한 물성을 좋아한다.

우리는 한계에 부딪치는 것을 좋아하지 않는다.

한계는 너무 적나라하게 자신을 남에게 드러내야 하는 부담감이 있어서 피하고 싶어 한다.

하지만 나는 「한계」라는 단어를 좋아한다. 「한계」라는 단어가 갖는 진실성을 좋아한다.

돌의 물성적 한계를 드러내는 작업을 해왔다. 돌의 가장 진실한 모습을 찾아주고 싶어서다. 돌의 물성적 한계를 보여주는 것이야말로 돌의 가장 진실된 모습일 것이다.

나는 돌의 물성적 한계에 나 자신의 한계를 투영하고 싶다.

조각가로서, 예술가로서, 한 인간으로서 한계를 적나라하게 드러내 보임으로써 진정한 나의 정체성을 찾고 싶다.

글·그림
김 석 희
(조각)

즐거움의 목록

길을 걷다가
문득 위를 올려다보았다.
잔가지 사이로 비치는 푸른 하늘을
배경 삼아 나무의 몸체에서 떨어져
나온 이파리들이 위로 아래로
흩어졌다가 화환처럼 원형으로
모여 든다.
아, 애들이 가만히 춤을 추네…
살짝 마른 채 가볍게 날고 있는
이파리들은 둥글게 원을 그리며
나를 초대한다.
그 원형을 따라 꿈꾸듯
함께 춤을 추니
이제 내 즐거움의 목록이
한 줄 늘었다.

글·그림

김선기
金仙起
(서양화)

애련哀憐한 단풍의 춤

늦가을 태양에 익어 기우뚱 거리는 단풍의
춤。 된서리 밑에서 초록색 자태를 여미고
족두리 풀 듯이 파르르 떠는 애련한 마지막
풀잎의 춤。

보라! 오늘도 저렇게 광란하는 인간들의
부딪치는 소리며 수 없이 질주하는 자동차
들의 흔들림´ 그리고 또 밤이면 무엇이 아
쉬워 볼륨 높은 아프리카 내음이 섞인 소
리에 맞추어 또 그런 몸짓으로 흔들어 대
는가。

문풍지 사이로 떨려오는 덩덕쿵 하는 징소
리´ 장구소리 그리고 퉁소소리에 맞추어
내 할머니 어머니 그저 좋아 비벼대던 그
어설픈 춤들이 기다려진다。

세월아 세월아 희로애락 그 속에 숨 쉬고
배고프지 않을 만큼 흥겨운 너의 가락은
꼭꼭 숨어 지는가。

보렴。 널 무척이나 기다리는 우리들의 이
열망하는 마음들을。

글·그림

金鮮會

김선회

(서양화)

마치 처음처럼

난 조용히 다가가 무아지경에 빠졌어.
어릴 적부터 쏟아 붓던 생소한 낱말들의 소음에.
요술 막대기를 찾았어.
나의 속된 하루에서,
하늘나라로 꿈꾸러 가는 그런 막대기를.
좁고 긴 오솔길 위의 자갈들
때때론 나에게 사랑과 은혜로 다가오고.
눈이 부시게 청명한 어느 날
머리엔 아침 이슬을 머금고
한낮의 황금빛 따스한 몸으로 다가와.
꽃다발을 전해주면서
분에 넘치게 아름다운 노래를
석양 너머로 불러주는 그녀
뺨을 살짝 부비며 한밤중엔 아주 조용히 다가와
빨간 촛불을 밝혀 주겠지.
그녀가 돌아가면 언젠가 돌아올꺼야.
아주 멋진 겉옷을 입고서.
난 아주 조용히 다가가 그녀를 그릴꺼야.
항상 그랬듯이 다시 마법을 걸어서
마치 처음처럼.

글·그림
김 金
燮
섭 (서양화)

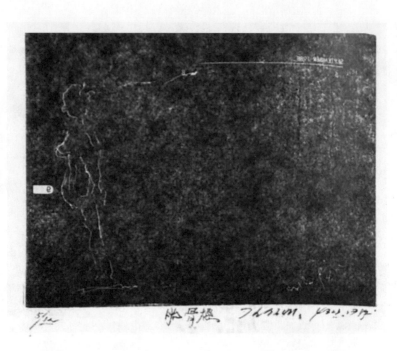

물과 함께 춤추는 사람

상상해본다.

사람이 물과 함께 춤출 수 있음을.

태고의 인류생활은 어떠했을까?

언어의 이미지는 상상의 사건인가?

여성의 생태 전략으로서의,

긴 머리카락, 그리고 춤추는 미역.

산고의 고통과 물의 비중에 의한 부드러움.

갓난아기의 손아귀 힘과 머리카락 움켜쥐는 여

자들의 싸움.

수면 위로 부서지는 햇빛과 고기비늘.

또는,

남정들의 공격적(攻格的) 생존투쟁.

영원히 되풀이 되는 바닷물의 출렁거림, 파도.

삶이란 결국, 「있음」을 사랑할 수밖에 「없음」

인가.

글·그림

金成培

김성배

(화가)

춤, 뚜렷하게 전달되는 구체적인 말

춤을 추는 연습중인 아름다움

중학교 3학년 가을 담임 선생님의 권유로 무용을 시작한 지 26년이 지나고 27년에 접어드는 지금 2017년에 난 어디에서 무엇을 하고 있는 사람인가?

언제나 난 무용을 하고 만드는 사람이라고 스스로를 소개한다. 또 그러면서도 「나의 춤」 그 실체를 정확히 꺼내어 보여줄 수 없기에 예술을 가장한 너무도 추상적인 궤변을 늘어 놓는 사람처럼 보일 것이라는 생각 또한 늘 있다.

스물다섯에 첫 작품을 안무한 후 지금까지 크고 작은 100여 편의 작품을 안무했다. 그동안 내 안에 숨어 있던 다른 「정서와 지식」 세상의 모든 부속물들과 만나 부딪혔다. 느끼고, 배우고, 머물면서 내 안의 허물들도 깨지고 변화하면서 살아있음을 깨닫는다. 지난 100여 편의 안무작들이 그렇게 내게 말을 걸어온다.

늘 그러했듯이 일 년에 서너 번은 공연을 이유로 또는 배움을 목적으로 무용과 함께 여행을 한다. 그리고 며칠 전 엘살바도르 공연을 마치고 어느 방송국과의 인터뷰에서 질문을 받았다.

「당신의 무용은 무엇인가요?」

그리고 난 이렇게 답했다.

「하나의 주제에 집착할 때 내가 느끼고 생각하고 보는 모든 것을 내 마음에 들 때까지 그려보고 지우고하며 만들어 보는 것」이라고, 「그것은 내게 있어서는 말로 할 수 없는 아주 구체적인 말 그래서 뚜렷하게 전달되는 것」이라고 말이다.

글 · 그림
金成用
김성용
(현대춤)

87 | 춤이 있는 풍경 |

미미의 추억

10년 전 지금의 배우자와 그녀의 가족을 처음 만났을 때, 나를 처음 반기던 친구가 반려견「미미」였다。미미는 아내와의 결혼 이후부터 나와 한 식구가 되었다。

1년 남짓 지난 어느 날 아내의 첫 임신으로 미미와 잠시 헤어지게 되었다。그런데 낯선 처남집에서의 생활 도중 미미는 가출을 감행했다。소식을 접한 아내는 출산 한 달도 남지 않은 만삭의 몸으로 미미를 찾기 위해 동분서주하였다。건강을 걱정하는 가족들의 만류도 뿌리치고 4주 동안 잃어버린 지역을 배회하며 찾아다니는 일을 멈추지 않았다。아내의 정성에 하늘이 감동해서일까。미미를 잃어버린 곳에서 수 킬로미터 떨어진 인근 지역 주차장에서 차 기름때에 찌들고 굶주림에 야위어 있던 미미를 발견한 아내는 이내 끌어안고 눈물을 멈출 수 없었다고 한다。눈물로 화장이 다 지워진 채 기름때 범벅의 애완견을 안고 해질녘 귀가 길에 오른 만삭의 여인을 상상해보는 일은 지금도 가슴 뭉찬 일이다。아이 셋의 엄마로 변신하여 분주한 일상을 보내면서도 몇 해 전 하늘로 떠나보낸 미미를 추억하며 지내는 아내의 모습이 대견스러울 뿐이다。

글·그림

金聖雨
김성우
(동양화)

삶의 흔적

겨우내 움츠렸던 차가운 바람은 어느새 훈훈한 봄내음을 안고 우리 가슴속에 활기를 불어 넣어 준다.

쉼 없이 쪼아 가는 정 소리와 거침없는 기계 소리에서 끝없이 요동치는 심장의 박동과도 같은 절대적인 소리를 듣는다.

머릿속에는 늘 아름다운 것에 대한 연민으로 가득차고, 눈은 살아 숨 쉬는 모든 것들을 탐닉하며, 거친 손은 하나의 조형의 언어를 써 나간다. 움직임이란 살아 있는 한 절대적인 것이 아닌가!

형형색색으로 다듬어 놓은 돌의 자취에서는 질펀한 들녘에 바삐 움직이는 농부의 발걸음처럼 끝없이 애착과 시간을 느낀다.

하나 하나의 작품에는 아슴푸레한 삶의 추억이 담겨있다.

글·그림
김성욱
(서양화)

진정한 그리움

저문 들녘에 산 그림자가 길게 깔리는 저녁, 이렇게 저녁과 밤이 쓸쓸한 까닭은 이 시간이 바로 생각을 위한 시간이기 때문일 것이다. 생각에 잠겨 아름답게 번지는 붉은 노을을 바라다보면 마음 깊이 이름 지을 수 없는 그리움이 쌓인다.

'진정한 삶' 진정한 사람' 진정한 열망을 그리워하는 것이다. 어쩌면 만날 수 없는 그리움의 대상은 사랑이 치받치는 한순간에, 훈훈한 우정 사이에서, 천진한 어린아이의 웃음소리에서, 기도하며 우는 한 인간의 뒷모습에서 만나질 수 있는 건지도 모를 것이다.

우리의 행복은 이러한 그리움처럼, 매만져지지 않고 눈물로만 느껴질 수 있는 건 아닌지. 그러기에 시(詩)가 되고 춤이 되고 그림이 되고 노래가 되고 기도가 되는 것일 게다.

오늘도 진정한 너를 위한 그리움을 그린다.

글·그림

金成駿
김성준
(화가)

리오의 삼바춤

오래전부터 리오데자네이로에서의 카니발때 추는 「삼바춤」을 그려보고자 했었었다. 그런 희망사항이 실현된 것은 십여 년이 지나서 브라질에 여행을 할 기회가 생겨서였다.

카니발 때가 아니어서 「삼바춤」의 시가지행진을 볼 수는 없었으나 해외관광객을 위해 「삼바춤」만을 보여주는 극장이 두세 군데가 있다기에 그중 큰 극장으로 골라들어 갔었다. 조명이 어둡기에 특별히 주문(?)을 해서 대형양초를 두 개 내 테이블 위에 놓고 크로키를 했었다.

움직이는 것을 보고 그리는 것이므로 화면의 크기는 머릿속에 넣고 그 대상(對象)만을 보고 손을 놀렸다. 약 사십여 명의 무희를 그린 것을 나중에 집에 와서 한 장면에 정리해서 구도를 잡고 색채의 조화를 맞추고 동작의 특색까지 살려 집약해 그렸다.

이렇게 여러 복장을 한 무희가 한 장면에 모이는 것은 끝날 무렵 피날레를 장식하기 위한 춤을 출 때가 된다. 이때 격렬하게 춤추던 무희의 하이힐 한 짝이 관중 속에 날아와 유리컵을 깨기도 했다.

글·그림
金星煥
김성환
(만화)

알 수 없는 몸짓

머리에서
발끝까지
절절히 녹아있는
추함과 아름다움

진하고 푸근한
몸짓과 표정으로
녹여내고

끝을 알 수 없는
한을 달래려
살포시
배냇짓을 한다.

글·그림

김 성 호
金成鎬
(서양화)

환희와 영혼의 리듬

춤을 모르는 내가 무용을 이해하게 된 것은 인도네시아의 발리섬의 춤을 보고서였다.

영국정부 초청으로 런던에 갔을 때 로열 발레를 보고도 무대장치가 화려하다거나 예술적이라거나 하는 것은 이해가 갔으면서도 솔직히 말해서 발레 그 자체에 대해선 큰 감명을 받지 못했었다. 그런데 발리섬의 춤을 보았을 때에는 춤 그것에 깊은 감명을 받게 되었으니 그 이유는 무엇일까?

거기에 삶의 환희가 있고, 몰려왔다 밀려가는 파도의 강열한 리듬이 있었기 때문이다. 특히 원숭이 춤은 그랬었다. 벌거벗은 남성들이 몸을 뒤로 젖히면서 내는 일정한 소리─찹찹…찹찹…찹찹… 똑같은 소리의 반복이면서 그것이 나를 흥분시키는 것은 그 속에 영혼이 들어있어서였다. 수십 명의 나체 남성들 사이를 인도네시아 고대(古代)의 상차림의 여성이 인어같이 헤엄치며 돌아다니는 품은 가히 파도 위를 약동하는 한 마리의 싱싱한 생선을 연상케 하였다.

글·그림

金星煥
김성환
(만화)

그림자 춤

부부동반으로 4일짜리 일본온천여행에 끼어 들었었다. 후쿠시마공항에서 이와키시(市)를 경유, 「스파 하와이안 리조트」에 도착하였다. 여기엔 커다란 돔형식 온실 속에 하와이 해변가나 발리바닷가를 모방한 소형인조바닷가들이 몇 개나 있는데, 주로 신혼부부나 대학생층이 고무보트나 수영을 즐기곤 한다. 그러나 우리 노년층은 에도(江戸)시대의 욕조를 표방한 노천(露天)온천을 즐긴다. 조용한 온천장 주변은 일본 막부시대의 가옥과 회랑으로 둘러싸여 있고, 그 중 옛 가옥 한채에선 옛 일본춤을 그림자를 통해 보여준다. 전통의 상을 입은 여성이 샤미센에 맞춰 춤을 추는데ㅡ 공중엔 달이 떠 있어서 여간 운치가 있지 않았었다.

글·그림
金星煥
김성환
(만화)

어머니의 발

처음 혼자 일어설 때가 언제였는지 까마득하다. 77년의 세월을 디디고 일어설 때 아무도 잡아 일으켜준 적은 없었다. 혼자일 때가 많았지만 그래도 두 개여서 다행이다. 모든 무게와 고통을 혼자서 떠안고 버텨왔으니 돌보다 단단하고 나무껍질보다 단단한 주름으로 새겨졌다. 네 덕분에 다녀본 이 세상의 여기부터 저기까지, 눈이 호사를 누릴 때도 고단했던 너에게 경의를 표하지 않았다. 이제는 내 몸이 누린 삶의 무게가 고스란히 내려앉았는지 감각이 무뎌진다. 비가 오면 밤이 내리면 몸과의 인연이 지겹기라도 하듯 쥐가 나서 어쩔 줄 모른다. 「탁 탁탁」 두드리다 밤새 뒤척인다. 가고 싶은 곳이 아직 너무 많이 남았으니 조금만 더 버티라고 내 생의 무게를 다 남기지는 않을 거라고 말을 건넨다. 발에게.

글·그림 김수 (설치예술)

모로코의 민속춤

지난 달 세계건축가연맹의 이사회가 모로코의 아가디르(agadir)시에서 열려 참석차 방문의 기회가 있었다.

미지의 세계의 방문은 언제나 가슴을 떨리게 하는 것이지만 그곳 만찬회 석상의 여흥으로 마련된 모로코 민속무용을 보고 또 한 번 가슴이 떨렸다.

어쩌면 그렇게 우리것과 비슷한가! 두루마기 같은 백의에 설장구를 둘러 미고서 피리를 불며 띠고 돌아가는 것은 우리 농악의 바로 그것이었다. 그 선율운동 바로 아프리카의 북단 탄지어를 건너 구라파대륙을 통하여 몽고 한반도 까지 이미지가 고속도로 달려서 연결되는 것을 느꼈다.

글·그림

김수근

金壽根

(건축)

잿빛 환몽幻夢

도시 생활에 찌든 몸과 마음을 가끔은 시골 장 주막이나 서낭당길 스산한 외길을 걸으며 어렴풋이 떠오르는 무속(巫俗)의 환상(幻想)에 젖는 습관이 생긴 것은 30여 년 전부터인 듯싶다.

원시종교 형식이든 무지(無知)이든 간에 영혼이 깃들어 한 민족의 삶을 엮어 가며 자연에 순응하고 슬프고 아픈 사람의 마음을 해방시켜주기 위해 신들린 굿거리를 펼치던 그때에 어린 시절의 인상을 더듬어 잿빛 환몽에 젖곤 하는 것이다.

가냘프고 여린 무당의 춤사위나 구슬픈 상여의 행렬이 영원한 고향을 향해 무겁게 흘러가는 리듬이나, 장터 주막의 젓가락 장단이 내게는 오늘을 살고 있다는 지각(知覺)을 갖게 해주고 오늘을 화폭엔 언제나 나와 이웃이 어우러져 있기에 아름답게 살고 있나 보다.

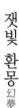

글·그림
金守益
김수익
(서양화)

물, 허수아비(1992)

아해가 치는 물 · 맴장구

무더위가 저 멀리 달려가는 소리인가 봅니다.

톡 : : : 탁 : : : 톡 : : : !

빗소리가 창밖 허공을 달려와 부딪쳐 흘러내리는 모습들이 보입니다.

영락없는 무대 위 점프하다 구르고 달려가다 구르고 돌다가 미끄러지듯 달려 나가는 무용수들이 움직이는 그림입니다.

떨어지는 물방울의 선들과 땅 위에서 튀어 오르는 물방울 리듬에 마음을 빼앗겨 / 비 맞으며 발로차고 노는 물맞이를 한 기억과 그 느낌을 아꼈다가 「물 · 맴자리」 작품으로 1992년 춤의해 춤 작가전아르코대극장에 올라가기도 했던 젊은 날 신선했던 즈음으로 마음이 달려갑니다.

춤 풍경을 그리다 비가 있는 풍경 춤으로 지난 날 붉은 옷의 아해(我)가 물 · 맴장구 칩니다.

글 · 그림
김수현
金秀炫
(한국춤)

| 98

나는 춤에게 빚을 졌다

나에게 춤이란? 이 물음이 유독 지금에 와
서 왈칵 목이 더 메는 것은 왜일까! 그것
은 나의 인생에서 춤은 나를 지탱하게 해준
유일한 존재였다는 것을 지금처럼 절실하
게 느껴본 적이 없었기 때문일 것이다.

나이가 사람을 만든다고 했든가? 나는 뒤
늦은 나이에 뜻하는 바 있어 「더춤연구원」
을 지난 오월에 설립, 오픈한 바 있다. 왜
그만 쉬어도 될 나이에 새로운 스트레스거
리를 자초했을까? 그건 단 한 가지 이유에
서다. 빚을 갚기 위해서다. 춤은 오늘의
내가 존재 할 수 있도록 나를 지켜주고 받
쳐주었다.

춤은 나에게 또 다른 생명체였다. 나는 지
금 조용히 흘러내리는 한줄기의 샘물이고
싶고, 텃밭의 거름이고 싶다. 한 움큼만
큼의 빚이라도 갚기 위해 …

「실성초」이 춤은 나의 자화상이다. 인생
의 현세적인 갈등과 이상을 향해 몸부림치
는 육체와 정신의 혼돈 속에서 자아를 찾으
려는 몸부림.

아! 춤으로의 인생이다. 춤을 통한 희열
과 아픔, 그리고 고통과 행복, 나는 춤에
게 많은 빚중에 빚을 졌다.

글
金淑子
김숙자
(한국춤)

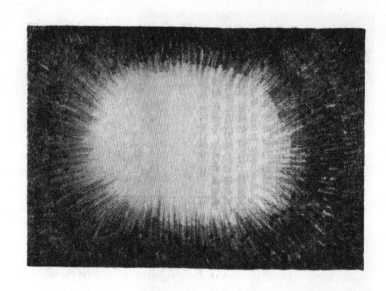

어떤 무용가의 꿈

부슬비 내리는 어느 주말,
시끌시끌한 대학로에서 아무렇게나 어우러진
무리들.

꽹과리를 악쓰듯 두드리는 패.
탈춤 리듬인가 한 북소리에 덩실거리는 패.
전자 기타의 팽팽한 음률에 정신없이 나뒹구
는(?) 싱싱한 패. 흥인가도 싶고 한(恨)인가
도 싶고, 어거지인가도 싶고,
내겐 멍청한 주말이었다. 그 패거리 속에서
유독 진지한 어느 춤패 한 무리들.
언젠가 들어본즉 한「이름」에 특이한 무용복
차림으로 정열이 펄펄 끓는 듯, 땀과 비에
후줄근 젖어진 춤판의 냉냉한 북소리가 물방
울이 되어 가슴을 치고 있었다 …….

글·그림
金順玉
김순옥
(서양화)

조동화 선생 1주기 헌정춤 「귀거래사」(2015)

춤, 어깨의 표정으로 말하는 것

춤은 추어지는 것. 절로 추어지는 것이다. 흥이 나면 어깨를 으쓱하게 된다. 괴로울 때도 어깨를 들썩인다. 야캅손이 안무한 「스파르타쿠스」에서 프리기아의 슬픔이 어깨의 미세한 떨림으로 전해져와 왈칵 눈물을 쏟았다. 최현, 배명균, 조흥동의 한국적인 어깻짓은 오래토록 나를 행복하게 했다. 임성남이 안무하고 이상만이 춘 「카르멘」의 돈 호세는 마음의 갈등을 표현할 때 어깨로 먼저 움직였다.

생전의 조동화 선생님을 생각하면 떠오르는 모습이 있다. 춤지 사무실 창을 등지고 앉아 가위와 풀을 이용해 사용했던 봉투를 뒤집어서 다음호 춤지를 넣을 봉투를 무심하게 만들고 계셨던 그 조용하며 쉬임 없던 어깨의 춤! 그러고 보면 인간의 움직임 중 희로애락을 나타내는데 가장 간단하면서 효과적인 부위가 바로 어깨라는 생각이 든다.

발레에서는 어깨가 놓이는 방향, 각도에 따라 만화경처럼 무수한 춤동작의 형태가 만들어졌다가 흩어졌다 하며 하니까 말이다.

에폴망, 에파세, 에카르떼, 에폴레….

글
김순정
金順丁
(발레)

마임코포렐
MIME CORPOREAL

파인아트를 전공한 나에게 「마임코포렐」은 소리없는 종교다。프랑스에서 살던 당시 우연한 기회에 「모던마임의 아버지」에띠엔느 드쿠루의 어시스턴트였던 토마스 리브하트에게 마임수업을 받은 후부터 내 일상은 상당히 마임화되었다。20세기 초 노동자들의 절제된 동작으로부터 영향을 받았다는 에띠엔느 드쿠루의 스트레칭은,' 경제적이고 요가수준의 명상을 동반한 무리하지 않은 동작으로 확실한 다이어트와 균형잡힌 복근,' 아름다운 척추를 유지할 수 있게 해주며 또한 표정관리와 음성관리까지 가능하게 해주는 비법이다。

아침에 눈떠서 일어나는 순간부터,' 커피를 마시는 순간,' 걸어가는 순간,' 옷입는 동작 순간순간마다,' 그리고 계단을 내려갈 때도 마임코포렐은 그림자처럼 쫓아다닌다。사람들을 만나서 인사하는 순간,' 지하철에 올라타 주변을 두리번거리는 순간,' 파티에서 춤을 추면서도,' 의자에 앉기만 해도,' 마임코포렐은 항상 나와 함께다。심지어 책을 읽을 때도 그림을 그릴 때 조각을 하면서도 그 내용보다도 독서하거나 작품 만드는 자세가 더 중요한 것이 아닐까 하면서 살고 있다。

글 · 그림
金承均
김
승
균
(조각)

마음 춤

그림 그린 지 20년이 지났는데도 아직 하얀 화선지나 새 캔버스를 눈앞에 펴놓고 있노라면 마치 내가 그 하얀 공간 속으로 흡수되어 버릴 것만 같은 긴장을 느끼곤 한다. 더구나 벽 한 면만큼이나 큰 대형 캔버스를 앞에 놓고 ' 작업에 임하기 전에 느끼는 그 고조된 긴장이란 어쩌면 결투장에서 상대와 맞부딪치는 대결 같다고 한다면 좀 과장된 표현일까.

아무튼 나는 그런 섬뜩한 긴장을 나름대로 푸는 비법(秘法) 같은 것이 있다. 그것은 춤이다. 실지 동작으로 추는 춤이 아니라 순전히 마음으로 추는 ㄴ마음 춤ㄴ이다. 화판이란 우주 무대에 몸과 마음을 온통 발가벗고 들어가 그 하얀 저항체(?)를 향해 마치 미친 듯이 종횡으로 선을 그으며 화면 구석구석을 뛰다 보면, 차츰 생소한 화면이 익숙한 물체로 보이기 시작한다. 그때 그 팽팽한 긴장감에서 풀려남을 느끼는 것이다. 나는 이때서야 그림 그릴 준비를 서두른다.

글 · 그림

김승희
金承姬
(동양화)

춤을 추자

춤을 추자 기쁨의 춤을
목을 세우고 깃털을 고르고
다리에 힘을 주고
온몸에 힘을 빼고
하늘을 향하여 날자
마음의 기도를 실어

춤을 추자 희망의 춤을
눈빛을 세우고 마음을 고르고
뜻을 실어 하늘로 나르자
온몸으로

춤을 추자 모든 것을 버리고
욕심 허영 다 버리고
착한 마음을 실어 춤을 추자

먹구름이 일기 전
하늘에 고운 구름 있을 때
춤을 추자 나의 마음의 춤을
마음의 기도를 온몸으로 전하자。

글·그림
김시용
金時用
(서양화)

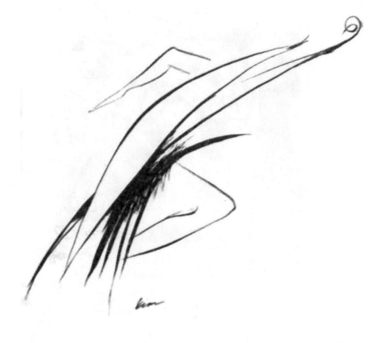

어느 사랑 이야기

한쌍의 무희가 연출하는 긍정의 빛깔, 또 부정의 빛깔···. 금기(禁忌)와 혼란(카오스)의 한판보다 예술로 승화시키려는 땀의 몸짓 그 위대한 작업을 감상하고 있는 나의 머릿속에 연상되는 선, 율동, 긴 장갑. 현대인의 사랑과 삶의 모습을 누구는 몸짓으로, 누구는 선과 색으로 공감대를 찾으려 노력해본다. 목이 마르면서부터 마지막 절정에 이르러 한 모금 신선수를 마신듯 온 몸에 힘이 빠지고 욕망의 해소도 되는 즈음···, 그것을 위해 우리는 그 많은 에너지를 소비하여 작업을 한다.

글·그림

김애리

(서양화)

울산 보고서

글·그림
金彦培
김언배
(섬유미술)

그러므로 깊은 생각 없이, 그리고 그때의 의식과도 전혀 관계없이 돌발적으로 반사회적 행위를 하는 충동정신병(衝動精神病) 중에는 방화광(放火狂, Pryomania)처럼 요컨대 독립입지를 확보하지 못한 정신적 단세포 증상을 연상할 수도 있을 것이다.

빛이거나 온도 혹은 몸부림에의 다소 구체적인 움직임. 절규(絕叫)하지 않아도 인생은 살아지련만 일상은 언제나 처절하게 무겁게 풀리지 않은 살(煞)이 여전히 뼛속에 남아 깊이 잠들지 못하게 한다. 머리를 풀면 욕망은 오히려 번민에 방화한다. 네 사주는 온통 불투성이니 스스로 타올라 해산하고 자유를 확보하면 그대로 분출, 해방춤, 억겁의 고리를 끊는 살풀이 춤.

갑작스런 전화벨 소리와 단락반응(短絡反應).

탈을 쓴 누드

나는 탈을 쓴 누드를 테마로 한 유화를 그려 놓고 어떻게 느끼느냐고 사람들에게 물어본 일이 있었다. 그들은 이상하게도 아주 싫어하는 사람들과 아주 좋아하는 사람들로 갈라졌다. 전자들은 한결같이 왜 사람들을 벌거벗기고 탈을 씌웠느냐는 것이다.

내가 탈을 쓴 누드를 소재로 택한 것은 탈이 가지고 있는 특성이 얼굴을 감추기 위하여 뒤집어쓰는 가장물이라는 것과, 몽땅 벗어젖힌 누드와의 언밸런스 때문이다. 그것은 곧 허위와 진실과의 대조인 것이다.

원시사회의 종교적 주술(呪術)에서 기인한 탈춤이지만 우리나라의 경우 탈춤은 양반과 천민의 계급의식이 풍자적으로 담겨져 있다. 탈을 통하여 양반들을 웃음거리로 만드는가 하면 심한 외설적인 언어로 그들 밑바닥에 깔린 저항감 또는 본능적인 욕망을 희화화(戲畫化)시킨 것을 볼 때 탈이라는 그 자체가 과연 허위(虛僞)냐 아니면 진의(眞義)냐하는 것을 생각하게 해준다.

탈과 누드, 오늘도 나는 탈을 쓴 누드를 그린다.

글·그림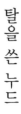

김金**영**鈴
(서양화)

花無十日紅

누가「화무십일홍」이라 했던가.

화려하고 아름다운 것은

곧 침잠하고 사라져 감을 아쉬워 하여 생긴 말이다.

꽃의 아름다운 춤!

꽃은 열흘간에 지고 마는

허무의 상징이 아니다.

길고 긴 겨울이라는 터널을 지나면

또다시 싹이 돋고

천사의 겨드랑이에 날개가 돋듯

피어나 꽃춤을 추는 희망의 상징이자 미래이다.

꽃이 피어남에서,

기다림의 미덕에서,

희망의 순환은 계속된다.

꽃의 춤은 영원히···.

글·그림

金英蘭

김영란

(서양화)

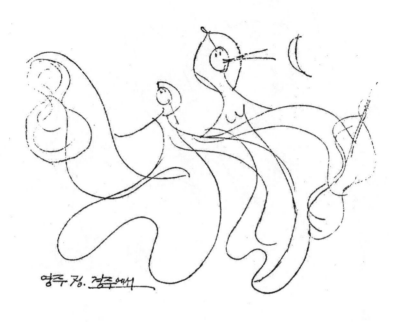

영주 정. 경주에서

더 덩실 낚아

님께서 사람 창조하신 뜻을 모르고 살아왔다. —
보고 먹다가 사랑하는 — 그밖의 온갖 탱금질
들은 무엇일까.

말(노래)이며 부림(춤)에 긋기(그리기)가 뒤엉
켜 수많은 사연을 안겨주는 까닭을 모르는 나
도 그짓 가운데 하나인 긋기를 업으로 살기는
살아오가고 있는, 말하자면 님의 사람 창조하
시면서 저지른 위대한 실수를 되풀이하고 있는
주제에 있다.

지금은 어느 구석에 잃어버린 채 더미가 되어
있을, 경주(慶州)의 예전 박물관 모서리에는
우리네 조상님들이 아련한 옛날 흙으로 빚어
구워 만든 온통 부림의 슬기가 뭉실 풍기는 토
우(土偶)가 여러 개 있었다. 불교가 삼보(三寶)
를 안고 오기 전에는 이 땅에서 산다는 현세의
즐거움을 매양 몸부림으로 덩실 더덩실 낚았나
보다. 시세 말로 「춤」이라는 걸 추자꾸나. 더
덩실 삶을 낚았나 — 즐거운지고.

글·그림
金永周
김영주
(서양화)

거인(巨人)의 소리

그 소리는 멀리서 들려왔다.

아주 먼 곳에서 속삭이는 소리처럼 아주 나직하게

그 소리는 어떤 함성(喊聲)보다도 높고

역사(歷史)의 깊이보다, 에무딘의 해연(海淵)의 수심(水深)보다

더욱 깊고 무겁게 울려왔다.

시인(詩人)만이 발견하는 잃어버린 해협(海峽)을 건너서

세계(世界)에서 가장 한냉(寒冷)한 공기를 뚫고

세계에서 가장 데리케이트한 함대를 바다 속에 파묻고

우리들의 왕(王)과 우리들의 감정의 도시(都市)를 지배하는

수장된 수부(水夫)와 우리들의 권태를 재창조(再創造)하는

그 소리는 멀리서 들려 들려왔다.

눈물을 머금고 아주 먼 곳에서 울려 왔다.

글 · 그림
金泳仲
김영중
(조각)

나의 너는 너의 나를 사랑한다

H에게

1992년 11월, 나는 한 통의 편지를 받았다.

전시 중이던 나의 어쭙잖은 작품이 H로 하여금 편지를 쓰게 하였고 그렇게 지금까지 우리는 6통의 편지를 주고받았다. 강아지를 좋아한다는 H는 계속해서 기르다 죽어버린 강아지 이야기를 하였고 조지 벤슨(George Benson)의 음악, 물건사기, 할아버지 할머니 등등을 좋아한다는 사실을 알 수 있었다. 언젠가 근사한 곳에서 자연스럽게 긴장한 모습으로 드라마처럼 만나기를 기대하고 있던 나에게 H는 좀처럼 정체를 드러내려 하지 않았다. …

나는 지금 두려운 마음으로 몰래 그녀의 커피 잔으로 커피를 마시며 다음 편지를 기다린다. 그녀는 커피 잔을 빠뜨리고 간 것이다.

글·그림

김영진
金榮眞
(조각)

꿈과 현실 現實

예쁜 여자 아이를 낳았으면…. 그리고 그 아이가 아빠 마음먹은 대로 우아(優雅)하게 자랐으면…. 그리고 또 그 아이가 춤을 추었으면 가능한 한 서양 춤을 추었으면 하는 게 10년 전의 내 소원이었다. 허지만 그 자그만 바람은 이루어지지 않았았다. 내가 거느리고 있는 졸개들은 모두 남자 아이들이기 때문이다.

재작년에 양지(陽地) 화랑에서 문인화전(文人畵展)이 있었다. 그때 나는 에스키스 일곱 점을 출품했다. 친구 어머니 박외선(朴外仙) 여사의 무용실에 가서 만날 발레리나의 푸로포션이 그것들이다. 그전이나 지금이나 발레리나는 아름다워야 한다는 생각은 변함없다. 내가 아는 발레는 수요일 날에 먹는 짜장면이 아니라, 금요일 밤에 촛불을 켜놓은 식탁이다. 텔레만의 「식탁 음악」이 들리고 조금 움직여도 낯익은 곡선이 보이는 그런 인체(人體)의 만남이어야 한다.

글·그림

김영태
金榮泰
(춤평론)

창을 타고 흐르는 내 그리움의 온도

다른 곳으로 달려가자
내가 소유할 수 있는 대기의 깊이만큼 흔들리는 단조로운
삶, 짧은 호흡, 거침없는 음향의 지느러미

외치고 싶구나
언젠가 유년의 계절
내 손끝을 깨문 철망 속 토끼의 빠알간 눈을, 아버지의
땅에서 자라던 오이넝쿨의 가벼운 손짓을, 반짝이며 내
려앉던 겨울의 입김을

철벽 철벽
새벽보다 느리게 걷는 나의 부조리 아침은 쌓아도 쌓아도
자꾸만 무너진다。 내버려둘 수밖에 없다 흑백사진 속
유년의 언저리를 배회하는 나를, 뒤척이는
새벽 창을 타고 흐르는 내 그리움의 온도를。

글 · 그림
金永憲
김영헌
(서양화)

다 잊고 탈춤을 추고 싶다

땅까당 딩딩 칭칭 쾅쾅

고향 앞마당 놀이에는 손에 잡히는대로 두들기고 몸짓나는대로 춤이 추어진다. 무딘 듯 둔해 보이던 사람들은 어쩌면 저리 척척 맞아 떨어지는 신나는 춤을 출까. 아낙들은 반쯤 얼굴을 베고 어깨짓을 하며 남정네들의 춤을 본다. 고향의 가을 추수놀이엔 으레 장정들만의 중심이 되어 기운찬 춤을 추고 있었다. 그 후 어쩌다 아낙네들의 꽃분냄새에 묻혀 코찔찔이 내가 봄놀이에 갔을 때 입이 딱 벌어지고 말았다. 정지간에 숨어서 장정들의 춤을 훔쳐 보던 다소곳한 아낙네들이 아니었다. 남빛치마 펄럭이며 장구춤이 시작되더니 흥이 오르자 꼽사춤, 엉덩이춤, 병신춤, 어깨춤 몸짓나는대로 희안하게 추고 있었다. 심지어 시아버지의 엄한 동작을 끼룩끼룩 흉내내며 깔깔대고 있었다. 그녀들은 해방된 귀여운 폭력배 같았다.

여인들은 가끔 탈춤이 추고 싶어진다. 탈을 쓰고 나면 세상만사 다 잊고 저리 가슴 저리도록 웃고 춤을 출께다. 누가 내게도 근사한 탈이라도 씌워주면 정말 신나게 춤을 출꺼나.

글·그림 金永喜
김영희
(조각)

우리의 춤
다소곳이 속삭이듯 간드러지는

첫째, 멋과 흥이 곁들기 마련이다. 즉흥적으로 그렇다. 춤은 아무나 출 수 있는 것이다. 춤 하면 조각이다.

러므로 춤은 시간과 거동으로 엮어지는 그림이요 멋이 극치를 이룰 때면 매혹의 마력을 가진다. 그 마찬가지로 춤은 흥에서 시작하여 가락과 율동의 그림에 능(能), 묘(妙), 신품(神品)이 있는 것과

추는 춤, 궁중무용, 서민적인 춤, 범무, 병신춤 등 여러 가지로 구분할 수 있다. 그러나 어떠한 춤이건 맥이 있다. 춤사위를 보면 바람막이, 쪼 갬, 가위질 짓는 춤 이런 것들을 장단에 맞춰 직 선미와 곡선미를 넣어 멋과 흥을 돋우어 율동하는 것을 춤이라 하겠다. 나는 정월 대보름 풍년을 구 가하는 농악이 메아리 칠 때면 여자로 분장하고 설장구 장단에 맞추어 나비나 되듯이 너울거리며 멋이란 반푼어치도 없는 춤을 추곤 법고놀이, 소 고놀이 보리대춤, 곱추춤 등 해괴한 춤도 흥에 겨 워 얼씨구절씨구 추어댔다. 마을은 온통 축제였 고 두리둥실 달밤이 다 하도록 육신거렸다. 남녀 노소 가리지 않고 얽히고설키어 춤을 추며 흥얼거 리는 들노래며 진도아리랑도 간간이 구색을 맞췄 다. 이제와 생각하면 중도 속도 아니지만 홍겨워 던 그날이 머리에서 맴돈다.

그러나 시대는 흘러가고 시대의 춤이란 댄스와 발 레가 도처 춘풍하니 보일 둥 말 둥 은밀하고 다소 곳이 속삭이듯 간드러지는 우리의 얼이 담긴 멋이 멀리 사라지는 것을 못내 아쉽게 생각한다.

글·그림
김옥진
金玉振
(동양화)

춤, 두둑한 보너스처럼
윤기 있게 반짝이는

• 빈 공간의 체온:: 텅 빈 공간이다. 마룻바닥에 눕는다. 바닥의 결을 따라 체온이 상승한다. 뼈마디 근육 사이로 긴장과 이완의 무게추가 움직이고, 또 움직인다. 그 추에 눈을 맞추니 심장의 소리는 달음박질한다. 들숨과 날숨의 노랫소리다. 슬픔과 기쁨이 교차되고, 기쁨이 슬픔을 타며, 슬픔이 기쁨을 부른다. 흥타령이다. 춤타령이다. 어느 새 거울에 비친 나의 육신은 아름다운 시선으로 나를 에워싼다. 빈 공간을 채우는 체온의 빛이다. 그 빛으로 나는 춤을 춘다.

• 춤을 춘다는 건:: 춤을 춘다. 춤이 또 다른 춤이 된다. 춤을 춘다는 건 무엇일까? 세상의 껍질을 벗어던진 부화의 연속이다. 기쁨의 부화다. 고통의 부화다. 삶의 부화다. 그래서 춤을 춘다. 춤을 본다는 건 우주의 항해다. 나를 찾고, 우리를 알고, 세상의 벽을 거칠게 넘는 행복한 여정이다. 오늘도 그 여정이 그립다. 함께 하고픈 항해다.

• 삶의 보너스:: 보너스는 언제나 옳다. 싫지 않고 밉지도 않은 존재다. 존재의 비밀, 춤은 말한다. 삶을 노래하라고, 움직여 소리치라고. 그 외침이 정겹다. 공간과 시간의 벽을 타고 오는 춤. 그 춤은 경계 없는 공기다. 따스하고, 때론 차갑다. 공간을 넘나들며, 시간을 낚아채는 마법의 손. 나는 그 손을 오늘도 맞잡고 있다. 두둑한 보너스처럼 삶의 윤기는 더없이 반짝인다.

글
金龍喆
김용철
(현대춤)

법고 法鼓

모든 것을 버렸다고 해놓고
사흘밖에 못 버틴 나약한 마음

어둠 깊어 가던 겨울산사
계곡을 진동하던 법고소리
흠뻑 젖은 스님의 장삼자락

하룻밤 꿈처럼 헤매는
집착과 오욕의 어설픈 걸음마다
그림자처럼 따라오는 그 소리, 그 몸짓

마음 심(心)자를 크게 그리며
장삼자락 휘날릴 때
한 꺼풀씩 벗겨지는 번뇌 망상

글·그림
김용호 金勇虎
(서양화)

코주부
어깨춤

내 춤 청하는데
사양할리 있는가

『춤』100호 기념호 잔치에 코주부 춤을 청하는데 내 어찌 사양할 수 있겠는가. 그래서 동경에서 이렇게 차려입고 나섰다.

얼씨구 좋다 …

인생이란 그런 것이 아닌가.

신나면 춤추고 신나는 일 없으면 춤 못 추는 것. 이 두 가지 표정밖에 사람 행위에 또 뭐 있는가.

자. 장구를 치세 …

오늘은 『춤』 백날 기념. 좋고 신나는 날. 모두 같이 춤이나 춤세.

얼쑤, 절쑤, 이것 봐라. 어깨 춤 절로 난다.

글·그림

김용환
金龍煥
(만화)

118

무용전공자들에 의한 최초의 신문

1994년 당시만 해도 여행지로서 생소했던 몽골의 수도 울란바토르에 갈 일이 있었다. 나는 「유네스코 동아시아 상호협력회의」한국 대표 자격으로 몽골행 비행기에 몸을 실었었다. 이 이야기를 듣게 된 조동화 선생님은「춤 기행문」을 써서「춤」지에 기고하는 게 어떻겠냐고 권유하셨다. 사실 학술논문 외에는 글을 써본 경험이 없었기 때문에 무척 망설였다. 그때 선생님은「글 쓰는 것 어렵지 않다。있었던 사실만 잘 기록하면 된다。그렇게 글로 남기게 되면 그것이 사료가 된다」하시며 용기를 주셨다. 그렇게 해서「우리 춤의 원류를 찾아 몽고로」라는 기행문을 기고할 수 있었다.

2001년에는 한양대 무용학과 한국무용 전공학생들과「HKJ」라는 연간신문을 발행했다. 이것을 받아 보신 선생님은「김 교수! 정말 의미 있어! 무용 전공자들에게 의한 최초의 신문이야! 좀더 자주 발행하면 좋은데 …」하시며 격려하셨을 뿐만 아니라,' 2011년「HKJ」창간 10주년에는 손수 휘호도 써주셨다.

어쩌다 보니 조동화 선생님과의 추억이 글과 관련됐다.「춤」지가 벌써 500호 맞게 된다니 더욱 그런가 보다.

글
김운미
金雲美
(한국춤)

필자가 고3이던 1988년 전주대사습놀이 참가 당시의 화면캡처

나의 지금 춤

화가의 아들로 태어나 당연히 그림만 그려대는 작은 소년에게 어머니는 엉뚱하게도 연기 공부를 제안했다. 그림 못지않게 영화에 빠져있는 나에게는 솔깃한 제안이었다. 당시엔 연기학과에 진학해야 영화 연출이 가능했고 그리해서라도 영화감독이 되겠다는 욕망에 매진해서 결국 부전공으로 추천받은 무용에 빠져들어 지금 이 글을 쓰고 있다.

고1에 그림, 고2에 그림과 연기와 무용, 고3에 무용 전공을 확정。 그리고 이어지는 춤에 대한 고민, 춤 사회에 대한 회의, 그리고 희망, 기쁨 등…。이제는 돌아갈 수 없을 정도로 멀리와 버린 춤의 미로에 갇힌 기분이다。그 미로 같은 세계에서 헤매는 또 다른 젊고 어린 시절의 김윤수와 닮은 예술가들과 함께 그림 같은 춤, 영화 같은 춤을 만들다가 그리고 지금은 그것들이 대체할 수 없는 춤으로 나가는 과정을 즐기고 있다。「춤으로 춤을 추니까 춤이 안 가끔 내가 하는 말。「본질 앞에 같이 서서 그것으로 춤을 만들어 보자고 말한다。그게 나의 지금 춤이다。

글
金潤秀
김윤수
(한국춤)

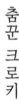

춤꾼 크로키

춤은 고뇌하는 인간의 몸짓이자 얼레짓이다.

목을 타고 아래로 조용히 움직이는 실 같은 환선(幻線)에서 우리는 언어보다 명료하고 선율보다 장엄한 하나의 메시지를 본다.

때로는 미미하게 때로는 노도처럼 토해내는 그녀의 몸짓에서 우리는 그토록 많은 언어들이 절절하게 전달될 수 있음을 본다.

튀어 오르다 쓰러지고 다시 비틀려 오르는 처절한 몸짓에서 우리는 간단없이 이어지는 한 인생사의 편린들을 본다.

그리고 멈출 듯 이어지는 그녀만의 애절한 이야기를 보면서 그리는 한줄기 먹 선을 따라 순백의 화폭 안으로 당신을 초대한다.

춤이 멈출 땐 그녀의 독백도, 찰나의 크로키도 모든 것이 끝이 난다.

글·그림 **김윤진**
(서양화)

태양의 춤

몸의 감각은 시각 체계와 다른 체계를 지닌 충만한 언어이다.

새로운 하루를 시작하기 위해 몸을 일으킬 때 느껴지는 나른한 감각이나, 다리를 움직여 산책을 할 때 발과 지면이 닿을 때 느껴지는 몸의 무게감, 하루 일과를 마치고 집으로 돌아온 후 다시 바닥과 나의 몸이 만날 때 느껴지는 안락함은 우리가 살아있다는 증거인 것이다.

뜨거운 계절의 한복판에서 주위의 화려한 시각적 유혹에서 벗어나 태양의 햇살을 가득 몸으로 품는 것도 하나의 도전이 되리라 생각된다.

글·그림

김金恩榮**은영**
(조각)

소망과 존재를 일구며

일상의 무거움과 가벼움 속에 치열함을 느끼고

때로는 먼발치의 푸르름과 잎새 떨어짐에

비로소 생(生)의 한가운데 있음을 압니다.

흐르는 물。 스쳐가는 바람。 떠오르는 해。

한가로운 구름。 노을진 석양。

어제의 지나침도 내일의 기다림도

오늘의 시작에는 못미침을 알기에

허공을 휘젓는 춤사위처럼

존재(存在)의 가벼움에 미소를 머금고

오늘도 소망(所望)을 일굽니다.

글·그림

김 은 옥

(서양화)

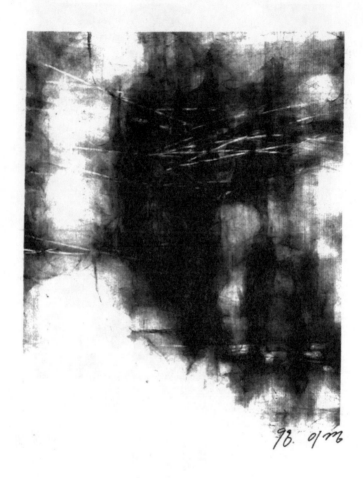

98. 이경

여운

사라진 지난날 기억의 파편들
눈으로 감지할 수 없이
계속되는 생명의 순환
그 속에 감춰진 신비 그리고
그 자리에 남게 되는
작은 감흥들이 공존하는 시간
새로운 시작 순간의 느낌으로
마음여행을 떠납니다.
내게 남겨진 공간, 삶, 사랑…
자연스런 흐름에 따라
아름다운 조화를 꿈꾸며
비워두기로 합니다.

글·그림
김이경
(화가)

마리 탈리오니

가볍게, 가볍게 날아오른다

춤과 인연을 맺은 지 얼마나 되었는가를 세어 보니 벌써 60년 가까운 세월이 흐르고 있다. 만남은 헤어짐이 전제된다는 회자정리의 이치가 춤에 있어서는 무관한 것 같다.

춤이란 어떤 존재이기에 난 이다지도 오랜 인연의 끈을 놓지 못하는 걸까.

「로마의 휴일」에서 오드리 헵번이 그레고리 펙을 만나 참 자유와 사랑 그리고 행복을 느꼈듯이 춤은 나를 그렇게 유혹하며 손짓한다.

그 길을 따라 가는 것은 히말라야 최고봉에 도달하듯이 멀고도 험난한 길이다.

그러나 슬플 때나 괴로울 때, 기쁠 때나 즐거울 때, 춤을 추면 행복도 불행도 하나가 된다.

마음의 평안과 희열이 나를 감싼다.

이보다 더한 행복과 만족감이 있으랴.

그러기에 난 오늘도 그 길을 마다않고 깃털이 날듯이 내 영혼 자유로이 하늘로 가볍게, 가볍게 날아오른다.

글
김인숙
金仁淑
(발레)

성하 盛夏

무료한 주말의 정오。 일상의 틀에서 벗어나 백일
몽을 꾸는 듯 성하의 따가운 햇빛아래 그대로 앉아
있었다。 온 몸이 기분 좋은 땀으로 가득 찰 즈음
나는 두 눈의 시야에 현란한 색채의 아지랑이를 보
았다。

「웬일일까, 아지랑이는 맑은 봄날에나 순한 바람
과 함께 머무는 것인데?」

아지랑이는 계속 피어올라 흡사 신들린 듯 춤을 추
는 무당의 치맛자락처럼, 이리저리 온 몸을 흔들
어 대는 탈춤난장 춤꾼의 소맷자락처럼 현란한 향
기로 시야를 가득 채우고 있었다。 그 색채들은 보
기 좋게 어우러져 나를 떠들썩한 춤판의 구경꾼으
로 만들고 있었다。

「그래, 그런 조화가 만들어지는구나。 살풀이를
하는 듯한 움직임에 묻혀 색들이 더 진한 향기를
만들어 내고 있구나。」

내 귓전에 혼자 중얼거리는 소리가 공명되었다。
한동안 나는 눈을 감은 채 백치 같은 미소를 짓고
있었다。

글 · 그림
金仁子
김인자
(동양화)

첫 공연 후 각시 역의 필자와 어머니(가장 오른쪽)

내 발전의 원동력

초등학교 4학년 운동회 때 3분정도 되는 부채춤을 태어나서 처음 보았고, 그 순간 이후 지금까지 춤은 내 삶 그 자체가 되었습니다.

춤 인생은 한국춤으로 시작했지만 2년 전 은퇴공연은 발레로 잘 마무리하여 감사하였습니다. 예술학교를 다니고 유학을 다녀와 프로무용수로 활동할 때는 남에게 보여지는 모습을 위해서만 노력해왔고 민간 발레단을 운영할 때는 오로지 단원, 직원들 월급과 4대 보험 주는 일에만 신경을 쓰느라 정작 춤, 발레를 즐기지 못하고 살아온 것 같아 많이 아쉽습니다.

올해부터는 발레단을 떠나 발레STP협동조합과 선화예술중고등학교 발레부에서 예술감독으로 활동하고 있는데 어떻게 하면 재능 있고 열정적인 이 학생들이 본인들이 원하고 잘할 수 있는 춤을 업으로 삼아도 경제적으로 큰 어려움 없이 잘 살아갈 수 있을까를 고민하고 있습니다.

나에게 춤이란?

끊임없이 나를 고민하게하고 발전시켜주는 내 삶의 성장 자극제입니다.

글림

金仁姬
김인희
(발레)

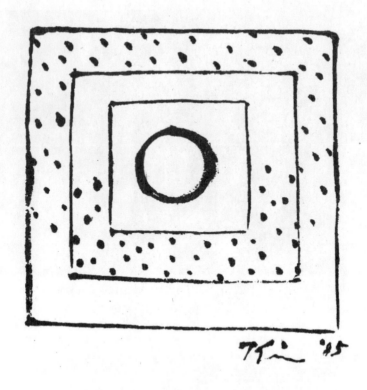

분홍신

아마도 7~8세 때쯤이었을 것이다.
부친(父親)을 따라 「분홍신」이라는 영화를 보
러간 적이 있다. 그 영화 속에서 한 여인이 신
들린 표정으로 산으로 들로, 바람이 되어, 나
무가 되어 때로는 물이 되어 춤추며 흘러가는
신이 있었다. (너무나 환희에 찬 듯한 그 표정
은 정말 미친 것이 아닐까 할 정도였다.)
자연과 함께 일체감을 이루며 움직이는 것이
바로 춤이라는 것을 나는 어렴풋이나마 깨달
았다. 그 그림은 강하게 나의 뇌리에 인상지
워졌으며 나도 언젠가는 저렇게 춤을 추면서
내 인생을 확산시키고 싶다는 열망을 가슴속
깊이 키워갔다.
그 춤이 지금의 나를, 그리고 내일을 향해서
작업하게 하고 있다.

글·그림
金章熙
김
장희
(서양화)

어머니의 춤

내 나이 아홉 살 때, (지금처럼 나뭇가지마다 초록빛 싱그러운 봄날이었다) 방과 후 습관적으로 모둠발을 팔짝 뛰며 대문에 들어섰을 때, 장독대 수돗가에서 허드렛일을 하시다 반길 어머니의 모습이 보이지 않았다. 대신 한나아 두우 울 세에셋 네엣 방 안에서 새나오는 어머니의 목소리.

호기심에 선뜻 부르지 못하고 토방을 따라 살그머니 다가가니 삐긋이 열려진 대청 문 틈새로 얼핏 비치는 어머니의 뒷모습, 어머니는 목소리로 박자를 맞춰가며 양쪽 팔을 너울거리기도 하고 버선발을 살짝 떼기도 하며 춤을 추고 계셨다. 방바닥에 내려 벽모서리에 기대놓은 거울 앞에서 말이다. 하늘색 한복치마가 너풀너풀 움직이던 춤동작도 그랬지만 눈부시게 흰 버선발은 지금도 선명하다. 어머니의 춤! 그것은 전혀 낯선, 더군다나 남몰래 혼자 추는 춤이라니…. 어린마음에도 그것을 지켜줘야 할 소중한 비밀이라는 생각에 가슴이 떨렸다.

글·그림
김재민
金在珉
(한국화)

내 작품 속의 「율_律」

내가 요즘 작업화하는 시리즈는 나를 찾아보는 일이다. 예컨대 우리 주변의 원형을 찾아보는 작업이다. 이른바 한국정신탐구라는 시리즈가 붙은 「율(律)」이다.

1978년부터 시도해보는데 10여 년이 지난 요즘에야 조금 그 맥을 잡는 듯한 감을 느낀다. 더 구체적으로 말해서 정선아라리, 거문고산조 등 한국의 음률(音律)을 시각화시켜보는 작업을 해보는 과정에서 음률은 곧 삶이요, 그 삶은 바로 몸짓으로 통하고 있음을 깨닫게 되었다.

한국의 음악은 바로 총체적 감정표현이며 그 리듬감정은 춤사위와 깊은 의미를 지닌다. 가장 편안한 동작에서 흐들거리면 그것이 바로 무(舞)로 나타난다. 처용무, 영산회상 등에서 주는 추상적 의미가 나에게는 적어도 몸짓형태로 전달되는 것을지울 수가 없는 것도 어쩔 수 없는 것이다.

글 · 그림
김_金 정_正
정
(서양화)

월광月光의 들녘을 바라보며

저 멀리 보이는 들녘의 흐드러진 들꽃 풍경을 본 적이 있지요? 월색(月色)을 휘감으며 바람결에 이리저리 흔들리는 들꽃에서 문득 희로애락(喜怒哀樂)을 담은 듯한 춤판이 연상됩니다. 싱그런 하절기의 저녁 ― 바람은 들꽃 춤제 열기를 더욱 더 부추기는 듯하지요. 거친 비바람에도 질긴 생명력을 과시하듯 한 가락도 놓칠세라 끊임없이 흔들어 대는 가느다란 줄기마다 작고 애틋한 잎사귀들에서 춤꾼들의 표정을 느껴봅니다. 그럴듯한 이유로 탄식하고 슬퍼하며 때론 즐거움 속에 노여움을 감추기도 하는 듯한 애절함이 더 할수록 들꽃의 춤판은 절정으로 달리는 듯합니다. 어쩌면 정형되지 않은 자유로움 속에서 심연의 고통을 내딛고 내일의 평온을 기다리는 듯한´ 그래서 멀리서 바라보기엔 그저 아름답기만 합니다.

글·그림
김 정 선
(서양화)

춤 · 비상飛翔 · 날개

춤만 보면 이상(李箱)의 시 「날개」의 열 번째 아이가 떠오른다. 그 아이도 나같이 작고 날고 싶어 뛰어 가는 것같이 느껴지기 때문이다.

왠지 어른이 되어서도 어릴 때나 다름없이 항상 날고 싶어 한다. 그래서 훨훨 날듯이 춤도 추고 싶다. 언제나 날고 싶어도 날지 못하는 새의 비애. 마치 「스스로 불탄 자리에서 나래를 펴는 날지 않는 새」 불사조(不死鳥), 비애(悲哀)란 어떤 싯귀(詩句)와도 같다.

내 초기에서 지금까지 「새」, 「날개」, 「비정(飛情)」과 같은 형태의 작품이 많은 것도 하늘 높이 날고 싶은 마음의 동경(憧憬) 때문인 듯하다. 마치 새장에서 나서 새장에서 자란 새가 푸른 하늘을 자유롭게 나는 새를 처음 보고 느끼는 매혹. 날 때를 기다리는 꿈을 안고 한없이 새장 안에서나마 쉬지 않고 서성거리는 새 같이. 나의 새의 나는 형태와 생태의 조각 작품 테마는 한없이 계속될 것 같다.

글·그림

金貞淑
김정숙
(조각)

한반도 최남·최북단 초등학교
졸업생들의 만남

조동화 선생님의 생애에 있어 간과할 수 없는 것은 분단국가의 실향민의 운명을 갖고 생애를 마치셨다는 점입니다. 평소에 거의 표현을 하지 않으셨지만 고향에 대한 그리움과 통일에 대한 열망이 강하셨다고 할 수 있고 그 열망과 그리움이 우리의 문화예술, 우리의 춤을 사랑하는 데 반영되었다고 생각합니다. 벌써 몇십 년 전이지만 조동화 선생, 최창봉 선생을 위시한 10여 명의 친지들이 전라도를 여행한 적이 있습니다.

그때 한반도 최남단의 땅끝마을에 간 적이 있는데 거기에는 한반도 최남단의 초등학교라 할 수 있는 송지(松旨)국민학교가 있었는데 제가 그 초등학교를 다녔다고 하니까 조 선생께서 둘이서 기념사진을 찍자고 하시면서 한반도 최북단의 초등학교를 졸업한 조동화와 최남단의 초등학교를 다닌 김정옥이 손바닥을 맞추고 악수를 하면 통일이 앞당겨질 거라고 말씀하셨던 그때 저는 조동화 선생의 속마음에 통일한국에 대한 소망이 얼마나 간절한가를 느낄 수 있었습니다.

글
<ruby>金<rt>김</rt></ruby><ruby>正<rt>정</rt></ruby><ruby>鈺<rt>옥</rt></ruby>
김정옥
(연극연출)

숲

리듬 있는 숲은
바람소리와 더불어
아름다운 춤의 교향악(交響樂)

속삭이는 숲은
안개와 같은 향기(香氣)
율동(律動) 속의 진동

움직이는 숲은
무대 없는, 관객 없는
숲의 안무(按舞)…

춤 있는 숲은
악기(樂器) 없는 소리
캔버스 없는 그림.

글·그림

金靜子
김정자
(서양화)

곱사춤

어렸을 때에 4월 초파일이 되면 으레 어머니를 따라 절에 갔었다. 등(燈)을 켤 준비가 모두 끝나고 어른들의 여흥이 무르익으면 절에서 일을 도우는 작달막한 아주머니의 곱사춤이 시작된다. 절에는 관심이 없었고 감나무 밑에서 감똥을 줍거나, 약수터 쪽에서 신에다 물을 담으며 시내에서는 볼 수 없었던 춤을 무척이나 기다렸었다.

작년 가을 J 대학 축제 때에 공옥진 여사의 초청공연이 있어 글로서만 만났던 병신춤을 실제로 볼 수 있었다. 잔디밭에서 약간의 학생들이 둘러앉아 시작되었던 춤은 심청전, 병신춤을 추면서는 학생들이 구름떼처럼 몰려 슬픔과 흥겨움으로 뒤범벅이 되어 모두 하나가 되었다.

인생에 대한 허무와 한(恨), 애환을 달래는 공여사의 춤은 일품이었으며 그때 절에서 보았던 아주머니와 같은 그런 애수 같은 것이 있어 잠시 향수에 젖었었다.

글·그림
金正子
김정자
(한국화)

점박이 무당의 춤

더엉더쿵 덩더쿵~.
북 장단에 맞춰서 점박이 무
당이 춤을 춘다.
빠알간 고깔에, 파아란 장삼
입고, 한쪽 손엔 요령(搖鈴)
들고. 단청(丹靑)보다도 더
고운 자태(姿態)로 점박이 무
당이 춤을 춘다.
성황(城隍) 나무에 매달린 원
색의 천도 춤춘다.
갈기갈기 칼질된 창호지도 난
무(亂舞)한다.
점박이 무당의 살풀이 굿 춤
에 덩달아 춤을 춘다.
더엉더쿵 덩더쿵~. 북 장단
에 맞춰서 점박이 무당이 춤
을 춘다.
「우환(憂患) 재앙(災殃) 다 나
게 온몸으로 춤을 춘다.
질풍노도(疾風怒濤)처럼 거칠

가라. 요망한 것들은 다 나가
라.」
더엉더쿵 덩더쿵~. 북 장단
에 맞춰서 점박이 무당이 춤
을 춘다.
마음속에서만 꿈트린 무동작
(無動作)으로 춤을 춘다.
「비나이다. 비나이다. 집안
구순케 해주시고, 무병케 해
주시고.」
더엉더쿵 덩더쿵~. 북 장단
에 맞춰서 점박이 무당이 춤
을 춘다.
그 속에 춤 환희(歡喜) 담고,
한(恨) 담고, 명명(明明) 담고, 암
(暗) 담고, 점박이 무당이 춤
을 춘다.

글·그림
金正俊
김정준
(서양화)

생활

오늘도 어제도 만나고 싶었다.

하지만 생활의 피곤함이 계속하
여 내 자신을 눌러 놓고 놓아 주
지 않는다.

항상 불안하기만 한 내 생활이 나
도 싫다.

하루에 충실하고 싶다.

나의 감정에 충실하고 싶다.

좀 더 충실한 벗을 사귀고 싶다.

벗과 어우러져 하루를 보내고 싶
다.

오늘 아침 문득 스쳐 지나간 비둘
기의 날개에 대하여 이야기하고
싶다.

글·그림
金正鉉
김정현
(한국화)

연극 演劇 오감도

• **이상(李箱)** :: 박제가 되어버린 천재를 아시오?

난 유쾌하오.

이럴 땐 연애까지가 다 유쾌하다오.

온몸이 흐느적거리도록 피로했을 때만 정신이 맑아지는 느낌을 아시는지, 난 그럴 때 말이지, 니코틴을 내 머릿속에다 꽉꽉 채우고는 그 위에다 위트와 패러독스를 바둑 포석처럼 늘어놓는단 말이오.

위트와 패러독스 ···, 흥 가증할 상식의 병이지.

• **자아** :: 그대는 이따금 그대가 제일 싫어하는 음식을 탐하는 아이러니를 실천해보는 것도 좋을 것 같군.

자신을 위조해보란 말이오. 감정은 일종의 포즈일 뿐야.

그 포즈는 부동자세에까지 고도화되고 나면

사라지게 마련이지.

글·그림
金貞姬
김 정 희
(무대미술)

© 임영우

삶의 여정 旅程

생(生)과 사(死)를 오가는 어렵고 험난
한 길은 아니었으나 고독하고 외로운
싸움이었다.

걸어온 길을 되돌아보니 후회한 적은
없으나 내가 원한다고 뜻대로 되는 일
도 없고, 생떼를 쓰거나 문 밖을 서성
이며 기웃거려 봤자 내 것이 아니면 결
코 주어질 운명이 아님을 안다.

그저 묵묵히 걷다 보니 작은 성취가 원
동력이 되어 여기까지 이끌렸던 모양
이다.

이제 반쯤 체념하고 반쯤 모자란 듯
살아보리라 다짐한다.

내게 주어진 운명이 이만큼이라면 그
리고 내 삶이 척박한 땅에서 어렵게
뿌리 내리고 아주 작고 보잘것 없는
꽃을 피워야 한다면 그것으로 만족하
며 살리라.

글
김종덕
金鍾德
(한국춤)

백의민족 白衣民族 과 학 鶴 춤

우리 민족은 부여나 삼한시대부터 노래와 춤을 즐기고 놀이를 좋아하는 민족이라고 한다. 부여 사람들은 흰옷을 숭상하였고, 고구려 사람들은 정결한 것을, 특히 신라 사람들은 복색소상(服色素尚)이라 하여 흰옷 입는 것을 강조하였으며, 이로써 우리 조상님들은 삼국통일 이후는 밝은 색 옷을 즐겨 입었으며 백색의 밝고 아름다움을 한결같이 동경하여 왔다. 산을 신성히 믿은 옛 사람들은 백(白)자를 백두산, 태백산, 장백산 등으로 이름하였으니 분명 흰색은 우리 겨레의 색이 아닌가 싶다. 그런 까닭에 우리 고유의 춤 중 학춤은 멋과 해학과 철학이 숨 쉬는 춤이다. 선인들의 몸짓에서 우리만이 가질 수 있는 특출한 표현이며 숭고한 정신세계와 영적인 신의 한계를 넘나드는 학춤이야말로 한민족의 몸짓이요. 백의민족의 표상이라고 할 수 있다. 잠시 머리를 들어 산봉우리를 보면 어느덧 우리의 마음은 학처럼 너울너울 나래를 펴며 자연과 더불어 사랑하며 일곱 색깔의 한없이 아름다운 내일을 바라볼 수 있다. 시공을 초월한 환상적 춤의 예지로 새롭게 창조하여 하얀 마음으로 영원히 날고 싶다.

글·그림
金鍾聲
김 종 성
(화가)

무한 無限

가끔은 잘 정돈된 한 폭의 그림 보
다는 땀으로 흥건하게 밴 춤사위를
보았을 때의 감동이 더 진하게 남아
있는 경우가 있다.

그것은 물론 내 개인적인 취향이기
도 하겠지만 너무 절제된 그림에서
는 자유로움이 느껴지지 않는다.

내겐 우리내 삶의 모습이 제각기 다
르지만 무한한 자유로움의 세계를
늘 동경하고 그것을 얻고자 끊임없
이 노력해나가는 모습에서 우리들
의 공통점을 발견해낼 수 있지 않을
까 생각된다.

그것을 어떠한 형태로든 표현해내
는 것 또한 우리들의 몫이기도 하
고…….

글·그림
김 鍾 淑
종 숙
(동양화)

CHONG SOOK '86.

구접비무도 鷗蝶飛舞圖

비상비상(飛上飛上) 하리라 갈매기
나비 하나가 되어 허공(虛空)에서 같
이 춤추며
비상비상(飛上飛上) 하리라

비행비행(飛行飛行) 하리라 갈매기
나비 채색(彩色)이 되어 공간(空間)에
무적(舞跡)을 만들며
비행비행(飛行飛行) 하리라

창공(蒼空)에 그려진 한 폭의 구접비
무도(鷗蝶飛舞圖) 영영(永永) 간직 되
리라

글 · 그림
金鍾淑
김 종 숙
(서양화)

남녀노소 춤추는 공원

뉴욕의 서민 아파트는는 햇빛이 부족하다. 그래서인지 날씨만 좋으면 모두가 거리로 공원으로 모여든다.

가로수조차 높은 빌딩이 햇빛을 가로 막아 제대로 자라지 못해 가로수 없는 거리가 많다. 나무 없는 삭막한 도시를 피하기 위하여 맨해튼 한복판에 그렇게도 커다란 센트럴 파크를 만들었으리라. 큰 호수도 있고, 집채만한 바위도 많다. 이 기막힌 공원이 날만 어두워지면 한 쌍의 아베크족도 얼씬거릴 수 없는 공포의 지대가 되지만 해만 뜨면 천국.

특히 주말이면 온갖 종족들이 몰려와 자기 종족의 춤을 마음껏 과시하면서 즐긴다. 흑인은 흑인 대로 시끄럽고 어지럽게, 남미에서 온 스페인계통은 그들대로 그들 특유의 정열적인 몸짓으로, 어느 북유럽, 아마 폴란드라고 기억되는데 녹음기에서 흘러나오는 음악에 따라 남녀노소가 손목을 마주 잡고 진지하게 춤추던 모습은 참으로 아름다워 보였다.

글·그림
김 金宗學 종학
(서양화)

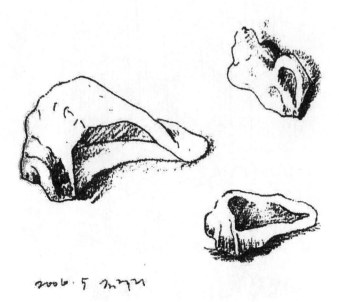

2006. 5 김주리

소라껍데기

오륙년 전 어느 바닷가에서 주워온 소라껍데기. 친한 친구들끼리 삼삼오오 바람 쏘이러 갔던 모양이다. 하얗게 넓은 바다에서 조금 더 마음에 드는 소라껍데기를 찾기 위해서 오리걸음으로 근방을 다 뒤졌던 기억이 난다. 그래서 건져진 소라껍데기인데 얼마 전, 이삿짐을 정리하다 발견하곤 버리기 뭐해 가지고 왔다. 방구석을 돌아다니는 것이 눈에 띄어 스케치해 보니 즐거웠던 여행, 잊고 있었던 친구들이 생각난다. 그래서 사람들이 바다에 가면 소라껍데기를 주워오나 보다.

글 · 그림

김주리

金佳利

(조소)

8년만의 귀국

이렇게 적다 보니 몸로의 7년만의 외출이란 영화의 화사하던 장면이 눈에 떠오르는데 우리나라도 무척 변해 마치 서울거리의 에뜨랑제 같은 자신에 소스라친다. 자용(子庸)의 에밀레 박물관의 민화(民畵) 리프린트·전(展)이 있어 오랜만의 되만남의 뜨거운 자리에서 동화(東華)가 「춤」이 있는 풍경(風景)」의 그림과 글을 청하기에

지난 연말(年末)—

운사(雲史)와 옥연(玉淵)이와 같이 나의 「종묘(宗廟)」에서 우리들의 얼을 오손도손 되새긴 밤。 비함(毖슴)과 호미(浩美)와 어울려 공간사랑에서 공옥진(孔玉振) 씨의 「허튼 춤」에 꼼짝없이 사로 잡혀 아찔한 감동에 어머니의 태내에서 느꼈을 아득한 황홀조차 눈 속에 아른거린 귀한 추억이 되살아나

선뜻—

서울에 숨구멍을 뚫고 집들에 표정을 집어넣으러 되돌아온 나에게 넘실 어깨춤이 저절로 흐르는 집이 있음—

더욱 즐거우리라 믿어 그림과 글을 적어 보낸다。

글·그림
金重業
김중업
(건축)

그녀가 춤을 춘다

잊고 싶은 기억 하나를 지우러 찾아온 여자가 어둠 속에서 몸을 움직인다. 의미 없이 모여든 군중들 사이로 어렵지 않은 비트가 귀를 두드리며 지나가고 있다. 가면 너머 진실을 감춘 사람들 속, 여자는 비트를 따라가며 호기롭게 웃어보다가 마른 목을 축인다. 적당한 소란스러움, 적당한 취기, 적당한 어둠이 현실을 망각하라며 어렴풋한 기억의 자취를 위무한다.

그녀가 춤을 춘다. 사람이 그리워 막연한 군중 속을 찾은 것은 결국 여자의 착각이다. 수없는 사람들이 선회하는 공간에서 그녀가 사야했던 것은 오히려 적당한 무관심, 이율배반의 덫이다. 어둠과 음악, 사람 속에서 결국 혼자임을 깨달아야 하는 여자의 몸짓은 고독하고 씁쓸하다.

글·그림

金智姬
김지희
(동양화)

춤

춤의 동산엔

온갖 것들이 다 있다오

금강초롱과 장미와 또 찔레꽃도

피어나는 아름다운 이곳

이 모든 것들은 밤낮으로

연인이 내가 지키며

그림을 그려본다오

갓난아기처럼 뽀얗고

어린 양처럼 부드럽고

장미보다 더 붉디붉은

사랑하는 춤의 모습을…

글·그림

김진현 金眞顯
(무대미술)

살풀이 춤

우연한 기회에 거리에서 살풀이춤을
추고 있는 춤꾼을 보게 되었다.
「내가 풀어야 할 살은 뭘까」를 생각
하며 자연스럽게 춤사위로 눈길을 옮
겼다.

역동적으로 펄쩍 뛰어 오르더니 이내
사뿐히 내려온다.
「살」을 안고 뛰어 올랐다 풀은 「살」
을 하늘에 내려두고 나비처럼 내려앉
는 것 같다.

그렇게 십여 분 춤사위를 즐기고 공
연이 끝났다.
눈빛으로 무언의 인사를 건네며 돌아
섰다.
내가 그리는 그림이, 내가 디자인하
는 책들이 사람들에게 위로가 될까?
「살」을 풀어주는 데 도움이 될까?
궁금하다.

글·그림
<ruby>金眞惠<rt></rt></ruby>
김진혜
(북디자인)

훨훨 자유롭게 날아보자꾸나

「수묵의 화폭에 단아하게 그려진 듯
창공을 한가롭고 유유히 비상하는
더없이 고매해 보이는 네 자태는
진정 아름답고 고결해 보이는구나。」

효담 박방현의 학의 비상이란 시의 한 구절이다。
우리 조상들은 왜 학에게 각별한 호의나 애착을 가
지고
춤에서까지 표현해 가며 선호해 왔을까?
학은 장수를 상징하는 열 가지 사물인
십장생 중에 하나로 꼽히며,
외모부터 정갈해 보이고 선해 보인다。
또한 그 어느 새보다 길조 중의 길조로
인식되어 온 것이다。
오늘날 우리 사회가 과도한 경쟁과 소유욕에
사람들이 점점 지쳐가며 힘들어 할 때
그러한 학의 비상이 그토록 아름다워 보이고
우리의 맘속에 그 고매함을 한 번
맘껏 담고 싶어지는 건 나만의 생각일까?

글·그림
김진희
金珍希
(비주얼 아트)

찬 허니에 78.

홍신자라는 여인의 춤

생각키로 그게 아마 1974년 겨울인 것 같다. 촌놈이 여러 사람들의 도움으로 뉴욕에 간 두어 달 후에 맨해튼 46번가 근처에 있는 낡은 방에서 홍신자(洪信子)라고 하는 사람을 만났다.

무용하는 여자. 대단한 활약을 하고 있다는 전위예술가. 거기에다 땅딸막한 두툼한 안경, 작은 체구, 느릿느릿한 말솜씨 등등이 촌놈이 뉴욕에서 받은 첫 충격(상상을 뛰어넘는 새로운 세계에 대한). 동시에 나는 한동안 어떤 기준의 균형을 잃어가고 있었다. 잠깐 이런 생각에 잠겼다.

「석학이 되기는 어렵지만 바보가 되기도 어렵구나. 아니 바보가 되기가 더 어려운 것이로구나.」

그 후 해를 달리하며 짬나는 대로 홍신자가 가자고 하는 곳은 어디고 따라 다니느라 피곤했지만 친구 아니면 언지 못할 귀중한 경험을 가질 수 있었다. 그의 춤을 통해서 나는 우리가 잃어버렸던 무언의 언어를 찾아 보게끔 되었다.

글·그림

金次燮
김차섭
(서양화)

아취도 雅趣圖

그림 그리기가 가장 좋은 때
차(茶) 한 잔 마시며 심신이 서적(舒適)
할때 나는 붓을 드든다.
그때마다 내 눈에는 경험하지 못했던
새로운 풍광(風光)을 접하게 해준다.
춤추는 무희들과 풍광들 속에 들어가
본다.
한때는 무용가가 되어보고 발레춤을
그리면 발레리나가 되어본다.
무대에 설때 더욱 빛을 발하는 감각과
끼를 그림 속에 투영해본다.
춤의 본성을 찾아 담담한 먹빛으로 무
대를 채워준다.
가냘프고 요염한 몸짓으로 애절하고
슬픈 몸짓으로 여백을 풍미해주니 나
만의 도학(道學)이다.

글·그림
**김
창
배**
(한국화)

천상으로 향하는
구도의 몸짓 ― 승무

휘돌아 뿌려지고 다시 모아 뻗는 장삼의 끝자락은 높은 곳, 먼 곳을 향해 있는데, 하얀 고깔 밑 차분하게 다문 입매, 얌전히 내려 뜬 눈은 낮은 곳을 향해 조용히 심연을 응시한다.

세상을 살면서는 두 발을 딛고 서 있을 수밖에 없지만 한없이 사뿐한 발걸음으로, 나비처럼 가벼운 손짓으로 날아오르고 싶은 한없는 자유와 이상에 대한 갈망. 구도를 향한 몸부림처럼 보인다.

승무의 기원설로는 스님들이 구도의 의미로 추었다고도 하고, 지족선사를 유혹하려 황진희가 추었다는 설도 있으나 보는 이에게는 어느새 춤추는 이와 하나의 마음이 되어 합장하며 같은 곳을 바라보고 삶을 축원하게 한다.

글·그림
金初惠
김초혜
(한국화)

정열의 스페인 춤

나는 춤에 대해서 아는 바가 없지만, 구경하기 좋아한다.

어떤 춤이건 춤추는 이의 몸짓에서 나타내는 선의 흐름이라든가, 손이나 발의 미세(微細)한 움직임에서 표현되는 인간 내면의 표정이 어쩌면 화가들이 인물상을 그리면서 추구하는 조형적인 아름다움과 완전히 일치한다고 느낀다.

그림도 그 표현양식이 여러 가지이지만 춤도 잔잔한 호숫가의 저녁 같은 감흥을 보는 이에게 안겨주는 것도 있겠거니와, 폭발할 듯한 격정과 사랑과 생명력(生命力)을 강렬하게 표현하는 것도 있을 것이다.

서반아(스페인)무용도 이런 강렬한 생명력과 정열, 사랑을 표현하는 경향이 짙은 듯하고 그런 분위기의 춤을 보기를 더 좋아하기에서 반아 무용의 한 포오즈 같은 것을「춤」을 위하여 그렸다.

글·그림

김金태泰
(서양화)

어머니의 춤

회색빛 콘크리트 상자 속에 누워 모시나비 그리다가 싫증이 나서 먼 산을 바라보며 고향집 큰 마당을 그려 본다. 화단에 핀 접시꽃, 뒷간 옆 돌배나무의 새콤한 맛 하며, 백일홍 지고 나면 올벼쌀을 먹는다는 어른들 이야기가 전설처럼 다가온다. 뭐 신나는 일 없을까, 장날 큰어머니를 따라 십리 장터에 따라가서 서커스 천막 속을 기웃거려 보지만 너무 불쌍해서 하루 종일 울고 다니다 저녁나절 한 잔술에 얼큰해진 장꾼들의 육자배기 어깨춤에선 나도 모르게 떨어진 고무신을 바닥 치며 좋아했었지. 큰성 장가가던 날 큰누이와 새아침 기다리다 해가 진 저녁 모닥불 피워 놓고 꽹과리, 장구 소리에 모두 모두 즐거워 추던 춤 속에서 아! 어머니의 모습이 장잣불에 조명이 되어 신비스럽고 아름답게 보이던 어린 시절의 추억이 무성영화 시절의 한 장면처럼 남아 있는 내 가슴을 지금 나는 가만히 만져본다.

글·그림
金平煥
김평준
(서양화)

잊힌 나를 찾아서…

하얀 종이에 잉크를 입혀가며
사랑과 철학을 색칠했던 그때가 그립다
지금의 변해있는 도구로 얼마만큼 많은
나의 순수 영역을
침범했고 차갑게 색칠했을까

눈에 보이는 뚜렷한 선과 각에 익숙해져
외형의 조형만을 거듭하고 영상 필름으로
돌아가 있을 때
내면에 숨 쉬고 있는 깊은 선과
심오한 영혼이 움직이는
빛바랜 사진으로만 남긴 채
조용히 침묵하고 있다

하루만이라도
내 마음속의 진실과 고결함을 느끼고자
서랍 속 손때 묻은 만년필을 꺼내
멋진 항해를 시도해본다
여유가 가득한 샘물 한 모금 축이고
잊힌 나를 찾아서…

글 · 그림
김학명 金學明
(서양화)

르네 마그라트의 「음악의 순간」

공간과 움직임 그리고 음악

부분의 총합보다 전체가 더 크다는 이 공식은 무대예술에서 종합예술로 꽃피운다.

$1+1=2+\alpha$

천재 음악가 리하르트 바그너는 이를 일컬어 「게잠트쿤스트베르크(Gesamtkunstwerk, 종합예술작품)」라 불렀고, 그에 영감을 얻은 스위스 건축가이자 디자이너 아돌프 아피아는 배우와 디자인, 공간의 삼차원적 역동성을 「세노그라피(scenography)」라는 이름으로 무대 위에 구현했다.

벨기에의 초현실주의 화가의 거장, 르네 마그리트가 그린 「음악의 순간(musical moments)」에 그려진 비상하는 새의 날갯짓과 땅에 서 있는 또다른 새들의 형체, 그리고 음표들은 삼차원의 공간 속에서 새의 존재와 움직임 그리고 소리가 서로 만남을 보여준다.

그림 한 폭으로 종합예술을 정의해주는 흥미로운 사건이다.

글
金學珉
김 학 민
(오페라 연출)

망각 忘却 의 춤

오늘

눈감아 떠올리는 어제
내일(來日)은 어김없이 다시 오고…

만 가지 생각이 엉켜 도무지 하나조차
풀어지지 않고
너울너울 떠다니는 나의 영혼(靈魂)
뭉뚱그려 지워버린 많은 상념(想念)들
이제 새벽은 내 눈썹 위에 얹혀있다

잊혀가는 그 세월(歲月)들
잊혀야 할 세월들…
어차피 이생은 광대인 것
그저 너울너울 춤이나 추자 담배 한 대
피워 물고.

글·그림
金漢宣
김한선
(서양화)

「바람선」을 타고

나무와 숲 —

그 사이에서 유연하게 존재하는
바람.

바람은 무거움과 가벼움,
부드러움과 딱딱함,
존재와 부재,
집단과 소수사이를 유랑하며
관계자가 된다.

관계와 관계 그리고 관계자.

명사적 관계자는
충돌과 갈등이 빚어내는
혼돈의 질서 안에 자유를 만끽한다.

그 속에서 끊임없이 움직이는 몸짓.

그것을 「바람선」을 타고 있는
춤꾼의 모습이라고.

글·그림

金法昇
김현승
(서양화)

나 무

나는 나무를 좋아한다. 아낌없이 주는 나무의 얘기처럼 인간에게 나무만큼이나 오래된 벗이 있을까. 나무는 또한 내가 즐겨 다루는 그림의 소재이기도 하다. 작년에 일본을 여행했을 때도 무엇보다 부러웠던 것은 아름드리 삼나무가 많은 일본의 자연이었다. 삼나무는 캔버스의 재료가 되기도 한다.

우리나라에는 오랜 옛날부터 마을을 지켜주는 나무가 있어 왔다. 그리하여 그 나무를 신성시함으로써 복을 구하고 재앙을 막을 수 있다고 믿었다.

아직도 그러한 풍습의 흔적은 우리 주위에서 쉽게 찾아질 수 있다. 이처럼 나무를 신성시하고 생활의 가까이에 둔 풍습은 우리나라의 경우뿐 아니라 세계적으로도 공통된 모습인 듯하다.

그러나 반드시 그런 특정의 나무가 아니더라도 크고 오래된 나무를 볼 때면 어딘지 경외감과 함께 친근감을 느끼게 됨은 비단 나의 경우만은 아닐 것이다. 아마 그것은 나무가 갖고 있는 하늘을 향한 이상성과 넉넉하고 의연한 품성 때문이 아닌가 한다.

이 봄 나무를 닮은 사람이 되고 싶다.

글·그림

김金현玄옥玉
(서양화)

김현진 「기괴한 도시」

링 위에 서다

링 위에 서기까지 얼마나 많은 시간을 기다렸는가
링 위에 서기까지 얼마나 많은 식은 밥을 삼켰는가
링 위에 서기까지 얼마나 많은 메모를 끄적였는가
링 위에 서기까지 얼마나 많은 눈물을 흘렸는가
링 위에 서기까지 얼마나 많은 목소리와 싸웠는가
링 위에 서기까지 얼마나 많은 걸음을 걸었는가
링 위에 서기까지 얼마나 많은 거절을 들었는가
링 위에 서기까지 얼마나 많은 결정을 내려야 했는가

… 고독을 지나쳤는가
… 설렘과 긴장을 오갔는가

피투성이로 끝날지라도, 상처만 남을지라도, 언제
올지 모르는 다음의 링을 위해 부질없는 날갯짓을 퍼
덕여본다. 그 어떤 보호 장구가 없어도 홀로 맞서다
온 몸이 터져도, 환하게 조명이 비추고 박수소
리가 들리면 정처 없이 누비던, 굳은살이 베인 이 못
생긴 두 발은 어느새 황량한 무대를 딛고 서 있다.

글
金賢珍
김현진
(현대춤)

2005년 티벳 라싸 「춤으로 다시 여는 실크로드」

꿈틀거리는 정서적 마그마

숨어있는 내면세계를 드러내는 다양한 통로들이 우리 몸에 존재한다. 우리 몸과 마음이 건강할 때는 건강한 언어와 표정과 몸짓이 자연스럽게 생각을 따라 표출된다. 그러나 병들었거나 상처를 입었을 때엔 그 상한 모습의 내면세계가 이 통로들을 따라 분출되게 된다. 춤이란 개인 속에 꿈틀거리는 정서적 마그마가 몸을 통해 화산활동을 하는 것이라고 볼 수 있다. 바른 통로를 따라 예견된 원칙을 준수하는 움직임은 자신과 이웃을 살리는 멋과 향기가 되겠지만 부정한 목적이나 수단에 편승하는 경우에는 모두에게 슬픔과 재앙이 될 수도 있다. 춤의 영향력은 대단히 크다고 할 수 있다. 꼭 무대적인 예술성이 없더라도 우리의 모든 살아 움직이는 모습을 통해 춤의 요소들이 드러나게 마련인데 특히 자아가 건강한 사람들일수록 더 좋은 몸짓을 선사하며 세상의 어둠을 밝혀줄 수 있다고 믿는다. 춤은 용암인 것이다.

글

金亨熙
김형희
(현대춤)

달콤하고도 쓰디쓴 관계

시작과 끝
삶과 죽음
성(聖)과 속(俗)
좌(左)와 우(右)
빛과 어둠
상승과 하강
가벼움과 무거움
사랑과 미움
만남과 이별
그리고 그대와 나
세상의 모든 역설, 그 눈물겨운 아이러
니…… 그들 사이의 가깝고도 멀고 먼 간
극을 나는 축축한 눈길로 한참을 바라보
았다.

글·그림
김 혜 란
(동양화)

무제 연작중에서(1990)

춤, 인연의 시작

춤으로 시작된 인생은 온통 춤으로 가득한 세상을 만들며 살아간다.

연습실에서 땀 흘리며 몸을 만들고 손끝으로 세상을 그리며 나는 삶의 희열, 슬픔, 감동… 세상의 감정을 읽고 표현한다.

그렇게 춤은 삶을 만들어가고 사람의 인연을 만들어 간다.

춤으로 시작된 인연은 크고 자그만 감동을 함께 만들어 간다.

무대 위에서 혹은 야외에서 은은히 조명이 켜지는 순간부터 나는 다양하고 많은 사람들과 마주한다.

그렇게 춤은 세상과 소통하게 하고 삶을 겸허히 받아들이게 한다.

나와 내 삶과의 만남, 나와 다양한 관객과의 만남, 다양한 곳에서의 만남…

이것들은 결코 우연이 아니다.

춤은 세상과 나를 이어주는 인연이다.

글
김혜정
金惠正
(현대춤)

김화숙 「마른풀」(1987)

춤이 있어 외롭지 않았네

무용수로, 안무자로, 무용교육자로 살아온 춤의 시간들.

내 삶의 가장 힘들었던 시절, 나는 솔로 「마른풀」을 추었고,

암흑과도 같은 절망의 끝자락에서도 「그대여, 돌아오라」를 안무했다.

그 시간들을 춤과 함께 견디며 작품 속에 빠져

그대여, 돌아오라 … , 그대여, 돌아오라 … 를 마음속으로 얼마나 반복했던가.

그래도 한밤 연습실에 불을 밝히고, 정신과 육체 속에 살아 있는 춤 그것은 바로 존재에 대한 확인이며 삶의 기쁨이다.

어느덧 춤은 내 삶의 전부가 되었고, 춤이 있어 나는 외롭지 않았네.

글
金和淑
김화숙
(현대춤)

164

춤

춤을 추고 싶다.

속박의 사슬을 풀고 두 팔 자유롭게 이리저리 뒤엉키는 춤추는 나의 손 끝에서 자유를 보았다.

춤을 추고 싶다.

집착의 인연을 끊고 두 발 닿을 수 있는 곳 인연의 선을 따라 이리 비틀 저리 비틀 춤추는 나의 발 끝은 어느덧 자유를 그린다.

춤을 추고 싶다. 고난의 굴레를 벗어나 깃털 같은 인생의 무게로 또 다른 세상을 꿈꾸며 감동의 몸짓으로 그렇게 춤을 추고 싶다.

글·그림
김흥빈
金興彬
(서양화)

탈춤

탈춤은 설레는 여심(女心)의 휴식처
아낙네가 뛰고 있다. 아가씨가 뛰고 있다.
슬픔도 아픔도 모조리 덮어 쓰고
시어미가 뛰고 있다. 며느리가 뛰고 있다.
새색시도 뛰고 있다. 멍청이도 뛰고 있다.
옥난이와 이쁜이 애꾸눈 복순이
초가을 달맞이 버드나무 개울가
할머니가 뛰고 있다. 갑순이가 뛰고 있다.
춤바람 신바람 실실한 산골바람
깡충깡충 뛰고 있다. 어정어정 뛰고 있다.
여심(女心)을 하나 가득 탈 속에 숨겨 놓고
아낙네가 뛰고 있다. 아가씨가 뛰고 있다.

글 · 그림

김金
흥興
수洙
(서양화)

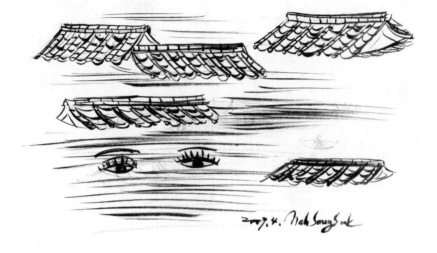

북촌 한옥마을에서

북촌 계동 길은 봄날이 가득이었다. 초등학교 담장에도 내려앉고 오래된 방앗간과 미장원에도 내려앉았다. 사이사이 보이는 한옥의 지붕선, 아름답다. 전통과 근대가가 합친 묘한 풍광, 바로 우리의 모습이다. 모두 헐어내고 한옥으로 지어야 한다지만 엊지다. 도리어 뒤섞여 있음이 자연스럽다. 우리 인생 그러하듯이. 시각디자인으로 평생을 지낸 내가 전통으로 들어서서 옻칠을 한다. 수십 단계 거쳐 드디어 전시. 완성 작품과 백골, 초칠, 두 번 칠, 세 번 칠 단계별로 전시하였다. 뜻밖에도 관객들은 중간 단계를 더 선호했다. 풋풋한 손맛에 마음 가고 있었다. 전통으로의 고집, 달라지는 안목, 세계로 나가는 길 등 여러 길이 공존한다. 오늘도 봉산재 마루에 앉아 찾아오는 젊은이들을 바라본다. 전통은 박물관에만 있으면 안 된다. 우리 삶에 들어와 살아 숨쉬어야 한다. 사랑하기 때문에.

글 · 그림
나 성 숙
羅 成 淑
(옻칠화)

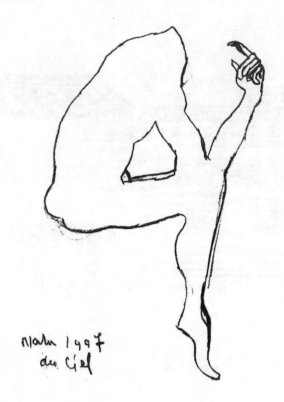

Matn 1997
du Ciel

사랑에 대하여

나는 한강을 만나면 사랑에 대하여 이야
기합니다.

그는 내게 들고 날 때 몇 가닥의 사랑을
남겨 놓습니다.

그는 내게 흡사 예수의 애절함도 두고
갑니다.

사랑한다는 것은 아마 통(通)한다란 말
입니다.

그 줄기에 내 영혼이 새겨 흐릅니다.

나는 그에 의해 거듭남을 봅니다.

글 · 그림

남 南基鎬
기
호
(서양화)

복숭아 동자 童子

이 우주(宇宙) 끝자락 그 무대(舞臺) 위에서 어린아이는 뛰어놀기 위해 태어났다.

숲속의 온갖 생물들처럼 이 우주 끝자락 그 무대 위에서 어린아이는 웃기 위해서 태어났다.

여름날 햇빛에 떠 있는 한 알의 복숭아처럼 이 우주 끝자락 그 무대 위에서 어린아이는 춤추기 위해 태어났다.

찾아왔다가 다시 가버리는 바람처럼‥‥.

글·그림
南相吉
남상길
(서양화)

Beethoven und Isadora Duncan
„Lerne leiden, ohne zu klagen:"

Beethoven can't be 'danced'...!
Cartoon (by Arpad Schmidhammer)from
the journal Jugend, 1904, No.13

덩컨에게 배운 자유

춤을 시작한 지 50년이나 되었지만 「춤이란 무엇인가」에 대한 질문은 점점 더 나를 고통스럽게 한다. 별의 심없이 멋지게 답을 내뱉은 시기가 없었던 것은 아니다. 그러나 시간이 지날수록 내 생의 오랜 파트너인 춤의 정체가 점점 더 불분명해지는 것을 어떡하랴. 춤을 더 이상 객관적 이성적으로 분석하고 싶지 않기 때문인가.

확실한 것은 전문가로서 춤을 가르치며, 안무하며 춤추며 가끔 춤에 대한 글도 쓴 꽤 오랫동안에 항상 바뀌어 이 질문에 대한 나의 답이 나이가 들수록 항상 바뀌어 가고 있다는 것이다.

내가 좋아하는 춤을 대표하는 이미지는 이사도라 덩컨이 찡그린 표정의 베토벤의 정수리 위에서 춤추는 풍자화다. 무용조곡에만 맞추어 춤을 추던 당시에 베토벤의 음악에 춤추는 덩컨을 풍자한 그림이다. 현명적인 그녀의 선택이 후대 무용가들을 음악으로부터 해방시켜 어느 음악에든 춤을 출 수 있는 자유를 주었다. 지금부터 35년 전에 철없는 나에게 「춤」지에 글을 쓰게 해주신 조동화 선생님도 이 풍자화의 농담을 분명히 좋아하실 것으로 믿는다.

글
南貞鎬
남정호
(현대춤)

영혼靈魂의 언어言語

인류가 불을 찾아 헤매던 그때, 소리가 의미를 가지기 훨씬 이전부터 우리의 몸짓은 생명의 언어였다. 그것이 고의적이든 무의식적이든 인간의 움직임은 표현의 도구이며, 자신의 의지의 표명이다. 이는 태곳적에도, 현재에도 부인할 수 없는 확고한 진실이다.

화가의 한순간의 붓놀림은 표면에 그 흔적을 남기지만, 춤추는 이의 손가락 끝의 움직임은 영원 속으로 사라져버린다. 시간과 공간을 초월한 저 어둠 속으로 사라져버리고 보이지 않는 자취만이 투명하게 남을 뿐이다.

춤추는 이의 영혼은 움직임을 통해 우리 앞에 나타난다. 그의 순간적인 움직임에 따라 우리들은 새로운 감동과 흥분을 느낄 수 있다. 소리 없는 언어, 순간에 사라져 버리는 영혼의 속삭임을 통하여 나는 생명을 느낀다.

글·그림 **노 은 미**
(서양화)

대보름 놀이에서 춤을

내가 처음 노래와 춤을 접하게 된 것은 보름이면 동네를 돌면서 흥겹게 소리를 지르며 춤을 추는 유희(遊戱)이다. 온갖 풍물과 기구를 들고 집집마다 돌면서 길놀이를 시작한다. 풍물 북을 든 사람, 머리에 고깔을 쓴 사람, 탈을 쓴 사람, 징을 치는 사람, 지게를 진 사람 등 기구를 가지고 각자 춤을 추며 거리를 돈다. 이때면 마을 사람들은 너나 할 것 없이 흥(興)이 고조된다. 주막의 등불이 발그레하게 졸고 있으면서 마을 어른들의 술타령은 무르익어 간다. 밤이 깊어지면 주막의 등불도 뽀얗게 번진다. 곰삭은 술맛에 어른들의 취기가 오르면 뒤를 따라 이리 뛰고 저리 뛴다. 무엇이 그렇게 즐거웠을까.

지금도 그때를 생각하면서 시간의 흐름을 잊고 해변에 드리워진 나무 그늘 아래 게으르게 누워 목마르면 주스를 마시고 졸리면 한숨 낮잠을 즐기다가⋯ 점점이 흩어진 녹색의 섬과 섬을 둘러싼 옥색과 보라를 곁들인 한 폭의 그림을 그리면서 나도 몰래 흘러나오는 소리와 흥겹게 몸을 흔들어 대는 것이 춤의 시작이 아닌가 생각한다.

글·그림
노의웅
盧義雄
(서양화)

삶에 대한 열정, 그리고 바람望

나의 작품은 인체가 주는 '형상' 몸짓의 언어로 모든 사물과 관계 안에 있는 생명력을 표현하고 있다. 여기에서 인체라는 형상은 지극히 여성적인 시각에서 대립적이거나 갈등의 관계 속에 있지 않고 반복되는 구조 안에 오히려 음악적인 리듬감을 연상시킨다.

이렇듯 인체와 그 몸짓은 화가에게는 생명력을 동반하는 시각적인 모티브로써 존재한다.

나의 작품에서도 인체는 전체와 부분이 긴장 상태에 놓여있지 않고 하나로 어우러지는 경쾌함을 동반한다. 또한 작가의 신체를 통해 행해지는 즉흥적인 해체의 선과 역동적인 인체의 형상은 심인(心印)의 과정을 표현하는 중요 요소가 된다. 자기 긍정에서부터 출발하는 삶에 대한 열정, 그리고 그 유희에 대한 작가 자신의 자전적인 고백이 이 작품에 그대로 투영되었다.

망(望)은 「기다리다」 「기대하다」 「그리워하다」 「바라보다」라는 사전적인 의미를 내포하고 있다. 『望-Ⅴ』에서 인체와 그 몸짓은 삶 전체에 있어서 소망하는 것들에 대한 의지와 열정으로 삶에 대한 작가에게는 또 다른 시각으로 읽혀지고 있다.

글·그림 **도 근 미**
(한국화)

2013 댄스테라피 세계대회

흑백영화처럼 기억되는 『춤』지

조동화 선생님을 처음 뵌 것은 1973년 대학
1학년 때였다。어렵고 조심스러웠다。그 후
1981년 대구 신일대학 무용과 교수와 창작무
용회 대표를 맡으면서 『춤』지에 손 편지를 보내
선생님께 단체 소식을 알려드리고，조언도 자주
구했다。흑백영화처럼 오래된 아름다움의 기억
안에는 손수 타 주시는 커피와 편안한 카리스마로
본질을 꿰뚫는 통찰력의 지혜였다。
1993년 댄스테라피학회 활동을 시작할 때도
미래적으로 대단한 일이라며 늘 격려하셨다。24
주년이 되는 댄스테라피협회의 국제적인 성장은
조동화 선생님이 주신 지혜와 격려，공감에 힘을
얻어 여기까지 온 것이다。

글
柳粉順
류분순
(현대춤)

하회河回 탈춤

우리네 인생(人生)
어느 대목에 이르면
노을 빛 웃음 절로 번져 끼는
일그러진 탈바가지 얼굴

그래서
왜 살아야 하고
어떻게 살아야 하는가를
다시는 묻지 않네

나무바가지 구멍 뚫어
내다보는 세상은
요술(妖術)의 나라

슬프디슬픈 아름다움이
가득한 만화경(萬華鏡)속

히죽히죽 몸으로 웃는
못난 풍각(風角)쟁이의 춤
가슴 칠 때일수록
범 범 범버꿍

그 누가 깨웃쳤을꼬
이전 삶의 지혜를
온몸으로 울고 웃는
언어이전(言語以前)의 우리말을…。

柳岸津
류안진
(시인)

갈망

글 · 그림
柳榮道
류영도
(서양화)

나를
갈망하는
그대여
그대를
안을 수 없는
나는
캔버스 안의
작은
침묵이구나!

움직이는 감성

「시란 뜻(志)이 있는 바로써 마음속에 있으면 뜻이 되고 말로 표현하면 시가 되고 ' 그 속에 서 감흥이 생겨 말로 표현하고 말로 부족하여 알지 못한다면 감탄을 하게 된다。감탄을 해 도 부족하면 노래로 읊조리고 그것으로 부족 하면 손으로 춤추고 발로 뛰게(蹈) 된다。」

「시경」의 서문은 춤(舞蹈)을 이렇게 정의하고 있다。여기에서 알 수 있듯이 우리가 알고 있 는 춤이란 마음속 깊은 곳에서 꿈틀거리는 인 간의 욕망(뜻)이 감흥을 받아 노래 ' 음악과 더불어 온 몸으로 표출하는 육체적인 언어요 감정인 것이다。수년 전 어느 겨울 인사동 어 느 갤러리에서 누드 크로키를 한 적 있는데 ' 모델이 순간순간 다양한 몸짓으로 마치 무언 가를 표현하는 춤사위 같은 포즈에 느낌을 받 아 현장에서 흥겹게 기록했었다。나중에 작 업실에 돌아와 스케치북을 펼쳐보다 문득 「시 경」의 서문을 떠올려 적어보았다。

글 · 그림
리
<ruby>李<rt></rt></ruby>
<ruby>康<rt></rt></ruby>
강
(중국화)

발레를 통한 사회공헌

「우리가 어떻게 춤추는 사람을 춤으로부
터 구별할 수 있겠는가?」
— 리처드 에이츠「학교 아이들 속에서」

퇴계와 스피노자는 세상의 본질이 사람의
감정인 것을 동서양의 일관된 논리에서
확인하고 논증한 학자입니다. 사실을 직
감하는 정신이 바로 감정입니다. 내가 느
끼는 것, 감정은 항상 주체이지 피동체가
아닙니다. 감정의 참된 자기이해가 곧 학
문이요, 예술입니다.

고대 아리스토텔레스가 시를, 피타고라
스가 음악을 옹호하며 논의의 토대를 구
축하는 동안에도 중세를 거쳐 르네상스
이후. 무대예술로의 발전에도 시대정신
을 반영하지 못하는 예술로, 담론의 부재
와 이론적 지지기반 없는 가벼운 여흥으
로 평가받고 예술의 입지를 세우지 못하
고 폄하되어온 춤. 어쩌면 본능이기에 앞
서 인간신체로 인간감정을 정직하게 담아
낸 가장 참된 예술일진대….

낭만발레의 정수인「지젤」의 초연 날 발
레를 모태신앙으로 태어난 엄마로부터의
나의 발레사랑은 20대에는 동화발레「백조
의 호수」 작업으로, 30대에는 한국창작발
레인「춘향」 작업으로, 40대에는 학문과 교
육에서 문화예술교육으로서의 무용교육
이론과 실천, 그리고 대학 내 춤 교양강
좌 개설 등으로 이어져오고 있습니다. 매
일 수없이 되풀이되는 희구와 좌절 속에
서도 죽어도 못 버리겠는 신념과 나의 유
산… 발레…. 오늘 나의 발레 일기는
「발레를 통한 사회공헌」이라 적습니다.

글·그림
文　暎
문　영
（발레）

춤추는 여인의 조그만 기도

바람을 보게 해주셔요,
바람 속의 조그만 풀꽃의 눈뜸과
신록의 뜨거움과
그것들이 가을이면
다 소곳한 숨결로
떠나가는 것을 보게 해주셔요

떠나가는 것들을
진실로 사랑하게 해주셔요
그 사랑 온몸으로
춤추게 해 주셔요.

새이거나
제비꽃이거나
하찮은 어느 생명으로
다시 나더라도
또, 이렇게
그대 만나게 해주셔요.

文貞姬
문정희
(시인)

가을 언덕

호모 사피엔스가 지구상에 나타난 것이 4만년 전이었다던가?

그 이후 인류는 질과 양, 공간의 편차는 있었지만 끊임없이 무엇인가를 변화시키고 있다. 여기서 나는 변화의 효용성과 가치, 혹은 도덕적 평가를 학자의 몫으로 남긴 채 현실의 시간 속에서 소외된 것을 돌아본다. 이를테면 가치나 효용성에 부합되지 않는 행위를 가능케 하는 규명되지 않은 인식들, 과거와 현재를 연결하는 5백분의 1초의 기억, 육체가 감지하는 다차원의 흔적, 어느 날 문득 내 발 앞에 떨어진 이름없는 사물로부터의 향수…….

이 깊어가는 가을언덕을 바라보며, 우리의 문명으로부터 벗어나 과거로부터 있었던, 그리고 문명이후에도 존재할 그 이름 붙여지지 않은 광활함 속에서 나 자신의 문맥을 더듬어 본다. 그곳에는 또 하나의 가능성이 우리의 삶과 연결 되기 위해, 혹은 우리의 행위를 가을 언덕 너머로 확장시키기 위해 기다리고 있지 않은가…….

글·그림
文 洲
문주
(조각)

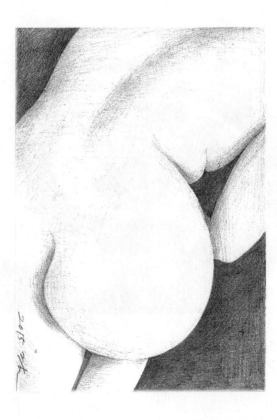

이 시대에서 인체는 무엇일까?

지금까지 인체가 수많은 예술가들의 미적 관심 대상이었음은 자명한 사실이다. 특히 누드그림은 인간의 속성상 미묘한 감정을 촉발시킨다.

이 시대는 누드든 풍경이든 사진기술과 컬러, 디지털 기술로 다양한 시각적 촉각적 느낌을 현란하게 만드는 테크닉의 평면예술이 넘쳐흐르는 시대다. 때문에 흑백으로 누드를 그려서 장인적 정신으로 그러한 디지털 기술력을 뛰어 넘는다거나 특이한 다른 점을 나타내어 남다름을 보여줄 의사는 전혀 없다.

춤은 무엇일까?

과거나 지금도 춤이란 개념은 변함이 없을 것이다. 인체를 통한 ··· 신체를 통한 예술적 가치표현의 하나라고 생각한다. 춤은 시대의 기술적 매체가 발달해도 신체 그대로의 표현적 행위로서 변함은 없다. 이러한 춤과 같은 마음으로 화가로서 인체를 순수한 연필로 드로잉 하는 것은 어쩜 시대에 변함없는 춤과 같은 미를 추구하는 동일점이라 상상해본다.

글·그림
文珠鎬
문주호
(서양화)

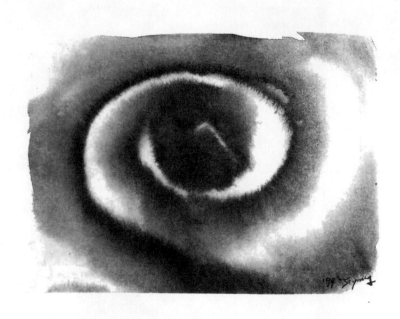

살아있음에의 확인

아침에 눈을 뜨고 일어난다. 그리고 걷고, 음식을 먹고, 말을 하고, 숨을 쉰다. 그런 나에게 나는 없다. 어디로 가버린 걸까. 재미없는 한 편의 무성영화를 보듯이 그냥 낡은 필름이 반복적으로 돌아가고 있을 뿐이다. 아무런 인식도 없이 무의식적으로 그렇게 흘러간다. 나는 분명 살아있는데…….

자신이 살아가고 있으면서도 그 살아있음 자체를 잘 인식하지 못하고 무의식적으로 지내는 것은 자기 삶에 대한 알지 못하는 포기이기도 하다. 마치 자신이 자신의 삶을 살지 못하고 다른 누군가에 의해서 사는 것처럼…, 그것은 죽음과도 같다.

일상뿐만 아니라 춤이나 음악이나 그림 같은 작업에 있어서도 살아있는 자신의 존재에 대한 생생한 표현은 곧 그 작업의 생명과도 직결된다. 그러한 표현은 생명체가 지니는 강한 생명력에 대한 확신과 인식이자 동시에 자기 생명에 대한 선명하고 든 순간순간에 있어서 자기 생명에 대한 선명하고 명료한 인식을 갖고 오늘을 살고 싶다.

글·그림 **문 지 영**
(동양화)

춤과 소리가 있는 전시회 展示會

내가 이전에 했던 그림과 판화와는 달리 1989
년부터 시작된 악기와 소리에 관한 나의 관심은
새로운 작품세계로 나를 인도해갔다. 바이올린,'
비올라, 첼로 등의 부속을 이용하거나 새로운 부
속 등을 나무를 깎고 붙여 추가로 만들어 벽에다
직접 설치하기도 하고 작품 속에 소리를 녹음해서
넣기도 하며 변형된 악기를 조각으로 만들기도 하
였다. 그때마다 내가 항상 가졌던 꿈은 내 작품들
을 화랑에서나 미술관에서 전시할 때 춤이 동반되
었으면 하는 것이었다.

악기와 소리와 춤‥‥.

나의 작품은 전시 중 누구나 자유롭게 만져볼 수
있고 직접 소리도 만들어볼 수 있다. 그리고 작품
속에 녹음된 소리를 들을 수도 있고. 그러나 미술
작품과 춤을 혼합하는 것은 쉬운 일이 아니다. 소
리로 길이와 강약과 기울기, 그리고 움직임까지
표현할 수 있는데‥‥ 춤에도 색깔이 있을까? 미
술 작품과 소리와 춤이 혼합된 새로운 전시회를
생각해본다.

글·그림

文昌植
문창식
(서양화)

Practice religiously

미국에서 태어난 내가 7살 어머니 손에 이끌려 발레를 시작한 곳은 다름 아닌 오래된 침례 교회였다. 그렇게 운명처럼 만난 발레가 내 삶에 숙명으로 다가온 것은 유니버설발레단의 창단과 함께 한국에서 활동하기 시작하면서부터다.

발레 선생님 한 분께서 늘 「연습은 심장이 뛰듯이 해야 한다」라고 하셨고, 영어에도 「Practice religiously」라는 말이 있다. 예술은 신앙처럼 절대 헌신과 희생이 필요하다. 선생님의 말씀도 예술가의 길이 성직자와 구도자의 길처럼 끊임없이 자신을 수련하고 묵묵히 가야 하는 길이기 때문에 강조하신 것이다.

「너의 인생을 춤에 바쳐라.」 발레단을 설립하신 총재님 내외분께서 내게 주신 말씀도 같은 뜻이었다. 지난 33년 그 말씀에 따라 무대 안팎에서 정성을 다해 달려 나온 길…, 나에게 발레는 기도이자 믿음이며, 위하고자 하는 삶이다.

글
文薰淑
문 훈 숙
(발레)

초월이나 전환이 아닌 공존 속의 조화

짜장면을 시키고 나면 짬뽕이 먹고 싶어지고, 짬뽕을 먹고 있으면 옆 사람의 짜장면으로 시선이 가곤한다. 클래식 연주를 한참 감상하다 보면, 유치한 사랑타령의 가사가 붙은 가요가 듣고 싶어진다. 어떠한 면이 정말 나 자신일까 …. 옛 성인이나 훌륭한 철학자가 남겨 놓았음직한 멋진 생각을 할 때가 있는가 하면 속 좁은 생각으로 머리가 막혀버릴 때가 있다. 이것이 모두 나 자신이었다.

인간의 불완전성과 제한성으로 인해 인간의 생각과 의미는 계속 변해가고, 인간에 의해서 완전하게 표현되어 질 수 있는 일관된 진리는 없다. 그럼에도 사람들은 불완전하고 제한된 생각을 완벽한 진리로 고집하며, 그것에 너무나 큰 의미를 부여하며 살고 있다. 이런 의미의 중독에 따분함을 느끼곤 한다.

인간의 불완전함은 완전함으로 초월되어질 수 없고, 인간의 유한함은 무한함으로 전환되어질 수 없음을 느끼며, 나의 안과 밖의 양극성들이나 다양함들을 초월이나 전환이 아닌 공존 속의 조화로써 삶과 그림을 채워가려고 한다.

글 · 그림

関庚娥

민경아

(판화)

살아가는 모습이 곧 춤

이 지구상에는 참으로 많은 생물들이 살고 있다. 생물들의 생긴 꼴이나, 사는 버릇 등은 참으로 기기묘묘하여 그 생태(生態)를 알면 알수록 그 불가사의한 다양함과 신비에 압도되어 곧 숨이 멈춰질 지경이다.

만약 사람이 자연의 「참」을 알려 한다면 우선적으론 사람으로서의 조건에서 벗어나야 만 할 것이다. 하지만 단 하나 우리가 자연에 대해서 말할 수 있는 것이 있다면 그것은 「자연은 변화하고, 또 살아가고 있다」는 것이다.

춤!

난 이 춤에 대해 전문성을 가지고 어렵게 다가가고 싶지 않다. 모든 자연물이 생성변화하는, 작게 이야기한다면 살아가는 모습이 곧 춤이라 생각한다. 「생명」의 의미는 신의 영역에서 말하여질 수 있겠고.

그렇다면 춤은 신에게서 숨결을 받은 모든 자연만물이 그 숨결대로 살아가는 모습이리라.

글·그림
閔晟來
민성래
(조각)

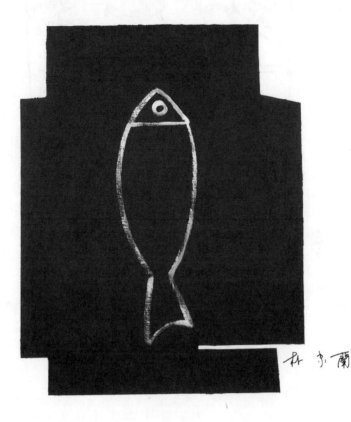

풍경의 춤

흰 캔버스에 태양(太陽)의 빛깔을
심는다.

하나도 아니고, 둘도 아닌
만다라가 여러 갈래의 모양을 하고
바람개비 된다.

오른손이 왼손에게 얘기한다.
「존재가 다 그런 거지?」

하늘에는 바람이 있고
땅에는 가람이 있다.
바람과 가람을 연결하는 고리,
그것은 사람.

바람 사람 가람이 풍경인 것을.

글·그림
朴
京
蘭
**박
경
란**
(서양화)

행복

「나는 행복한가?」라는 질문은 이분법적 생각을 갖게 한다. 행복하지 않으면 불행하다는 생각이 들게 하니 말이다. 몇 년 전인가「어느 나라가 가장 행복한가?」라는 런던정경대학(LSE)의 조사발표를 보면 국민소득이 몇십 달러에 불과한 방글라데시, 아제르바이젠, 나이지리아가 1, 2, 3위를 차지한 것만 봐도 리는 더 이상 사과를 더 많이 먹고 자동차를 더 많이 산다고 해서 행복해지는 것은 아닌 것 같다. 열심히 일한 당신 1년의 안식년을 줄 테니 그 1년을 맘대로 써보라고 한다면, 1년에 4개월 일하고 8개월은 쉰다고 하는 히말라야 고원에 자리잡고 있는 라다크 마을로 떠나보고 싶다. 그곳에서 한껏 게으름 피우면서 뒷목이 뻣뻣해지는 스트레스로 점철된 숨가쁜 일상으로부터 벗어나 느리게 느리게 한번 살아보고 싶다. 그리 마음의 여백과 여유가 생기면 그제서야 내 마음속에 잠자던 행복의 파랑새랑 조우할 수 있지 않을까.

글·그림
林慶熙
박경희
(공공디자인)

188

밸런스

밸런스 ─ 산을 오르는 데도 필요한 밸런스이다. 인수봉(仁壽峰) 같은 벼랑바위를 기어오를 때는 두 말할 것도 없다. 온몸에 밀도(密度)있는 밸런스가 유지되어야 한다. 한 발 한 발 바위 위로 옮기는 동작은, 오로지 밸런스를 유지하기 위한 집중이요 호흡이다. 90도의 절벽에 가까운 바위일지라도 이 밸런스만 유지되면 길은 있는 법, 산을 타는 데도 평소의 훈련과 끊임없는 반복이 필요한 것 ─ 이것이 프리 크라임의 경지이다.

우연히 TV에서 에베레스트 등반 기록 영화를 보았다. 첫머리에 미국팀이 나오는데 구성 멤버들 ─ 변호사, 회사원, 대학교수 등등을 소개하다가 춤을 추는 장면이 스치면서 발레리나가 소개되는 대목이 나온다. 옳거니, 나는 무릎을 치는 공감을 금할 길이 없었다.

산타기를 좋아하는 나의 일상(日常)이고 보면 무용수들의 고된 훈련과 끊임없는 반복 앞에 조금은 공감을 품어 볼 때가 많다. 어찌 즐겁다 하지 않겠는가.

글·그림
박고석
朴古石
(서양화)

술잔 속에 춤이

걸쭉한 목소리에 전라도 사투리 물신풍기며 「한 잔 해야지?」 「몇 잔 나누다보면 으레 「어이 박선생 노래 한 번 불러봐.」 「어유, 전 못해요.」 「거선생님 늘 하시는 거 있잖아요.」 「어 그래 한 번 해볼까.」 「들국화 피어있는……」 노래와 함께 몸놀림이 시작된다. 손과 발의 율동이 펵이나 세련돼 보인다. 「연기나네」의 노래 끝마디에선 담배연기 입에 가득 물고 몸놀림과 함께 서서히 품어낸다. 「젊어서는 한때 춤에 미처 춤쟁이가 될 뻔했어.」 또 한 잔 기울이며…….

아니 어쩌면 그분께서는 지금도 그림을 그린다기보다 춤을 추고 계신지 모른다. 인간 태초의 변질되지 않은 사람냄새 물씬 풍기는 종이 위에서 붓의 춤을/ 술잔 속에서 인생의 춤을. 칠순에 가까운 여윈 듯하면서 다부진 몸매에 독수리가 비상하듯 힘찬 터치의 춤이어라. 움푹 팬 주름 사이엔 한이 스며있고 입가엔 아직도 사라지지 않은 동안의 미소가 감돌고 있다.

글·그림
林珖勳
박광훈
(서양화)

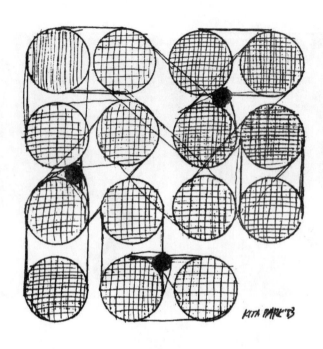

KITA PARK '13

「슈퍼맨」들에게 박수를

몇 년 전 한국무용공연 쫑파티에 참석했다가 「한 말씀」 할 기로에 서서는 「여기 계신 미친 것들에게···」 하며 서두를 꺼낸 적이 있다. 그러니까 그곳에 참석한 모든 이의 시선이 마이크를 잡고 서 있는 나에게 쏘아붙여졌다.

「미친놈=슈퍼맨(Super Man)」이라고 변명을 하면서 찜찜한 위기를 모면했었다.

그 후 그 변명을 책임지기 위해 내 몸 어느 한 부분이라도 그 「미친것들」에게 섞여져 미친 짓거리에 도움이 되는 일이라면 아무리 바쁜 일이 있더라도 만사를 제쳐놓고 달려가곤 한다.

오늘도 또 하나의 쫑파티의 주인공들이 공연을 마치고 분장을 지우며—흠뻑 젖은 땀을 닦으며—주위에 둘러싼 축하의 무리들과 공연 결과를 나누는 모습을 짝사랑하면서 돌아왔다. 그리고 늦은 밤내 작업책상에 앉아 미친놈 소리를 듣기 위한 나의 작업들을 또 시작한다.

글·그림
박기태
朴起太
(디자인 컨설팅)

〈아무도 아닌〉 (2017)

호흡과 페달링에 리듬들 싣고

하루에 150㎞에 누적 오르막이 3000m 정도되는 거리를 자전거로 타다 보면 그건 차라리 명상에 가깝다.

특히, 오르막을 오를 때 느끼는 고통을 잊으려고 호흡과 페달링에 리듬을 싣는다.

아무도 없고, 황량한 시멘트 바닥만 묵묵히 바라보며 가끔 자연이 내어주는 경치에 한숨 돌릴 뿐이다.

그렇게 오른 정상이 대단할 법도 하건만, 정상은 그냥 내리막을 선사할 뿐이다. 그리고 그 내리막은 또다른 오르막을 선물한다.

다시 또 호흡과 페달링에 리듬을 싣는다.

이상하다, 몸은 끊임없이 움직이나 정지해 있는 듯하기도 하다.

정신만 명료하며, 다양한 상념들이 나뒹굴다 사라지기를 반복한다.

그렇게 살과 숨과 근육들과 또 나를 지나쳤을 수많은 공기와 나무 그리고 시멘트 바닥의 죽은 야생동물과 사람들.

최근 이것이 온전한 그냥 나의 삶의 단편이다.

글
박나훈
林羅訓
(현대춤)

춤의 세계, 그림의 세계

「춤이 있는 풍경(風景)」을 부탁받은 지도 벌써 3년이나 되었다고 하는데 나는 도저히 믿어지지 않는 말이다. 어느새 그렇게 됐을까? 그래서 이 이상 더 미룰 수는 없게 되었다.

그게 언제였던가, 안방에서 TV를 보고 있으려니까 한영숙 여사(韓英淑女史)의 춤이 나왔었다.

몸의 유연(悠然)한 움직임과 손이 그어 놓는 예리한 선(線), 그것은 우아하면서도 생동하는 동양화(東洋畵)의 선(線)이고 긴 장된 공간─그런 것을 느끼게 하여 흐뭇하였다.

그런데 이렇게 아름다운 세계를 보여주는 춤이 썩 흔치 않은 것과 같이 그림에 있어서도 명작은 그렇게 많지 않다.

글·그림
박노수
朴魯壽
(동양화)

춤과 조각

조각이 점과 선 그리고 면을 입체적 조형미로 승화시켜 예술적 극치를 창조하는 작업이라고 하면 춤은 신이 창조하신 대표적 작품인 인간이, 신의 계시와 느낌을 신과 인간 사이의 메시아적 역할을 하여, 예술적 동작으로 나타내는 「공간예술의 꽃」이라고 생각된다.

극도의 물질문명의 병폐 속에서 자아를 망각하고 멸실해버린 인간의 방황을 움직임과 고형물로 묘사하여, 혼돈과 혼미 속에서 헤어나려고 기권하며 몸부림치는 것이 바로 춤이요 조각이 아니겠는가?

꿈틀거리는 율동을 보며 조각의 한 포인트, 한 라인에 강렬한 내부의 힘을 불어넣어 움직이는 조각, 무언가 전달하려는 조각, 감흥과 여운을 남기는 조각 작품을 창작코자 때때로 춤에 심취하곤 한다.

춤과 조각이 한데 어우러져 「한마당 예술」로서의 극치를 다하고 문화예술의 밝은 등불이 되기를 염원하면서…

글·그림
朴東姬
박
동
희
(조각)

학무 鶴舞

날아오르려는 하늘의 머나먼 침묵
풋풋한 쭉지 깃에 상처 하나 거느리고
아으, 하늘 두고 맹세했던 정수리의 꽃자국
아침 바다 겹쳐오는 꿈의 설렘이여.

날아오르려는
그 닿고 싶은 하늘의 머나먼 침묵
해와 달 안에 품고 솟구쳐오르는
그대 나의 넋의 둘레 무지개로 휩싸는
한번은 뿌려야 할 칠색 꽃비여.
길다랗게 은빛 호곡 하늘 찢는다.

박두진
朴斗鎭
(시인)

여로의 소나타

아무것도 붙잡을 수 없는 허공
에 떠 있는 무정형의 실체。곧
의식 속에 내가 있음은 현실 속
에 나라는 존재로 인식하고 그
안에서 살고 있음을 안다。
생애의 과정은 나그네의 여로
에서 맛보는 고난과 고통 그리
고 기쁨과 보람은 망각되어 가
며 반복하는 것이다。끝없이
가야 하는 인생길이지만 가을
은 만나야 하는 우리의 운명을
일악장을 끝나고 만나 마치 주
제의 전개와 전개 그리고 재현
으로 소나타 형식이지만 다음
에 이어질 영생을 그려본다。

글·그림
박마리아
(서양화)

춤사위

새 즈믄 해의 으뜸가는 화두는 단연 디지털 문화일
터。디지털의 총아는 컴퓨터요 또한 인터넷이긴 하
지만 컴퓨터가 만능이요 전자책까지 나온다 해서,
종이 책마저 없어질리야 있겠는가

컴퓨터 그래픽으로 3차원 동영상을 만들고,
화상통화가 유행하고 전자우편이 편하다 한들,
우표와 종이 편지에서 느껴지는 훈훈한 정은 어디로
가겠는가

CD의 디지털 오디오는 깨끗하지만 차갑고,
레코드판의 아날로그 사운드는 부드럽지만 잡음이
있으니, 디지털의 냉철함과 아날로그의 따뜻함의
조화는 어디에 있는가

수천 년을 종적으로 아우르며,
디지털과 아날로그를 횡적으로 어우르는,
정신의 종합표현이 우리의 춤일진대
과거에 대한 회한도,
현재에 대한 불만도,
미래에 대한 우려도,
홀홀 털어서 춤사위에 날려 버릴거나―。

글·그림
박명선 朴明仙
(한국화)

（오른쪽 위）© Myungsook Park

Myungsook Park Dance Theatre 「The Golden Bough」(2013)

축제 속의 축제

강릉 씨마크(SEAMARQ) 페스티벌 초청으로 현대무용 「여행(Journey)」을 올렸다.

바닷가 야외공연장에 눈 돌림 틈도 없이 리허설 직행. 「여행(Journey)」 중간 우리는 뻗어버렸다.

무대바닥은 화상을 입을 만큼 뜨거웠다.

어두워지고 무대 세트 같은 신비로운 달빛 아래 공연이 시작되었다. 객석은 가족동반 관객들로 꽉 찼다. 폭염보다 더 뜨거운 객석의 열기와 집중과 소통이 바닷바람을 타고 전해져왔다. 춤추는 우리가 더 큰 감동을 받는 특이한 경험이었다.

춤은 생명이 표현하는 첫 번째 언어가 아닐까 생각한다. 춤의 언어로 자신을 드러내고, 소통하고, 진정한 자유를 느낀다. 춤 출 때, 비로소 살아있음을 실감한다. 바로 앞 바닷물에 발도 못 담그고 돌아오는 차 안에서 나는 알았다.

춤은 축제이고 내 춤은 살아 숨 쉬는 그날까지 계속 되리라는 것을…

글·사진 朴明淑
박명숙
(현대춤)

일곡 一曲

그의
펴고 접는 팔에
바다가 넘실거리고
성좌(星座)가 출렁거린다.

발끝은
항상 우주(宇宙)의
중심을 딛고
웃줄거리고
덩실거리고
휘돌고
날고
감기고 풀리고 맴도는
선율의
희열과 도취,

타오르는 생명의 불길
육신이 육신을 벗어버리고
새로운
우주(宇宙)를 창조한다.

손바닥을 펴면
성좌(星座)가 내려와 앉고
우주(宇宙)가 숨을 죽인다.

위대한 변신(變身)
심오(深奧)한 정적

갑자기
새벽이 열리고
새들이 비상(飛翔)한다.

태초의 광명 속에
날아오르는 희고 큰 날개.

발끝은 우주(宇宙)의 중심을 딛고
몰아치는 회오리바람 속에
징이 울리고
밤보다 무거운 막(幕)이 내린다.
조명(照明)이 꺼지고
비로소 우리는
저 자신을 확인한다.
그리고 흐느적거리는 걸음걸이의
달라진 자신을 깨닫는다.
소나기의 세례를 받은
호젓한 영혼의 둘레
서리는 빛.

朴木月
박목월
(시인)

나선형의 대각선

다 헤진 헐렁한 옷을 걸치고 비틀거리는 몸짓으로 걸어 나왔다.

아무 것도 신지 않았다.

한 손에는 해골을 들고 한 손은 나선형의 원을 그리며 춤사위가 정지했다.

그녀의 몸짓은 관념의 세계를 벗겨버렸다.

그녀의 몸짓은 인습의 세계를 벗겨버렸다.

영혼을 부르는 손의 떨림과 자유를 향한 발자취 온몸을 전율케 하는 움직임만이 허공을 채우고 있었다.

오직 움직임만이 빈 공간을 채우며 남아 있었다.

글·그림

朴美貞

박미정

(서양화)

『춤』지 가는 길

송채용 일러스트

동숭동 『춤』지 편집실에서 근무할 때 자주 받는 전화 중 하나는 「거기 위치가 어떻게 됩니까?」였다. 편집실은 무용가들의 사랑방, 많은 사람들이 들락날락하지만 후미진 골목의 한 구석에 위치한 『춤』지 편집실은 오랜만에 방문한 무용가들에게 늘 가물가물한 곳이었다. 지금이야 스마트폰의 「길찾기」 서비스를 이용해 초행길이라도 비교적 쉽게 찾아가니까, 그야말로 옛날이야기. 전화기를 들고 머릿속에서 지도를 좀 그려야 하는, 추상적인

그곳이 『춤』지 편집실. 알고 들으면 간단하지만 막상 그리기에는 쉽지 않다. 그 벽돌집 유리창 앞에서 두리번거리며 다시 전화하는 사람들이 많았으니까. 제일 먼저 하는 말, 「아, 이렇게 작은 줄 몰랐어요? 아마 『춤』지의 명성만큼이나 으리으리한 줄 아셨나요? 「간판도 없이…」 「앗, 그 멋진 간판을 보셨나요? 「간판은 편집실 문 앞에 있지요. 『춤』지 간판은 바로 여기 서야 비로소 보인다. 물론 못 본 사람도 많은데」 문을 열면 가려지기 때문이다. 그러니 『춤』지에 와봤어도 간판을 지나친 사람은 주목하시라. 들어올 때 오른쪽, 나갈 땐 왼쪽을 보셔야 오래된 『춤』지 간판을 확인할 수 있으니….

일단 「지하철 4호선 혜화역 1번 출구」가 그 시작이다. 누구든 어떻게든 1번 출구는 찾아야 한다. 1번 출구를 나와 오른쪽 고깃집 「낙산가든」을 지나 쭉 걸어간다. 천천히 걸어도 2분 정도, 「동숭아트센터」가 보이면 성공(거기까지 오는 그 짧은 거리 중간에 왼쪽으로 빠지는 길이 있으니 주의할 것). 동숭아트센터를 조금 더 지나(아주 조금만) 「금방 지나치기 쉬운데 멀리 가면 안 된다」 편의점을 끼고 왼쪽으로 꺾는다. 지금은 그 맞은편에 별다방(?)이라는 근사한 커피숍이 들어섰지만 예전에는 구멍가게(동네 슈퍼)가 있었다. 그 길로 계속 걷다 보면 얼마 안 가 왼쪽 코너에 붉은 벽돌집, 커다란 통유리창이 보이는 집이 나온다. 대부분의 사람은 구멍가게 앞에서 다시 한번 전화를 한다. 네, 맞아요, 그 사잇길로 들어오세요. 「세탁」이라는 간판 보이시죠? 그 옆집이에요. (지금은 세탁소가 멋진 디저트카페로 바뀌었기 때문에 「청국장」이라는 입간판 보이시죠? 그 맞은편이예요」가 맞겠죠.)

글
朴玟京
박민경
(춤평론)

회전목마

어린시절 부모님을 조르고 졸라 가족소풍을 간 곳은 놀이동산이었다. 줄지어 선 사람들의 행렬만 봐도 내 발은 어디든 뛰어가고 싶은 듯 제멋대로 움직여댔고, 큼지막한 부모님 손의 제재만 아니면 나는 벌써 손에 쥐어진 기념풍선을 타고 하늘 높이 날아갔으리라. 하지만 막상 놀이기구를 타려면 겁 많던 나는 슬그머니 엄마 품속으로 뛰어들어 연신 고개만 내저을 뿐이었다. 그럴 때마다 어머니가 태워주시던 것이 회전목마다.

회전이 시작되기에 앞서 우왕좌왕 서로 경쟁하듯 제일 마음에 드는 말을 고르고 나면, 설렘으로 움켜잡은 목마는 화려한 빛깔을 뿜내며 서서히 움직인다. 음악에 맞춰 위로 올라갔다 아래로 내려갔다 하며 경쾌하게 선회하는 목마 위에서 나는 놀이동산을 날아다니고 있었다. 음악이 끝나고 목마가 멈추면 어느새 나의 꿈갔던 비행도 끝이 났다.

문득 오늘, 음악이 멈추고 목마가 멈추면 내 꿈도 멈춰버렸나 하는 물음이 떠올랐다. 아니다. 내가 울면 부모님은 귀찮지만 다시 줄서서 목마 위에 앉혀 주셨고, 목마는 그 자리를 변함없이 지키고 있었다. 이제는 내 꿈을 위해 나 스스로 목마 위에 올라타야 함을 깨달았다. 나의 꿈을 향한 비행은 오늘도 계속된다.

글·그림
朴炳一
박병일
(한국화)

202

삶, 춤이 있는 풍경 - 축제2. 3박병춘

춤은 삶입니다

이 세상에서 가장 아름다운 춤은 삶입니다.

만남과 이별, 실패와 성공,
슬픔과 기쁨, 미움과 사랑으로
뒤엉킨 애증의 삶 속에서
나는

때론 격렬하게
때로는 흐느적거리듯 춤을 춥니다.

스쳐 지나가는 수많은 관객과도 같은
인연들을 맺고 끊으며

나의 춤은 더욱 더 성숙해져 갈 것입니다.

그리고 언젠가 내 몸짓,
내 언어 하나에

관객들이 웃고 울게 될 것입니다.

그러다 내가 쓰러져 무덤으로 가는 날

비로소
사람들은 내 춤의 진실한 의미를
알게 될 것입니다.

내가 얼마나 그대들을 사랑했는지 말입니다.

삶은 춤입니다.

글·그림
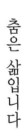
박병춘
朴昞春
(한국화)

무채색의 겨울정원

어릴 적 나의 외할머니는 다재다능하신 멋진 분이셨다. '바느질,' '정원 가꾸기,' 요리 등 뛰어난 실력을 갖고 계셨던 나의 외할머니. 그중에서도 그녀의 정원은 길 가던 사람들이 발길을 멈출 만큼 멋진 모습을 뽐내곤 했다. 5월이면 빨간 장미 넝쿨이 온 화단과 담장을 뒤덮었고, 정원 곳곳에는 이런저런 꽃들이 향기와 자태를 자랑했다. 그곳엔 어김없이 새들의 소리와 함께 나비들이 날아들었고 그들의 움직임은 정원에 생명력을 더하고 미소를 더했다. 가을이 되면 무채색의 정원 또한 훌륭했던 그곳에서 나의 외할머니는 다가올 봄을 준비하며 설레곤 하셨다.

지금, 그녀가 떠난 그곳에는 더 이상 새와 나비들의 멋진 몸짓은 없다. 이제 그 화려함은 나의 화폭에서 기억되고 있다. 외할머니와 함께 멀리 가버린 색과 소리, 냄새 그리고 움직임. 다시는 재현될 수 없는 그 모습을 생생하게 떠올리며 이 겨울을 맞이한다. 먹으로 뿌려진 정원과 물감으로 채색된 꽃들. 무채색의 겨울 정원에도 꽃이 피고 있다.

글·그림
박상미
(한국화)
朴相美

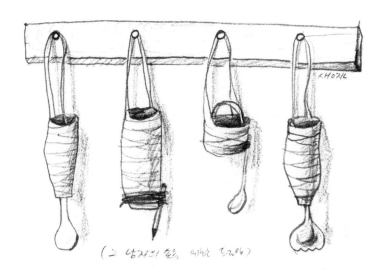

(그 남자의 손, 미래 드로잉)

그 남자의 손

그는 23년 전 사고로 양팔을 잃어
22살 창창한 나이에 1급장애인이 되었다.

발로 쌀을 씻고 주걱용·국자용·순가락용 등의
의수로 요리를 한다.
바지에 지퍼를 달고 벽에 못을 박아 소변을 보고
갈고리 달린 의수로 키보드를 치고 발로 마우스를
조작하며 컴퓨터도 다룬다.

장애인으로 살아간 그의 삶은 의존에서 자활,
자활에서 장애인을 위한 봉사로 도약한 것이다.

빠르게 변화하는 일상에서 「세계—나」와의 상호작
용하는 삶에 대해 미술작업으로 소통하는 나는 가
끔씩 그 남자의 손을 그려보곤 한다.

글·그림 **박생진**
(서양화)

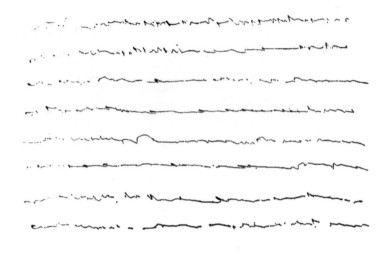

율동이 없는 춤

나는 춤을 모른다. 모른다는 말이 오히려 사치라
할 만큼 철저하게 무지하다. 그러한 내가 어찌 혀
끝을 놀려 춤을 욕되게 할 수 있단 말인가.
어디까지나 개인적인 상념에서, 구태여 무지를 드
러낸다면, 나는 움직임이 거의 없는 춤을 좋아하
는지도 모른다. 이러한 발상 자체가 춤이라는 일
반론에서 이야기되어질 때─그것은 이미 춤이 아니
라고 호되게 야단맞을 일일지도 모르지만, 꼭 신
체의 율동을 겉으로 드러내는 것이 춤이라는 해석
엔 의문이 꼬리를 문다. 그러한 의미에서 나는 철
저하게 춤이 아니길 바라는지도 모른다. 넓
은 공간에 우뚝 솟아 있는 바위처럼 움직임도 변화
도 모두 절제된 세계─이미지의 표현으로서가 아니
라 구조로서 파악되는 그런 춤을 나는 어처구니없
게도 생각해보고 있는 것은 아닐까.

글 · 그림
박서보
朴栖甫
(서양화)

자화상

내가 즐겨 다루는 소재는 인간과 풍경(동물·식물·곤충)이다. 이 둘은 때로는 결합된 채, 때로는 단독으로 이루어진다.

나는 풍경은 초현실적이거나 몽환적인 양상을 띠는데, 나의 작품들의 배경을 이루는 일련의 풍경들은 등장인물에 대한 해석을 더욱 풍부하게 해주는 일종의 연극무대와 같은 기능을 하고 있다.

클로우즈업 된 인체의 배경으로 나타나는 나의 작품들은 하나의 자화상이라 해도 과언이 아니다.

나의 눈에 투영된 세계의 모습을 솔직하게 묘사하기 때문이다.

글·그림
朴仙珠
박선주
(판화)

설레임

「사랑하고 있는 동안처럼 순수하게 설레고 가슴
조이는 시간은 없습니다. 생에 있어서 그렇게
설레는 때가 많이 오는 게 아닙니다. 설레임을
잊은 지 오래인 사람들은 알고 있습니까. 문 여
는 소리, 발자국 소리, 전화벨 소리, 낮은 숨
소리 하나까지 온몸의 솜털이 모조리 일어서곤
하던 그 기대와 기쁨과 환희와 … 사랑의 기쁨
이 왜 고통이고 사랑의 아픔이 왜 행복인지
를… 천지에 꽃은 가득가득 피는데, 설레임도
두근거림도 사라진 지 오래 되었구나 하고 느끼
는 사람은 알고 있습니다.」

도종환 님의 설레임처럼 나에게도 이런 설레임
이 있었다. 큰딸 지원이가 유치원 학예발표회
에서 보여주었던 춤은 정말 나에게 많은 사랑과
기쁨을 주었다. 그 춤의 시작을 알리는 막이 오
를 때 살짝 보이던 발은 아직도 나를 설레고 행
복하게 한다.

글·그림
朴城敏
박성민
(서양화)

에일리언

「공허」로 가득한 하늘 속에
연한 줄기의 「소리쟁이」가 고요히 서 있다.

누가 지은 이름과 대명사인가
「잡초」라니

그 풀포기는 「소리쟁이」나 「잡초」라는 이름을
스스로 선택한 적이 없다.
나의 조상과 인습이,
그의 동의 없이 명명한 다른 창조물의 호칭

만나서 반갑다 너는 누구이고 어디서 왔니
나는 「성실」이라고 불리는
한국에 태어난 한 여자라는 사람이야

이 시간과 공간에서 공존하게 되어
너무 기쁘고 고마워

찬란한 생명의 향연 4월
만나서 반가워。 만나서 정말 반가워。

글·그림

박성실
(서양화)

농무 農舞

어울려 춤을 춘다.

탁한 한 잔의 막걸리와 시큼한 김치는 춤판의 흥을 북돋운다. 단조롭고 소박한 음(音), 아무 장식도 겉치레도 없다. 그저 가슴 깊숙한 곳의 응어리를 토(吐)해 놓으면 족하다.

언제부터인가 나도 슬며시 이들 춤판에 끼어들었다.

흥을 더해 갈수록 풍겨오는 흙과 땀의 냄새, 흙과 더불어 살고 흙으로 돌아갈 우리 모두의 이야기를 그들만의 이야기로 잇고 지내는가 보다.

한 해의 작은 수확을 감사하고 자연에 순종하며 살아온 우리 선인(先人)의 지혜와 순박함을 엿볼 수 있는 농무는 좀더 모든 것에 근원적인 것을 느낄 수 있게 해준다.

글·그림

朴成煥

박성환

(서양화)

금강룡 金剛龍

금강룡은 구불상(九不像)이다.
Vajra(금강저／金剛杵)처럼 단단하고 투명한 머리는
삼라만상 비춘다.

이슬 머금은듯 영롱한 뿔은 식충식물의 선모처럼
안테나를 닮았으면서도 장경록(長經鹿)처럼
새로 자란다.

녹색식물 닮은 몸에 새겨진
그물무늬는 우루의 모습이다.
다리 사이로 뭉게구름 상서롭다.

꼬리는 길고도 길어 지구의 한자락에
그 끝을 드리우고
디오니소스적인 몸짓으로
우주를 향해 비상하고 있다.

글 · 그림
박소영
邵暎
(한국화)

자유自由를 위하여 춤을

춤에 재주가 없더라도 불현듯 춤추고 싶은 꿈을 꿀 때가 있다. 중고등학교 시절엔 학예회 때나 단체 소풍에서 돌아 오면 늘 그런 생각을 했었다. 색동의 긴 줄이 달린 모자를 쓰고 높이 높이 날아 오른다면, 그래서 거기 모였던 전교생을 휘어잡고 싶었던 욕망이었다. 아마도 어려운 단어로 말해 자기 현시욕의 방법이 춤으로 연결되었던 듯하다.

남을 의식해서 춤추고 싶은 한편, 자신의 본능적인 해방을 위해서 출 때도 많다. 춤은 어쩐지 이사도라, 해방, 자유, 이런 단어들과 연결된다. 자기를 다 풀어헤치고 들어간 황홀경에 비유할 수 있을지….. 그러나 이것은 전혀 춤을 출 줄도 모르고, 한 번도 춤을 추어 보지 않은 어느 현대인의 꿈이다. 매일을 형식의 틀에서 살아 가는,

무용가들의 정신과 자기 몸의 일체감 같은 것이 늘 부럽다.

글·그림
朴頌俊
박송준
(서양화)

남성男性과 춤과 예술

어떤 때에는 도대체 순수예술을 이해하고 즐길 줄 아는 남성들이란 이 세상에 존재하지 않는 것처럼 느껴질 때가 있다.

보통의 남성들의 감성은 성급한 것일까 무딘 것일까? 하지만 다수의 반증자들 중의 한 사람이 C교수이시다. 오래전 그분이 쓰신 독일 유학 시절에 무대를 쫓아다니던 젊은 날의 꿈과 같은 시절을 회고한 책자를 접한 이후 매스컴을 통해 가끔 그분을 뵐 수 있었다.

춤을 통해 감동과 삶의 메시지를 받고, 춤을 추는 다른 사람의 인생까지를 경험하며 자기인생은 더욱 풍요하게 가꿀 줄 아는' 취미의 영역을 넘은 그분의 식견에 감탄하며, 예술과 생활이 뒤엉켜진 밑바탕엔 예술에 대한 애정과 열성의 시간이 무색하리만큼 무뎌지지 않고 있음을 느낀다.

나이 드신 그 남자분은 여전히 이십대의 여자에게 신선하고 향긋한 자극을 주고 있다.

글·그림

朴修慶
박
수
경
(서양화)

생명生命의 몸짓

나는 때때로 사람들과의 만남 속에서, 그들이 표현하는 언어에서 보다, 본능적인 몸짓이나 표정에서, 더 강렬한 인상을 받곤 한다. 수많은 군중들의 꿈틀대는 집합 속에서도, 혼자만의 작은 공간에서도, 흐르는 리듬과 표정 속에는, 각자 생명에 대한 환희와 고통이, 봄날의 아지랑이처럼 흔들리며 피어남을 보게 된다.

춤을 생각하면, 어릴 적 할머니나 어머니들이 축제날에 덩실덩실 구르듯 한껏 보여주던 기억부터 떠오른다. 흔히 보게 되는 잘 훈련된 테크닉과, 아름답게 다듬어진 몸으로, 무대에서 보여주던 춤도 그 나름대로 좋지만, 태초에 인간의 몸짓으로, 결코 자신도 의식치 못하는 혼의 움직임으로 배어나오는 춤을 볼 때는 보는 나 자신조차 잇어버리곤 한다. 어느 날 춤판에서 공옥진 씨의 몸짓을 보면서 외마디보다도 더 절실하고…; 눈물보다도 더 진한 한의 몸짓이 막연히 나를 서럽고도 뜨겁게 했던 기억이 새롭다. 산다는 것은! 비록 시각적으로 눈에 나타나지는 않는다 하더라도 각자 나름대로 타고난 숙명적인 몸짓으로 표출되는 게 아닐까 하는 생각이 든다.

글·그림
박順玉옥
(서양화)

봄을 기다리는 마음

달력을 처다보며 봄 오시길 헤아립니다.

「입춘이 지났으니 꽃샘추위 지나가면 봄이다」합니다.

봄은 이미 마음속에 와 있는 것을.

마음속에 와있는 봄을 헤아립니다.
내 마음속 봄맞이 대청소를 합니다.
경직과 긴장을 풀어 놓습니다.
느슨해진 마음 햇볕에 내다 겁니다.
봄생명은 이미 긴긴 겨울 땅속에서 움트고 있었음을.
그것이 꽃임을 기쁘게 알아차립니다.

글 · 그림

박 승 비

(동양화)

215 │ 춤이 있는 풍경 │

Sinsook Park 2008

성장일기

모든 살아있는 생물 중에서 가장 늦게 성장하는 것 중 하나가 인간이다. 정신적인 성숙함은 일생을 거쳐 이루어지는 작업이다. 식물은 적절한 햇빛과 영양분을 흡수해 자라지만, 실제 성장은 낮이 아닌 밤 동안에 이루어진다고 한다. 인간도 밤이라고 할 수 있는 그 어두운 시간이 있을 때 제한된 상황 속에서 성장하며 성숙해 가는지도 모른다. 식물과 나무, 일상의 소재를 통해 성장통을 동반하는 인간의 성장과 성숙 과정을 되새겨본다. 현재의 나는 과거의 나에게서 자란 것, 과거 속 잔상들이 지금의 나를 볼 수 있는 거울이 되어 준다. 그리하여 다시 현재의 소중한 일상들은 아름답고 성숙한 미래를 꿈꾸게 한다. 풍성한 열매 맺는 그날을 기다리게 한다.

글 · 그림

박신숙
朴信淑
(서양화)

몸과 정신의 춤

먼 옛날 인간은 선(善)을 넓히고 악을 쫓기 위한 주술적 수단으로서 춤을 추었다. 그들의 춤은 하나의 생활로써 춤과 삶은 분리되지 않았으며 마찬가지로 정신과 몸 또한 하나였으리라. 오늘의 세계에 와서도 춤은 몸과 정신의 동체(同體)로서 우리들 곁에 있으며 인간의 잠재 속에 면면히 흐르는 율동과 느낌을 통해, 그리고 영혼과 영혼의 대화를 통해 성취시키면서 현대의 삶 속에도 윤기를 제공하는, 그런 것이 아닐까.

정신이 육체를 표현하고 육체가 정신을 표현할 때 하나의 아름다움의 극치를 느낄 수 있을 것이다.

글·그림
朴永吉
박영길
(서양화)

마사 그레이엄의 혼 魂

얼마 전에 내한한 마사 그레이엄(Martha Graham) 무용단의 공연을 관람한 적이 있었다. 차가운 바람이 세종문화회관을 맴돌고 급히 시간을 내어 들어가기 전에, 배고픔에 근처 조그만 분식점에서 만두를 먹었다. 공연을 보고 있는 동안 머릿속에 엉킨 것들을 상념으로 치부할 수는 없겠지만 초조한 조갈증내지 조급증이 괴롭혔다. 그것은 만두를 먹을 때처럼 쉽게 만두속과 만나듯이 조우하지 못하는 ㄴ명료성에 대한 집착ㄴ에 따른 어떤 조급함이었다. 동작과 동작 사이를 연결시키면서 종횡으로 좌표를 그어 내용을 구축해가려는 안간힘은 다만 질주하는 무용수들의 힘찬 율동에 조금씩 부서질 뿐이었다. 공연이 끝나고 단원들의 부축을 받으며 그레이엄이 미라처럼 무대에 섰을 때' 목숨이 껍질처럼 버티고 있는 한 무용가의 모습에서 내 인식의 이빨이 뚫지 못할 단단하고 격정적인 영혼을 대하는 듯했다.

글 · 그림
朴榮澤
박영택
(서양화)

「아오모리 네부타」 축제

동일본대지진이 일어나기 한 해전인 2010년 8월, 전시를 위하여 센다이를 방문한 적이 있었다. 그때 지인의 도움으로 일본의 3대 축제 중 하나인 「아오모리 네부타」 축제를 볼 수 있었다. 이 축제는 1980년부터 일본의 중요무형 민속

문화재로 세계적으로도 유명해 관광객이 매년 350만 명에 이른다고 한다.

축제에는 네부타라고 하는 20여 대의 대형 인형등롱(燈籠)이 운행코스에 맞추어 아오모리시내를 순회하는 것으로 이 행렬의 구성은 앞에서 춤추는 사람인 하네토와 네부타, 그리고 그 뒤에는 음악을 연주하는 오하야시로 이루어져 있다.

오하야시는 네부타 고유리듬을 연주하는데 여기에는 리듬을 담당하는 북/ 멜로디를 연주하는 피리/ 악센트가 되는 징으로 구성되어 있다. 춤을 추는 사람들은 이 리듬에 맞춰 열정적인 춤을 추며 한여름 밤의 열기를 북돋울 뿐만 아니라 중간 중간 리듬에 맞춰 기세 좋게 「랏세라」를 외치는데 그 모습에서 춤추는 모든 사람들이 행복해보이고 즐거워 보였다.

동일본대지진이 일어난 지도 3년/ 8월 축제를 통하여 마음의 상처를 극복하고 모든 주민들이 즐거워하기를 기대해본다.

글·그림 朴完用
박완용
(한국화)

작업실 가는 길

갑사 초입,

달포 전인가 이 고개길을 넘으면서 내 몸만한

무게의 인생을 남겨두고 넘는다고 한탄했던

밤골 고개를 올라서면

까치밥으로 남겨둔 홍시 달린 나무사이로

전생 어디에선가 본 듯한

움푹 파인 언덕 아래 마을.

거리에서 스치는 사람들처럼

먼지만한 인연을 가지고 서로 비끼듯

멀리 두고 몇 허리를 구부렸을까.

길옆 가로수 …

벼벤 논자락들 …

지나간 것들에 대한 추억들 …

그런 풍경들이 차창으로 몇번 지나고 나서야

구암리 미루나무가 보인다.

간간히 보이는 인가 속에

작은 산을 베개로 누운 작업실.

오늘도 그 작업실 문을 연다.

글 · 그림

박龍용

(서양화)

내일을 반겨 맞으며

「산 너머 남촌에는 누가 살길래」로 시작되는 노래를 즐겨 부르던 어린 시절이 있었었다. 저 산 너머에는 도대체 누가 살고, 어떤 풍경이 펼쳐져 있는지? 너무나 궁금하여 산을 넘고 넘어갔던 어린 시절이 생각난다. 집으로 되돌아오지 못할까 두려워서 발길을 돌리며 내일을 기약했던 그 시절이 지금 생각하니 너무나 그립다.

언제부터인가 나에게 내일이란 또 하나의 오늘 같은 날로 다가왔다. 산 너머에도 여기와 똑같은 사람들이 살고 있고, 비슷한 풍경이 자리 잡고 있는 사실을 알고부터 산 너머의 생활이 더 이상 궁금하지가 않았있듯이 오늘 같은 날의 또 하나가 내일이라는 것을 알고부터 내일 역시 궁금하지가 않았다.

나의 일상은 판에 박힌 날들의 연속이다. 다시 한번 내일을 반겨 맞을 수 있는 어린애의 심정으로 살아가고 싶다…….

글·그림
박 우 찬
(서양화)

끝없는 춤

심연(深淵)의 벼랑 끝까지 내리꽂는 섬광(閃光)
심장(心腸)을 후려치고 오장육부, 영혼(靈魂)을 찢
어 발기어 후~어 훨 불태우는 넋. 소스라치게 경악
(驚愕)한 것.

하여금, 내내 응어리진 채 질퍽거리다가 섬뜩한
몸짓을 신음하여 하나, 두~울, 셋… 터~억 턱
나뒹구는 생명(生命)

가시나무새 팟발 어린 몸뚱어리
발끝 세파(世波)를 토닥거리며 그 얼마나 거세게 울
렸던가, 이런들 어쩌리 저런들 하면
얼린 가슴 스스로 풀어 처참하리, 또 한개 터트리
어 스스럼없이 자유인이어라.

암담(暗澹)한 읊(읊)을 되씹으며 그 고통을 드높일
세 승천하는 기(氣)의 율동(律動)은 어쩌면 그토록
부대껴라. 아~아~ 끝없이 벼려지는 몸짓이여 끝
없는 한(恨)이여 ….

하여금, 내내 소스라치게 경악한 것.
하나, 두~울, 셋… 터~억 턱 나뒹구는 생명(生
命)이야.

글·그림
林恩洙
박은수
(종이공예)

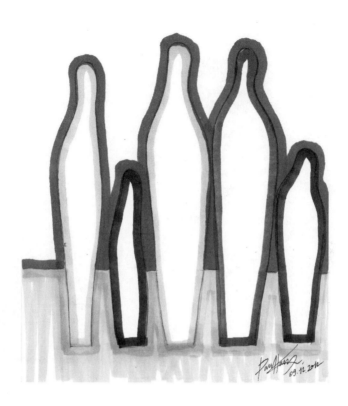

가족

어느 날 아침 잠이 깼을 때, 나는 내가 이미 어른이 되어있었다는 것을 알았다. 갈증을 느끼며 내 물병을 찾는다. 알록달록 형광빛, 탄산이 튀어오르는 환하고 이국적인 맛. 「Fun & Exotic」— 병 꼭대기까지 차오르던 그 음료는 더 이상 남아있지 않다.

언제부턴가 나뿐만 아니라 내 친구들도, 내 상사도, 내 옆집 아저씨 아줌마도, 내 아버지와 내 어머니도 비워진 병을 채우기 위해 매일 신호를 기다린다는 것을 알았다.

음악이 시작되고 조명도 켜지고 공연이 시작됐지만 아직 움직이면 안 되는 순간, 춤추기 첫 움직임 1초 전, 병들은 호흡을 고르거나 죽이고 있다. 숨을 죽이고 있다가 — 하나 둘 셋 하면! 그때 바로 대기선 밖으로 팔을 뻗고 호흡 뱉고 한 발 차면서 춤!

글·그림
朴恩波
박은파
(그래픽 디자인)

춤은 사랑이다

나에게 사랑은 늘 함께 있는 거다.

행복할 때나, 애통할 때나, 젊을 때나, 나이가 들어갈 때나,

어떤 공간, 어떤 시간, 어떤 에너지든 존재함을 그냥 느끼는 거다.

이것이 춤이다.

나의 그림자, 나의 무의식에 잠겨있는

개인과 집단의 아픔마저도 내가 되고 네가 되어 저장된 내 몸의 기억들,

이것들이 움직이고 반응하고 생각하고 상상한다.

이것이 춤의 리듬이다.

나의 아픔의 붉음 위에 무용수들의 에너지가 춤이 되고,

그곳에 구름이 되고, 바다가 되고, 산이 되는 푸른 흐름이 함께 한다.

둘은 하나였구나. 아~ 외로운 춤이 상상된다.

이 또한 사랑이다.

글·그림
朴銀花
박은화
(현대춤)

찰즈 라인하트와 대화하는 필자

나와 ADF의 찰즈 라인하트

나의 춤은 어디로 사라졌을까! 이 질문에 난 죄인처럼 몸을 움츠린다. 난 젊은 시절에 춤과 약속했던 맹세들을 지키지 못했다. 30대 초반 뉴욕대학교 티쉬예술대학원을 졸업하면서 나는 American Dance Festival(ADF)의 안무자로 초청을 받아 「1985년 여름」이라는 작품을 발표했다. 그때 만난 ADF의 총감독 찰즈 라인하트는 나를 친아들처럼 아껴주었다. 그는 1988년에도 나를 ADF 안무자로 재초청하여 세계적인 안무자들과 함께 안무할 수 있는 기회를 주었고 나는 언젠가 내가 만든 동랑댄스앙상블을 주축으로 ADF를 위한 작품을 만들겠다고 약속했다. 그러나 30년이 지난 오늘까지도 그 약속을 지키지 못했고 동랑댄스앙상블은 몇몇 제자들의 탈퇴로 인해 해체되고 말았다. 2011년 결국 그가 40여 년 동안 맡아왔던 ADF 총감독직에서 물러나면서 우리의 약속은 물거품이 되고 말았다. 87살이 된 그가 아직 뉴욕에서 살아 있는지 알 수 없으나 그를 생각하면 동랑댄스앙상블이 해체된 아픔과 함께 가슴이 저려온다.

글
朴一圭
박일규
(공연예술)

춤과 이방인

러시아를 여행하면서 친구와 들른 어느 조용하고 아담한 식당. 주위에 아랑곳하지 않고 식탁 사이 좁은 공간에서 춤을 추는 젊은 남녀가 있었다. 곡명 모를 러시아 음악은 애절하게 흘러나오고… 그렇게 춤을 추는 그들의 자유분방함은 잠시 충격으로 다가와 이내 부러움으로 바뀌었다. 우리만이 그들을 바라볼 뿐, 모두들 아무렇지도 않은 듯 그냥 자기 일에 열중하는 분위기 속에서 우리는 확실히 낯선 이방인이었다.

글·그림
朴一用
박일용
(서양화)

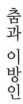

예술은 「흥」에서

산천초목이 춤을 춘다. 바람소리 맞추어 약수터 뒷산의 잣나무도, 미루나무도, 아카시아도. 그중에서도 가장 흥겨운 춤쟁이는 버들인가 보다. 춤은 흥겨워야 춘다. 「천안삼거리 흥응응~ 능수야 버들이 흥~ 지화자 좋구나 흥응응응~」 옛노래 가락이 절로 어깨를 들먹거리게 한다.

춤은 사람만의 전유물이 아닌가 보다. 만물이 행복에 겨울 때면 절로 흥이 나고 흥이 나면 춤을 추게 마련이다.

예술이라는 말이 생기게 된 근원은 역시 「흥」에서 기인됐고, 「흥」이 빠진 예술은 생명을 잃은 것이기에 문제가 되는 것이 아닐까?

글·그림
朴庄年
박장년
(서양화)

우리 춤을 보면서

언뜻 보기에는
동적(動的)이지 않고, 그럴 수 없이
정적(靜的)인, 저 기다리는 것 같은,
한편으로는 숨 죽이고 있는 것 같은,
한정 없이 깊이 빠져드는
정적(靜寂)의 아름다운 무늬를
저 허무(虛無) 속에서 보노니.

동작(動作)이 끝난 곳에서
새로 일어나는 무궁한
몸짓은 차라리

몸짓이라기보다 호흡이었다.
나비 날개는 가만히 있는
그 순간에 오히려
잔잔하고 빛나는 파문(波紋)이 곱던가.

천하(天下)의 비단 물결 다음에
여운(餘韻)이 감싸주는
이 말할 수 없이 고요한
열매를 거두는 것
그것은 흥이었네.
혹은 넘치는 행복이었네.

박재삼 朴在森 (시인)

천상天上의 춤

세상 만물 중에 신이 창조한 최고의 작품이 인간이라면 그러한 인간에게 춤은 신이 부여한 또 하나의 위대한 선물이다. 언어로도 그림으로도 표현할 수 없는 미묘한 감정을 몸동작 하나를 통해 관객에게 전달하고 소통하고 또한 함께 호흡한다.

살짝 꺾어 젖히는 손짓에서, 획 돌아서는 몸짓 하나에서 사랑하는 연인들의 달콤한 속삭임을 본다. 활처럼 팽팽히 긴장된 근육에서 인간의 절망과 분노를 엿보고, 회오리 바람마냥 쉴새 없이 움직이는 댄서의 몸놀림 속에서 멈출 수 없는 인간의 열정과 갈망을 느낀다.

마치 나 또한 이카루스가 되기를 바라듯, 허공으로 힘차게 도약하는 댄서의 멋진 동작을 바라보며 나도 함께 천상으로 날아오르는 듯한 착각에 빠져본다.

글·그림
박 정 환
(동양화)

시인과 꽃

「하나의 꽃이 사랑이 기까지 / 하나의 사랑이 꽃이 기까지 / 우리는 얼마나 잃고 또 / 떠나야 하는지」
— 복효근, 「엉겅퀴의 노래」

시인들이 꽃을 다루는 이유는 무엇일까? 대체 꽃이 무엇이기에? 하나의 답으로 수렴될 수 없는 질문이 겠지만, 「춤」지에 「꽃향시향」을 3년째 연재하면서 내린 결론은 결국 사랑이다. 사랑이란 유사 이래 세상에서 가장 위대한 것이지만, 「사랑이라는 말」은 사랑을 담기에는 너무 허약하다. 「사랑이라는 말」에 담기는 순간 사랑은 진부해지기 마련이다. 그래서다. 사랑을 담아낼 수 있는 그릇으로서 세상에 가장 유용한 것이 바로 꽃이란 것을 동서고금 시인은 알고 있었던 것. 화무십일홍(花無十日紅). 유한함을 알기에 꽃은 한 생애를 가장 붉게 물들였다 간다. 그 영원할 수 없음이, 돌이킬 수 없음이 삶과 사랑을 붉게 물들게 하는 것이라면, 그것을 온몸으로 증명하고 있는 것이 바로 꽃이다. 시인이 꽃을 다루는 이유다.

글 · 그림
朴濟榮
박제영
〈시인〉

잠자는 개

뒷집은 마당이 넓다. 담도 낮
아 도둑이 들어가기 쉬워 보인
다. 담벼락에 전자 경비 장치
로 부족한지 희고 큰 개가 한
마리 보인다. 그런데 이 녀석
은 낮이고 밤이고 집 앞으로
누가 지나가든 말든 잠을 좋아
한다. 개 주인은 개가 열심히
짖어주길 바랐나 보다. 한 달
도 지나지 않아 잘 짖는 다른
개가 와있었다.

글·그림
朴眞晧
**박
진
호**
(서양화)

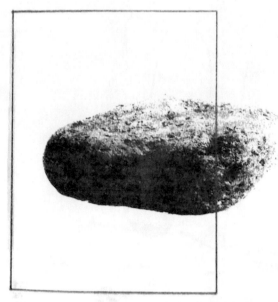

P. Chul-lio. 2007

여유로운 공간

몇 년 전 아주 우연히
나에게로 온 작은 돌이 있다.
주먹만한 크기의 돌은 매일
아침 작업실 문을 열면 창문틀,
그 자리에서 변함없이 나를 반겨준다.

말없이 작업실 한 공간을 지키는
이 작은 돌처럼,
우리 모두도
묵묵히
자기 자리를 잘 지켜준다면
얼마나 질서 있고 여유로운 세상이 되겠는가!

글·그림
朴徹鎬
박철호
(서양화)

농악

농악은 우리의 전통적인 소리
며 몸짓이다。 힘겨운 노동 때
나 흥겨운 명절 때나 함께 어
울리고 일의 능률을 올리며 공
동체의 결속을 다지는 의식과
도 같다。 고단한 인생살이의
설움을 잊어보고자 신명나는
장단에 몸을 맡기면 어느새 농
악은 한 판의 놀이가 된다。 웃
음이 되고 울음이 되어 거친
삶을 다독거려주는……。 그래
서 농악은 가장 서민적인 놀이
이자 춤이며 삶이다。

글·그림

박철환
朴喆煥
(서양화)

「야, 글 좋다!」

조동화 선생님 하면 우선 떠오르는 한마디다. 실제로 내 글이 좋아서일지도 모르지만, 아무튼 그런 격려를 받으면 글을 열심히 써보겠다는 생각이 절로 든다. 『춤』에 10년 넘게 「영화살롱」을 연재하면서 내 글은 켜켜이 쌓여갔고 또한 점점 좋아지는 중이다. 선생님의 격려가 그만큼 나로 하여금 진지하게 만드는 까닭이다.

『춤』을 읽다보면 선생님이 생존해 있을는 적의 정취가 느껴진다. 잡지 속에 짜 넣은 구역이라든가 사진 대용으로 사용한 캐리커처에서 다가오는 느낌인데, 과거의 좋았던 시절을 떠올리게 만든다.

그러나 뭐니 뭐니 해도 『춤』을 가장 『춤』답게 만드는 요소는 냉정한 평론이다. 한국의 춤계가 활기를 유지하려면 풍부한 평론자료를 제공해야 하며, 『춤』은 그 역할을 오랫동안 담당했다.

아무튼 나에게 아직도 선생님의 두려운 한마디가 있다. 「야, 시시하다.」

글
朴泰植
박태식
(영화평론)

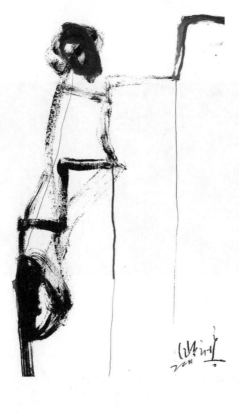

지금은 잠시

언제부터인가 낯선 것이 좋아지기 시작했다.

어눌하게 그어진 선과 형태는 길들여진 세상에서 신선함으로 내게 다가오고 오늘 하루도 그런 낯선 하루가 되었으면 하는 바람으로 세상을 두리번거리고 있다.

오늘 하루도 살아있다는 것에 감사하다는 평범함에 공감하면서도 익숙함이 싫어지는 것은 왜일까?

낯선 바람이 분다.

그리고 모든 것이 움직이기 시작한다.

그 바람소리에 순응하는 것들을 보며 나도 언젠가 그 바람소리에 맞춰 내 의식을 춤추게 하리라.

지금은 잠시 어디엔가 기대어 서 있지만⋯.

글·그림
朴泰弘
박태홍
(서양화)

우리는 지금

며칠 전 아파트 앞에 버려져 있는 자개장을 보게 되었다. 경비아저씨는 새 아파트로 이사 가게 되면서 버린 것이라 한다. 요즘 아파트는 거의 다 붙박이장이 설치되어 있기 때문이라고. 버려진 자개장은 제법 잘 만들어진 것이었다. 천만 원 정도의 가격의 물건이라는데 새 붙박이장에 밀려 버려진 신세가 된 것이다.

몇 년 전에 보게 된 텔레비전 다큐멘터리가 떠올랐다. 일본에서는 자개의 우수성을 잘 살려서 요즘 점점 세상은 편리한 것만을 선호하는 풍조가 되고 있도 현대식 건물에 그럴싸하게 설치를 하고 있었다. 우리의 장인들을 강제로 데려가서 그 기술을 더욱 발전시키고 있는 것이다. 우리가 구닥다리라고 버리고 있는 사이에 일본에서는 그 문화를 아주 잘 즐기고 있는 것이다. 문화는 즐기는 사람의 것이라고 그 프로에서 일본인들이 말하였다. 나전이 아무리 우리 것이라고 한들 그 문화를 즐기는 풍조는 이미 사라지고 없다. 가슴이 답답해진다. 우리는 지금 무엇을 지키며 살아가고 있는 것일까?

글 · 그림
朴賢淑
박현숙
(북디자인)

나무를 꿈꾼다

테레핀 냄새가 나지 않는 물감을 칠하고 있다.
그러나 머리는 테레핀 냄새를 좇는다.
한없는 그리움을 가득 담고 냄새를 탐닉한다.
탐닉하는 머릿속 그림에는 무엇이 그려질까.
나무, 나의 나무, 내가 생각하는 나무.
나는 나무를 그린다.
나는 나무다.
나는 나무를 꿈꾼다. 나무이기를 꿈꾼다.
나무처럼 두 팔 벌리고 서서
바람을 맞이하리라.
바람결을 타면서 바람을 노래하리라.
바람을 가득 품고, 바람을 떠나보내리라.
나무가 춤춘다. 머릿속에서 춤춘다.
나무가 나인가 내가 나무인가.
내가 나무라면 나는 나무처럼 서서
모든 것을 그대로 받아들이리.
알맞게 물이 오른 나무는 나의 눈을 잠재우고
나의 정신을 쉬게 하며
깊은 바람과 잠 속으로 나를 인도하리.

글·그림
朴賢淑
박현숙
(서양화)

2004, PARK HYUN - Another Journey

그 집 앞을 지나노라면

여행, 그렇게 길을 떠났다.
그곳은 낯설지만 언젠가 한번쯤
와……. 것 같은 느낌……。

왜 우리는 여행 사진만으로
여행의 시작과 을 표현하곤 하는 걸까?
여행의 참된 의미는 일상 속에 존재하는
삶에 대한 애착을 회 는 것일진대……。

지나다 만난 아이들, 평범한 골목길,
대문, 창문 옆 화분들, 거리에 놓인 의
자……。
그곳에서 느끼는 일상을 통해
나의 참모습을 발견한다.

글·그림
朴賢雄
박현웅
(공예)

변하는 것과 변할 수 없는 것

『춤』지 500호를 생각하면서 「용비어천가」 2장 첫 구절을 떠올리면 건 엉뚱한 생각일까?

내가 가장 흥미 있게 생각하는 『춤』지에 대한 사건 중 하나가 세로쓰기에서 가로쓰기로 바뀐 것이다. 내 뇌리에 작고 하신 조동화 선생님께서는 무척이나 내리기 힘든 용단이었다는 후일담을 들은 기억이 난다. 그 외 『춤』지의 겉표지와 크기 규격은 변함없이 이어오고 있다. 항간에는 트렌디하지 못하고 무용잡지로서 진부하다는 말도 있다. 아마도 화려한 춤 화보를 기대한 사람들에게는…。

문득, 춤추는 몸과 감각에 대한 생각에 빠져본다. 춤추는 몸은 그 감각을 체화하는데 물리적 시간을 필요로 한다. 몸은 생체적으로 성숙하고 성숙되며 퇴화해간다. 새로운 감각을 끊임없이 받아 들여도 과거의 것은 사라지지 않고 느리고 깊게 변화해간다. 늘 같은 춤을 추어도 그 멋과 맛이 다르듯…。

『춤』지가 그러하다. 글을 담고 있는 그릇은 변하지 않았지만, 그간 변화한 우리 춤판의 역사를 간직하고 있다.

「불휘 기픈 남간 바라매 아니 뮐새…」

척박한 상태에서도 천박하게 굴지 않으니 그 품위를 잃지 않는다. 뿌리 깊은 나무는 그 자체로 존재감을 상실하지 않는다.

글
朴豪彬
박호빈
(현대춤)

무심필 無心筆

생명의 잉태로움이게
하는 것
리듬의 부활과
자유로운 놀이의 유희
경계의
경계 없음이 되게
물처럼
바람처럼
그렇게 흐르게 하라
무엇인가 되게 하는 것에
매이지 마라。

글·그림
박효전
朴效田
(서양화)

춤판의 향수

조그만 시골에서 보낸 나의 어린 시절 동네엔 유난히 잔치가 많았다. 마을 사람들은 어디서 따로 춤이란 걸 배운 적도 없겠건만 축제가 열릴 때마다 무명 옷고름 흩날리며 흥에 겨운 듯 덩실덩실 춤을 추곤 하였다.

전통적 인습의 굴레 속에서 제가끔 남모를 한(恨)을 안고 살아가던 그들은 그러한 축제를 통하여 이웃과 더불어 살아가고 있다는 유대감을 형성하고 한을 우리 고유의 해학으로 승화시킬 수 있는 슬기로움을 터득할 수 있었던 게 아닐까.

요즘은 가끔 전통극과 무용을 대할 때 멀리 떨어져 앉아 보던 그 어른들의 춤판에 대한 흥과 한의 향수를 느끼곤 한다.

춤은 어떤 의미에서 언어가 안고 있는 형식이나 체면 따위를 뛰어넘은,' 또 하나의 솔직한 언어인지도 모른다.

글·그림

박흥순

朴興淳

(서양화)

2010. 朴희숙

춤이 그가 되어

기지개 켜듯 자연스럽게 음악에 맞
춰 길고 부드러운 손이 선을 긋자
일상의 조용한 시간과 공간이
바다 물결에 햇빛 반짝이듯 반짝이
기 시작했다.

손짓 하나로 무아에 빠지는 사람!
그는
하나의 손짓을, 눈길을, 흔들거림
을 그냥 스치지 않는다면
그 순간의 모든 움직임은 춤이 된다
는 것을 가르쳐 주었다.

마음속에 리듬 하나 품고 그의 몸을
자연스레 놓는다.
춤이 그가 되고 그가 춤이 되어
이 세상 가볍게 웃지 않는가!

글·그림
박 희 숙
(서양화)

242

춤, 그 소리 없는 몸짓

소리없이 와 닿는 무언의 흔들림 내 가
슴 퍼런 멍으로 가득할 때 그대와 더불
어 하나이었네
서러워 서러움에 가슴 저미며 울부짖던
그대의 아픔, 그대는 아는가, 그대는
들리는가
설산(雪山)을 헤매는 고행의 발길인가
법열(法悅) 가득한 득도의 눈물인가 퍼
런 물이 뚝뚝 떨어지는 눈물 나는 세상
그대는 아는가
가녀린 몸짓이며 끝없이 타오르는 한줄
기 불꽃 멈추지 않을 한줄기 아픔

글·그림
방 영 준
(서양화)

겨울을 바라보는 사슴

손끝으로 흘러내리는 먼물은 사슴의 형
체같이 형상이 이루어진다.

그리지 않고 그리는 그림 원래 그것이
지금의 행위와 합일되게 하려고 오늘도
어설픈 몸짓의 연속이다.

이성과 감성이 조화를 이루고 화필과 화
면이 하나가 될 때 가슴의 울림이 있지
않을까.

수많은 날들을 그렇게 찾아 헤매는 것이
예술의 먼 길이 아니겠는가.

겨울을 바라보는 사슴 인생을 생각하는
사람들 그렇게 많은 시간 속에 피고 지
는 생명들 무한한 우주의 법칙 앞에 우
리는 무엇을 이루려 하는 것일까.

글·그림 **배**
남
한
(서양화)

244

나의 추억

조동화 선생님은 나의 춤 인생에 한 역사를 새겨주신 분이다.

무용을 세 살 때부터 추었다고는 하지만, 작품 「타고 남은 재」(1977) 이후부터 진정한 춤 인생이 시작되었다고 볼 수 있다. 선생님은 분명코 마음과 정신으로 추는 춤과 손짓, 발짓으로 몸만 놀리는 춤의 세계를 한 번에 알아 보시는 명안을 가지고 계셨다. 솔직히 무용계에 종사하는 수많은 사람들 중에서 제대로 된 명안을 가진 사람은 몇이나 될까? 조동화 선생님은 그런 분이셨다.

나의 존재에 대한 확신을 갖게 해주셨다. 언제나 춤에 대한 고민을 가지고 찾아가면 항상 명쾌히 해결해주시곤 했는데, 특히 춤에 있어서는 전문가인 나보다 더 전문인 같으셔서 나 혼자 머리를 절레절레 흔들며 「춤」지 건물을 나올 때가 많았다.

한번은 작품 때문에 고민을 털어 놓았는데 선생님 말씀이 「대한민국의 춤은 춤에 문제가 있는 게 아니라 무용음악의 부재가 문제야!」라고 말씀하셨다. 몇십 년 전의 그 말씀은 요즘 와서 내가 더욱 절실하게 느끼는 지점이다. 그만큼 조동화 선생님은 앞선 혜안을 가지신, 춤에 대한 사랑이 참으로 깊으신 분이었다.

글
裵丁慧
배정혜
(한국춤)

Spain.Seville
Jh.Bae
2013.1

플라멩코 무용수

플라멩코 공연을 사진으로 촬영할 수
없다하여 스케치북을 꺼냈다.
기타 연주가 시작되고, 화려한 의상을
입은 무희가 무대에 멈춘 듯 서 있다.

무희가 멈추어 있을 때 스케치를 하려
고 바삐 펜을 놀리기 시작했다.
하지만 먼 곳을 응시하는 그녀의 애틋
한 눈빛과 작은 손놀림에 펜이 멈추었
다. 바닥을 구르는 발놀림에 더 이상
그녀를 그릴 수 없었다.
그렇게 그녀의 세상으로 여행을 시작
했다.

그녀의 춤에는 슬프다, 그립다는 말로
는 표현할 수 없는 그 너머의 것이 있
었다.

글·그림 **배 종 훈**
(카툰)

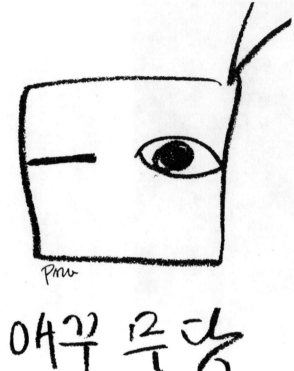

애꾸 무당

애꾸 무당

어려서의 기억인데 우리 집에서는 일 년에 한 번씩 무당을 데려다 굿을 하였다. 아마 집의 일이 잘 풀리라고 하는 재수굿 같은 것이었을 것이다. 구태여 내게 한국춤에 대한 체험이 언제냐고 물으면 이때부터를 꼽을 수 있겠지.

그때 단골로 오는 무당이 애꾸여서 우리는 그를 애꾸무당이라고 불렀다.

음식을 차려 놓고 징치고 … 북치고 … 하는 것. 좋아서 본 것은 아니고 밤새도록 추니까 볼 수밖에 없었는데 어떻든 인상에 남는 일들이다.

나는 나의 비디오 프로그램에 오락적인 요소로써 우리춤을 가미한다. 우선 재미있으니까.

이 그림은 구라파에서 한 번 그렸고 이번에 두 번째 그린다.

글·그림 白南準

백남준

(비디오 아트)

내게서 춤이 떠나면,

「엄마, 네, 엄마요.」

왜 엄마일까? 느닷없는 내게 춤은 무엇이냐는 질문 때문이었을까? 그러다가 나는 아~ 순흥면 향상골은 엄마와의 마지막 여행지였고, 그곳 과수원 안의 조그만 덩이 같은 연못을 들여다보고 있다가 그 잔상이 사라지기 전에 나는 대화였었다라고 그 삶은 그녀와는 상관없는 내가 이루어가는 내 것이라 생각했다. 나는 이미 오래전에 그녀를 떠나 왔다고 생각했다. 나는 이미 오래전에 그녀를 떠나 왔다고 생각했다. 그녀가 나를 떠나기 전까지는. 더 많은 시간이 흐르면 지금의 이 같은 생각이 잘못이었다고 또 다른 깨달음의 무엇을 이야기할지 모르겠지만 지금은 그렇다. 내가 엄마가 되어 있는 것 문득 그녀가 나임을 느낀다. 내가 엄마가 되어 있는 것 같다.

내게 춤은 「엄마」가 맞는 듯하다. 적어도 지금의 이 순간에는 그렇다. 다섯 살 꼬맹이의 손을 잡고 영등포의 어느 무용학원에 데려가 춤추게 하신 그 후 나는 춤이 되어버린 것 같다. 지금도 나는 춤을 추면 좋다. 아무도 없는 방 안에서 걸어가면서, 앉았다가 일어서면서 나는 곧잘 춤추곤 한다. 춤을 추면 기분이 좋고, 기분이 좋을 때면 춤춘다.

나는 춤추는 우리 아이들에게 스스로 춤추며 느끼고 감동하라고 한다. 자신이 자신의 춤에 감동하지 않으면 아무도 그 춤에 감동할 수 없다고 가르친다. 스스로 만족할 때까지 연습하고 완전할 만큼 숙련되면, 그 속에 감정이 이입되어 춤이 생명을 갖게 될 터이니까. 아직도 나는 춤과 함께 한다. 그러면서 「춤」과 「나」이 다.

이 글을 쓰면서 나는 또 하나 새로움을 알아가고 있다. 엄마가 떠나시고 내가 엄마가 된 듯이 내게서 춤이 떠나면 아마 내가 춤이 될 것 같다는 그런 생각이 든다.

글
白貞姬
백정희
(한국춤)

2014 Baeg Jongki

공존을 꿈꾼 로봇태권

작업에서는 잠재된 추억을 꺼내는 추억하기를 통해 편안한 즐거움을 찾으려 한다. 유년시절의 로봇을 매개로 하는 추억이다. 과거와 현재 그리고 미래를 향한 인간의 끊임없는 발걸음은 사소한 개인적 일상부터 사회적인 모습까지 다양함으로 나타나는 즐거운 일이다. 어린 시절 영원한 친구였던 로봇과 함께라면 즐거움은 2배가 될 것이다.

여기서 한 가지 주목할 사실은 로봇의 역할이 달라진다는 것이다. 그것은 기계적인 침묵을 드러내는 수동적인 존재가 아니라 인간처럼 호흡하고 생각도 하면서 표현까지 하는 능동적인 존재라는 것이다.

이런 로봇을 통해 무위자연(無爲自然)하는 이 시대 군자(君子)의 예(禮)와 인간을 사랑하는 예술가(藝術家)의 광기(狂氣)와 매번 다른 길만 가는 풍운아(風雲兒)의 모습 등, 지구에서 가장 재미있게 사는 인간(人間)의 모습을 볼 수 있다면 지나친 비약일까?

글·그림
白鍾基
백종기
(서양화)

백현순 「춤」중에서

사랑의 힘과 용기의 춤

춤을 추면서 겪는 일이 삶의 무게보다 더 크게 느껴질 때가 있었습니다. 때로는 억울하고 때로는 분통해 하면서 누군가에게 속풀이를 해야 할 때 「춤」이 있었고, ´조동화 선생님이 계셨습니다. 「아무 걱정 말고 열심히 하라」는 선생님의 그 말 한마디가 어쩌면 제게 큰 용기와 사랑이 되었던 듯합니다. 말 속에는 향기와 사랑이 있다고 합니다. 선생님은 늘 향기와 사랑을 지니고 춤을 꿈꾸는 많은 사람들에게 희망의 말을 해주셨습니다. 그 작고 나직한 말 속에 행복과 기쁨과 그리고 춤으로 꿈꾸는 세상이 있었음을 이제는 모두가 알고 있습니다.

짧은 세상을 살다가면서 누구나 하는 말이지만 가슴 벅차도록 희망이 된다는 것, 그것이 오늘날 「춤」지 500호를 탄생하게 한 것이 아닐까요? 사진의 덧배기 춤은 덧난 것을 없애버린다는 의미의 춤으로 저에게 늘 새로운 용기와 힘을 주는 춤입니다. 또한 춤으로 만드는 밝은 세상을 위해 초석을 다지신 선생님께 드리는 저의 마음이기도 합니다.

글
白賢順
백현순
(한국춤)

우리 모습

우리들 모습에서 예쁘게 차려입은 옷을 빼버리고, 저마다 어울리게 빗어 내린 머리 모양을 빼버리고, 신(神)이 정해준 성별의 구분도 빼버리고, 그리고 몸짓의 이유도 빼버리고―그러면 우리의 진정한 모습을 볼 수 있을까 싶었다. 하지만 아니었다. 그래도 거기에는 또 다른 우리가 있었다. 그 속에 또 다른 모습의 너와 내가 보였다.

글·그림

변
웅_{邊雄必}
필

(서양화)

나와 춤

최승희의 춤이 좋아 시골에
서 서울 부민관으로 상경했
던 학생 시절의 기억이 지
금도 새롭다.

그 이후 나는 여러 나라에
서 춤을 보았다. 고전에서
현대에 이르기까지 각국의
민속무용, 심지어는 사교
춤경연까지도.

무엇이 더 좋을 수가 없었
다. 잘 추는 춤은 다 감동
했었다.

그런데 요새 나는 춤에 대
한 가름질을 하고 있다.
춤이 지나치게 형식적이거
나 기교적인 것 보다는 차
라리 생명에 대한 호소력이
짙은 춤에 더욱 감동하고
있다는 것이다.

인간이 만물의 영장이라고
하는 것은, 생각하는 동물,
인 까닭에서다.

사람이 언제부터 춤을 추게
되었는지는 모를 일이지만
마음이 내키는 대로 몸을
흔들어 쾌감을 얻을 줄 알
았다는 것만으로도 영장이
될 조그마한 이유는 된다.

춤은 손끝에서 발끝까지 온
몸에 율동을 주어 생명에
불을 지피는 것이다.

사람은 때로 마음이 울적하
면 고함이라도 질러보고 싶
어지며, 속이 불편하면 트
림 한두 번으로도 곧잘 시
원해 할 줄 아는 지혜로운
영장임에 틀림없다.

나는 춤을 좋아 해서 기회가
있는 대로 즐겨왔다.

글·그림
卞種夏
변종하
(서양화)

탈 춤

우리나라에 처음 온 서양 사람의 첫 인상은 유령의 나라 같다고 했다고 한다. 조용하고 잔잔한 우리 민족의 리듬을 아주 잘 보았다고 필자는 생각했다. 내가 어린 시절에 본 우리의 춤은 들뜨지 않고 차분하게 마음을 가라앉혀 모두를 덩실 덩실 춤을 추며 즐거워한 것을 보아 왔다. 그 춤들은 '소리의 리듬과 몸의 율동은 은은한 곡선으로 이어졌었다.

나의 화실이 대학로 주변이어서 주말이면 탈춤이나 농악 같은 구경을 자주 보게 되었다. 정말 부끄럽게도 영화나 TV 등에서만 보았던 탈춤을 40이 넘어서야 실제로 처음 구경했다. 그것도 젊은이들의 춤에서…. 나를 들뜨게 하던 탈춤의 동작과 가면(탈)의 의미를 찾아보았다.

고발과 광기어린 폭발, 직선적이고 격정적인 것에 놀랐다. 지금까지 은은한 곡선만이 우리 춤인 것으로 알았으나 우리의 춤 속에 곡선과 직선이 있었다는 것과 음양의 조화가 있음을 보고 더욱 기뻤다.

글·그림 **서 봉 남**
(서양화)

새벽의 춤연습

밤새 작업을 하다 자취방으로 돌아가는 새벽 골목길은 언제나 스산하다. 주황색 눅눅한 가로등 불빛과 새파랗게 밝아 오는 하늘은 좀처럼 섞이지 않는 묘한 분위기를 풍긴다. 그 시간의 공기를 유달리 선명하게 느끼는 것은 새벽 귀갓길에 종종 마주치는 한 청년 때문이다. 그 친구를 처음 보았던 건 유난히 추운 겨울날이었다. 멀리 골목길 사거리의 작은 공원에서 누군가 몸을 풀고 있었다. 여느 운동과 달라 유심히 보며 다가가는데, 그는 곧 허공을 가르며 팔을 내저었다. 주변의 공기가 휘감겨 지는 듯한 그 모습을 보며 천천히 걸음을 옮기는데, 무언가를 말하려는 그 몸짓은 내가 본 어느 춤보다 생생하게 와닿았다. 밤과 새벽의 경계에서 조용히 자신의 세계를 펼치고 있는 그의 모습은 모든 것의 시작처럼 아름다웠다.

글·그림

徐相益
서
상
익
(서양화)

고조
高調

가야금이나 거문고를 손질 조사(調絲)한 다음 곡(曲)에 따라서 줄(絃)을 타면 손끝은 멈추었어도 그 여음(餘音)은 요요(嫋嫋)하여 흘러 퍼진다.

그림을 그림에 있어서도 장봉(長鋒)에 먹을 듬뿍 찍어 세찬 선(線)을 내려 그으면 호단(毫端)은 멈추었어도 필의(筆意)는 유연한 기운(氣韻)을 남긴다.

둥 둥 뚜웅 ― 땅.

곡이 끝나고 질풍(疾風)을 만난 노도(怒濤)처럼 휩쓸던 무희(舞姬)의 몸짓은 멈추었건만 기―인 소맷자락은 아직도 낙화(落花)인양 사뿐히 흔들거린다. 조용히 그 여운과 여태(餘態)를 바라보면 감각의 측면보다 함축(含蓄)과 유장(悠長)의 세계로 눈을 뜨게 한다.

아니, 차라리 무현(無絃)의 소리를 듣고 무형(無形)의 모습을 바라보게 하는 모든 기능을 포용하는 경지를 소요(逍遙)하게 된다.

글·그림
徐世鈺
서세
옥
(동양화)

정유년 건강과 길조가 들기를…

왜 닭을 그리느냐? 작품 속 닭이 주는 의미는 무엇인가? 중국 방송국 여기자가 질문한다. 어느 아트페어를 가도 항상 같은 질문들이라 답변은 준비되어 있다. 먼저 나는 닭을 그리지 않는다. 나의 닭들은 모두 한지를 자르고 붙인 꼴라쥬 작품이라 그린 것이 아니라 만들었다가 고 맞다. 중국 방송국 기자에게 또박또박 대답했다. 고대국가 신라의 건국신화 박혁거세가 알영신화이다 부터 시작해서 닭은 새벽을 알리는 동물로 귀신을 쫓는 벽사의 의미가 있고 성당꼭대기 닭의 의미가 바로 베드로의 회개를 의미한다까지. 그녀가 신라와 박혁거세가 누군지 알건 모르건 열심히 한국의 닭과 한지를 함께 알리는 나에게 스스로 위안을 한다. 옛 선조들이 닭 그림을 집안에 걸면 복이 들어온다 했다. 또한 닭은 길조(吉兆)라 해서 혼례 초례상에서도 청홍보에 싸서 놓았으며 폐백에도 닭을 사용한다. 아트페어마다 질문에 한 이야기를 또 하고 반복해야 하지만 난 나의 닭과 그 스토리텔링이 즐겁다. 바야흐로 2017년은 육십간지의 34번째 해이며 정유년(丁酉年) 붉은닭의 해이다. 모쪼록 닭의 해를 맞아 우리 모두 건강과 길조가 들기를, 우정과 행복을 겸비한 외유내강의 동량(棟梁)이 되기를 나 먼저 기대해본다.

글·그림 徐恩珍 서은진
(한지페이퍼아트)

사람에겐 춤이 날개

아들아

무대 앞 좌석에 앉아 네가 태어나던 날을 떠올리며, 작고 보드
랍디 보드랍던 네가 자랑스런 모습으로 나타났을 때 이젠 너
는 나만의 아들이 아님을 확인했단다. 힘겨운 연습과 그 많은
땀 흘린이 없었다면 오늘의 이 아름다운 무대 위의 풍경을 우
리에게 보여줄 수 있었겠니? 아들아 하나님께서 동물에겐 날
개를 주셨으나 사람에겐 아니 주신 이유를 아느냐! 사람에겐
신의 속성을 주셨기 때문일 거야. 사람은 자기가 열심히 준비
하면 난 수도 있고 뛸 수도 있으며 물고기처럼 수영도 하지 않
니? 엄마 눈에는 네 무대는 하늘이 되었다가 또 사슴들이 뛰
어가는 능선도 되고 물고기들이 헤엄치는 바다로도 보이더구
나. 무대 위의 너희들은 시골 장마철 마당의 개구리도 되고
멍석 가에 모여들던 새떼들도 되고. 내 어린 시절 꿈꾸던 동
화 속에 네가 나타나다니 …….

아들아 이제 넌 시작이다. 세계의 정상을 향하여 솟아올라야
한다. 새의 지혜를 배워 날아올라야 한다.

시간은 하나님께서 똑같이 주셨다. 무대 위에서 자리가 정해
질 때 어린 너도 무엇인가 느꼈을 줄 안다. 왕자님은 한 분이
시다. 아들아 하나님께서 네 춤을 보시고 「보기에 심히 좋도
다」 하시도록 추어드려라.

글 · 그림 徐貞順
서정순
(서양화)

여보게 일어나 춤이나 추세

딱한걸 어찌해 딱하고만 마는가.
우습다면 이것 참 우스운 일 아닌가.
픽 웃어 춤추기라면 또 그럴 일 아닌가.

옛날에 신라에 달밝은 밤에
마누라 빼앗긴 처용애비 춤
열백번 맞느니. 아무려 맞고 말고.

서러워 쓰러져선 무엇에 쓰는가
이거야 정말로 웃기는 일 아닌가.
여보게 일어나 춤이나 추세.

당(未堂)
徐廷柱
서 정 주
(시인)

삶과 춤

인간은 누구나 기쁠 때면 자기의 감정을 직접적으로 표현하는 것은 고대 원시시대부터 있었다. 거기에는 약동하는 젊음이 있었고 삶의 희로애락이 다 담겨져 있다.

인간의 감성과 행위의 조화, 그리고 무한한 변화 과정에서 그때그때마다 느껴지는 진실성과 현장성이 보여질 때 삶과 춤의 상관관계가 뚜렷해지는 듯하다. 춤의 세계에는 선, 면, 색, 명암, 양감 등이 리얼하게 그리고 진실되게 표현될 때 더욱더 우리 마음에 와 닿는다. 또 춤에는 각 나라마다 고유한 의상과 형식이 있고 남녀의 역할, 분담적인 내용이 고루 형성되어 있으리라. 또 신에게 감사하는 엄숙한 제례행사 뒤에는 신과 인간의 미래를 약속하는 뜻으로 리듬과 박자에 따른 행위가 있다. 춤이 있으므로 해서 좀 더 분명한 인간 자신의 확실한 내적 표현이 이루어지리라.

글·그림
선학균
宣學均
(동양화)

추사 김정희의 「일금십연재」 편액(월간 「춤」 소장)

춤지와 연낙재
研駱齋

2006년 3월 우리나라 최초로 춤자료관 연낙재(研駱齋)가 개관되었다. 연낙재는 춤평론가 1세대로서 월간 「춤」지 발행인이자 한국 최고의 춤지성 조동화 선생이 평생 모은 춤 자료 기증을 통해 탄생했다. 연낙재 이름도 조동화 선생께서 직접 지으셨다. 연낙재는 「춤」지가 들어있는 집 금연재(琴研齋)에서 연(研)자를 그리고 연낙재가 위치한 뒷산의 이름 나산(駱山)에서 낙(駱)자를 따와 지어진 이름이다.

「일금십연재(一琴十研齋)」에서 금연재란 당호는 추사 김정희가 쓴 글씨 중의 하나. 한 대의 거문고와 열 개의 벼루를 뜻하며, 학문과 풍류를 숭상하는 선비정신이 깃들어 있다. 연낙재 역시 문사(文士)의 정신, 독서인(讀書人)의 철학을 닮고자 했다.

연낙재의 현판은 철재 오옥진 선생이 새기셨다. 2005년 가을에서 서울에 이르기까지 오옥재 선생의 마포 아파트와 사당동까지 오옥재 선생의 작업실을 오가며 현판이 완성되어가는 과정을 지켜봤다. 오옥재 선생은 1970년대 조동화 선생과 함께 동아일보사에 근무한 오랜 인연으로 연낙재 현판 제작을 기꺼이 맡아주셨다. 현판이 완성되고 2006년 3월 21일 연낙재 개관이 있었다. 무용계를 비롯해 문화예술계 저명인사들이 대거 참석하여 깊은 관심과 성원을 보내주셨다.

조동화 선생님은 왜 그 귀한 자료를 나에게 물려줬을까? 자료 하나하나에 새로운 생명력을 입혀 역사 속에 응비하는 실체로서 거듭나게 하라는 뜻이었을 것이다. 개관이후 새로운 자료 발굴 및 수집을 통해 연낙재는 보다 넓고 깊어졌다. 연낙재는 춤자료의 저장고로서 뿐만 아니라 인문학적 사유로서 춤을 탐구하고 기록하여 정신문화적 가치 창출을 위한 터전이 되고자 담대한 발걸음을 내딛는다.

글
成基淑
성기숙
(춤평론)

춤

피리를 불어라, 북을 쳐라
뛴다, 춤춘다
하늘의 별을 잡으러
돌수록 땅에서 멀리
덩더쿵, 쿵
허리가 휘고 팔이 벌어진다
다리가 휘감겨 신명들린 듯
내몸이 움직인다
덩더쿵, 쿵
날나리 소리에 피가 끓는다
목청이 열려 노래가 된다
참을 수 없구나
솟는 땀을 가슴에 흘리고
신집힌 사람처럼
온몸이 움직인다
나는 이 한밤, 춤에 흘려
잠을 잘 수 없구나
덩더쿵, 쿵

성기조
成耆兆
(시인)

Bridge ob
Alcantara
Toledo
Spain
'97. 3/8 by Son

아름다운 추억

지난 삼월 중순경, 개업 중인 여의사 친구 여덟 명과 함께 지중해 연안 5개국을 여행하고 왔다.

그리스는 모든 옛 건축물이 예술품이었고 특히 길거리에 다니는 여성들의 옷차림이 결코 화려하지는 않으나 모두가 품위가 있고 단정한 모습인 것이 퍽 인상적이었다.

스페인은 종교적인 건축물과 왕궁의 보물들 그리고 박물관의 많은 소장품들이 인상적이었다. 스페인의 옛 도시가 그대로 보존되어 있는 톨레도 마을은 돌로 만들어진 성곽과 달ㆍ좁은 골목과 집집마다 매달린 가로등 등이 매우 아름다웠다. 유명한 영화 「엘시드」를 촬영했다는 알칸다라 돌다리와 성곽은 찰톤 헤스톤과 아랍공주 소피아 로렌의 아름다운 로맨스가 생각나서 따사로운 햇볕과 맑은 공기를 마시면서 먼 옛날의 흔적들을 돌아보았다.

아름다운 추억이 될 듯하다.

글ㆍ그림
孫敬愛
손경애
(서양화)

내 춤을 네가 본다면

아득한 여름이 보인다
봄 지나 다가서는 후박나무
그 밑의 도타운 그늘이 보인다
시원한 바람이라도 여기 불러
넉넉한 품의 옷이라도 챙기면
나도 춤을 추수 있을 것 같다

예쁘기 한량 없는 너를
당겨 내 앞에 앉히고
뜨겁게 다사로운 버선 발로
네 가슴에다 불도장을 마구 찍는
내 춤을 너에게 보이고 싶구나

발 뻗고 오금 늘여
때기 땅이라도 얻게 되면
힘껏 너를 밟아 딛고

소리쳐 내 사랑을 자랑하는
이쁘둥이, 나의 사람아
손 들어 팔을 흔들고
구름 조각으로 비를 쏟게 하면
다른 손도 나부껴서
하늘 한 자락 접붙여
별의 나라 아름다움 끌어당기겠다

오, 사랑이여
내 춤을 네가 일으켜
고르지 못한 내 숨 가지런케
네 귀에 담아 쌓고
나는 너를 아내처럼 다독여
내 곁에 다소곳 눕게 하리라.

成春福
성춘복
(시인)

손관중 「푸른 침묵」(2009)

푸른 침묵

우리는 많은 것을 담고 산다. 눈으로 보고 귀로 듣고 손으로 만져서 얻어진 것들을 몸속 어딘가 저장해둔다. 그리고 어느 한순간 일시에 입으로 뱉어 낸다. 그것들이 뒤섞여 때론 되돌릴 수 없는 아픔, 슬픔, 화를 자초하기도 한다.

나에게 있어서 침묵은 그러한 것들을 배제하는 일종의 수행이다. 젊은 시절 나에게 춤은, 도시적인 움직임과 스피디한 패턴 속에 인간의 허무의 연속이라면 오십 후반의 나이인 지금은 자연 속에 많은 소재와 영감 … . 내 마음속 푸르른 숲에서 스스로를 화두를 던져본다.

거기에는 오로지 침묵만이 존재한다. 닫힌 틀 속에서 몸을 짓이겨보기도 하고 헛헛하게 웃어보기도 하고 가만히 엉금엉금 기어 다니기도 하며 육신의 존재감을 일탈시키며 본래의 나를 찾는다. 그것이 우리에게 침묵이 필요한 이유일 것이라 생각된다. 「푸른 침묵」 멀리 있는 게 아니라 가까이에 있다.

글
손관중
孫官中
(현대춤)

二十五〇
肴佳日雨中
崔相俊

사랑에 취한 무_舞

으악 무(舞) 자(字)가 왜 저래
옆으로 기우뚱…
왜 저렇게 썼을까.

으악 舞字가 왜 저래
술 취했나 흔들흔들…
왜 저렇게 썼을까.

으악 舞字가 왜 저래
사랑에 빠졌나,
왜 저렇게 썼을까.

글·그림
孫東俊
손
동
준
(서예)

265 | 춤이 있는 풍경 |

춤

아 춤추고 싶다.
다 벗은 몸으로

아 춤추고 싶다.
몸을 던져줄 이가 올 때까지.

아 춤추고 싶다.
마음과 마음이 하나가 될 때까지.

아 춤추고 싶다.
낙엽이

글·그림
손문자
(서양화)

내 영혼의 노래를 부르고 싶다

손을 들어 휘감으면 땅 위로 던져진 원이 되고
손을 들어 돌리면 허공에 걸려있는 원이 된다.
위로 들어 올리는 손은 하늘을 향한 곧은 선이
되고 가로 젓는 손은 육지와 바다를 가로지르는
사선이 된다.

고 갯짓 하나와 얼굴의 표정에 접쳐진 형상들은
각자의 색깔을 찾고 다리의 움직임으로 새로운
구도를 발견한다.

반복되고 투영되어 만들어지는 하나의 풍경.
인간의 희로애락을 담고 있기에 같이 호흡할 수
있는 춤은 살아 움직이는 우리 영혼의 모습이고
느낄 수 있는 우리 육체의 진솔한 노랫소리가
아닐까…….

자연의 아름다운 색깔을 뿜내는 가을 높고 파란
하늘을 무대 삼아 내 영혼의 노래를 부르고 싶
다.

글·그림

孫美曛
손미경
(조각)

우리 털보 선생님

글·그림
손 민 형
(조각·설치)

고등학생 때, 우리 학교에는 매를
들고 다닐 일이 없는 선생님이 한
분 계셨습니다. 왜냐하면 그 선생
님에게는 매보다 더 강력한 도구가
있었으니까요. 그것은 바로 얼굴의
반 이상을 덮고 있는 수염이었답니
다. 까부는 학생이 있으면 바로 다
가가 볼과 볼을 맞대고 이쁜놈 하시
며 비벼대셨어요.

한번도 안 당해본 학생은 뭐 이쯤이
야 하다가도 곧바로 외마디 비명을
지르고… 십년도 더 지난 일이라
선생님 얼굴은 아련한데, 그 수염
과 아팠던 기억만은 생생합니다.
지금도 어디선가 털보 선생님께 당
하고 있을 학생들이 있겠지요.

268

© 건혜경

손인영 「허정」(2003)

춤은 그물이면서 해방이었다

춤은 인간의 감정을 몸짓으로 드러내는 것으로 육체와 정신의 합일체이며 유동적인 실체이다. 육체적 감정만으로 춤을 표현할 수도 없고, 지적 또는 정신적 작용만으로도 춤을 온전히 표현할 수도 없다. 춤은 온몸으로 자신의 생각과 마음을 표현하는 것이다.

내게 있어 춤은 삶의 기둥이다. 꼬마 아이 때부터 흥이 많았던 나는 늘 몸을 흔들면서 컸다. 초등학교 때부터 지금까지 춤은 내 인생에서 벗어날 수 없는 그물이면서 해방이었다. 삶의 현장에서 상처를 받게 되면 춤으로 위안을 삼았고, 열정으로 폭발할 것 같은 감정을 무대에서 뿜어내었으며, 넘치는 생각을 연습실에서 실험했다.

춤은 끊임없이 탐구하며 알아가고 만들어 가는 삶의 지표다. 인생에 춤이 없었다면 얼마나 무의미한 삶이었을까?

글
孫仁英
손인영
(한국춤)

시간의 문 속으로

떨어지는 낙엽 속으로 내 인생의 자국
들이

하나, 둘 떨어진다.

그 시간의 흐름 속에 내가 걸어온 길
들이 비춰진다.

그 시간의 문 속으로 슬며시 보여지는
내가 걸어온 길과 당신의 뒷모습.

길 너머 보여지는 사각의 문.

끝없이 펼쳐진 평행선 속에

기억 저편에 앉아있는 당신을 바라본
다.

당신이기에

불러도 불러도 보지만

돌아 오는 것은 대답없는 메아리뿐.

나 당신을 사랑해요.

글 · 그림
孫仁煥
손 · 인
환
(조각)

270

one person
2003

내 안의 나

「내」가 있는 곳.
그 안에 「너」가 있고
「너」의 안에 또 「내」가 있다.
언제나 있어야 할 「나」는
「나」의 자리에 없는데…
그 안에 들어와 있는 「너」는
항상 당당하다.
그래서 결국 「너」가 「나」이기를
바라는 지도 모르겠다.
그래서 「너」는 「나」다.

글·그림
孫眞雅
손
진
아
(서양화)

한없이 소중한 우리들의 삶

이 세상 모든 사람의 인생에는 나름의 전설이 있다. 개개인의 삶에는 자기만의 생각, 경험, 사랑, 고통, 추억 등이 존재하는 만큼 각자의 인생은 소중하고 운명적일 것이다. 자기 자신의 삶에 애정을 가지며 살아갈 때 다른 이들의 삶에도 소중함이 있다고 느낄 수 있으며 그들의 인생을 존중해줄 수 있을 것이다. 김광섭 시인이 말년에 쓴 시 「저녁에」의 시구 「어디서 무엇이 되어 다시 만나랴」를 생각해본다(물론 우리에겐 화가 김환기의 대표적 추상작품의 제목으로 더 익숙하다). 우리들의 짧지만 소중한 삶 — 언제 어디서 누구를 만나더라도 자신있게 열심히 살았노라고 대답할 수 있는 책임감 있는 삶을 살아가야 하지 않을까.

글 · 그림
宋慶惠
송경혜
(서양화)

그림자유희

살아있어서 진행되는 것의 표상,
그림자는 무정형에서 정형으로
유기체적 형상으로 나타난다.

식물과 동물, 인간의 몸으로부터
분리된 듯한 이름 모를
파편적 부위들이 움직인다.

살아있는 형상의 움직임으로
중첩되고 나열되어 만들어진 실루엣,
유기체적 형상은 투영과 반사로 변화하며
춤의 움직임처럼 공간 속에서
조합된 이미지로 움직인다.

글 · 그림

송 관 숙
宋 寬 淑
(서양화)

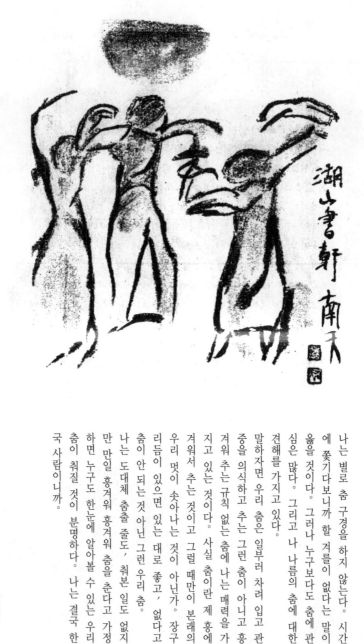

우리 춤의 멋

나는 별로 춤 구경을 하지 않는다. 시간에 쫓기다보니까 할 겨를이 없다는 말이 옳을 것이다. 그러나 누구보다도 춤에 관심은 많다. 그리고 나 나름의 춤에 대한 견해를 가지고 있다.

말하자면 우리 춤은 일부러 차려 입고 관중을 의식하고 추는 그런 춤이 아니고 흥겨워 추는 규칙 없는 춤에 나는 매력을 가지고 있는 것이다. 사실 춤이란 제 흥에 겨워서 추는 것이고 그럴 때만이 본래의 우리 멋이 솟아나는 것이 아닌가. 장구 리듬이 있으면 있는 대로 좋고, 없다고 춤이 안 되는 것이 아닌 그런 우리 춤. 나는 도대체 춤출 줄도, 춰본 일도 없지만 만일 흥겨워 흥겨워 춤을 춘다고 가정하면 누구도 한눈에 알아볼 수 있는 우리 춤이 취질 것이 분명하다. 나는 결국 한국 사람이니까.

글 · 그림

宋秀南

송 수 남

(동양화)

사랑의 춤

두루미에 관한 다큐멘터리를 본 적이 있다. 두루미는 몸짓언어가 60가지 이상이며, 이를 통해 기쁨, 분노, 사랑 등 다양한 감정을 표현하고 소통한다고 한다. 그 영상에서 두루미들은 홋카이도 어느 눈밭에서 둥그렇게 무리를 지어 천천히 서로를 마주보며 걷고, 인사 하듯 고개를 숙이고, 몸을 비틀며 가볍게 뛰어오르고, 날개를 펼치고 하늘을 향해 고개를 쳐들기도 했다. 이러한 동작들이 너무나 우아하고 아름다웠다. 그들의 몸은 마치 춤을 추도록 설계된 것 같았다. 순백색의 거대하고 화려한 날개와 얇고 기다란 목, 그에 대비되는 짙은 먹색의 얇고 기다란 다리는 모든 동작을 우아하게만 들었다. 나는 그 공연이 사랑을 표현하고 있다는 것을 알 수 있었다. 내가 직감했듯이, 다큐에서는 이 춤이 짝을 찾은 후에 추는 춤이라고 설명했다. 역시. 종을 초월한 언어가 있다.

글·그림
宋秀英
송수영
(조각·설치)

미세한 몸짓

사랑해라고 적은 글자 옆에 있었던 밥알은 며칠이 지난 후 하얀 색을 그대로 띄고 있었으며 그것의 결정체를 찍은 사진은 아름답고 영롱한 빛을 보였다.

죽어라고 적힌 글자 옆에 있었던 밥알은 시간이 갈수록 점점 시커멓게 변했으며 그것의 결정체는 시커멓고 흉한 빛을 하고 있었다.

마지막으로 본 결정체는 죽어라고 적힌 밥알의 결정체보다 더 흉측하게 변해 있었는데 아무도 관심을 주지 않은 것이었다.

눈에는 보이지 않는 희로애락(喜怒哀樂) — 기운의 실체는 미세한 결정체의 몸짓이 아닌가…

글·그림
宋永美
송 영 미
(설치미술)

승무 僧舞

서구의 춤은 인간육신의 움직임을 최대로 미화하고 육체적인 것으로 노골화된 인간중심주의이고, 우리 춤은 정적이며 자연적이어서 조용히 관조하는 것으로 느껴진다. 화가의 입장에서 서양춤을 그린다면 육체를 중점으로 펜이나, 연필, 목탄으로 스케치하는 것이 적절한 것 같고, 우리 춤은 예를 들어 승무나 탈춤, 무당춤 같은 것은 붓으로 무복(舞服)의 변화하는 주름이라든가 돌아가는 허리, 살짝 나온 손끝, 발끝을 표현하는 것이 제품에 제격일 것만 같다. 춤에 대해 큰 인상을 받은 것은 양주 별산대놀이 중에 승무였는데, 가면의 한결같은 무표정 속에 장단에 맞추어 고요히 움직이다가 타임을 맞추어 재빨리 버선발을 살포시 들면서 횡돌아가는 품이 정말 하얀 화선지 위에 붓에 먹을 듬뿍 찍어 나뭇가지 한 선(線)이 나갈 때에 붓이 척 대어서 천천히 때로는 빠르게 움직이며 쳐 나가는 감정과 같다고나 할까. 아무튼 무용과 그림은 예술의 다른 부문이지만 상통하는 점이 많은 듯하다.

글·그림
宋榮邦
송영방
(한국화)

산토리니섬

예술가들은 고통스러운 탐색의 시간을 통해서 무한한 잠재력을 깨우며 자신의 모습을 드러낸다. 이 작품은 그리스 여행 중 산토리니섬의 깎아지른 듯한 경사에 지어진 독특한 건물들에 매료되어 스케치한 그림이다.

그곳의 자연이 주는 아름다움에 이끌리게 되었고, 회색건물과 지중해의 에메랄드빛 바다색, 비일상적인 경험으로서의 이국적 풍경은 작업의 소재가 되기에 충분했고 나의 관심을 끌었다. 그리스 산토리니섬을 여행하면서 블루(Blue)와 화이트(White)를 새롭게 인식하게 되었고, 환상적인 끌림으로 무한한 사랑을 느꼈다.

금방이라도 삼켜버릴 듯 시퍼런 바다를 보면서 낭만 음악가 슈만(Robert Schumann)의 내면을 느끼며 춤으로 몸짓하듯 비상을 꿈꿔본다.

글·그림
宋仁憲
송인헌
(서양화)

왼쪽부터 이경희 · 조동화 · 백남준 씨와 필자

깃털처럼 가벼운
바위처럼 육중한

인류가 처음으로 그 정(情)을 표현한 것은 몸짓이다. 언어 이전에 몸짓으로 자기 안에 뜻이 있고 감정이 있음을 나타낸 것은 언어 이전에 몸짓이었다. 그 현란하고 절절한 몸짓을 대변하기 위해 언어를 토(吐)하는 노력을 개척해왔을 것이다.

춤은 그 몸짓이다.

우리의 『춤』지가 5백호를 맞았단다. 우리가 지닌 깃털보다 가볍고 보드라운 춤으로부터 바위보다 육중하고 뜻깊은 춤까지를 5백달(月)을 넘게 담아낸 경이로운 그릇 『춤』. 보석보다 소중하다.

글
宋貞淑
송정숙
(언론인)

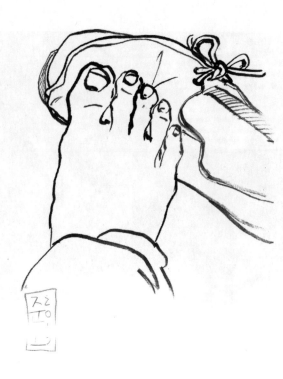

춤 못추는 발

내가 못하는 것이 여럿 있지만 가장 못하는
것은 춤추는 일이다.

신경전달물질이 발까지 가지 않는 모양인
지 도통 내 마음대로 움직여주지 않는다.

생긴 건 또 어찌나 못생겼는지…

평발이라 잘 뛰지도 못한다.

하지만 오늘의 주인공은 발이다.

내 머리와 손이 갈 길을 잃었을 때 발만은
땅에 단단히 붙어 있었다.

글·그림　宋俊昊
　　　　송준호
　　　　（조각가）

자연自然과 춤

저 높은 하늘에 향율(香律)이 인다. 구름과 하늘이 춤을 춘다. 대지에도 춤이 인다. 온천지가 춤을 추는 셈이다. 춤은 인간으로부터 나온 것이 아니라 자연에서부터 온 것이다.

바람이 춤을 추고, 운무(雲霧)가 율(律)을 그리고, 비가 율선(律線)과 음률을 내고 있다. 항상 산이 형상대로 춤을 추며, 바다가 너울너울 춤을 추고 있다. 냇물이 소리에 맞춰 굽이굽이 춤을 추고, 풀꽃들이 색과 어울려 율동을 그린다. 그러니 산천초목이 같이 춤을 추는 셈인 것이다. 온갖 새가, 갖은 동물들이 춤을 춘다. 온 세상이 각기 달리 춤을 추고 있는 것이다.

사람이 춤을 춘다. 한과 기쁨과 슬픔이 춤으로 발한다. 이것은 하늘의 질서요, 우주의 섭리고 영원의 혼이다. 혼을 고조시켜 생동체로 발하게 하는 것은 질서의 추구이고 자연과 인간과의 응신(應信)에서 나오는 표상이다. 이것은 지고의 정신이며 지선의 행위이다. 그러니 춤은 고매해야 한다. 그런데 오늘날 춤이 혼탁해졌다. 본을 찾아 그 의미를 부여해서 인간이보다 인간답게 삶 속에 그게 있게 해야 할 것이다.

글·그림
宋鎭世
송진세
(서양화)

무한대로 펼쳐지는 아름다움

나는 춤 보기를 좋아하는 편이다. 숨 쉬고 맥박치는 인간을 직접 소재로 하는 예술이기 때문이리라. 그런데 요즘 무대 춤들은 조각이 지나쳐 마치 조화(造花)를 보는 듯 생명력이 덜한 것 같다. 그림도 실상 생명력을 지닌 선의 율동으로 이루어진다는 점에서는 이념상 춤과 조금도 다를 바가 없지만 요는 자연발생적인 리듬, 꽃불같이 산화(散華)하는 생명의 연소(燃燒), 그래서 신비와 환상을 무한대로 펼쳐주는 아름다움의 형상, 이런 것이 진짜 춤의 모습이 아닐까 한다. 실은 나도 해방 직후 잠시나마 춤을 위한 무대에 관심을 가진 일이 있었고, 내 딸도 지금은 한낱 중년부인으로 살림을 살고 있지만 한때는 발레 「핑」에 출연한 적이 있는 무용수이기도 했다. 이러한 연유에서인지 나는 남달리 춤에 대한 관심이 있다. 이 그림은 어느 무료한 날 내 뇌리에 움튼 마음의 춤을 손 가는대로 옮겨 본 그림 중에 한 장이다.

글 · 그림
宋惠秀
송혜수
(서양화)

4306.6.6
씨벌

춤사위가 주는 기쁨

덩실 덩실 신바람나게 춤추는 모습을 그림으로 그리고 싶은 생각은 어릴 적 마을의 춤놀이 마당을 맴돌면서 싹텄나 봅니다.

그로 해서 춤바람이 일면 남들과 어울려 몸짓을 하게 되고 탈춤을 배우느라 부지런을 떨기도 했습니다.

으쓱 으쓱 추이고 사리고 휘젓고 솟구치고 맴돌고 뛰놀면서 온갖 삶의 가락들을 풀어 헤치고 펼쳐내는 아름다움은 몸과 마음을 함께 열리게 하고 풀어내면서 춤을 추는 사람이나 보는 사람을 즐겁게 휩싸이게 하고 사로잡아버리는가 봅니다.

춤 그림을 그릴 때 몸짓을 그대로 옮기는 데만 마음을 쓰다 보면 그 신바람의 흐름이 멈춘 채 굳어버려 춤이 지닌 싱그러움과는 멀어집니다.

그래서 꽃에 매이지 않고 춤사위를 쫓아 붓을 움직이는 동안에 이루어지는 흐드러진 금들에서 춤에 담긴 삶의 멋이 되살아나는 것을 볼 때는 새로운 기쁨으로 가슴이 뭉클해지는 것입니다.

글·그림
孫東辰
숨결새별
(서양화)

춤의 해탈^{解脫} 이미지

검은 어둠과 짙은 안개를 등에 업고
낮은 북소리에 한 걸음 한 걸음 내 딛는
고운 발자국 꿈인 양 생시인 양 하늘거리는
너의 모습은 한낱 한 마리의 고운 나비인가.
깊은 정적을 뚫고 들려오는 장엄한 종소리 인
간의 세속적인 삶은 바라지 않아
모든 일을 승무에 띄워버려 한순간 흰 숨결에
감미로운 그대 모습
해탈의 경지가 이다지도 어려운가
인간세상과의 이별이 이다지도 슬픈가
이마에 맺힌 땀방울
등줄기에 흐르는 식은땀
그대 정작으로 서러워서, 한순간 춤을 멈춰
무엇인가 상념에 젖는다
무념의 시간과의 만남 …
춤 속에서의 향연은 그대를 몰입의 경지에 넣
어 슬픈 자태를 배어나오게 한다.

글·그림
辛建花
신건화
(조각)

284

1985. 8. 2.

백곰의 춤

나는 춤에 대해선 영 약하다。청년시절에 사교댄스도 배울 기회가 몇 번인가 있었지만 다 놓쳐버린 것이 지금 생각하면 애석하다。

애니메이션을 제자할 때도 웬만한 동작은 그런대로 자신 있게 작화할 수 있지만 춤의 액션만큼은 아직도 자신이 붙지를 않는다。내가 사교댄스의 기본스텝조차도 제대로 밟을 수 없기 때문이다。그래서 애니메이션 속에 짐승들의 춤을 부득불 채용할 때는 허용되는 한 곰 같은 미련한 동물의 춤으로 한다。좀 틀려도 곰이니까 그러려니 하고 애교로 봐주겠거니 하고 믿기 때문이다。

동물원에 가보면 공중에서도 종일 단순동작을 되풀이하는 흰곰이 더 미련하게 보이기 때문에 나의 애니메이션 속에는 흰곰 댄서들이 등장하는 경우가 많다。지금 8월 말인데도 올해는 늦더위가 기승을 부리는데 빙판 위에서 춤추는 흰곰을 그려놓고 보니 그런대로 약간의 량(凉)도 느끼게 된다。

글 · 그림
신申
동東
헌憲
(만화)

춤 추어본 경험

세계의 많은 인종들이 도처에서 추고 있는 「춤」을 연상한다면, 아마도 모양과 방법 등 그 수를 헤아리기란 무한한대가 아닐까 한다. 아무런 감정도 갖지 않고 그저 몸을 흔드는 일부터 고도한 기술을 요하는 빼어난 몸동작부터가 춤일 것이다.

어떤 경우, 서양의 춤은 그 형태가 되도록이면 위로 높이 오르려 하는 뛰는 비상(飛翔)의 춤이고 동양의 춤은 자꾸만 밑으로 밑으로 잠일하며 자세를 낮게 하는 겸손과 한(恨)의 춤일 수도 있다고 생각한 적이 있다. 사람이 추는 다 같은 춤인데 그렇게 상반된 경우로 둘 다 그들대로 좋고 좋은 폼의 멋진 춤이 아니겠는가.

기쁨과 한(恨)의 경험은 누구에게나 있을진대, 춤 행위의 경험을 돌이켜본다면 나의 경우엔 전무(全無)한 상황이다. 정말 몇십 년 동안 춤을 추어보지 못한 사람도 있으니 그렇게도 살 수 있었다는 것이 희한한 일일 뿐이다. 그런데 앞으로가 문제이다. 춤을 추지 않고도 언제까지나 이렇게 살 수 있는지가.

글·그림
신범승
申凡承
(서양화)

1990. 신영

바미사러나를 ── 의 다리

무용수의 다리

공연 직전 어두운 객석에 앉아 무대를 마주하고
있을 때의 설렘과 긴장감。 개막 후 무용수의 첫
몸짓을 통해 나의 몸속에서도 「움직임」을 함께
하며 건강한 생명력을 느끼기 시작한다。

한껏 풍요롭고 고도로 절제된 순간의 몸짓에서
피부에 와 닿는 조각적인 미(美)의 감흥은 조각가
가 작품에 몰입해 얻는 희열의 순간과 흡사한 것
이다。 조각가인 나는 발레를 볼 때 집중력의 6
할 이상을 무용수의 다리와 발동작에 두는 성향
이 있다。 하반신의 확고한 움직임이 우선하고 섬
세하고 묘사적인 상반신의 표현력이 합세해야 동
작의 전체적 구도가 잡혀진다는 생각이다。

세종문화회관 3층 뒤에서 내려다본 볼쇼이 발레
는 조각적 감흥이 배제된 건축적 조감도를 본 것
과 흡사했다。 연습장면이라도 좋으니 볼쇼이를
곁에서 느끼고 싶고 대포 값을 절약해 수평적 시
선의 좌석권을 구입하리라 마음 먹는다。

글·그림
신영식
申榮植
(조각)

2017년 에테오피아 악숨에서 이화발레앙상블 단원들과

춤, 생명과 감동의 꽃

지난겨울, 에티오피아 아디스 아바바에서 공연을 마치고, 찬란했던 그들의 고대 유적지를 둘러보고자 한 마을을 지나게 되었다. 빈곤의 냄새가 물씬 나는 황폐한 땅 한가운데 따가운 태양을 마주하며 홀로 서 있는 빨간 꽃나무가 있다. 순간 제자들은 이를 감싸 안으며 다정히 포즈를 취한다. 마치 춤으로 자연과 인간을 연결하며 소통과 화해를 이끌어 내듯이 ….

잠시 일손을 놓고 이 풍경을 바라보던 주변 사람들의 검은 얼굴에 하얀 미소가 담긴다. 무용수들의 몸짓은 신비한 세상을 열며 쓰러져가는 마을의 심장을 뛰게 한다. 아무도 알아주지 않더라도 주어진 자리에서 몸을 불태우듯 피어 있는 꽃처럼, 춤은 고귀한 삶을 내 뿜으며 자신과 다른 이들에게 생명과 감동을 주는 꽃이 된다. 이 때문에 거대한 왕국은 사라져도 춤은 여전히 살아서 우리 가운데 있는가 보다.

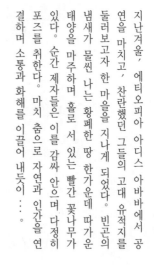

글
申銀慶
신은경
(발레)

始
私

1986. 3

원円의 세계

원(円)이란 인간과 자연의 관계, 신(神)과 영혼의 합일, 음(陰)과 양(陽) 등의 상징적인 표현이다.

이러한 원(円)의 형태는 자연의 섭리 속에서, 또 어린이들이 끄적거리며 그려내는 최초의 형태에서, 그리고 춤을 추며 한순간 공간에 이루어 놓는 원(円)의 흔적 등, 언제 어디에서나 그 형상을 볼 수 있다.

나는 이러한 원(円)의 이미지를 조각으로 형상화(形象化)하는 작업을 하고 있다.

그것은 자연의 원초적인 힘을 인식하고, 자신의 존재를 찾아 무한하고 영원한 공간 세계로 향하고자 하는 심상(心象)의 표현이라 하겠다.

글·그림
申銀淑
신은숙
(조각)

승무 僧舞

승무의 유래는 불교의 교리적인 불교설과 민속무용의 입장에서 본 황진이의 무용설, 파계승의 번뇌에서 기원한다는 설, 그리고 가면극의 노장과장에서 유래한다는 설 등이 있으며 우리나라의 모든 민속무용 중 가장 예술적으로 승화되어 있다 한다.

승무의 아름다운 구성에는 뿌림사위가 핵심이 되는 가운데 예비동작소(素)와 연결동작소, 그리고 후속동작소 등이 보조해주므로 조화 있는 맥을 이루며 춤사위는 특히 장삼선(線)을 형상화한 동작구조를 가지고 있다.

춤사위의 생리적 현상을 보면 무자(舞者)의 한(恨)과 축원(祝願)이 잘 나타나고 있으며 무적(舞跡)을 보더라도 제자리 춤과 박진감이 잘 나타나며 이는 감정을 맺고 푸는 것이 된다.

승무의 아름다운 구성미는 정신적인 면의 인간적인 한과 축원이 바탕이 되어 자유와 환희의 세계로 승화되는 것이라 할 수 있고 동작 원리 면에서 보면 동작을 맺고 푸는 작용을 하는 것이다.

글·그림

申應錫
신 응 석
(서양화)

날아오름의 몸짓 춤

「춤」이란 어쩌면 날아오름의 몸짓이 아닐까, 지상의 번뇌와 기쁨을 푸른 허공으로 훨훨 털어 버릴 날개가 없는 인간은, 수평선의 갈매기나 서편의 초승달을 그리워할 뿐, 날 수는 없는 것이다.

어두운 밤
하얀 사각 종이는
초승달 문고리 달린
노을 젖은 구름 문(門)

날개 찾은
선녀 님은
하늘로 올라가시고.

글·그림
申智淑
신지숙
(서양화)

몸, 그 봄

그림의 집중력이 떨어질 즈음 산보를 나간다.
몇 개의 얕은 구릉으로 이루어진 작업실의 산책로
나 몸들이 나를 주시하고 내 몸도 그들에게 말을 건네
며 어느 정도의 음률이 땅을 일깨우고 습기를 주어
밤낮으로 그들을 춤을 추게 하더니

아~, 숲, 숲이 되고 있었다. 그들은 이 봄을 위해
얼마나 많은 인내와 기다림을 지켜냈을까. 그 현란
한 색들을 무채색으로 단단히 무장하며 엄동을 지켜
내더니

어느날 아주 시끄럽게 연둣빛으로 몸을 만드는 이 아
름다움이 아스라이 나를 감동시킨다.

이런 때일수록 심장의 소리는 더 커지며 온몸에서 삶
에 희열을 느낀다. 그래, 살아있음은 율동이다

그것들이 내 캔버스로 들어와 너울너울 춤을 추며 여
전히 이곳저곳에서 소리를 지르고 그들의 모습을 만
들어낸다

발끝에서 머리 꼭대기까지 표현할 수 없는 수직의 흥
분으로 나를 확인시키며 그 몸은 봄이 되고 있었다

그 찬연한 봄의 예찬으로.

글·그림

신 申
철 哲

(서양화)

어느 조각가

그는 말도 많다 …。

그의 말은 말도 아니다 … 개말,
소말, 늑대말 … 우리가 알 수 없
는 다양한 말들이 있다.

그래서 그는 말이 많다.

그는 여자도 많다 …。

그래서 그가 부럽다.

수많은 여자를 상상하며 만드는 테라
코타 속의 여자를 그는 만든다.

말없는 여자를 그는 만든다.

그래서 좋다.

말 많은 그가 말없는 여자를 만드니
환상의 궁합이다.

글·그림
沈榮振
심영진
（조소）

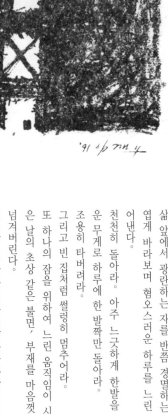

'91 6/9 재구 4

느리고 무겁게

손끝 섬세한 마디 하나도 촉각으로 느낄 것 같다.
삶 앞에서 광란하는 자를 반쯤 경멸하는 눈으로 가
볍게 바라보며 혐오스러운 하루를 느린 사위로 풀
어낸다.
천천히 돌아라. 아주 느긋하게 한발을 들고 힘겨
운 무게로 하루에 한 발짝만 돌아라.
조용히 타버려라.
그리고 빈 집처럼 썰렁히 멈추어라.
또 하나의 잠을 위하여 느린 움직임이 시작되고 젊
은 날의 초상 같은 불면, 부재를 마음껏 술 마시듯
넘겨버린다.
질식할 것 같은 기다림만으로 동작이 이어지고 가
슴은 찔리고 막히고 터지지도 않는다.
단절음 같은 하루하루가 끝없이 이어지고 취중 같
은 잠 속에서 무겁게 몸을 든다.
다시 빈 술잔 마시듯 느린 바람처럼 움직이고 멈춘
다.
다시 멈춤을 위한 움직임처럼.

글·그림
심재구
深在求
(서양화)

그냥 좋아서 하는 거라고 하셨다

소명감이나 책임감 같은 것 말이다. 조동화 선생님은 엷은 미소를 지으며 그냥 좋아서 하는 거라고 하셨다. 그 말은 들은 후 한동안 아무 말 없이 앉아 있었던 기억이 난다. 선생님의 한 마디에 소명감이니 책임감이니 같은 말들이 한낱 잘난 척처럼 느껴졌다. 무용에 대한 소명감이나 책임감을 넘어 진정으로 무용을 위하는 이만이 그냥 좋아서 하는 거라는 말을 내뱉을 수 있는 것이다. 평론가로서 10년을 훌쩍 넘기면서 뿌듯할 때도 있지만 힘들 때는 더 많다. 그럼에도 흔들림 없이 이 본분을 지켜나가는 힘은 그저 소명감이나 책임감으로는 부족하다. 그냥 좋아서 하는 거여야 한다. 그런 무목적성이야말로 지금과 같이 힘든 환경에서도 춤평론을 꿋꿋이 해나갈 수 있는 원천임을 지금은 안다.

한국춤평론가회에 들어오고 나서야 조동화 선생님을 뵐 수 있었다. 그 전에는 무용비평의 역사와 이론이 정립되어 있지 않은 것을 보고 그에 대한 연구에 몰두하고 있었다. 그래서 『서양 무용비평의 역사』와 『무용비평이란 무엇인가』란 저서를 냈는데 많은 사람들은 평론에 관심이 있어서 썼을 거라고 생각한 듯하다. 어쨌든 한국춤평론가회에 들어와서 평론가로서 어떤 마음가짐을 가져야 하는지 숙고하고 있었을 때 조동화 선생님을 뵈었다. 조동화 선생님께 이렇게 긴 세월 동안 무용평론계를 이끌어 올 수 있었던 원동력은 무엇인지 여쭈었다. 예술과 역사와 비평에 대한

글
沈廷玟
심정민
(춤평론)

꽃잎의 노래

꽤 오랜 기간 같은 소재의 작업을 되풀이 해
왔다.

생활 주변에서 찾을 수 있는 손쉬운 소재의
하나로 시작한 꽃이 점점 나를 사로잡게 되
었다.

병에 꽂힌 꽃, 화분에 피어나는 꽃, 탁자
위에 놓인 꽃가지…. 그 상태는 여러 가
지가 있는 가운데 나를 생각하게 하는 것은
꽃이 꽃일 수 있는 출발은 무엇일까 하는 것
이었다. 가지도 아닌 꽃잎에 모든 것을 담
고 있다고 생각했다. 꽃이 꽃일 수 있는 아
름다움, 솟구치는 생의 기쁨을, 하늘거리
고 연하디연한 향기와 같은 꽃잎에 표현해
보고자 했다.

최근의 작품을 보는 이들이 춤과 같다고 해
주는 이가 있다.

내 마음의 노래가 꽃의 춤에 피어나게 되는
것일까.

글·그림
沈竹子
심
죽
자
(서양화)

바가지

내가 빈 바가지라면
맑은 물 가득 채우고
버들잎 띄워
그대에게 주지 않으리

그대가 목을 축인 뒤 혼자 먼 길 떠나가버리면
나는 빈 바가지
외로운 바람을 품고 살게 되니까

내가 잘 깨지는 바가지라면
그냥 그대 무심한 발에 밟히리
그대 아닌 사람을 위하여
우물에 들어가지는 않으리

安度眩
안
도
현
(시
인)

한여름의 가면춤

익살스러운 가면에
긴 장삼을 걸친 이 사람이
춤을 춘다.

장삼의 바람으로 땀 식힌다.
그의 고개짓에 손놀림에 매료당하고
구경꾼들

무더운 여름
가면 속의 땀방울 아랑곳없이
즐겁게 춤을 추네 즐겁게,

그래 바로 이것이구나
이 매료된 충족의 희열감이야말로
긴 여름을 식힐 수 있는 첩경이 아니
겠는가.

글·그림
安東淑
안동숙
(동양화)

298

「탱고(Tango by Zbigniew Rybczyński)」(1980) 캡처

춤에 대한 나의 고해

글
安晟洙
안성수
(현대춤)

춤은 나에게 있어서 애니메이션이다. 자연스럽지 않은 동작의 연속 이미지이다. 인위적으로 보이지 않기 위해선 타이밍이 중요하다. 타이밍은 뭐가 뭐할 때 뭐를 한다는 의미다. 정해진 타이밍을 잃지 않고 움직이는 것은 쉽지 않다. 무용수들이 싫어하는 방법이다. 그들은 개성이 강하여 선율적으로 대할 수 없다. 허나 그런 이유로 불만에 가득 차기도 한다. 그래서 나는 가끔 cold and insensitive bastard(냉담하고 무감각한 놈)가 된다.

춤은 나에게는 이유가 있거나 내용이 필요하지 않다. 들려주고 싶은 음악을 보여주기나 리듬을 들려주기도 한다. 뭔지 이해를 하려고 하면 어려워진다. 그럴 틈을 보여주면 실패다. 춤은 나에게 있어서 역설적이다. 보여주고 싶은 질감을 위해 반대의 것을 남발한다. 솔로를 보여주기 위해 군무를 남발하고 여성성을 보여주기 위해 거친 움직임을 강조한다.

슬픔을 참지 못해 처절하게 흥겹도록 움직임을 의도한다. 미니멀한 무대는 복잡한 감정을 감추기 위함이고 은유는 들키지 않기 위함이다. 군더더기가 없는 이유는 자기 방어를 위함이다.

안신희 「The white space」(2000)

생명 에너지 발현

「춤은 무엇일까?」라는 물음은 그동안 나의 인생의 화두이다. 그리고 감히 「춤은 생명 에너지의 발현」이라고 말하고 싶다.

나에게 있어 춤은 몇 단계의 변화가 있었다. 젊었을 때, 춤은 「나를 풀어내는 것」이었다.

「살」을 풀어내듯 내 몸과 마음의 매듭들을 터트리며 풀어내었다. 그리고 중년 즈음, 춤은 「기쁨」으로 다가왔다. 신체조직 하나하나가 느껴지고 그거와 맞닿는 공기의 흐름을 느끼면서 나는 몸이 저절로 기뻐한다는 것을 경험하곤 하였다. 또한 화답하는 관객들의 에너지와 하나 되는 기쁨. 이제, 춤은 나에게 있어 「소명」이다. 춤은 감사하게도 게으른 나를 생명의 에너지로 품어주고, 끌고 왔으며, 내 삶의 역사서가 되고 있다. 춤의 위력을 알리고, 춤을 통해 배운 경험과 지식들을 나누며 후배들에게 자양분이 되는 것, 현재 나에게 춤은 이러한 소명을 주고 있다.

글
안신희
安信姬
(현대춤)

거울의 심상心象

집을 나오며, 지하철에서, 거리를 거닐다가 쇼윈도를 거울처럼 본다. 거기에 비치는 모습을 하루에도 몇 번씩, 볼 때마다 바뀌는 그 모습의 실체는 과연 무엇일까를 생각한다. 때론, 내가 아닌 타인의 모습으로 그렇게 서 있다. 수없이 많은 형상(形象)으로 표현되는 그 이의 모습은 어느 때는 친숙하게, 어느 때는 멀게만 느껴진다. 그는 나를 사랑하며, 나 또한 그를 사랑한다. 때론 역설적으로 만나지만 항시 그렇게 우리는 틈만 있으면 다가선다. 비출 수 있는 만큼만 비출 줄 알며, 닿을 수 있을 만큼만 그는 담을 줄 안다. 항시 모자람밖에 알지 못하는 우리의 마음을 묵묵히 지족(知足)한 마음으로 비추며 언제 어디서나 그렇게 서 있다.

글·그림

안양수
(서양화)

안영준 「6th movement」(2012)

특별하지 않은 이를 특별하게

5년 전 나는 중요한 공연(평론가가 뽑은 젊은 안무가 초청 공연)을 준비하고 있었다. 하지만 아버지가 위독하다는 소식에 공연을 일주일 앞두고 부산으로 내려갔고, 절대 나의 곁을 떠나지 않을 것 같던 아버지는 돌아가셨다. 죽음은 생각보다 빠르고 쉬웠고 가벼웠다. 차갑게 식은 아버지를 옮기면서도 중력을 거스르는 듯 나는 아무런 무게도 느낄 수 없었다. 나는 그 순간에도 공연을 준비 중인 무용수들이 걱정스러웠고, 복잡 미묘한 감정들로 머릿속이 채워져 아버지의 죽음 앞에 흘린 눈물은 그리 뜨겁게 느껴지지 않았다.

아마도 그때부터 나는 내 일에서 무게를 느꼈던 듯하다. 우연한 기회에 무용을 접했고, 사람을 좋아해서 땀 냄새 진동하는 공간에서 삶을 부대끼며 서로를 알아가는 이 일을 사랑하게 되었다. 그래서 지금까지도 창작자로서 무용계에서 활동 중이다. 수개월의 준비과정이 며칠 만에 끝나버려 매번 허무함을 느끼곤 하지만 또 기회가 주어지면 언제 그랬냐는 듯이 집중하게 된다. 예술은 특별하지만 특별하지 않은 사람들과 세상을 이야기하고, 무대 위의 신체는 그 행위로 인해 완벽하게 아름답다.

글
안安영映준俊
(현대춤)

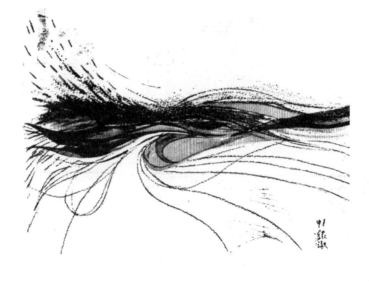

어린 시절의 기억 記憶

대학시절 춤 공연을 여러 번 간 적은 있었지만 고등학교 때까지도 가끔 있는 무용시간은 스텝을 못 맞춰나가는 내게 무척 곤혹스러운 시간이었다. 그런 내게도 어린 시절 춤을 췄던 기억이 있었다. 어린 조카의 재롱을 보기 위해 둘러앉아 계신 친척어른들 앞에서 아리랑노래에 맞춰 손동작을 했고, 그때는 왜 그렇게 춤을 췄는지 모르게 매번 노래에 맞춰 덩실거렸다.

지금 다섯 살 난 딸아이를 보고 난 느낀다. 음률과 동작은 본능적으로 내재해 있다는 것을. 그것은 인간이 말로 표현하는 것보다 직접적이고 원색적이라는 것을 느끼며 또 당연하다고 생각한다. 현대춤에 있어서 무대의상을 단순화시켜 몸짓의 동작이 정확히 보이게 하는 것은 스토리 위주가 아니라 인간의 심상과 상황을 표현하려는 방향이 위주가 되기 때문이라고 본다. 그러므로 꼭 무용이라는 특정 장르로서 규정짓지 말고 가락에 몸을 맡기는 그러한 자연스러운 몸짓이 나타나는 생활이 되길 바란다.

글 · 그림

안은숙
安銀淑
(동양화)

제작극회 야유회

6·25가 쟁이 정전협정으로 총성이 멎고, 페허가 된 명동에 낮익은 얼굴들이 다시 모이고, 대학생 연극 경연대회에 참여했던 젊은 연극인들이 만났다. 전쟁으로 중단됐던 열정을 되살려 1956년 봄에 극단 제작극회(制作劇會)를 창단하고, 창립공연으로 「제향수」를 무대에 올렸다. 1960년 제8회 작품으로 「사랑을 찾아서(박현숙 작·오사량 연출)」 「돌개바람(김자림 작·차범석 연출)」 두 작품을 원각사에서 공연하고 서울 교외로 야유회를 나갔다.

야유회에 조동화 차창봉 김경옥 차범석 최명수 오화섭 최상현 김유성 허규 오사량… 음~ 이분들은 이미 작고하셨고, 김자림 김경식 전상애 임영빈 이로미 안평선이 참가설합니다. 조동화 선생님은

가했다.

1956년 제작극회 연극 때마다 김백초무용연구소(金白草舞踊研究所)를 중심으로 명동의 여러 다방들을 연락소로 삼았습니다. 1963년 동아방송(東亞放送) 개국 때는 부장(部長)과 PD가 되어 공정언론과 문화창달에 매진 중에 철창독방을 거치시고, 무용전문잡지 「춤」을 창간하여 연구기록의 탑을 쌓으셨습니다. 그런 중에도 평생 벗님들과 후진들을 혜화동으로 모이게 하여 젊은 날에 품었던 역사를 펼치도록 해주셨습니다. 화려하고 아름다운 시절이었습니다. 조동화 선생님과 함께한 60년, 그 시절을 다시 불러올 수는 없을까요?

하지만 잊지 않겠습니다. 선생님께서 열정과 지성으로 엮어온 월간지 「춤」 500호를 맞이하여 함께 축하하고 싶습니다.

글 **안평선**
(방송)

여유 ─ 달항아리에 담다

달리는 고속버스 안에서 잠이 깬 순간 눈앞에 펼쳐진 풍광은 내 입가에 미소를 머금게 했다. 구불구불한 비정형의 곡선이 만들어내는 산등성이들, 비스듬히 서 있는 나무들 그 사이로 보이는 시골길과 작은집들… 정감 있는 자연스러운 형상들은 마음을 평온하게 해준다.

좌우가 서로 다르면서도 묘하게 조화를 이루고 있는 달항아리의 비대칭적 선의 형상에서도 자연에서 느꼈던 평온함을 느낀다. 완벽하지 않아서 부족한 듯 편안함을 주는 달항아리의 비대칭적 선의 형식이 자연의 일부를 보는 듯 마음에 와 닿는다.

글·그림
安海暻
안해경
(서양화)

의심 ─ 인생 人生

문득 이런 생각이 든다.

「어디로 가는 거지?」

「내가 알고 있는 것은 진실인가?」

「내 꿈은 무엇이었지?」

인생이라는 길을 위태롭게 걷다 보면

내 마음 속의 길과 지식과 꿈은 어느

새 발아래 놓여있고

나는 1밀리미터 앞만 바라보고 있는

것은 아닌지 ….

뒤돌아보고 둘러 볼 겨를 없이 지나온

날들

나는 지금, 우리는 지금, 어디서 어

떤 꿈을 꾸고 있는가?

의심스러운 나날들

이런 것이 인생(人生)인가?

글 · 그림

양대원
梁大原
(서양화)

황병기 선생의 가야금 연주와 함께 춤을 춤

춤꾼은 신기루를 그리는 자

나는 춤을 추는 것보다 만드는 일에 열중해왔다. 체격조건이 따라주지 못한 덕에 다섯 살부터 춤에 머물렀어도, 늘 춤을 바라보고 춤을 표현하는 일에 집착하여 창작의 체험을 춤으로, 신기루처럼 흔적을 지워버리는 공연을 지금까지 하고 있다. 춤의 소재를 찾아 정처 없이 무작정 길 떠나는 나의 바람기를 몰래 감추고, 여가를 즐기는 듯, 네 한 바퀴 돌듯 혼자 돌아다닌다. 그림도 보고 시장도 가고 춤이 없는 풍경 속으로 빠져든다. 초부

산속에서 몇 시간씩 바라보면 진달래꽃 잎사귀가 보슬비에 속절없이 떨어지는 것도 보고, 초겨울 가로수길 걷다보면 메마른 나뭇가지에 새집만이 매달려 있는 둥지를 보면서 왠지 가슴속에 바람도 불고 울컥 올라오기도 하고, 직업도 없이 떠도는 강위의 나룻배 같기도 하여 처절할 것 같은 상념에 사로잡힌다.

덧없는 세월을 나만의 감성으로 독대하며 늘 그렇게 춤 가까이 많은 춤꾼들과 땀 흘리는 작업장이 그리워진다. 춤추는 순간은 찰라적 삶에 플러스알파이다. 직업으로의 춤이 아니고 혼신을 다해 방전될 때까지 내뿜은 내 몸속에 아무에너지도 없이 무로 가는 길목에 서기 때문에 경이롭다. 춤을 만드는 이 일을 언젠가는 구경꾼으로 편하게 볼 것이다.

춤이 있는 무대 리허설 날이 생애최고의 날이라 생각할 수 있는 이 순간을 늘 감사하리라! 모리스 베자르의 외침처럼 「여러분에게 자녀가 있다면 춤을 가르치십시오!」

글
楊善喜
양선희
(한국춤)

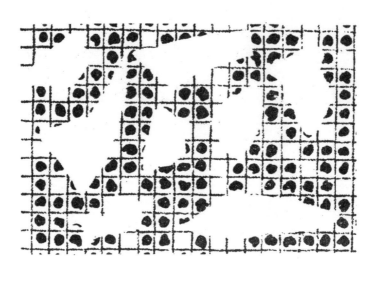

시간 時間 세기

하나´ 둘´ 셋´ 넷´ 다섯´ 여섯´ 일곱´ 여덟´
아홉´ 열…´ 하나´ 둘´ 셋´ 넷´ 다섯´
일곱´ 여덟´ 아홉´ 열…´ 하나´둘´셋´넷´다섯´여섯´
일곱여덟아홉열열하나열둘열셋…`

이렇게 시작한 「시간(時間) 세기」는 숨 가쁘게 또
는, 천천히 계속되어지면서, 조금씩 리듬을 찾아
낸다. 나의 심장이 내는 박동소리의 리듬을 찾아
간다고나 할까? 나는 이렇듯이 내 육체의 리듬을
찾기 위해 시간을 세며 또 시간을 화면에 새겨놓는
다.

시간의 흔적이 화면을 메워감에 따라 나는 나의 육
체의 소리가 영상이 되어 나타나는 것을 바라보며
조심스럽게 「그림 쓰기」를 계속한다.

흰색 공간이 시간(時間) 세기를 통해 얻어진 나의
육체의 리듬들로 채워지면서 만들어지는 영상은
이미 화면에서 영상화되면서부터 나는 문득 더 이
상 그 안에 있지 못함을 보게 된다.

내가 만들어낸 영상들로부터 느끼는 이 이질감은
또 다른 화면으로 나를 옮겨 앉게 만들어, 다시 시
간세기를 계속하게 하고 있다.

글·그림
梁朱蕙
양주혜
(서양화)

오브제들의 기억

길을 걷다 보면 흔한 오브제들이 눈에 들어온다. 어느 것은 정상적인 형태로 어느 것은 일그러진 형태로. 이런 오브제의 수집과 그것들의 조합으로 만들어진 형태들이 요즘 작업의 핵심이다. 수집된 물건은 그 나름으로 고결하지만 이들이 서로 만나면 하나의 역사가 되고 조형적 언어가 된다. 각기 다른 공간에서 얻어진 것들이 만나 이야기가 된다. 그것은 때론 꾸며낸 이야기가 되기도 하고 그럴 듯한 시가 되기도 한다. 주변에서 만난 낯선 물건의 존재, 여행지에 가서 마주한 사물의 낯섦, 열매들, 흙이 묻은 덩어리, 녹물이 든 가죽.

이들 중에서 음악에 맞추어 신나게 엉덩이를 흔들며 춤을 추었던 인형은 웃음과 잔잔한 여운을 남긴 오브제로 아직도 기억에 남는다.

글·그림
양태근
梁太根
(조각)

1996년 문화학인협회가 수여하는 「제1회 가장문화적인상」을 수상한 한영수 선생의 「춤」지

세계는 지금 몸 언어의 시대

창간 40돌을 넘어서 지령 500호를 맞는 「월간 춤」지. 창간과 더불어 춤계를 이끌어 오신 조동화 선생님의 혜안과 집념, 불모지와도 같은 무용계를 아우른 「춤」지, 「춤」이라는 용어 속에 전통과 현대 나아가 미래까지 아우른 역사를 일구어냈다.

세계는 「몸」의 시대를 맞이하여 언어의 영역을 뛰어 넘어 몸의 언어인 춤과 음악으로 소통하고 엮어가고 있습니다. 이러한 시대를 준비하시고 이러한 시대의 미래인력을 키워내신 그 예지를 어려움 속에서도 굳건히 실천하신 조동화 선생님의 뜻을 받들어 「춤」지를 에워싼 후배들의 열정과 긍지에도 감탄의 마음과 박수를 보냅니다.

앞을 바라보는 혜안과 어려움 속에서는 굳건히 실천하여 「역사를 쌓아가는 정신과 철학」이 이어지기를 바라며 다시 한 번 존경하는 마음으로 박수를 보냅니다.

글
梁惠淑
양혜숙
(문화평론)

in Matisse, T·ing Um'82

춤을 통한 교훈教訓

같은 예술이면서도, 음악과 춤은 퍽 친근한 동반자인데, 조각과 춤 하면 어딘지 생소한 면이 느껴진다. 여러 가지 이유가 있겠으나, 춤이건 조각이건 서로의 예술상의 깊은 의미는 그만 두고라도 표면적으로는 참으로 가까운 관계를 지니고 있는 듯하다.

우선 서로가 우리 몸을 중심매체로 하여 행해진다는 것이다. 조각은 인간이 인간을 모델로 표현하는 간접적 조형행위라고 한다면, 춤은 춤을 춘다는 인간행위로 곧바로 드러내는 직접적 행위예술이라고나 할까, 아무튼 인간을 매체로 하는 공통점을 지니고 있다.

그래서 일까? 근대조각의 거장들이 춤을 주제로 한 걸작들을 화집을 통해서 얼마든지 볼 수 있다. 로뎅, 마티스, 드가의 춤에 관한 조각들 ···. 이처럼 조각과 춤은 관례적으로 서로 깊은 인연이 있는 듯하다.

누구에겐가 참 춤은 신명으로 춘다는 얘기를 들은 기억이 난다. 꾸미거나 만들지 않고 아무 생각 없이 그저 흥겨운 신이 나서 추는 춤을 말하는, 그것이 참 예술의 본질이 아닐까 하는 생각이 들며, 역시 조각예술도 이와 같은 신명에 의한 표현일 때 참 예술로의 의미를 지닐 수 있지 않을까 하는 춤을 통한 교훈을 느끼게 된다.

글
嚴泰丁
엄태정
(조각)

기다리는 마음

소리없는 몸짓이 내 어깨 위로 내려 앉는다.
보이지 않는 그 느낌을 쫓아 이곳까지 왔다.
그러나 나를 이끄는 그 몸짓은 다가갈수록 더
멀리 흩어지는 짧은 입김일뿐
하염없이 찾아 헤매이게 한다.
천상의 것도 아닐진데 나를 더욱 외롭고 고독
하게 하는 그것은 너무나 가벼운 밤이슬처럼
흔적만 남기고 사라져버려 내딛는 발걸음을
더욱 무겁게 한다.
지친 몸을 감싸 안아 줄 그 끝을 찾아 또다시
길을 나서지만 오늘도 역시 내 안에는 그가
없다.

그저 밤하늘에 별만 총총할 뿐
무거운 어깨를 내려 놓으며 잠시 쉴 곳을 찾
는다.

이 순간, 아마도 내가 기다리는 그 무엇은 바
로 이 긴 여정 속에 찾아오는 짧은 평온함이
아닐까.

글·그림 **여 서 현**
(그래픽 디자인)

춤사랑

오 사랑이여
서서히 떠오르는 태양이어라
이글대는 저 태양의 잉태를 보아라
고요하며 숭고함이어라
힘차게 너 울대며 또한 즐거움을 잃지 않고
더욱 사랑스러움이어라
차라리 저 창공을 뛰어 넘고 싶구나
그것은 교만, 이 넘치는 기쁨 어찌하랴
찬란하여라 영원함이어라.
때론 그대 슬픔이 아름다워
입가에 미소를 머금고
태초의 사랑이 넘치는 곳
누가 우리를 탐하랴
보금자리에서의 숨소리는
사랑의 열기가 더욱 깊어지고
기쁨이 넘치는 곳 누가 절망을 가지랴
우리의 사랑이 넘치는 곳.

─ㄴ급진적인 빛ㄱ 토론토무용단을 보고.

글·그림
오京泳
경
영
(서양화)

무엇보다 강한 신체의 표현

글 · 그림

吳秉郁
오병욱
(서양화)

5 · 18 항쟁과 그 진압으로 얼룩진 1980년은 많은 사람들에게 암울한 한 해였다. 학교에는 일찌감치 휴교령이 내렸고, 미술대학원생이었던 나는 갈 곳도 할 것도 찾지 못하고 방황하고 있었다. 그 무렵 어떤 춤 잡지 사진들에서 무용수들의 대단한 표현들을 발견했다. 어떤 필설이나 그림들이 이 신체들의 도약과 멈춤처럼 강한 저항을 표현할 수 있을 것인가 라고 생각했고, 그래 가을 내내 이 동작들을 가지고 커다란 그림을 한 점 그려서 교내전에 출품했다. 믿기지 않는 사건을 비유적으로 그렸기에 「환상」이라는 제목을 붙여서. 폭발하는 것처럼 튀어나가고, 어떤 힘에도 꺾이지 않을 것 같은 이 신체가 만들어낸 경이로운 동작들이 작품의 중심이 되었었다.

움직이는 조각 彫刻

아마도 화가라는 사람 치고 춤추는 무희를 한 번쯤 안 그려본 사람은 없을 것이다. 화가들뿐만 아니라 조각가들에게도 춤은 무한히 매력적인 소재인 것이어서 여체조각(女體彫刻)의 경우 춤추는 자세를 포즈로 선택하는 것은 아주 흔한 일이다.

특히 조각가에 있어 「움직임」은 예로부터 줄곧 탐구의 대상이 되어왔던 것이다. 로댕은 자신의 조상(彫像) 속에 생명력을 불어넣기 위한 가장 확실한 방법의 하나로 움직이는 모델의 자세와 근육묘사에 이내믹하게 율동하는 무희의 힘을 느끼기에 부족하였으며, 드가는 그의 회화작품만으로는 다 담닉하였으며, 드가는 그의 회화작품만으로는 더욱 구체적인 「물(物)─량(量)」으로 감지될 수 있는 조각 작품을 많이 남겨 놓았다. 조각가들의 이러한 탐구는 끊이지를 않아서 마침내는 실제로 빙글빙글 돌아가고 너울너울 춤추는, 이른바 움직이는 조각(kinetic art)에 이르게까지 되었다. 잘 다듬어지고 단련된 무용수의 몸은 곧 움직이는 조각품인 것이다.

글·그림
吳相一
오
상
일
(조각)

내 몸은 흥에 젖어

좀 뜨거운 날씨였지만 무형문화재 발표가 있다 해서 내 딴엔 부지런히 자리를 잡는다는 게 한 발 늦었다. 덕분에 까치발을 하고 이쪽으로 고개를 빼가며 볼 수밖에⋯.

탈을 쓴 무용수들이 흥나는 장단에 맞추어 나오기 시작하니까 이내 덕수궁 뒷마당은 흥겨운 놀이판이 됐다.

고운 춤에만 집착하지 않는 역감(力感), 넘쳐흐르는 탈춤은 언제 보아도 새로운 흥취를 일으킨다.

더욱이 극히 단순한 움직임으로도 생생하게 표현되어지는 각 인물의 성격이나 특징의 표현기(表現技)는 과연 대단한 창조력이 아닌가! 그리고 그 표현의 강렬성은 결국 관객까지도 무용수로 만들어 버리려는 듯하다.

내가 이렇게 고상하지 않은 폼으로 고상하게(?) 감상하는 사이 아이쿠! 세 살짜리 우리 꼬마는 어느새 1급 무용수가 되어 연신 시선을 어지럽힌다.

글·그림

吳淑煥
오
숙
환
(동양화)

이국異國에서 본 우리 춤

그때가 1970년이었던 듯하다.

내가 졸병(卒兵)으로 월남 사이공에서 근무하던 시절, 나는 우리나라 무용의 멋과 흥겨움 그리고 가슴져려오는 화려함을 이국(異國)에서 맛보는 행운을 가졌었다. 동료와 함께 사이공의 극장에서 (지금은 패망(敗亡)하고 어떻게 되었는지도 모를) 월남이 대통령, 수상, 관리 그밖에 월남 관람객들과 함께 보는 우리나라의 무용은 색다른 상황 아래서 또 다른 맛과 감동을 안겨 주었다. 아마 강선영 선생이 인솔했던 국립무용단이었던 듯하다.

공연내용은 외국인에게 쉽게 전달될 수 있는 것으로 짜인 것 같았는데 부채춤, 한관무 등이 기억에 남는다. 그중에 부채춤은 관객에게 가장 어필된 것으로 후반에 부채들이 어우러져 움직이는 원형을 만들자 밝은 조명이 꺼지며 형광조명이 빙글빙글 돌아가는 부채들을 비추었을 때 관중들의 감탄사는 지금도 귀에 생생하다.

그때의 기억이 희미해진 지금 나의 뇌리에 선명히 그려져 있는 그 순간—그 부채춤의 장면은 나에게 졸병 시절의 색다른 경이의 체험으로 영영 지워지지 않을 것이다.

글·그림
오용길 吳龍吉
(동양화)

살풀이

예고 시절, 참 고마운 것 중 하나가 화려한 강당에
서 다른 전공 친구들의 공연을 감상할 수 있는는 점이
었다.

무용반 친구들의 공연이 있었다.

무대의 조명 아래 소복을 입고 서 있던 친구는 조금
전 나와 까불던 그 친구가 아니었다.

언뜻언뜻 보이는 쪽머리에 두른 붉은 천은 펄럭이는
치맛자락과 황홀하게 너울거리던 손에 든 흰 수건과
대비되어 더욱 애달파 보였다.

치맛자락을 들어 올려 무대를 도는 그녀의 작은 버
선발이, 들썩이는 어깨에서 전해지는 섬세한 손놀
림이 서러워 보였다.

18살 소녀의 춤사위는 천연하게 아름다웠고 절절한
한(恨)이 느껴졌다.

어느 노련한 무용가의 춤보다 더욱 그러하였다.

도무지 모르겠던 국어시간에 배운 우리 민족의 정서
한(恨)이 이해되는 순간이기도 했다.

친구들의 공연을 감상할 수 있는 기회는 감수성 많
던 시절의 나에게 특별한 감흥을 주곤 했다.

글·그림

오유미

(서양화)

어느 화염에서 잇줄(2013)

그림 같은, 춤

오늘 아침 우연히 음악방송을 들었다.

이 강산 낙화유수 흐르는 물에 ~

꽃다운 인생살이 어쩌고저쩌고 흐르는 노랫말에 잠시 하던 일을 멈춘다. 연일 조간신문에 헤드라인을 장식하는 북핵의 위협이 두렵고 무섭다. 그러나 잠시 조동화 선생님의 「춤이 있는 풍경」 그 아름다운 풍경이 오버랩 되어 당시 추억의 모드고 바뀐다.

춤은 인간만이 할 수 있는 최상의 예술이란 것을 누구는 모르겠는가?

요즈음 춤은 기계문명을 앞세운 시각적 자극이 내세를 이루는 듯하다. 그 끝은 어딘지? 이제 우리의 익숙한 만남의 장소인 아르코극장이 필요치 않은 시대가 올 것인가? 아르코에서 로봇이 춤을 추는 것은 아닌지? 불안한 호기심이 발동된다.

나는 모든 예술 중에 특히 회화를 즐겨본다. 무용공연을 본 후에 마치 하기 싫은 숙제를 떠안고 오는 기분이다. 네덜란드 화가인 몬드리안이 생각난다. 왜냐면, 그의 작품세계는 간단하게 이해할 수 있다. 그러나 우리 춤은 글쎄? 허기야 예술에 정답이 있다면 예술의 존재 이유가 없다는 생각을 되풀이 하면서…. 춤은 분명 일상생활에 편리한 건축과 가구와는 다른 것이다. 작가의 진술한 철학과 예술적 지식이 동반된 작품은 우리의 마음을 후려치는 감동 그자체일 것이다. 그런 춤이 보고 싶다.

춤이 있는 풍경, 그림 같은 춤, 영화 같은 춤이 보고 싶다. 나이가 들어 갈수록 감동할 수 있는 것도 능력이라던데, 세월이 많이 갔나 보다.

글
吳律子
오율자
(한국춤)

Dance with me 댄스 위드 미

관습과 종교, 문화에 의해 행동하는 우리 일
상의 움직임들이 내게는 마치 춤추고 있는 하
나의 아름다운 공연으로 보인다。동시에 우리
는 무언가에 도취되어 황홀한 꿈을 형상화하
여 스스로 예술품이 된다。

춤은 일상이다。감정표현의 수단 및 상호작용
의 수단으로서의 어린 아이의 「몸짓」과 자신
의 신체를 창조의 수단으로 활용하는 예술가
의 「춤」이 크게 다르지 않다。

나는 미디어 속의 정지된 이미지를 수집해 두
었다가 다시 가위로 오려내어 나만의 편집방
식으로 흰 도화지 위해 재배치시킨다。마치
공연의 연출가처럼⋯。

언뜻 시적인 이미지들은 우리 인생의 장면 장
면에 숨겨진 상징성으로 나타나는 인간의 모
습을 표현하고 있다。

글·그림 오 은 미
（동양화）

오은희 「한국의 명인명무전─승무」(2017)

사명으로서의 춤

춤은 내게 사명감이었다. 무용계의 발전을 위해 한 알의 밀알이 되겠다는…, 신앙이고 종교였다. 춤 속에서 울고 웃고 고뇌하고 화내고 원망하던 시간들이지나 그렇게 반백년의 세월이 흐르고 움켜쥔 두 손에 성근 모래알이 빠져 나간다.

얽히고 얽혀 뒤죽박죽이 된 만화 속 그림의 실 뭉치처럼…, 나의 도화지엔 아무것도 그려져 있지 않다. 가린 눈으로, 왜 춤의 길을 가야 하는가를 설파할 명분을 찾으며 「세계가 감동할 우리의 춤!」이라는 열변 속에 공허함이 맴돈다.

하룻밤 꿈 속의 백년 세상 일
이 풍진세상 만 가지 근심 걱정 아랑곳없이
짊어진 것 내려 놓고
휘청거리는 삶 속에서
양팔 벌려 흐느적흐느적 춤 한판 벌여
흐느끼고 포효하고 박장대소하며
마음대로 노닐세라.

글
吳恩姬
오은희
(한국춤)

조각彫刻이 만드는 춤

강동구 올림픽동 1번지 88호수 위에서 십칠 명의 무용수가 함께 어우러져 펼쳐 보이는 한판 춤을 처음 본 것은 사월 어느 날의 황혼녘이었다. 그 춤은 무용수들은 모두 물에 뜬 채로 수중에서 서로를 엮어 맨 사슬이 허락하는 여유만큼을 오락가락하면서 물이 차면 떠오르고 빠지면 내려앉는다.

물결에 실려 바람을 타고 노니는 이 작품은 일본의 조각가 신궁(新宮) 씨가 제2차 국제야외조각 심포지엄에 참가하여 남긴 조각이다. 흔히 많은 조각들은 대지에 뿌리를 박고 바람에 맞서 버티려 드는데 반해 이 작품은 물 위에 떠서 바람을 타며 돌며 흔들리고 있으니,' 마치 연못에 내려앉은 한 떼의 학이 펼치는 군무(群舞)와도 같은 이 정경은 움직이는 조각의 차원을 떠나서 주위 공간을 흡입하며 확산하는 춤이 있는 풍경에 다를 바 없다. 때때로 우리를 정지시키며 침묵케 하는 매스(mass)로서의 조각이 철저히 공간화해 보인 후 그 공간마저도 대기 속에 말겨버림으로써 물이 살아나고 바람이 일고 그리하여 풍경이 새롭게 태어나자 그만 한판 춤이 된 것 아닌가.

글·그림
吳義錫
오의석
(조각)

화훼본색 花卉本色

우리는 무언가를 볼 때 시각적으로 그 당시의 빛의 작용에 의해 비춰지는 모습을 보고 기억한다. 심지어 당시의 감정에 따라 사물을 느끼고 판단하기까지 한다. 그러나 그것은 상당히 왜곡되어 사물의 본질을 모두 보여준다 하긴 어렵다.

화훼는 일반적으로 아름답지만 나약한 존재이고 금방 사라질 모습이라 생각한다. 그러나 자세히 그 본질을 들여다보면 그 이면에는 치열한 경쟁 속에서 살아남아 열매를 맺기 위한 본능의 열정을 보여주는 한 단면이라 할 수 있다. 아름답게 비춰지지만 내면의 숨은 고통과 인내를 감내하고 이겨나가는 화훼의 본색(本色)이라 할 수 있다.

이처럼 그 이면을 깊이 들여다보고 생각해보면 겉모습과는 다른 또 다른 속내를 인식할 수 있을 것이다. 그러면 우리가 얼마나 많은 겉모습에 속고 있었는지 알 수 있을지 모른다.

글·그림
오정미 吳貞美
(한국화)

회오리의 춤

한 사람이 춤을 춥니다. 음악이 흘러나오면 그 안에 즐거운 「카오스」가 생겨나고 그대로 몸을 맡깁니다. 춤을 출 때 그의 표정은 너무나 행복해 보입니다. 몸이 펼칠 수 있는 대로 공간을 떠돌며 지휘를 하고, 회오리 속으로 들어가 나타났다 사라졌다 하는 듯 에너지를 뿜어냅니다. 그것이 곧 삶이겠지요. 춤추며 놀 줄 아는 사람은 인생을 즐길 줄 아는 사람이겠지요. 여기에서 그 사람은 춤을 좋아하는 석영이라는 어린이입니다.

글·그림 오 정 석

(서양화)

춤추는 내 영혼의 빛 색동

손가락 끝이 간질 되더니
휘젓는 손짓에 봉오리가 터지고
온몸을 뒹굴며 만든 몸짓에 바람이 분다.

땀과 고뇌로 얼룩진 등짝에서
푸른 날개가 돋더니
오색이 영롱한
색동 선들이 하늘을 난다.

높은 관을 쓴 이상과
새털처럼 가벼워진 육체가
하나 되는 순간

내 영혼의 빛 색동,
드디어
춤을 춘다.

글 · 그림

오 吳
惠
혜 蓮
련
(서양화)

춤추는 소나무

아득히 먼 옛날부터 언덕 위에
는 한 그루의 소나무가 세월을
벗삼아 서 있습니다.
한없이 무덥던 여름날 그 언덕
에 바람이 불어옵니다.
시원한 바람이었습니다.
바람이 불어오고 소나무는,
을 추기 시작하였습니다.
꽃바람과 춤추는 소나무는 행복
합니다.
춤추듯 흔들리는 소나무는 행복
합니다.

글·그림
왕 王
烈
열
(한국화)

춤은 움직이는 조각 彫刻

예술의 시작을 거슬러 올라가면 희랍에서 몸에
황토 흙이나 검뎅이를 바르고 두들기는 소리에
맞추어 뛰는 데서부터 기원을 찾을 수 있다. 식
물 등 자연에서 얻은 색깔은 회화의 세계로, 두
들기며 장단을 내는 소리는 음악의 세계로, 뛰면
서 자아내는 몸짓은 춤의 세계로, 오늘에 이른
춤의 세계는 안무자의 내면세계를 허공에 띄우는
인간의 몸짓일 것이다.

조각의 세계 또한 공간을 점유하고 있는 입체물
로서 파도를 타고 또는 새무리인양 나는 금비(禽
飛)의 세계도 허공에 자신의 세계를 펼치는 몸짓
이라고 자문자답하면서 인체를 주로 표현하는 이
유 때문인지 춤의 세계는 움직이는 조각이요, 조
각은 정지된 춤의 세계라고 생각하면서 뗄 수 없
이 가까운 이러한 분야를 소중히 아끼고 사랑하
면서 살아가고 주목하려고 한다.

글·그림
왕　　**현**
(조각)

「강강술래」의 메아리

오랜 세월을 거쳐서 전해 내려온 우리 민족의 유산 속에서 피로 공감하는 그 무엇.

전통무용 속에서도 어디에나 그것이 담겨져 있는 것을 본다. 그러나 「강강술래」에서는 보다 강한 그것과 보다 차원 높은 그것을 느끼게 된다.

발랄한 이팔(二八)의 여체(女體)를 담은 치마 저고리의 우아함을 어느 의상이 다룰 수 있을까? 그들이 모여 손에 손을 잡은 젊음의 율동이 그대로, 치마저고리의 군상(群像)이 달빛 아래에 펼치는 빛과 그림자.

더 무엇을 말하겠는가? 벌써 내 몸속에 고조되고 승화된 피의 공감이 온몸을 맴돈다. 「강강술래」의 합창이 메아리친다.

글·그림

禹慶熙

우경희

(서양화)

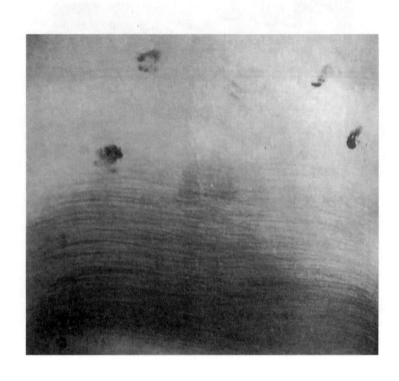

빛은 실로 아름다운 것

우리는 어디서 왔는가. 우리는 누구인가. 우리는 어디로 갈 것인가. 1987년 고갱의 이 작품명제는 누구에게나 문제의 해답을 얻기 전까지 되풀이 되어 그 비밀을 알고 싶은 것입니다.

생명은 신비, 경이입니다. 미국 「디스커버」지는 우주, 생명, 기후, 질병 등 풀리지 않는 「과학의 벽」을 선정했습니다. 인간의 능력으로 알 수 있는 것은 제한된 미미한 것입니다.

연기(緣起), 철학적 발생론, 관념적 순환구조로 우주 만물의 그 근원을 밝혀내려는 것도 눈에 보이는 현상 너머의 본질을 모르는 오류입니다. 과학이나 자율사색을 통해, 즉 사람의 힘으로 알 수 없는 것입니다.

예술인 중에도 진리를 찾으시는 이들이 실존적 허무감을 해결할 수 있습니다.

빛은 실로 아름다운 것이라 눈으로 해를 보는 것이 즐거운 일입니다.

글·그림
**우
징
청**
(서양화)

화전놀이

순창(淳昌)에서는 「화전놀이」라는 것이 있었다. 술과 음식이 무르녹고, 오랜만에 어여쁜 아낙들이랑, 우리 동네 사람들은 그날은 결코 이웃과 돈으로 계산하는 것 같은 짓은 하지 않았다. 평화 속에서 행복이 활짝 피는 축제의 날이 내 고향에서는 있었다.

30여 년만에 고향에 갔더니 함께 뒹굴고 자랐던 나무들이며 길이며 바위들은 간 곳이 없고, 정다웠던 곳은 추억뿐이었다. 어느 덧 나는 이방인이 되어 있었다.

어느 날 방송을 들으면서 국악(國樂)이 그토록 선명하게 내 귀에 젖어 옴을 알았었다. 서양의 유명한 음악들보다 우리들의 가락이 나의 존재(存在)를 그토록 뚜렷하게 확인시켜 주는 것이었다. 기회가 주어지면 우리들의 예술인(음악, 무용…) 들과 교우(交友)를 이루고 싶다. 나에게는 하나의 소망이다.

글·그림
柳鉼燁
유 병 엽
(서양화)

삶과 춤

춤은
시공이란 세계 속
갖춰진 몸부림
가 해될 수 없는 절대적 유동
질
날카론 칼과 요설로 공격해도
끝없는 탄력에 저항하는 몸짓
아 : : :
허나 춤추지 않으면
정지해버릴 것같은 나

팔 벌려 다리 뻗친
사각 속의 몸부림
극도로 민감한 촉수의 자연스
럼이 밀며 당겨도
팔 길이 나리 길이만큼 뿐,
춤은
자기라는 사각
자기한걔
비집고 휘두르고 움츠리고 사
려보는
세상사 온갖 사는 우리의 몸
짓。
하루의 시작에서
지쳐버린 끝까지
온갖 춤을 추어 본다。
굽히며 젓히며
손발가락 꼼지락거리며

글·그림
柳成淑
유성숙
(서양화)

http://cafe.daum.net/artgh

먼 천둥같은 그리움을

정지된 포즈가 아닌 진정한 춤사위의 정지
포즈에는 뒷모습에도 그의 슬픔이, 감정
이, 절절히 근육과 라인을 타고 흐른다

젊음이 훨씬 지나 탄력 없이 처진 뱃살에
도… 그는 항상 주제를 갖고 춤을 추듯
포즈를 취한다.

그는 춤추는 사람이며 평생을 춤을 추며
살고 싶다고 했다. 누드 드로잉 모델이 쉬
운 일이 아닐 텐데 한 포즈 한 포즈에 나는
그의 작품을 보는 듯 가슴이 벅찼다.

뒷모습에 진정한 예술가의 인생이 목탄을
쥔 내 손을 춤추게 한다.

글·그림　柳研先
유연선
(서양화)

「과학」했던 남자 조동화

글
劉仁華
유인화
(춤평론)

선생님! 저예요! 2004년 경향신문 문화부 기자였던 저를 한국춤평론가회 회원으로 맞아주시면서 해주신 말씀이 아직도 생생합니다.

「무용전공을 하지 않았는데, 어떻게 감히 무용작품을 평할 수 있겠습니까? 과학적으로 반항(?)하는 제게 선생님께선 "유인화 씨! 비과학적인 말씀을 하셨지요. 그렇습니다. 선생님께선 "맛보지 않았고 맛을 알 수 있다"는 매우 비과학적인 말씀을 하셨지만 사실 선생님께서는 "바닷물을 이미 맛본" 과학하는 남자셨습니다. 암귀봉조선교육무용연구소에서 춤을 익히지 않으셨습니까! 직접 춤을 취보셨으니 "바닷물이 짜다"는 걸 아신단 말이죠. 조동화 선생님께선 과하하는, 그리고 무용하는 남자셨습니다

사실 1966년 "춤"지 1호 발간 후

10년 후인 1976년 복간의 성격을 띤 "춤" 창간호가 어느덧 2017년 10월 통권500호를 맞을 수 있음도 무용하는 남자 조동화의 안목으로 가능했습니다. 춤의 사회적 인식을 높이고, 대한민국 춤 역사의 지킴이로 나서서 춤 예술을 일구셨습니다. 40년 전 "춤" 창간 당시 연 25회에 불과했던 춤공연이 거의 100배쯤 증가할 수 있음도 조동화란 춤지킴이의 아름다운 고집 때문일 것입니다.

부를수록 멀리 계신 선생님! 춤평론의 선배이기에 앞서 언론사 대선배였기에 이래저래 선생님 앞에서 저는 늘 어리바리한 후배였습니다.

이젠 저의 어린 마음(愚心)을 받아주실 선생님께서 곁에 계시진 않지만 후학들 모두 과학하는 남자 조동화, 무용하는 남자 조동화의 철학을 이어가겠습니다. 저희, 보고 계시지요?

가을 그리고 Ne Me Quitte Pas

2년 전 깊은 가을이었던 걸로 기억한다. 선생님은 덕수궁 뒷길에 아주 맛있는 밥집이 있다며 손을 잡아끌었었다. 그날, 아쉽게도 줄이 너무 길어 그 맛난 밥을 먹지 못했다.

며칠 전 이른 새벽, 사느라 인사도 여쭙지 못했던 선생님의 반가운 문자에 얼른 일어나 확인했는데 번호는 맞지만 발신인은 선생님이 아니었다. 아직 한창인데 먼 곳으로 가셨다는… 그냥 담담했다. 아이들을 깨워 학교에 보내고 화장을 하고 출근해서 정신없이 수업을 했다. 난 아무렇지 않게 시간을 보냈다. 점심 무렵, 견딜 수 없이 허기가 졌다. 당장 덕수궁 뒷편 밥집의 밥을 먹지 못하는게 참을 수 없이 서러워졌다.

또다시 가을… 그분의 저서인 「어느 미술사가의 낭만적인 유럽문화 기행」에 나오는 쟈끄 브렐의 「Ne Me Quitte Pas」를 조용히 불러본다.

글·그림
劉惠鏡
유혜경
(동양화)

1971년 10월 국립극장에서 있었던 「제5회 육완순현대무용」 발표회
뒷줄 왼편부터 양정수 (한 명 건너) 김화숙, 김복희, 김영자, 김매자,
필자, (한 명 건너) 정승희, 박인숙, (한 명 건너) 박명숙, 최성이

죽어도 못다 이룰 행복한 춤 사랑

아 ! 이 사랑을 무슨 말로 표현할 수 있을까 ?

죽어도 포기할 수 없는 존재의 이유

그것은 역병이고, 신열이라고 말 할 밖에는 …

차라리 재(灰)가 될지언정 생목(生木)으로 있는 것이 싫어

목숨을 걸고 지구의 끝이라던 미국으로 날아갔다

그제야 모두가 나를 이해했다

내가 얼마나 춤을 사랑하는지를 …

춤은 나를 태우는 기름이고

회색빛 재가 되어 가는 나의 삶을 기념하는 유향(乳香)이다

나는 역설적이게도 날마다 풍요로운 새 생명을 경험한다

나는 춤꾼의 딸로 태어나지는 않았지만

나는 온몸에 춤을 뒤집어쓰고 제단(祭壇)에 올랐다

불가지(不可知)한 능력은 나를 송두리째 태워 없앴고(無)

그것이 결국 춤(舞)으로 다시 사는 길인 것을

어찌 짐작이나 했으랴 !

춤으로 충일(充溢)한 나의 삶은 기쁨이 넘친다

좋아서 울고 기뻐서 운다

슬프다가도 춤이 있어 금세 행복해 웃는다

좋아서 우는다

사랑이다. 죽어도 못다 이룰 행복한 춤 사랑이다 !

글
육완순
(현대춤)
陸完順

드가에서.

잊히지 않는 「빈사濱死의 백조」

불란서 에프스틴 감독의 작품에 「빈사의 백조」라는 영화가 있다. 레슨교사가 구령과 함께 긴 막대기로 마룻바닥을 치고 학생들이 그것에 맞춰 연습하는 드가의 그림 그대로의 장면은 아직도 인상적이다.

영화의 줄거리는 이런 것이었다.

프리 마돈나급인 한 상급생이 사랑 때문에 춤에 충실치 못해 주역에서 탈락된다. 생도들은 이런 사정을 모르고 새로 된 주역을 미워한다. 그래서 일부러 그를 다치게 하여 춤추지 못하게 하고 원래의 그 상급생이 다시 주역이 되게 음모를 꾸며 성공하는 그런 이야기였다.

어떻든 상상의 곡인 「백조」에 맞춰 안나 파블로바의 그 「빈사의 백조」를 추던 주역의 춤 장면은 잊을 수가 없다. 화살에 맞은 우아한 백조의 슬픔과 애절함의 표정, 그 장렬한 감명은 나를 발레에 관심 갖게 한 가장 직접적인 동기였을지도 모른다. 여기 그림은 드가의 화집에서 옮긴 것이다.

글·그림

元桂泓
원계홍
(서양화)

336

5월의 꽃, 어린이를 생각하며

3월의 바람과 4월의 비는 5월의 꽃을
대려온다고 하던가.

5월이 오면 형형색색의 온갖 꽃들이 산과 들에서
벌과 나비를 부른다.

또, 5월이 오면 산과 들 벌과 나비 같은 어린이들에
푹 빠져든다.

머리도 쓰다듬어 주고, 볼도 비벼대고,
손도 잡아주며 애정을 표시하고.

그런데 요즘은 그토록 귀엽고 여여뻐도
그저 바라만 보아야 한다.

밀을 건네도 대구도 안하고 경계의 눈초리를 보인다.

시글퍼진다. 그 천진하고 해맑은 눈동자,
누가 빼앗아 갔는가.

5월이 왔는데도 마음은 추운 겨울이다.

글 · 그림　尹吉泳
　　　　　윤길영
　　　　　(서양화)

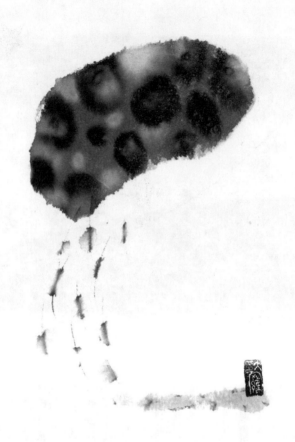

12월

지독한 감기를 앓는다.
목구멍이 온통 성을 내어
말조차 할 수 없지만
전국을 강타하는 유행이니
괜찮다 … (쿨럭)
새로 꺼내 덮은 솜이불 위로
찬 공기 팽팽히 지나는데
내 안은 모조리
웅웅웅 …
가물한 눈에
부우연 창이 울렁이고
전선이 바람으로 춤추는가 했더니
조각난 구름이 내려오신다.

글·그림
尹大羅
윤대라
(한국화)

© 김명호

윤덕경 「에클 미시나」(2014)

온전한 나의 모습으로서의 춤

춤은 나에게 열정을 줍니다. 춤은 나에게 냉정과 자제를 줍니다.

춤을 추기 시작한 지 54년, 창작 작품을 무대에 올리기 시작한 지 34년, 춤은 끊임없이 나와 나의 생각을 표현하고 싶은 욕구로 들뜨게 합니다.

공연이 끝나고 나면 텅 빈 공간에서 밀려오는 허전함과 끊임없는 반성의 자책으로 부족함을 아쉬워합니다.

「춤」지는 나의 활력인 동시에 오랜 사색과 분석을 통한 냉철함을 요구합니다.

나의 춤은 다른 사람과 다른 나의 삶이요.

온전한 나의 모습이기도 합니다.

글
尹德卿
윤 덕 경
(한국춤)

오묘한 선線의 조화

나는 춤을 모른다. 어쩌다가 벗들과 어울려 술김에 흔들어대는 말초적인 몸짓이야 춤이랄 수 있겠는가. 그것은 마치 당나귀 꼬리로 휘둘러댄 그림과 같이 꼴사나운 것에 지나지 않으리라.

그림에는 본디 말이 없다 그림에는 한정된 시간과 공간 속에서 높고 맑은 존재의 모습을 찾아내려 신명나는 색채의 가락이 있다. 거기에는 마치 원시인들이 바위에 선을 긋거나 새기면서 나는 소리에 도취되어 춤을 추는 행위와 같은 것이 있다.

춤에도 본디 말이 없다. 떠오르고 덩실거리고 소용돌이치며 몸과 마음이 하나 되어 울동이나 가락에 맞추어 인간의 근원적인 조건을 깨닫게 하는 춤이 있을 뿐이다. 잊혀가고 버림받은 영혼을 가없는 곳으로 인도하는 현란한 선들이야 말로 춤의 본질이 아닌가 싶다. 공간 밖으로 공간 속으로 사라졌다 떠오르는 오묘한 선들의 조화야 말로 현란한 색깔과 함께 우리들의 살아가야 할 아름다운 풍경이 아니겠는가.

글·그림
尹明老
윤 **명** 로
(판화)

춤―나의 이미지

백지 한 장을 앞에 대한 채 춤이라는 단어를 떠올리는 순간 아스라한 곳에서 날아온 진홍빛 스카프가 백지 위를 선회하다 가벼이 떨어지는 환상과 만났다.

눈을 감았다 뜨니 진홍빛 자취는 백지 속으로 스민 듯 간 곳 없고 한 장의 빈 종이만이 거기 있었다.

이사도라 덩컨…….

춤이라는 외자 말미에 고유명사처럼 붙어 다니는 그녀에의 막연한 연상 작용이 스카프 한 장으로 이어지는 것은 생존시의 어떠한 장면보다도 드라마틱했던 그녀의 죽음이 목에 감겨있던 스카프 때문이어서가 아니다.

바람에 이리저리 흔들리면서 허공을 자유롭게 날아다니는 한 장의 스카프。 애수와 화려함과 고독한 자유의 빛깔을 가진 그런 나부낌.

여러 각도에서 바라보이는 춤의 모습을 모르는 바아니지만 춤에 대한 나의 이미지는 앞에서 잠깐 묘사한 대로 다소／사춘기적 감상의 터울 안에 있다. 미지의 영역에 대한 빛깔고운 선망일 것이다.

글·그림
尹美榮
윤미영
(서양화)

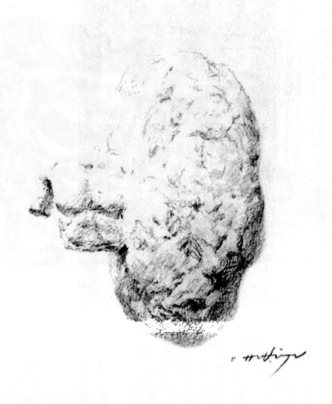

돌의 언어

작은 몸짓이 많은 이야기를 담아내기
도 한다. 떨구는 어깨, 리듬 타는 걸
음걸이, 주저하는 손은 언어라는 도
구가 긴 문장으로 구구절절하게 표현
하려는 뜻을 단 한 번의 제스처로 전
달한다. 그리고 손발 없이 몸통만 남
아 있는 고대 조각상, 그 돌조각은 소
리 없이 말한다.

조각상은 원래 커다란 원석 안에 들어
있다. 조각가는 그것을 찾아 여분의
돌을 제거해나갈 뿐이다. 희망의 1
년은 우리가 찾고자 하는 그 무엇으로
가득 차 있고, 그 안에는 이미 우리가
원하는 최고의 걸작이 기다리고 있
고.

글·그림
尹秉運
윤병운
(서양화)

1987. SUKWON. Y

춤이란, 나는 이렇게

춤이라는 것이 요술쟁이처럼 별별 선율이 있듯이 리듬도 많다. 우리의 숭고한 고유의 멋들어진 흥겨운 가락과 춤이 있는가 하면, 각 나라마다 국민성에 맞는 민속춤이 있는 것. 누구든지 춤을 버릴 수도 없고 함께 살아가기를 염원하면서 종종 기억하면서 찾게 마련이다. 이미 찾게 되었을 때에는 본능적으로 주어진 정신은 자연으로 돌아가게 마련이다. 정신의 보람, 삶의 보람으로 생의 만족을 갖게 되는 것은 곧 삶의 창작적인 것으로 그러나 때로는 춤이라는 것이 규칙에서 변종으로, 시각에서 흥미로 대중을 크게 의식하고 크게 무엇을 얻으려고 노력한다. 순수한 자연만이 갈구할 수 있다면 예술적 형식뿐만 아니라 표현의 대상은 곧 전통적 섭리로 새로운 뜻을 갖게 되는 것이 아닌가? 즉 인간은 누구든지 비표현적 예술은 있을 수 없다고 말하기를 좋아할 것이다. 춤으로 나타나는 예술적 가치에 대하여 고유미에 해당되건 숭고미에 관련이 되건 예술가 자신의 인격이아니라 민족성에 따른 전통적인 것으로 끌어 들이고 고귀하게 생각해야 할 시대다.

글 · 그림
尹錫元
윤석원
(서양화)

신흥무용학원(전황)에 다닐 때 필자와 남동생, 보모(1961년)　　　　　　　　　　　엄매(왼쪽)와 이모

붓 끝의 낭창함에 긴장한 먹물처럼…

5년 전 온몸 여기저기 안 아픈 데가 없다 하시던…。 결국
엔 그렁그렁한 슬픈 눈으로만 말씀하시던 빈 쭉정이 늙은 어
머니는 내게 알맹이를 남기고 하늘로 날아 오르셨다。 어머니
의 알맹이 내 육신은 스멀스멀 세포 하나하나가 살아 움직이
는 삶을 만끽하는 최고의 선물이다。

어머니 손에 이끌려 춤 배우러 다니던 때부터 춤은 선물로
받은 내 육신을 맘껏 갖고 놀 수 있는 유일한 보물이었고,'
그동안 삶의 무게를 온전히 짊어진 채 동고동락하며 반백년
을 훌쩍 넘기도록 함께 해온 동지가 아닌가? 무모한 도전을
넘어 인생의 가치를 함께 즐겨준 춤과 나는 죽어도 사뿐히
스려 밟고 지나갈 것 같이 오늘도 발가락 끝에 리듬을 달며
하늘을 본다。

바람과 별과 시 속에 너울거리며 날아다니도록,' 그리고 몸
을 실어 맘껏 헤엄치도록 문을 열어준 춤은 내 삶의 일부가
아닌 전부였다。

아얀 무지에 날을 치는 붓 끝의 낭창함이 어디로 튈지 모르
는 먹물처럼 나는 오늘도 머리 안 가득 나비가 되어 허공을
뱀돌며 춤을 즐기고 있다。

글
尹星珠
윤성주
(한국춤)

숭고─n개의 별

마음속의 생각마저도 귓가에 울리는 듯 엄청난 적막, 그 고요 속에서 하늘을 올려다보았을 때, 마치 온 우주 속에 오직 나만이 깨어 하늘과 마주하고 있는 느낌. 나를 위해 잠시 멈추어 버리기라도 한 듯 칠흑같이 어두운 시간의 품 속에 낮 동안의 시끄러운 일상은 모두 감추어져 온전한 평화로움을 선사한다.

그 하늘은, 온몸에 소름이 돋을 만큼 서늘한 절대적인 완벽함, 완전한 아름다움이다.

나는 별과 국화 그리고 새의 날개를 그린다. 가장 큰 자연인 하늘과 이 땅의 모든 생명체들의 아름다움과 영원을 기리기 위해, 그리고 내 마음속 평온함을 위해 하늘을 바라본다.

이것은 우리 머리 위 닿을 수 없이 먼저 하늘에 대한 것이 아니다. 별 먼지, 꽃 먼지 가득한 피스풀 가든(peaceful garden), 평화로운 나의 세계에 대한 이야기이다.

글·그림
尹晶源
윤정원
(동양화)

각어무 覺於舞

한 글자요, 한 음절이다. 우리 삶에서 중요한 건. 우리말에서 모두 그러하다. 밥이 그렇고, 꿈이 그렇다. 눈도 그렇고, 입도 그렇다. 그런 게 더 있다. 바로「춤」이다. 살아갈수록, 춤의 가치를 더욱 느낀다.

우리가「춤」이란 말을 이렇게 일상적으로 자유롭게 쓸 수 있게 하는데, 조동화 선생이 크게 기여하셨다. 알다시피「춤」지를 창간한 이이다. 한때「무용」이란 한자어를 쓰면, 뭔가 대단한 말처럼 보이고, 오히려 춤을 살아가는 사람들이 춤이란 말을 잘 쓰지 않았었던 때가 있었다. 이를 변화하게 만든 동력이 바로 월간「춤」이다.「춤」이 매달 우리 곁에 와주어서 더 그렇겠지?「춤」은 명사이지만, 동사처럼 받아들여진다.

일찍이 공자가 말하기를,「흥어시(興於詩), 립어예(立於禮), 성어락(成於樂)」이라 했다. 이를 보통 이렇게 번역한다.「시로써 일어나고, 예로써 확립하고, 음악으로써 완성한다.」공자의 애기한 악(樂)은 단지 음악만을 가리키는 게 아니다. 음악과 무용이 함께 한 포괄적 개념이다. 가(歌, 노래), 무(舞, 무용), 악(樂, 연주)을 모두 포괄한다.「악」이란 개념 안에, 셋이 모두 존재한 아라! 이런 제례악에서 일무(佾舞)가 없는 걸 상상할 수 없다.

나는 이런「춤」의 중요성을 더 강조하고자 확실하게 하나를 덧붙이고 싶기도 하다. 바로「각어무(覺於舞)」로,「춤을 통해서, 깨닫는다」란 뜻이다. 나이가 들수록, 춤이 더 고맙다. 몸과 맘을 두루 포용하는 것도 춤이요, 몸과 맘에서 모두 해방되게 해주는 것도 춤이다!

글
尹重剛
윤중강
(국악평론)

시원始原의 소리, 춤

얼마 전 다섯 살 난 조카아이와 전통무용을 공연하는 음식점에 간 일이 있었다. 물론 녀석은 처음 보는 춤과 가락에 호기심도 있었겠지만 전혀 예상치 못한 열광에 젖어드는 것이었다. 조카가 나의 전시회에 오기를 무척 즐기고 기뻐하기는 하되 그것은 순전히 고모를 만나게 된다는 기대감일뿐, 그림에 그토록 넋빠져하는 것을 본 적이 없는 나로서는 무언가 이상한 느낌이 없을 수 없었고 더구나 나와 다른 관객들을 모두 취하게 한 그날의 공연에 관해 생각케 하는 것이 있었다.

겨우 다섯 살짜리 꼬마의 반응으로 이런 가설을 세움이 무디일지 모르나 어린아이의 감성이 열려겼음을 감안해 보면 무용은 그만이 가지는 독특한 전달방식으로 관객을 그토록 직접적인 감동에 젖게 하는 것이 아닐까 하는 것이다. 그것은 다른 예술형식이 보통 사용하는 매개물 없이 직접 감정을 자신의 신체로 표현하는 데서 오는 장김인 듯싶기도 하고 그것이 바로 눈앞에서 펼쳐진다는 현장감 때문인 것 같기도 하다.

여하튼 그날은 춤에 매혹되어서 먼 옛날 모닥불을 피워놓고 행했음직한 최초의 춤과 호흡소리를 그리고 그 엑스터시를 상상해보았다.

글·그림
尹賢玉
윤현옥
(서양화)

장단에 맞추어 멋대로 춤을

나는 춤을 못 춘다. 그러나 신나게 춤을 춘 일이 몇 번 있다.

신나는 가락이 나오면 춤을 막 추고 싶은 충동에서 부끄러움을 무릅쓰고 장단에 맞추어 멋대로 춤을 추고 나면 마음이 후련해진다. 마치 고릴라가 나부대는 것 같은 그 꼴을 두고두고 혼자 고소(苦笑)한다. 하기야 춤을 제대로 배워서 보기 좋게 춤을 췄던들 이런 고소(苦笑)는 맛보지 못했을 것이다. 무료한 나날을 보내다 보면 때로는 노래도 후련하게 불러보고 싶고, 신나게 춤도 춰보고 싶을 때가 있다.

대지(大地) 위를 너울너울 율동(律動)하는 그 스케일 있는 우리 민속(民俗)춤을 나는 좋아한다. 우리의 가락 또한 그렇다.

이 모두가 우리의 자연스러운 율동미(律動美)에서 오는 것이 아닌가.

글·그림 尹亨根
윤형근
(서양화)

박수의 춤

신들린 남자 무당 박수가 살던 동네를 지나 중학교를 다니던 때가 생각난다. 하루해가 짧다고 바삐 놀던, 요즘말로 끝내주게 재미있던 때라 더욱이 어느 집에서 굿을 하면 그 아슬아슬한 담장 위에 올라 앉아 맥 놓고 구경하던 박수(머리가 유난히도 커다란)의 춤은 아직도 내 머릿속에 한 움큼은 남아 있다. 강렬한 원색들로 이루어진 모자며, 옷자락, 소리, 율동에 얹힌 박수의 춤은 가히 절대의 힘을 발휘할 수밖에 없었던 것 같다.

요즘도 어쩌다 변두리 동네에서 징소리가 들리면 그 그림 같은 춤의 기억이 되살아나곤 한다. 달포 전 우연히도 지나던 육교 위에서 나는 그 박수를 힘없는 노인으로 마주 보게 되었다. 그 당당하고 위엄스런 모습은 어디로 갔는지 찾아 볼 수가 없었다. 나이가 노년(老年)이라서 보다는 오늘에 밀려 잊힐 수밖에 없는 춤이어서가 아닌가 여겨졌다.

글·그림

이경석
李慶錫
(서양화)

1976.10 Kyung.

글·그림
李慶成
이경성
（미술평론）

C형兄의 춤의 경지

춤이란 몸으로 표현하는 인간감정의 표시이다。따라서 춤에는 율동이 필요하고 다양한 동작이 뒤따른다。그러나 춤의 경지는 움직임과 정지사이에 정립하고 있는 그러한 순간이 아닌가 생각한다。30년을 사귀어 온 박물관의 C형은 거나하게 술에 취하고

가장 친한 친구들과 어울릴 적에는 자진해서 일어서서 춤을 추는데 그 춤은 그림에서 보는 것과 같은 자세를 하고 양쪽 발은 땅에 디딘 채 그리고 한쪽 팔을 높이 올리고 또 한쪽 팔은 땅에 내리어 마치 탄생불(誕生佛)과 같은 자세로서 눈을 지그시 감은 채 몸만을 흔들고 있다。이 경지, 즉 운동과 정지의 순간만이 춤의 극치가 아닐까。

여기서 생각나는 것은 이미 작고한 김순배(金舜培) 형의 일이다。김 형은 사교댄스의 명수로서 그의 춤은 천하(天下)의 일품(一品)인데 그의 춤추는 모습도 결코 동요되지 않으면서 최소의 운동으로써 최대의 효과를 얻는 것이다。말하자면 양발을 움직이지 않고 몸을 흔들면 모든 감각이 발바닥으로 집중되어 가장 감각적인 효과를 얻는다는 것이다。

양반춤

아니 노지는 못하리라~
양반춤, 우리가 알고 있는 양반춤은 봉산탈
춤의 한 부분으로 해학과 시대 풍자적 의미
로 전해져 오고 있다. 우연히 접한 양반춤
은 내 보기엔 그저 신명나게 가락에 맞춰 갖
혀 있던 무거운 것들을 훌훌 벗기라도 하는
것처럼 신명 나게 아름답고 자유롭기만 했
다. 우리 주변은 너무도 복잡하고 시끄럽기
그지없다. 의미를 따지고 편을 가르고…
가끔은 모든 것을 내려놓고 그저 신명나게
춤에 취해 놀아보면 어떨까? 오늘 이 시간
만큼은 춤에 취해 자유롭고 싶다.

글·그림
李景娥
이경아
(비주얼아트)

백남준 씨의 자필 원고 「Software로서의 춤」 첫 장과 마지막 장, 그리고 필자가 직접 찍은 백남준 씨 사진

춤이 뭡니까?

「춤이 뭡니까? 춤이라고 하면 아는 사람이 있나요?」

30년 전, 월간 「춤」이 처음 발간되었을 때 사람들의 입에서 나온 말이다. 그 말뿐이 아니었다. 「3년은커녕 2년도 지속 못할 겁니다.」 이런 말을 들으면서도 조동화 선생은 여느 때와 다름없이 웃는 얼굴을 하고 계셨다. 창간호의 부피가 60쪽은 되었을까? 어쨌든 얇았다. 「무용」이란 이름의 용어이 설움을 받았던 시대에 조동화 선생은 일본어인 무용이란 이름을 과감하게 떨치고 순수한 우리말인 「춤」이란 제호로 월간지를 발간했다.

1984년, 35년 만에 고국을 찾은 비디오예술가 백남준 씨와 신문 인터뷰를 위해 만나는 날, 나는 발행된 지 얼마 지나지 않은 「춤」지를 가지고 나갔다. 「백남준 씨, 내 대학 신배가 하는 춤 전문지인데 글 한 편 써 주면 고맙겠어요.」 했더니, 「나는 신문 외에는 글을 일일이 다 쓸 수 없기 때문이니까 경희 씨가 쓸 수가 없어. 잡지사에서 요청하는 글을 일일이 다 쓸 수 없기 때문이니까 경희 씨가 이해해주기 바라요.」 그렇게 말하던 백남준 씨가 얼마 안 있어 「춤」지에 주라고 「Software로서의 춤」이라는 글을 써서 나에게 주었다.

백남준 씨가 세상을 뜰 때까지 유일하게 관심을 가져준 책이 「춤」지였다.

글
李京姬
이 경 희
(수필)

사이에서

수평선은 우리의 시각을 통해 바다와 하늘의 경계선처럼 보이지만 실제로는 존재하지 않는 장소입니다. 나의 그림 속 수평선은 지금 여기의 현실 너머의 희망적인 이미지, 미래에 대한 상상이 펼쳐지는 바로 그곳입니다.

꾸밈없는 몸의 상태로 수평선 위에서 춤을 추는 행위는 마음에 품고 있던 환상 혹은 욕망에 관한 것이며, 고정된 언어와 관습적인 세계에 대한 일탈을 꿈꾸는 행위입니다.

쏟아지는 별빛 아래 엄마의 품처럼 한없이 따듯하고 넓은 바다 위를 노니는 상상은 살아가는 동안 현실과 이상 사이, 일상과 예술 사이 그리고 나와 타인 사이에서 끊임없이 아름다운 균형을 이루고자 하는 나의 바람입니다.

글·그림

이고운
(서양화)

2015 이관우

도장과 응집에 관하여

개개의 도장은 삶의 바다에서, 혹은 허공 안에서 개인을 읽어버릴 수 있는 가능성을 드러낸다. 21세기는 개인주의적인 삶의 방식을 보다 첨예하게 만들어낸다. 우리는 소위 「셀카」가 범람하는 세상에서 살고 있다. 나는 이런 시점에서 우리는 보다 큰 것의 일부라는 것, 그리고 모든 것과 하나를 이루고 있다는 것을 되새기게 하고 싶다. 「응집」에서 하나와 전체는 상호의존적이며, 서로를 완성한다. 동시에 인구에 대해 이야기한다. 오늘날과 같은 인구과밀의 시대처럼 협동이 필요한 적이 없었다는 사실을 환기시킨다.

도장에 도상학적인 요소들을 사용하여 그 고유성에 힘을 더한다. 작품들은 다른 상징적 표현의 결과물과 마찬가지로 때론 상징 자체가 의미를 밀어낸다. 때로 의미는 사라진다. 때문 기호그 자체가 의미가 된다.

이 모든 것들이 동시에 일어난다. 다른 대상으로부터 태어난 대상들은 우리가 알지 못하는 언어로 분리와 완성, 시간과 영원, 한 명과 온 인류에 대해 말한다.

글·그림
李寬雨
이관우
(서양화)

바라춤

어느 해던가 아마 초겨울일 게다.
그의 형상이 푸르스름하게 남아 떠돌 때가 말이다.
죽음으로 생각하기엔 정말 억울한 나이였다. 그때의
그 감정은 어디에서도 보상받을 수 없었다. 텅 빈 가
슴 채워지지 않는 모든 것들을 보문사의 「바라춤」으
로 메울 수가 있었던 것은 그렇게 우연만은 아니었으
리라.

망자의 넋을 몸에 담은 스님들의 바라 소리는 이미 이
세상의 소리가 아닌 듯싶다. 춤사위마다의 표정 속에
꽃씨만한 불꽃으로 피어 보이지 않을 듯한 몸짓으로
허공을 가르는 모습은 가히 학들의 축제였으리라. 시
공(時空)이 바라소리로 가득하고 비밀스런 문이 열려
모든 이들의 숨소리조차 멋게 했다. 그것은 아마도
삶과 죽음이 별게 아닌 죽음도 삶 그 자체의 일부일
것이다. 타오르는 향은 끝없이 떠올라 춤사위에 어우
러져 우리들 가슴 가득히 메운다. 숭고함, 정말 증류
수와 같이 맑고 깨끗한 숭고함이었다. 아직도 나의
마음 언저리엔 그때의 형상과 보이지 않는 소리의 빛
깔까지도 남아 끝없이 이어지고 있다.

글·그림
이광영 李珖永
(서양화)

땀에 젖은 바리시니코프

1981년 가을, 뉴욕에 있는 링컨센터에서 아메리칸발레단의 「백조의 호수」와 「지젤」을 구경했었다. 미하일 바리시니코프 주연이었다. 나 자신을 완전히 잊어버리고 춤에 도취되어 본 것은 평생에 처음 있는 일이었다.

무용이 끝나고 땀에 흠뻑 젖어 관객의 박수갈채에 답하는 바리시니코프, 그와 관객은 맥박까지도 한 사람인 양— 싶었다. 온몸에 흘러내리는 땀이 곧 나 자신의 것인양 가슴에 와 닿았다.

그림도 마찬가지로 땀으로써 그릴 것이 아니라 몸으로 그려서 보는 이에게 나의 영혼을 느끼게 해야 하는 것. 어떻든 나는 행복한 감정으로 링컨센터의 문을 나섰다. 그때 거리에는 가을비가 내리고 있었다. 링컨센터 맞은 편의 한 맥주홀에 들러 고조된 감정을 식혔다. 그렇지 않고는 도저히 그대로 집으로 갈 수가 없었다.

글·그림
이귀화
李貴花
(서양화)

356

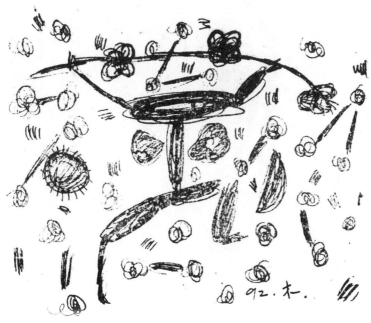

우리 모두 사랑하자

맑은 하늘 싱그러운 숲 흐드러지게 피어
있는 온갖 꽃들 사이로 새소리 물소리가
즐겁다.

해 뜨는 양지쪽 할미꽃 핀 무덤가에 눈물
먹고 자란 파란 잔디가 곱고

달지는 그늘 속에 향수 젖은 별들이 총총
하다.

사랑하자.

돌맹이 하나 풀잎 하나에도 애정을 줄 수
있는 아름다운 사랑을 하자.

자연 속에서 순리를 살아가는 선한 사람의
노래가 흥겹다.

가슴 가득 태양을 받고 온몸으로 찬미하는
춤을 보며 작은 나의 마음을 통해 본다.

글·그림

이 李奎木
규
목 (서양화)

자연自然과 율동

바람은 산과 들, 어느 곳에서나 부딪힘 없는 춤을 추며 구름은 쉴 사이 없이 하늘에 그림을 그린다.

바람에 자연에 펄럭이는 별빛을 느낄 때, 비로소 우리의 감각은 모든 아름다움에 감사할 수 있으리라.

가장 오래된 회화(繪畵)로서의 무용이 예술형식을 띠고 우리 앞에 다가설 때 사회적 맥락에서의 쾌락과 희열을 고대 그리스 시대부터 누려온 것은 사실이나 나의 감각은 원시인의 도끼질과 바리시니코프의 바람 같은 도약과 엄마 품에 달려드는 어린애의 생리적인 결합의지 속에서의 '생명력의 율동'만으로도 벅차기만 하다.

다만 「… 그대들의 신성한 춤에 적(敵)일 수 있겠는가?」라는 니체를 보며 사심(私心) 없는 한 획은 꾸밈없는 '생명력'자체를 보여주기 위함이며 자연과 더불고 싶은 전위(前爲)의 본성이리라.

글·그림 李槿明
이근명
(동양화)

춤추는 일상 日常

거리를 나설 때마다, 온통 메운 사람들이 하나의 물결처럼 보인다. 아마 부딪치며 받아들이고 내뱉는 삶의 느낌들이 물 흐르듯 덜 공식적인 몸짓을 갖고 있기 때문인가 보다. 나 또한 뒤섞여 느낌을 호흡하게 되지만 삶이 있고 표정이 있는 사람들을 향해 붓을 잡는 나로서는 그런 호흡이 늘 가쁘다. 살아 움직인다는 것은 왜 그리 벅찬 것인지 일상을 대할 때마다 대화 없는 무대의 감동을 떠올리게 된다. 대화는 없지만 귓가에 울려오는 몸짓들은 춤추는 그것이다. 스스럼없는 삶의 춤이다. 어느새 나도 무리가 된다. 청소부가 되고 시인, 노인, 아이가 되어 춤을 춘다. 어딘가에서 보고 있을 어떤 사람도 일상의 살아 숨 쉬는 춤을 느낄 수 있도록 무감(無感)을 그려준다. 나의 그림에서 춤추는 몸짓을 위해, 일상의 삶을 위해 춤을 춘다.

글·그림
이기만
李基萬
(서양화)

이청준 작 「낙선재」(1987)

좌절은 나의 힘

1983년 10월 제5회 대한민국무용제에서 내가 안무한 작품「창무회 열림굿」이 낙선했다. 주제 선택이나 작품 구성, 춤 연기 등 전반적으로 수작이었으나 무용가 성별에 따른 배역에 문제가 있었다는 것이 낙선 평이었다.

춤 만드는 자들은 남성복장과 여성복장으로 구분하여 의상을 입었는데 그중 남성 출연자는 한 명도 없었다. 당시에 남성 무용수를 구하기 어려웠기 때문이었다.

차우에 조동화 선생님께서는 이는 마치 여성국극단 공연을 보는 것 같다면서 남성무용수가 전무했던 이번 공연무대는 대 내실이라고 말씀하셨다.

이 경험 때문에 국공립무용단체에 들어가서 남녀전문무용수들과 창작무용 작품을 마음껏 만들고 싶다는 소망을 갖게 되었다.

실제로 1995년 3월부터 2009년 12월까지 부산시립무용단 8년과 국립남도국악원 무용단 5년 총 13년간을 예술감독 겸 수석안무자로 재직하면서 대작과 소작을 서 다수 창작할 수 있었고, 그 누구보다도 보람되고 감사한 나날을 보냈다.

대한민국무용제 낙선에 대해 남성무용수가 드물다는 현실적 제약을 변명으로만 가졌다면 국공립무용단의 예술감독이 될 꿈을 갖지 못했을지도 모른다. 좌절은 아팠으나 내게는 또 하나의 계기가 된 셈이다.

글
李魯淵
이노연
(한국춤)

저 옥상 주인은 누굴까

힐링(healing)이라는 단어가 유행이다. 힐링음식' 힐링댄스' 힐링캠프' 힐링카페 등 도심 속 힐링은 현대인들의 일상을 깨우고 있다. 휴일이나 휴가에는 지치고 상처받은 영혼을 치유하기 위해 어디론가 떠나는 사람도 있다. 자연 곁으로 돌아가는 것만큼 큰 치유가 있을까?

창밖을 바라보며 몽상에 빠지는 시간은 나만의 힐링 시간이다.

고층에서 내려다본 이웃집 옥상은 모두 초록색 페인트로 칠해져 있었다. 초록색 때문인지 눈이 편하기는 했다. 유독 눈에 띄는 옥상이 있었다. 페인트 대신 실내 골프장에서 쓰는 인조 잔디를 깔고 그 위에 카키색에 연한 밤색의 삼각 텐트를 쳤다. 텐트 앞에는 캠프파이어를 할 수 있게 장작과 바베큐장을 배치해 두었다.

보기 환상적인 옥상이다. 저 옥상주인은 피곤한 일과를 마치고 옥상에 올라가 텐트에 누워 수많은 별과 별똥별이 쏟아지는 하늘을 마주 할까? 반딧불과 부엉이 울어대는 소리를 자장가로 벗삼아? 자연대신 낭만으로 치유 중인 저 옥상주인은 누굴까? …‥

글·그림
이다희
(서양화)

학춤

1940년대 초반의 학생시절의 일이다. 부모님을 따라 태평로에 있는 세종문화회관 별관(구 국회의사당, 그 당시는 부민관)에서 있었던 조택원 선생의 무용발표회를 처음 볼 수 있는 기회를 가졌었다. 여러 가지 레퍼토리 중에서도 특히 깊은 감명을 받은 것은 「학(鶴)춤」이었다. 거기서 춤이 얼마나 아름다운 것인가를 느꼈던 것이다. 40여 년이 지난 일이지만 그야말로 훨훨 날아가는 학과 꼭 같이 유연했던 그 장면을 잊을 수가 없다.

1960년 조 선생의 환국 이후 자주 만나 뵈올 기회를 가졌었는데 나는 첫 번째 받은 감명을 되새기곤 했다. 특히 조 선생은 무용 분야뿐만 아니라 폭넓은 사교활동을 가졌었고 내가 아는 미술인들의 후원에도 대학시절 은사였던 F교수의 소개로 많은 공헌이 있으셨던 것으로 기억하고 있다. 1950년대의 길고 고달픈 생애에도 늘 단정한 멋을 항상 지니셨던 조 선생의 모습은 40년 전의 학춤과 더불어 이 가슴속에서 떠나지를 않는다.

글 · 그림

李大源

이대원

(서양화)

도희 2015

메멘토 모리,
삶의 이야기 — 죽음의 일상

지난 4월, 세월호 1주년을 맞아 대규모 추모집회가 열렸다. 작년에 일어난 참사는 모두가 안타까워하며 꽃다운 나이의 아이들을 잃은 슬픔을 함께 했었는데, 시간이 지난 지금은 그 일을 잊으려는 자와 잊지 않으려는 자, 그리고 잊게 만들려는 자들의 분투만이 남아 있다. 같은 사건을 함께 겪어도 각기 다른 생각의 본질은 어디에서 유출되는지 …. 사건이 일어난 때에 17년을 함께 애온 남편이 죽음이라는 두려움을 삶의 의지로 이겨내려고 나와 함께 병실에서 애쓰고 있었다. 병동 곳곳에서 아이들의 신변을 확인하는 방송이 나올 무렵 나와 함께 있던 그는 두 아이들과 고통의 아픈 모습만 내게 남겨주고 떠났다. 딸과 아들이 자라는 모습도 다 보지 못한 채 …. 낮과 밤의 경계에는 여명이라도 있다. 하지만 삶과 죽음 사이는 너무나 명확해진 그것을 가늠할 어떠한 여지도 인간에게 남기지 않는다는 사실을 남편의 임종으로 깨달았다.

누구에게나 언제 찾아올지 모르는 죽음을 모두 외면하고 산다. 어쩌면 태어나는 동시에 삶이 시작되지만 늘 죽음과 함께 공존하는 것. 인간에게 공평하게 주어진 한 번의 죽음.

글·그림
李道姬
이
도
희
(한국화)

「서울역에서 만나는 조택원의 춤」(2007)

왼쪽부터 조택원과 이시이 바쿠

이시이 바쿠와 조택원에 비길
내 인생의 한 컷

2007년 어느 토요일 오후, 조동화 선생님을 뵈러 금연재를 찾았다. 선생님은 조택원 탄생 100주년 기념행사를 준비하고 계시던 중이셨다. 말씀 중 선생님은 조택원의 작품을 제대로 감상할 수 있는 조택원 작품의 영상이 많지 않다며 아쉬워하셨다. 마침 꼭 국립영상원 홈페이지에 있는 1970년에 제작한 조택원의 춤 재현 영상을 본 적이 있던 터라 선생님께 보여드렸더니 만면에 웃음을 지으시며 좋아하셨고, 나 역시 선생님께서 기획하시는 이 기념사업에 어떤 식으로든 도움을 드릴 수 있어서 기뻤다.

12월 11일 「서울역에서 만나는 조택원의 춤」 공연을 끝으로 행사가 모두 끝난 후, 선생님을 모셔다 드리려 공연장 문턱을 나서는 길에 조동화 선생님께서는 함께 사진을 찍자시며 발걸음을 멈추셨다. 이날 공연을 보러온 관객들에게 시루떡을 나누어 줬는데, 손에 꼭 쥐고 있는 두 개의 떡 중 하나는 선생님께서 하나 더 챙겨주신 것이다.

선생님의 잔정이 느껴지는 이 사진을 볼 때마다 조택원이 그의 스승이시 바쿠와 서울역에서 함께 찍었던 사진이 떠오른다. 서울역을 나서시며 선생님은 그 장면을 떠올리셨던 것이 아니었을지.

글

李東祐

이동우

(춤평론)

이동원 「기억력테스트」(2014)

유영하는 시간의 이미지

춤이란 무엇인가?

춤이란 다른 사람들과의 소통으로 이루어지지만 자신과의 소통으로도 이루어진다.

내 안에 춤으로 이동해본다.

내 안의 춤은 나의 현재가 기억되는 순간의 저장이며 발현이다.

춤이 무대 위에서 존재하는 순간 나 자신의 모습은 반추된다.

이렇게 기억된 움직임은 내가 머물고 있는 세상과 사람을 가리킨다.

춤은 자신이며 모두이고 우리가 유영하는 시간의 이미지이다.

시간 이미지의 기억은 우리를 이어준다.

그렇게 춤은 세상과 나를 연결한다.

글
李東原
이동원
(현대춤)

부에나비스타
소셜 클럽

글 · 그림
李東宰
이동재
(조각)

쿠바에 한 번도 가본 적이 없지만 나는 그곳을 알고 있다. 재즈밴드 「부에나비스타 소셜 클럽」의 전설이 내 심장 속에 흐른다. 자유분방하고 정열적이며 낭만이 넘치는 연주와 노래는 그들의 생이 깃든 숨결이고 예술혼인 것을⋯⋯. 내게 쿠바는 그런 곳이다. 예술가로서 동경하고 간직하고 싶은 관조의 삶과 예술혼' 바로 부에나비스타 소셜 클럽의 나라라고.

환상으로의 춤

어릴 때부터 가장 가깝게 접해 오던 농악놀이는 친근한 대상이었다.
고향마을의 모든 행사에 빼놓을 수 없는 우리의 전통양식 중에 하나이면서 삶의 양식이라 생각한다. 방방곡곡 사물놀이의 스타일이 다를지언정 그 나름의 맛과 향기가 지금도 가장 인상적이며 간직하고픈 추억이 되고 있다.

또한 동서양의 다양하면서도 매력 있는 독특한 춤의 형태를 직접, 또는 각종 매체를 통하여 간접적으로 접하면서 나에게 환상적인 공간 속으로 자주 춤으로의 여행을 꿈꾸곤 한다.

고전에서 현대무용에 이르기까지 다양한 장르는 우리들의 마음을 풍요롭게 하면서 일상생활에 활력을 주기도 하고, 미적 가치와 함께 정신적인 안식처를 제공한다.

글·그림 이 동 훈
(조각)

탈춤

얼굴은 썩을 대로 썩고
우툴두툴한 얼굴표면
그냥 뻥 뚫린 눈
못생긴 놈이 거만하긴…
각시라는 자가 야릇하게 무섭고
불도(佛道)를 닦는다는 중이
음탕키 짝이 없고
벌건 배 내놓은 사내들
동작들이란 것들이 이상키만 하고

그런데 환쟁이 눈엔
그럴만한 것들이 버글버글 하네
징그럽고 무섭고 더럽고
시원하고 그리고 신나는 탈춤

글·그림

이
두
식
李斗植
(서양화)

368

어린 시절의 꿈

농악(農樂)은 오래도록 내가 즐겨 다루어 온 소재(素材)의 하나이다. 먼 옛날부터 계절 따라 명절이나 경사스러운 날이면 고향의 산하(山河), 두메산골 깊숙히에까지 농악은 울려 퍼진다. 징소리가 울리고 장구의 장단을 맞추면 꽹과리, 북소리의 메아리 속에서 나의 어린 시절의 꿈이 엉겨지는 것이다.

흥이 겨워지면 신발은 벗어 던져지고, 맨발의 열기(熱氣)와 율동(律動)이 절정에 이르게 된다. 한없는 정한(情恨)과 애환(哀歡)이 스민 군상(群像)들의 표정이 문득 자신을 일깨우게 한다. 서러움과 어두움이 가시고 맑고 밝은 나의 꿈을 뒤쫓아 잡을 때까지 나는 한없이 방황해 보리라.

글·그림

李得贊

이득찬

(서양화)

춘무 春舞

봄이 온다.
연록색 얼굴
수줍은 처녀처럼
살며시 내밀며,
하늘 하늘
치마자락 팔락이며
봄이 온다.

글·그림
이李
란蘭
(서양화)

이매방李梅芳의 승무僧舞

작년 5월 단오에 전주대사습(全州大私
習) 놀이에 갔다가 이매방(李梅芳) 씨의
승무를 처음 보았다. 그리고 그해 겨울
인가, YMCA에서 발표회를 가질 때는
아예 스케치할 준비를 하고 갔다. 내 나
름으로는 한국춤의 멋과 그 알맹이가 전
부 들어 있는 승무의 동작 하나 하나를
담아 보고 싶어서였다. 검은 장삼이 날
개처럼 뻗어내는 힘찬 소용돌이와 장삼
을 벗어던지고, 법고(法鼓)를 두드리는
긴박한 율동, 조용히 식어 내리는 열기
와 함께 벗어던졌던 장삼을 끌어안는 마
무리의 동작에서는 춤으로 드러나는 이
떤 인간적 명인(鳴咽)이 오래도록 보는
이의 가슴을 쳐주고 있었다.

글·그림

이
만
익

李滿益
(서양화)

아름다운 춤

태초부터 인간이 발견한 가장 아름다운 행위는 춤이 아닐까.

전신에 땀방울이 송골송골 맺히는 너의 몸놀림은 모든 예술의 어머니답게 시간과 공간을 지배한다.

환희의 슬픔, 삶과 죽음, 과거와 미래, 이상과 현실 등등⋯ 인간사의 모든 것.

예사 짓이 아닌 너의 섬세한 손끝, 발끝 아니 너의 온몸은 소리 없는 공간과의 대화 속으로 우리를 서서히 침몰시켰다.

결국 나는 너에게 빠져들고 만다. 너의 끼(氣)가 번뜩이는 몸뚱어리와 네가 고통으로 빚어낸 신비스런 언어와 네가 흘린 진리의 땀뿐만 아니라 네가 적신 축축한 옷자락까지도 사랑하게 됐다.

태초부터 인간이 발견한 가장 아름다운 행위는 역시 춤이 아닐까.

글·그림

이명복
李明福
(서양화)

372

생명의 춤

선녀들의 몸짓인가。 그네들이 춤을
추기 시작할 때 나는 그것을 보았다。
전통춤 수업의 견학。 전통춤이란 것
은 어쩌면 선녀들이 추는 춤이 아닐까
싶을 정도로 그 선이 그토록 고운 것
이다。

그네들이 하나의 발을 살포시 떼어낼
때 심장이 뛰기 시작하고, 그네들이
하나의 손을 살며시 들었을 때 영혼이
깃들어, 몸이 뜨기 시작할 때에는 이
제 하늘 위로 갈 길이 없어지듯 되어
버린 상상을 한다。

매번 새로운 탄생의 선을 그리는 그네
들의 몸짓이야말로 온전히 신비, 순
수한 신비이며, 무수히 반복되는 듯
한 세월 속에 모든 것의 살아남이다。
내 방 창가에 보이는 뒷산자락에 봄이
다시 와있는 것처럼。

글·그림

이명선
李明善
(동양화)

이명자무용단 베를린 공연

베를린영사관에서
발견한 『춤』지

1970년대 후반에 나는 이명자무용단을 이끌
고 해외공연을 많이 다녔는데, 한 번은 베를린관
광박람회에 한국공연단으로 선정되어 성황리에
공연을 마쳤던 기억이 있다. 공연을 축하하러 나
온 베를린 영사의 초청으로 나와 우리 무용단은
영사관을 찾게 되었다.

영사관 책꽂이의 많은 책들 중 유독 눈에 띄는 책
이 있었는데 바로 『춤』지였다. 반가운 마음에 영
사께 물어보니 『춤』지가 영사관으로 배달되어 온
다는 것이었다. 『춤』지가 교민들에게 한국에서
공연되는 무용계의 소식을 전해주는 창구가 된다
고도 했다. 무용인의 한 사람으로 자긍심이 생겼
다. 그것도 이국땅에서…….

앨범을 뒤적이다 그 시절 독일에서의 빛바랜 공연
사진 하나도 발견했다.

글
李明子
이명자
(한국춤)

이미희 「정재만류 허튼춤」(2017)

불덩이를 안고

정재만 선생께서 허튼춤은 「고통」이라고 말씀하신 적이 있다.

선생이 작고하시고 3년이 지난 2017년 5월 17일' 나는 불에 타듯 뜨거운 몸 앓이를 하고 나서야 가끔 꿈을 통해 보여주셨던 불향아리' 촛불길' 붉은 천 등이 곧 허튼춤을 의미한다는 것을 깨달았다. 그리고 이제는 이 춤이 「감정의 끝」 극한의 경지」에 이르기까지 엄청난 고통 속에서 뜨거운 신명을 뿜어낸다는 것을 알기에 선생의 신기(神技)가 더 비범하게 느껴진다.

결국 우리가 춤을 추는 이유는 인생사와 같이 고통 후 해탈' 해탈 후 신명이 와야 춤꾼이나 보는 사람이나 모두 신명나고 함께 치유되며 행복해지기 때문일 것이다.

인생사를 담고 있는 정재만류 허튼춤' 곰삭혀야 춤이 되는 우리 춤' 나는 이제 불덩이를 안고 역사의 한 걸음을 내디뎌 본다.

글

이미희
李美姬
(한국춤)

세 사람

산 사나이는 산이 있어 산에 가고,
나는 오브제가 있어 작업을 한다.
춤추는 이는 왜 춤을 출까?

이유야 어쨌든
모두 비슷한 사람들 같다.
몸 안에 담긴 새로운 태를 찾고
그것을 느끼는 과정에 중독 된
그런 사람들 말이다.

글·그림

李範俊
이범준
(조각)

음과 양

꽃 중의 꽃
사람이 하늘이니
춤을 추어라.

음과 양

꽃 중의 꽃
사람이 하늘이니
춤을 추어라.

음과 양

꽃 중의 꽃
사람이 하늘이니
춤을 추어라.

글·그림
李範憲
이범헌
(한국화)

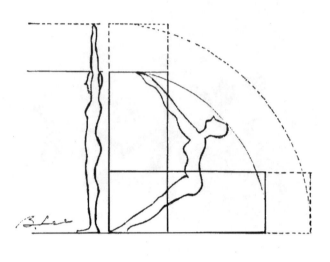

커닝햄의 작품세계

글·그림
李秉瑢
이병용
(재미화가)

지난해 10월 뉴욕의 「시티센터」에서 「머스 커닝햄」의 작품을 볼 수 있었다. 평소에도 관심을 가졌었기에 동작 하나하나를 주시했었다.

내가 본 「머스 커닝햄」의 작품세계는 어떤 특별한 형식을 취한다기보다는 일상성과 우연성을 함축적으로 표현하는, 일컬어 「운(運)」의 법칙」 같은 것을 느낄 수 있었다.

헌데, 그때 나는 인간 신체가 갖는 하나의 직사각형을 만들어 내고 있었다. 그것은 인간마다 서로 다른 크기의 사각형 즉, 하나의 독립된 신체성을 말함이다. 저마다 갖는 신체의 한계상황이라 해도 무방하리라. 그때의 생각을 그림으로 표현해보았다. 하나의 신체에 있어 높이와 넓이를 재어 직사각형으로 만들고 팔을 움직였을 때 행동반경을 점선으로 표시했다. 어떤 동작도 이 한계성을 벗어날 순 없다. 우리의 고전무용이나 승무는 이러한 한계성을 벗어나려고 긴 한삼을 사용하여 몸짓하지 않았는지 모를 일이다.

12월의 춤

글·그림
이사라
(서양화)

어릴 적 연말쯤이면 항상 어머니랑 호두까기 인형 발레 공연을 보러 간 기억이 있다. 발레의 배경은 크리스마스이고, 차이코프스키의 음악은 항상 나를 설레게 하였다. 중간 중간에 나오는 꽃의 왈츠와 눈의 왈츠, 갈대피리의 춤과 별사탕요정의 춤 등은 나를 환타지 세계로 안내하였고, 어린 나이에 발레에 대한 동경이 생기기에 충분하였다. 그 후 어머니를 졸라 발레를 몇 년이나 배우기도 하였다. 다가온다. 성인이 되어서의 호두까기 인형은 또 어떤 느낌일까. 이번 연말에는 어릴 적 기분으로 돌아가 다시 한 번 설렘을 느끼며 공연을 보고 싶다.

콘택트

지구 밖에서 보내오는 우주의 신호를 들어본 적 있는가? 밤하늘에 반짝이는 수없이 많은 별들은 서로 연결되어 드넓은 우주의 공간으로 접속(contact)한다. 이 경이로운 접속의 순간 우주는 지구를 향해 신호를 보낸다.

허블 망원경으로 우주를 관측하는 천문학자처럼, 수억 광년 먼 곳에서 보내오는 신호… 그 신비의 메시지를 감지할 수 있다면, 우리는 우주가 보내는 무한한 영감의 세계로 접속된다.

글·그림

이李
상祥
길卨
(조각)

for SEOUL DANCE GROUP   LEE, SANG NAM   1980.

예술의 생활화

삶 자체가 투명해질 때 자신이 하는 일 또한 명쾌해지며, 그것이 예술로서 자연스럽게 표현되어지리라.

모든 예술이 관객과 결별 상태를 면치 못하는 이유는 무용, 혹은 미술이 그 방법으로서만 키져갔지 진정한 의미로써 그들과의 만남을 이룰 수는 없었기 때문이다. 예컨대 예술이란 개념만을 문제 삼았지 정말 중요한 문제는 잊어버려 갔다. 중요한 문제는 바로, 「예술의 생활화」라는 말이다. 이는 삶 자체가 예술로 드러날 때를 말한다. 이로써 예술은 자체로서 독립되어 스스로의 에너지를 가지고 확산되며 또 하나의 생명을 지니게 된다. 「춤추는 자는 사라지고 춤 자체만이 남게 되며, 춤 그 자체만이 남아서 영원의 율동이 되는 것이다.」

— 「마하무드라의 노래」의 「라즈니쉬와 홍신자의 만남」 중에서

글·그림

이相男
상 (서양화)
남

조동화 선생 1주기 추모식에 참석한 춤계 인사와 필자(가운데 밝은색 양복)

춤은 사람 몸짓의 모든 것

서정범의 「우리말 어원사전」에 의하면 「춤」은 무용이라는 한자어를 일컫는 말이고, 우랄 알타이어계 종족들에게 있어서 무(舞)는 손춤을 말하고, 용(踊)은 발춤을 일컫는다. 일본인들이 근대에 합성한 말이다.

조동화 선생이 41년 전 1976년 「춤」이라는 말을 쓴 것은 우리말 찾기와 우리 얼 찾기에 큰 발자취를 남겼다.

1963년 동아방송 개국 당시부터 동료로서 인연을 맺은 조동화 선생은 시인 윤동주의 6촌 누이동생인 고인이 된 나의 아내 윤희가 살던 만주 용정의 은진중학교 출신이다. 윤동주의 외삼촌 김약연 목사가 세운 학교이다. 그래서 더욱 가까웠다.

「춤」이 창간되던 1976년부터 줄곧 글을 쓰게 되었다. 음악을 전공한 내가 춤과 가까이 하게 된 인연이다.

「춤」에 가장 많이, 가장 오랫동안 글을 쓴 한 사람이 된 것을 영광으로 생각한다.

글
李相萬
이상만
(음악평론)

한여름 밤에 피어난 애국심의 꽃!

유난히 무더웠던 8월 런던 올림픽은 5천만 국민들의 밤잠을 설치게 했다. 졸음을 참아내며 응원의 목소리가 커질수록 메달 수가 증가, 소나기와 같은 시원함을 선사하는 순간이었다.

그중 올림픽의 꽃, 리듬체조는 국민의 가슴에 아름다운 불씨를 지폈다. 동양의 조그마한 앙증맞고 귀여운 손연재 선수의 당당한 입장과 펼쳐지는 아름다운 선율, 싱그러운 표정의 유연함 그리고 수구의 혼연일체. 메달 순위에 이르지 못했지만 아쉬움 보다 도전에 긍정의 힘을 보여준 작은 요정에게 환호와 박수를 보내며, 2016년 브라질 올림픽에서 맹활약을 기대해본다.

글·그림

이상원
李相元
(일러스트)

빗속의 율동

가뭄은 아프고 참혹하다. 작년에 이어 금년에 겪은 봄 가뭄이 그것을 말해주었다. 한해를 극복하려고 그토록 안간힘을 썼지만 논에서는 먼지가 났었다.

논과 연못에 물이 가득 차서 검푸른 묘판이 싱그럽고 촉촉이 자라야 할 들녘에, 몇십 년래의 가뭄이 엄습해 초조와 불안과 비탄이 가득했다. 장마 끝은 있어도 가뭄 끝은 없다. 물길을 찾아 땅속을 뒤지는 농부들의 모습은 사투바로 그것이었다. 결정을 해야 할 시각이 숨 가쁘게 다가왔다. 농사를 포기할 수밖에 없는 바로 그 결정의 시각이 …. 그런 최후의 시각이 되어서야 하늘은 서서히 비를 뿌리기 시작했다. 쏴~!

좌절의 들녘은 금새 생기를 되찾았다. 단 쇠가 물에 닿을 때처럼 아찔한 충격이 농부들을 감쌌다. 안도와 기쁨으로 범벅이 된 충격은 육체의 어떤 움직임으로 반응한다. 빗속을 껑정껑정 뛰는 이가 있는가 하면 실성한 사람처럼 히죽대며 양팔로 허공을 저어보는 이도 있다. 빗속의 몸짓, 빗속의 율동, 그것은 꾸밈이 있을 수 없는 그지없이 자연스러운 춤이요 무용이 아닐까.

비오는 대지는 환희를 춤추는 커다란 무대였다.

글·그림
李瑞之
이서지
(동양화)

색채와 공간

제 생각에 춤은 하나의 흐름입니다。 율
동이고 빛이고 어떤 채색이고 하늘에 피
어나는 상상력의 공간의 맛이고 향기입
니다。

묵화 작업을 해오다가 춤의 율동을 표현
해보았습니다。 로댕 앞에서 이사도라
덩컨이 춤추듯이, 덩컨의 율동을 로댕
이 그렸듯이, 그게 종이 위에 바람을 몰
고 왔듯이。

서독에 체류할 때 몇 번 무용을 구경한
적이 있습니다。 그런 날은 저녁에 아이
린과 차 한 잔을 천천히 마시며 내가 갈
수는 없지만, 붓이나 팬으로 바람이 지
나가는 공간 속에 나도 스며들기도 했습
니다。 우리 아이린이랑 같이 남몰래,
손을 붙잡고。

글 · 그림

이
석
조

李錫祚
(서양화)

2001. Lee sunjo

불면증

불면으로 1년 365일을 … 한
밤의 태양처럼, 밤을 믿지 않은 열
정처럼, 그렇게 불면의 밤을 지새
우며 어느덧 새로운 한 해를 맞이
한다. 여전히 불면은 계속 될 것이
고, 그 불면의 경계에서 무언가를
세상 밖으로 밀며 … 무심한 눈길
로 이제나 저제나 하겠지, 아마 새
해에도 …. 하지만 입가에 빙그
레 미소 지어보며, 그래도 새해!
모든 것에 친절해져 내 잃어버린,
그 달콤한 밤이 혹시나 찾아 오지
않을까 ─ 큰 마음먹어 본다.

글 · 그림
이선조
李善照
(서양화)

외삼촌과 춤

우리 외삼촌은
봄만 되면 신이 들려,
멀리 떠난다.
그것은 춤바람 탓이다.

남(南)으로 꽃피는 진주(晉州)에
갔다 오기도 하고,
북(北)으로 눈내리는 청진(淸津)에
갔다 오기도 한다.

뽀얀 먼짓길에
짙푸른 바닷길에
춤이 숲처럼 열렸다.
오랫동안 구름을 잡다가
고향(故鄕)에 돌아온 후는
비 오는 날만 골라
온갖 푸념을 늘어놓으며
꽃같은 딸들에게 춤의 씨를 뿌렸다.
산밑 양지밭에 무씨를 뿌리듯이.

이성교
李姓敎
(시인)

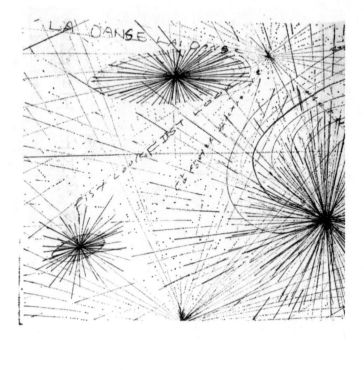

홀로 추는 춤

⋯⋯ 춤' 혼자 있을 때 춤을 춘다. ⋯⋯ 나는 니진스키의 일기에 빠졌었다. 그의 일기 중에 이 말, 「내 안에 불이 있다。 내 안에 불이 있다」라는 말이 나를 점화시켰다. 그 후 이십 년, 1985년 여름 다시 니진스키 평전을 읽고 다시 점화된다. 나는 「내 안에 불이 있다」라는 주제로 그림을 그렸다. 그것은 그림이 아니라 춤추는 인간의 그래픽적 상형이었다. 후에 그림을 보니 그랬다.

사랑할 때 나는 춤을 춘다. 더욱이 짝사랑하고 있을 때, 그때 춤은 광기에 사로잡힌 울부짖음 ⋯⋯。 그림으로 표현하기엔 너무도 격렬해서? 격렬한 사랑의 언어는 몸짓으로 표현되어야만 하는가? 그런데 슬픈 일은 정작 기뻐해야 할 상대는 침묵하고 다른 사람이 박수를 치는 것이다. ⋯⋯ 「환」은 외국으로 떠나면서 나와 함께 춤을 추고 싶다고 말했다. 무척 어렵사리 말했다. 그 말을 듣고 나는 그가 나를 친구 이상으로 사모하는 것을 알았다. 그는 끝내 춤을 추지 못하고 떠났지만 그와의 대화는 춤 그대로였지 않았나 ⋯⋯。

글 · 그림

李成美
이성미
(서양화)

감동케 하는 내부로의 표현

세상을 향해 접근할 수 있고 가장 감동적이며 여신(女神)처럼 엄격하게 작동(作動)하는 율동은 인간과 인간사이의 혼(魂)의 교류를 초래할 것이고, 피부나 외형적인 율동이 아니라 내부의 느낌에 의한 가장 감격적이며 진지한 표현은 기교를 지나 창작의 역(域)에 있을 수 있어 음악이 그렇고 미술이 그러하듯이 근대적인 감각에로의 도약이 있을 것이다.

그러기에 나는 무용수의 기교보다 무용가의 내부로부터의 표현에 감동하고 격하고 기대한다.

인간의 몸을 직접 재료(材料)로 하여 조형(造形)하는 그들을 나는 동경하고 기대하며 그 무한(無限)을 주시한다.

글 · 그림

이세득
李世得
(서양화)

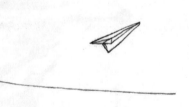

Dr. LEE SO-MI

그리움의 모습

신발끈이 풀리면 누군가 나를 그리워하고 있는 거라고 했나. 좀처럼 풀리지 않는 내 신발끈이 풀린 그날 혹시 네가 나를 그리워하는 게 아닐까 내심 기뻤다.

나는 언제나 너를 그리워하는데 너는 어떤지?

너는 오늘 비행기를 타고 멀리 여행을 떠난다. 그동안 우리는 각자의 길을 열심히 걸어가고 있겠지. 그리고 세월 후 네가 돌아오면 네가 그리웠다고 말할 것이다. 그러면 너도 내가 그리웠다고 말해줄 수 있는지. 나의 그리움이 너의 신발끈을 잡지 않길 바랄 뿐이다.

글·그림 이소미
(서양화)

오른쪽 두번째가 필자

이사도라 덩컨의 밤

— 1977년 9월 14일 50주기 추모연(追慕宴)

『춤』은 1977년 9월 14일 저녁 7시 원서동에 있는 「공간」 살롱에서 무용계 인사 및 뜻있는 분 30여 명을 모시고 (현대무용의 어머니) 이사도라 덩컨의 50주기 추모연을 열었었다.

덩컨은 1878년 5월 27일에 나서 1927년 9월 14일을 일기로 죽었으니 1977년은 그의 탄생 99주년', 그리고 그의 50주기일이었다.

이날 티파티의 사회는 평론가 박용구(朴容九)씨였고, 작가 이덕희(李德姬)씨가 그의 파란만장한 생애와 예술을 말하였다.

이번 모임은,'지난 4월 「니진스키의 밤」에 이어 『춤』의 두번째 행사였다.

글

李時權

이시권

(방송)

내 일생
가장 신났던 춤

요즈음 젊은 층들이 좋아하는 경쾌한 음악을 듣고 있노라면 귀 언저리에 흰 머리카락이 성성한 내 나이를 잊고 가끔 주책을 부릴 때가 있다.

머리, 팔 할 것 없이 온몸을 흔들어 대는 나를 보고 아이들은 「깰깰 웃으며 「좀 참으시죠」 하고는 놀려댄다. 엉터리 율동으로 신들린 무당마냥 마구 흔든다. 자연의 춤이라고나 할지.

연전에 아일랜드에서 그곳 시장이 초대한 파티의 마지막 순서가 디스코춤이었다. 여러 나라 인종들이 제각기 특수한 몸짓으로 춤을 추는데 그 큰 홀이 떠나갈듯 요란스럽고 야단이다. 그야말로 누

구의 시선도 두려울 것 없고 체면을 차릴 필요도 없다. 그 저 신나서 좌충우돌, 내 일생에서 가장 신나고 용감하게 춘 것이다.

형편없는 몰골로 흔들고 있는 나를 누가 보았다면 아예 눈을 감아버렸을지도 모른다.

춤은 인간이 벌이는 한판의 뜨거운 굿과 같으며 스트레스 해소의 영약(靈藥)인지도 모른다. 찌푸렸던 마음이 활짝 개는 것 같은 시원함이 뒤따르는 것이기에 인간에게는, 원시적인 춤이 돌파구가 되지 않을런지.

내가 그림을 그리듯 자유롭고 아름답게 몸이 마음대로 움직이고 유연할 수 있다면 아이들의 웃음거리는 되지 않을 터인데 말이다.

글·그림
이 信子
신
자
(공예)

춤, 그리고 수양버들

올해 따라 나는 녹색의 나뭇잎만 보아도 가슴이 설렌다.

수양버들의 부드러운 선과, 휘둘리면서도 꺾이지 않는 질긴 생명력을 그림으로 분출하고 싶다.

바람에 흔들리는 잎새들이 빛에 따라 색을 달리하는, 그들의 생명의 노래에 맞춰 한바탕 열정적인 춤을 추고 싶다.

몇 해 전부터 마음이 황폐해져 그리 사랑하던 나무들을 보아도 별 감동 없이 지내왔고, 그 무감동이 나를 괴롭혔다.

그런데 웬일인지 올해 들어서 자연에 대한 나의 사랑이 끝이 없다. 5월 어느 날 난 춤추는 수양버들이 그리고파 화판을 메고 경기 문원 호숫가에 가 자리를 잡고 수양버들의 열정적인 생명력을 정신없이 그리고 있었다. 바람과 태양빛에 울고 웃는 변화무쌍함은 내 맘과 같고, 빛을 받아 더욱 아름답게 춤을 추었다.

난 버들의 모습을 화폭에 담으며 진정한 기쁨과 행복감을 맛볼 수 있었다.

글 · 그림
이신호
李信浩
(동양화)

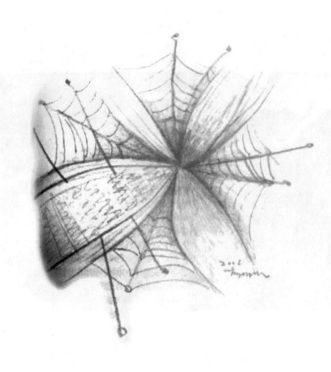

무작정 내미는 몸짓

가끔씩 어떤 장면이 떠오른다.

어디서 본 걸까!

꿈속에서, 혹은 영화 속에서 봤나?

경로를 알 수 없는 그 기억이 어느 날 문득 확연해

지면 한동안 눈앞에 어른거린다.

여름밤에 산책을 하다 보면 수없이 걸리는 게 있

다.

거미줄 … 거미 … 그놈은 어찌나 위대한지 그

가 만들어 논 그물 때문에 계속 성가시다.

무작정 내밀었을 성 싶은 그 몸짓에 압도당하여

연상된 한 장면에 한동안 사로잡히곤 했다.

글·그림

李愛慶

이애경

(서양화)

또 다른 자연

「둥글게 둥글게 빙글빙글 돌아가며 춤을 춥시다 … 랄라랄라 즐거웁게 춤춘다!」 그렇다. 노래가사처럼 우리는 둥글게 서로 사랑하고 배려하며 조화를 이루며 살아야 한다. 인간과 자연 또한 서로 분리할 수 없는 관계로 시작과 끝이 함께 공존하는 세계이다. 오늘날 급속하게 변화하는 삶 속에서 현대인들의 희로애락은 자연을 통해 치유된다.

그중 식물의 생과 멸을 통해 더욱 새로운 신비감의 또 다른 자연을 볼 수 있다.

아주 자그마한 씨앗에서 열매로, 열매가 화려한 식물로 그리고 다시 시들어 다른 열매를 맺고 … 반복되는 식물의 한 살이를 통해 우리네 인간의 삶을 비춰 볼 수 있다.

마치 엄마의 자궁에서 수정된 생명, 그리고 자라고 … 다시 반복되는 생명의 순환 구조와 같은 이치인 것처럼 ….

생명의 시작은 불변하는 둥근 형태에서부터이다. 이는 유동적이며 영원함을 나타내는 것으로 모나지 않고 자연스러운 부드러움을 추구한다. 부드러운 힘은 내면에 강함이 있기에 둥글게 … 또 다른 넓은 세상을 꿈꾸며 오늘도 춤춘다.

글·그림
이
애
리
李愛理
(한국화)

탈춤의 원색적 리듬

「얼수 덜수 니 얼굴이 얼굴이냐? 덜굴이
냐? 얽구 검구 검고 얽고, 푸르구 붉구
붉구 푸르구, 우박 맞은 잿더미 같구 줄
오 줄육(골패의 숫자 모양) 같구 쟁이 밑
살 같구, 고석 맷돌 같구, 땜쟁이 발등
같구, 명석, 덕석, 방석 갈구, 자판에
콩엿 호두엿 같구, 그러나 저러나 니어
멈이 너를 낳아 콩멍석에 엎었다더냐, 니
얼굴이 그 모양이냐?……」

먹중이 옴중을 흥보는 곰보타령의 대목이
다。 5월의 아카시아 향기 속에 덕수궁
뒷뜰에 탈춤 판이 벌어진다。 탈춤 특유의
진한 원색적 리듬에 맞춰 걸쭉한 막걸리
맛이 물씬한 재담을 곁들여 가는 송파산대
놀이, 몇 차례 송파를 찾아가 전수생들
등허리의 흐근한 땀내를 맡아 본다。 이들
젊은 전수생의 숨은 노력에 박수를 보내
며 우리의 값진 전통을 꽃 피울 밝은 내일
을 기대해 본다。

글·그림
李良元
이양
원
(동양화)

가을 들판 난가리를 보며

난가리를 아세요? 벼를 추수해서 가지런히 묶어 놓은 것이지요。 벼를 젊은 사람들은 쌀나무라고도 부른다지요。

어릴 땐 무심코 보았던 난가리들을 보니 문득 춤꾼의 군무(群舞)가 연상됩니다。

가을 바람결에 일렁이던 이삭들이 탈곡을 기다리며 잠시 머무는 모습이 마치 마지막 절정을 향한 비상을 위해 꿈틀 오므린 춤꾼의 장딴지가 연상됩니다。순간, 장딴지에 모인 기운이 능청 풀리면서 저 푸른 하늘로 튀어 오르겠지요。아름다움과 희망을 품은 이 가을의 열매로。늦가을 고향의 추억이 가득한 난가리를 보면서 결실을 향한 춤꾼들의 비상(飛上)을 느끼게 됩니다。

글 · 그림
李蓮珠
이연주
(동양화)

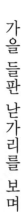

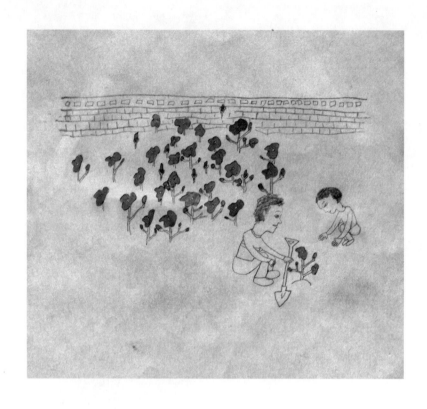

우리 아빠

아빠하고 저하고 꽃나무 심었어요
빠알간 철쭉꽃 심었어요
꽃들이 활짝 웃어줬어요
저도 히히히 했어요

꽃나무 팔아다가
덧니가 있었던 막내딸
치아교정 해주신 우리 아빠
어젯밤에 오셨다
시장하신 것 같아서 가게집 가서
빵하고 우유하고 사오려고 나갔는데
빵은 깜빡하고 우유만 사 왔다
우유만 따라드렸는데 금방 가셨다
온종일 마음에 걸려서
아빠~하고 전화하고 싶지만
핸드폰이 없으신 우리 아빠
항상 내가 졸리울 때만
오셨다 가시는 우리 아빠

글 · 그림
李英賓
이영빈
(동양화)

2007.06 조

파란 비닐우산

창문 밖에는 올해의 마지막 봄비가 쏟아진다. 이 비가 그치면 여름이 성큼 다가오겠지…. 어린 시절 비오는 날이면 언니, 오빠가 먼저 마음에 드는 우산을 쓰고 나가는 바람에 우산살이 하나 부러진 파란 비닐우산이 언제나 내 몫이었다. 빗방울이 비닐우산에 닿으면 나는 경쾌한 소리를 유난히 좋아해, 비오는 날이면 생쥐꼴이 되어서야 집으로 돌아왔다. 비를 좋아하는 나는 찌는듯한 더위 뒤에 앞을 분간할 수 없이 쏟아지는 시원한 장대비가 벌써부터 기다려진다.

글 · 그림
이永永照
(서양화)
조

식물원

식물원은 자연의 일부를 연구하고 보존하기 위해 만들어 놓은 인공적 자연공간이다. 이곳에 가면 세계 곳곳의 다양한 식물과 울창한 아열대 식물도 볼 수 있는데, 빽빽하게 들어서있는 생명체는 밀림 속에 와 있는 듯한 착각을 불러일으킨다. 우리에게 낯선 공간인 밀림이 도시로 들어와 우리 삶 속에 있으려는 것은, 인간이 자연을 떠나서는 살 수 없는 존재임을 돌이켜보게 한다.

글 · 그림
李容碩
이 용 석
(한국화)

불을 지피며

흙으로 정성껏 마음을 빚어 가마에 차곡차곡 쌓고는 불을 지핀다. 아궁이 속 불씨는 서서히 타오르고 그 정점에 이르러서는 눈부시게 투명한 빛깔을 보이다가 서서히 소멸한다. 맹렬한 불꽃과 남겨진 재를 바라보며 장인의 겸손과 기다림을 기억해낸다. 예술이란 그런 것일까. 변하지 않은 그것은 우리를 잠시 멈춰 서게 한다. 그 지점에서 가슴속 잊고 있었던 아름다움이 살아나고, 투명한 영혼을 꿈꾸게 한다. 그래서 오늘도 나는 오랜 시간 흙을 만지며 기물을 만들고 설렘으로 장작불에 불씨를 놓는다.

글·그림
이용욱
李庸旭
(도자공예)

우리네의 춤

어쩌면 우리네의 춤들은 가슴속 깊은데서
웅어리진 한(恨)의 넋두리마냥 몰 밖으로 토
(吐)해지는 끈적끈적한 언어동작(言語動作)
이 아닌가. 고착된 하나의 동작과 무수한
삶의 표정들이야 말로 망각된 세월과 함께
곰삭아 깊게 폐부를 찌른다.

색깔 바래져 퇴색한 무채색 물감인 양 끊어
질 듯, 이어질 듯 흐느적 애끊어 눈시울이
저미어 온다.

춤사위 마디마디「시(詩)」가 있고「화(畵)」
가 있고 역사가 살아서 숨쉬매, 그 고장풍
속과 특성을 표출하여 기억 속에 남겨진 고
향 사람네들의 눈물겨운 향기가 더더욱 향
기롭다. 잊혀가는 시간 속에 간직하고픈 애
기들을 희생시켜 주면서 오늘도 새하얀 화
폭 위에 나래 펴고 남겨진 삶, 맑은 영혼 씻
어 챙겨 불사르고 얼씨구나, 큰 마당 덩실
덩실 춤 한번 춰보세.

글·그림
이용운
李龍雲
(서양화)

섬라

어려려… 요 몽생이 저 몽생이 / 어서 뱅뱅 돌아오라 어려려어려려 려려 / 어려려 려려려려려 어서 돌아오라 / 이방에 어서져야 밭 갈레 갈차례여 / 어려려려려 려려

난류가 흐르고 있고, 비교적 따뜻하며 한서의 차가 적은 난대성 해양성기후. 우리가 알고 있는 제주경치는 환상 속에 흥분마냥 등산대중에 즐거움을 준다.

그러나 자폐적 침묵 속에서 나는 현기증을 느낀다.

왜냐하면 섬 그늘에는 시공간 속에 만들어낸 갈증이의 탈색과 부엌 가득한 매운 연기, 처절한 오름의 억새, 무자년 여름부터 지금까지 그들이 맞이하는 매일 매일의 패배감과 살내 나는 분노, 그 앞에서 맞이하는 사람들은 욕구충족만을 내세워 너무 새 옷 만을 갈아입고 싶어 하는 것은 아닌지, 섬인들은 신뢰할 수 없는 관광객에게 낯설 수밖에 없다.

나는 이러한 질펀하게 긴장된 섬인들의 모습과 지역문제를 향수논리가 아닌 전리적 책임감으로 삶의 리얼리티를 회복시키려 한다.

글·그림
이용찬
李龍燦
(서양화)

영혼을 위로하며

골목길 지하 막걸리 집.

영화 배경음악 같은 음악이 깔리고, 나무의자에 조각가 지망생 열대여섯이 자리한다. 술잔이 두세 바퀴 돌고, 50이 갓 넘은 주인아저씨에 의해 빠른 템포의 음악이 흐르고 모인 사람들은 흔들기 시작한다.

신체운동이라는 눈에 보이는 언어와 음악이라는 두 개의 존재를 통하여 자신의 영적세계를 위로하는 듯하다.

각자들 자리로 되돌아오고, 나는 혼자서 돔무를 춘다. 음악에 맞춰 모인 이들의 머리를 끌고 다닌다. 갑자기 나는 벽에 부딪친다. 그리고 나뒹굴 듯 쓰러져버린다.

사람들은 놀라 자리에서 일어나며 몇 명은 무대로 뛰어 나온다. 그로부터 10여 초 후 벌떡 일어나 강렬한 생을 분출시킨다. 시원한 막걸리 한 잔에 가슴을 식힌다. 즉흥무, 행위미술 등에서 꾸미지 않고 보여주는 것에 매료됐던 시절이다. 지금도 가끔씩 그 즉흥적인 충동(영감)을 설치작업을 통해 내보이기도 한다. 한가한 날이면 춤 터에서 가슴조이는 휴식을 취하리라, 텅빈 영혼을 위로 하면서 … .

글·그림
이용철
李庸哲
(조각)

춤출 줄 알았으면 얼마나 좋을까

봄과 가을 날씨 좋은 일요일엔 S란 친구와 북한산 계곡을 타고 올라 승가사(僧伽寺)를 찾는다. 계곡엔 군데군데 놀이터가 마련되고 일요일엔 늘 시내에서 소풍 나온 사람들로 꽉 차서 붐빈다. 오전엔 비교적 잠잠하다가 오후가 되면 계곡이 온통 요란스러워진다. 기타반주로 춤추고 있는 학생들이 있는가 하면 가정주부들이 기성을 외치며 고고춤을 추고 있는 곳도 보인다. 암반 같은 엉덩이를 흔들면서 춤추고 있는 여인들을 정신없이 보고 있노라면 나도 그 속에 끼어 들어 같이 춤추고 싶은 유혹을 물리치기가 힘겹다. 허나 나는 춤을 출 줄 모른다. 평생 춤추어 본 기억이 없다. 정말 멋없는 인생이었다. 팔다리만 마구 흔들어대도 된다는 고고춤도 출 줄 모르니 어지간히 놀 줄도 모르는 재미없는 사나이였다. 춤을 출 줄 알고 또 춤출 기회가 많으면 얼마나 인생이 즐겁고 건강에도 좋은가 생각해본다. 각박하고 바쁘게 돌아가는 세상일수록 춤이 필요치 않은가 생각된다. 그날그날 정신과 육체에 깃든 피로한 독소를 제거하는 덴 춤이 안성맞춤이니 남녀노소 모두가 한자리에 모여서 자연스럽게 출 수 있는 춤이 하나쯤 창안되었으면 한다.

글·그림 이우경
李友慶
(서양화)

얕은 쪽

어느 날 샌프란시스코 남쪽의 멘로 파크라는 작은 기
차역에 무작정 내렸다. 시가지를 따라 걷다 보니 펜스
가 쳐진 공터가 나타났다. 단정하게 가꾸어진 흰색의 요
양소 뒤편으로 드넓게 펼쳐진 개활지였다. 개활지는
오랫동안 방치되어 있었던 듯 콘크리트 바닥이 갈라져
그 틈마다 잡초들이 무성했다. 황량한 공기의 공간.
그런 것이 있다면 그곳은 공기의 공간이었다. 소리 없
이, 아주 조금씩, 무엇인가 데워졌다 식기를 반복하
면서 낡아가고 있는.

한낮의 햇빛이 너무 강렬하다보니 뜨거워진 정수리가
오히려 서늘했고 입안에선 이상하게 쇠 맛이 났다. 그
리고 그 모든 것들이 거대한 백색의 흡입구로 소용돌
이치며 빨려 들어간다고 느낀 순간 섬광처럼 그 순간
을 찢으며 지나가는 것이 있었다.

안도감과 함께, 치욕감과 함께, 두려움과 함께 그는
자신 또한 자신의 아들처럼 다른 사람에 의해 꿈꾸어
진 환영이라는 것을 깨달았다.

— 보르헤스「원형의 폐허들」

글·그림
이유리
李柳里
(조각)

물이 되고 싶다

나는 물을 좋아한다. 정확히는 물이 지닌 성품—자기 자신을 조용히 간직하면서도「나」를 고집하지 않는 여유와 아량을 좋아한다.

물은 고정관념이나 형태에 집착하지 않는다. 네모진 그릇에는 네모나게, 둥근 그릇에는 둥글게 제 모습을 비추어준다. 은은한 달빛은 그대로 은은하게, 파아란 가을 하늘은 그대로 파아랗게 제 속에 투영시키고 수용한다. 그것은 자신이 결코 네모꼴이나 둥근꼴에, 달빛이나 하늘빛에 동화해버리고 고착되어버리지 않으리라는 자신감이 주는 여유요 아량이다.

나는 물이 되고 싶다. 누군가가 내게 불을 지르면 나는 뜨거워지고 부글부글 끓으면서 얼마간의 나를 증발시켜 하늘로 날려 보내기도 하리라. 그러나 그 불이 꺼지면 본래의 나로 조용히 돌아갈 그런 물이고 싶다.

글 · 그림
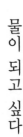
李潤九
이윤구
(서양화)

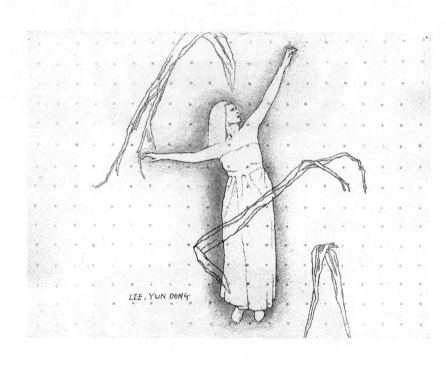

LEE, YUN DONG

존재의 현전 現前

인간의 표현 중에 어떤 것보다도 강렬한 것이 정신의 직접적인 통로로써 반영되는 자신의 신체를 통한 표현이 아닌가 한다. 우리가 가장 민감하게 반응하는 것이 바로 우리들 자신의 표정과 몸짓이기 때문이다. 신체언어로서의 춤은 몸과 마음이 하나된 취의 상태에서 가장 자연스러울 것이며, 혼연일체의 자연스러운 흐름일 때 진실한 내면의 표출로써 마음을 움직일 것이다. 세련된 동작이 숙달된 기교로 비치지 아니 하고 정신이 흐르는 관처럼, 바람에 따라 반응하는 갈대나 나뭇잎의 흔들림이 우리의 마음을 스치듯, 또 다른 일상의 설렘으로 다가올 때 진정한 예술로서의 춤이 되지 않을까 한다. 이때 관객은 세계 공간 속의 자기 존재의 현전(現前)을 볼 것이다.

글·그림
이윤동
李允東
(서양화)

줄타기

흔들리는 삼십대와
매달리는 이십대를
아득한 하늘 꼭대기에서
줄타기하듯 보낸다.
치열하고 진지한 과정을 넘고 나면
모든 것이 가벼워지는
한순간이 찾아온다는 것,
언제나
신나는 상상이 아닌가.

글·그림
이李
윤侖
선鮮
(서양화)

동수회. 오른쪽부터 안평선 심완구 필자 조동화 최정화 최창봉 정용재 김영효 심재훈 오순종 씨

동수회의 고향 『춤』 사무실

옛날에 『춤』지 사무실 문을 열고 들어서면, 왼쪽
창문 앞에서 광고지나 달력 같은 폐지를 이용해서
『춤』지 발송용 봉투를 열심히 만들고 계시는 조동
화 선생을 볼 수 있었다. 좁은 방에 책장이나 의
자 등 모든 집기가 중고품이요, 새 물건을 찾아볼
수 없었다.

해방 후 서울에 와보니 거지들도 흰쌀밥을 먹고 있
는데 놀랐다는 조동화 선생의 근면정신 등이 오늘
의 『춤』지 500호를 맞게 한 것이다.

동수회라는 동아방송 출신을 중심으로 한 모임이
생긴 곳이 바로 『춤』지 사무실이다. 매주 수요일
마다 모인다는 점에서 유명했던 동수회도 이제는
격주로 그것도 불과 4~5명이 모이는 것이 고작
이다. 동수회는 90을 바라보는 회원들뿐이라 자
연의 이치를 따를 수밖에 없겠지만, 『춤』지는 조
동화 선생의 유지를 따라 지령 500호를 넘어
600~1000호 등 영원할 것이다.

『춤』지는 동수회의 영원한 고향이었다.

글
李潤夏
이윤하
(방송)

사자분신무 獅子奮迅舞

― 새 춤의 구상(構想)을 위하여

저 늙은이
한 가슴 맺힌 한(恨) 풀 길 없어
팔 벌려 하늘을 붙들고
춤을 춘다.

처용무(處容舞)도
승무(僧舞)도 검무(劍舞)도
학(鶴)춤도 탈춤도 아닌
설움 복받친 춤으로
정한(情恨)을 푼다.

저 늙은이
소매 자락은 철조망(鐵條網)에 찢기고
발은 피자욱에 젖어

아우성과 통곡과 분노가
빙산(氷山)보다 더 높이 얼어 굳은
고갯마루에 올라
조국산천(祖國山川) 내려다보며
미친듯 춤을 춘다.

노산(鷺山) 이은상
李殷相
(시인)

이은주 춤 (1999)

우는 여인

나는 어렸을 때 매우 잘 우는 아이였다. 그래서 별명도 「우지」였다.

독일 유학시절 기숙사의 몇몇 친구들과 함께 차를 빌려 피카소 전을 관람하기 위해 전시장으로 향했다. 평소에 피카소 그림을 관람하기 보면 뭔가 가슴이 후련했었다. 얼마나 관람객이 많던지 겹겹이 밀려 가면서 볼 수밖에 없었다.

그림을 감상했다기 보다는 많은 인파에 유명세만 느꼈다. 아쉬운 마음에 피카소 도록을 한 권 사고 영인본 큰 그림까지 한 장 샀다. 그림도 좋았지만 제목이 더 마음에 쏙 들어서였다.

「Weinende Frau」 번역하면 「우는 여인」이다.

기숙사로 돌아와 벽 한 가운데에 붙였다.

1999년 「춤 작가 12인전」에 나는 「우는 여인」을 출품했다.

그 작품을 공연한 후 정말 3일 밤낮을 울 수밖에 없는 일이 일어났다.

하지만 나는 아직도 「우는 여인」을 좋아한다.

글
李銀珠
이은주
(한국춤)

412

승무

사람들은 사찰하면 산사를 떠올린다. 한적한 교외로 나가 고즈넉한 산사의 경내를 밟으며 스스로 도취된 고독을 즐기는 상상도 하곤 한다. 충북 옥천 출신인 나에게도 사찰은 가까이 있는 곳이 아니었다. 그곳은 일상으로부터 구분된 외경된 공간이기도 했다. 대학에 진학해선 방값이 싸다는 이유로 서대문 봉원사 근처에서 자취를 한 적이 있었다. 새벽마다 들려오는 종소리와 목탁소리도 좋았다. 중요 의식이 있을 때 영산재와 바라춤을 볼 기회도 있었는데 그땐 중요무형문화재인줄 몰랐다. 단지 교과서에 실렸던 조지훈의 「승무」를 기억하며 저게 승무구나 했다.

서울엔 꼭 산문을 넘지 않더라도 일주문을 넘을 수 있는 천년고찰이 여럿 있다는 것이 불현듯 반갑다.

글·그림
李殷天
이은천
(북일러스트)

만남

우연히 10여 년 전의 친구를 만났지
세월의 길이만큼 너는 변해 있었지
세련되어지고 좀 더 남자다워지고
안정되어지고 자신감이 있어 보여 참 보기 좋았네
따스한 커피 잔을 앞에 두고
지나온 10여 년을 이야기하느라 바빴네
서비스로 한두 잔의 커피가 더해지고
그 마저도 싸늘히 식어버린 즈음
그 친구를 보내고 뒤돌아보며
내 가슴은 겨울바람에 한기를 느꼈지
10여 년 전 그 친구를 만난 것인지 …
순수하던 눈동자, 수줍고 조금은 어리숙하던
열정의 그 청년은 어디가고
빼어난 노련함과 생활의 타성에 젖은
30대의 낯선 남자가 내 앞에 있었는가。

글·그림
李銀鎬
이 은 호
(산업디자인)

414

무용도 舞踊圖 의 의미

현대예술에는 다양한 장르가 있다. 그중 가장 원초적이며 오랜 역사를 지닌 형태가 춤이 아닌가 한다. 문명이 생겨나면서부터 존재해왔던 춤은 그래서 인간에게 가장 본능적인 신명을 전해준다. 미술에서도 20세기 중반부터 신체를 이용해서 관객에게 직접 작가의 작품세계를 보여주는 행위미술이 꾸준한 주목을 받고 있다.

우리나라에서도 고대사회부터 행해진 춤에 대한 기록이 있는데 미술사적으로 고구려시대 고분벽화에서 그 모습을 찾아볼 수 있다. 5세기 후반 무용총 현실 동벽에 그려진 무용도를 보면, 동세 표현에 역점을 둔 전형적 한국식 율동감이 나타난 춤 그림은 그때의 시대상황과 미의식 수준을 가늠케 한다. 삼년 전 화실이 송파에 있을 땐 일요일 오후 스케치북을 옆에 끼고 걸어서 서울놀이마당엘 자주 가곤했다. 스탠드에 앉아 탈춤공연을 구경했는데 흥이 오르면 마당에서 펼쳐지는 춤사위를 스케치북에 담아 작업실로 돌아오곤 했다. 돌아오는 길에 현재에서의 전통의 계승, 복원의 의미는 무엇인가 스스로 묻곤했다.

글·그림
이 李 인 仁
(한국화)

문득, 느끼는 충동 衝動

비오는 날, 한강변을 달리노라면 바람을 타고 멋있게 난무하는 수양버들을 보게 된다. 뽀얀 물줄기 속에 혼연일체로 춤추며 흔들리는 이들의 율동은 나에게도 연쇄작용을 일으키는 것 같다. 문득 격렬한 리듬에 맞추어 혼신의 힘을 기울여 나를 산화하고 싶은 충동을 불러일으킨다. 격렬한 바람에 휘말려 온몸으로 흔들리는 수양버들이 나를 원초적인 인간으로 되돌려 놓는 모양이다.

그러나 절제된 양식 하에 규격적인 삶을 살아온 나는 쉽게 행동의 장(章)으로 옮겨지지 않는다. 잠깐 스쳐가는 한 가닥의 단상으로 그칠 뿐이다. 인간은 원초적으로 몸짓에 길들여진 피조물로 생각된다. 최초의 자기표현이 몸짓으로 시작된다고 볼 수 있다. 그러나 우리나라는 춤에 대한 그릇된 인식이 농후해서 좀처럼 일상생활에 춤이 건전한 의미에서 뿌리가 내리지 못하는 것 같다.

요즘같이 스트레스가 축적되는 우리의 생활에 춤이 건강하게 자리 잡을 수 있다면 우리의 생활이 조금은 여유 있고 푸근해지지 않을까 생각해본다.

글 · 그림

李仁實
이인실
(한국화)

자화상

매일 「너는 지금 무얼 하고 있니?」라고 자신에게 묻습니다.

어딘가를 향해 걸으면서도 걷고 있는 나를 보고 있고 손을 놀려 일을 하면서도 그 손놀림을 하고 있는 나를 보고 있습니다.

그림을 그릴 때도 그림을 그리고 있는 나를 보고 있습니다.

오늘은 온전히 나를 그리며 나를 보고 있습니다.

내 얼굴에 놓여 있는 눈, 코, 입, 눈썹이 어째 나를 보고 있어

나이 40인 어느 날 오랜만에 얘기를 나눠보게 됩니다.

인생의 무대에서 주연만을 꿈꾸며 살아가는 「나」에게 「주어진 배역을 잘 연기하는 것이 참 어렵지?」라고 물어주는 「나」입니다.

매일 들여다보는 얼굴인데 오늘은 어느 스승처럼 잔잔하게 토닥토닥 다독여줍니다.

제 때 등장해 잘 연기하고 무대를 빛내는 「나」이고 싶습니다.

글·그림
이일순
李一順
(서양화)

시간과 침묵
사이에서 숨쉬는
그냥 파도치
절정을 향한
질주는
우리의
순간순간의
시간과 침묵이다

2012
이적요

나무와 춤

겨울 숲속의 나무의 자태를 보면서 그 어떤 설명도 꾸밈도 없는 정직하고 간결한 믿음과 만난다. 나무라는 형상의 완전한 갈무리는 언어로는 표현되지 않는 무에 가까운 상징으로 다가오고 시간과 바람이 날개를 달고 찾아 올 때면 나무는 어김없이 춤을 춘다. 나무의 춤은 섬세한 아다지오에 맞추어 길고 깊게 호흡하고 더러 겨울 숲 품에서 숨쉬는 걸 알았을 땐 격렬하면서도 치명적인 춤을 추기도 한다. 지층이 흔들리고 그 지층 속에 숨겨진 겹겹으로 쌓인 시간을 노출하고 과거의 흔적이랄 수는 없지만 그래도 해석되어지지않는 파편들을 지상으로 올려 놓기도 한다.

언어가 시작되기 전부터 소통의 근원이 되어 온 구가 바로 춤이라고 하는데 삶의 딜레마에 빠져 허우적거리는 사람들이 가장 먼저 취하는 행위가 바로 춤이 아닐까? 언어 이전의 언어를 통해 최소단위의 소통이 시작되고 욕망의 사슬들이 얽히고 설키면서 소통을 직조해내고 직조된 구멍사이로 바람은 쉴새 없이 출렁거리기도 한다.

알몸뚱이 드러내고 자신이 저장해온 시간의 무늬만큼만 숨쉬는 겨울나무의 자태를 닮아서 춤을 추어 보면 어떨까?

춤은 인간에겐 무엇일까? 인간의 본능이 가장 예민하게 정신을 건드릴 때 일으키는 행위는 춤이 된다.

느림과 빠름 사이에서 숨쉬는 그 미세한 여백의 침묵을 겨울나무는 알고 있다. 한없이 아름답고 품위 있는 여백에서 피어나는 소통의 언어가 바로 춤이다.

춤은 만들어지는 것이 아니고 탄생하는 것이다.

글·그림
이적요
(서양화)

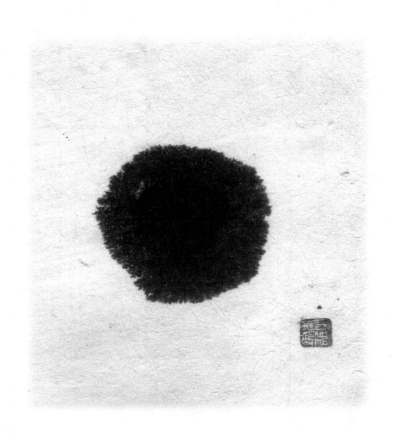

부족함을 채우려
아비규환(阿鼻叫喚)으로 몸부림쳐
끝없는 욕심에
갈망하는 허무함
있고 (有) 없음(무)을
훌훌 털어 버려
어느샌가
그득해진 마음의 여유
그래서···
난
점 하나 찍어 놓고
너털 웃음 지어 본다.

글·그림
李錠雄
이
정
웅
(동양화)

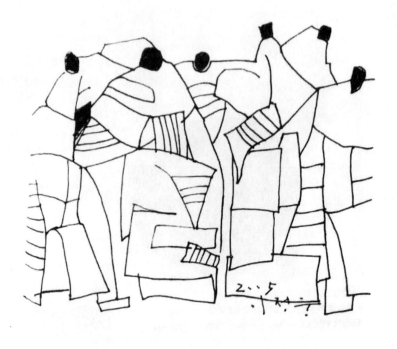

추어나 푸덧던고

내가 존경하는 화가 중에 「춤」을 그리는 이가 있다. 그림을 보고 있노라면 절로 그의 춤판에 뛰어들게 된다. 그리고 내 영혼과 이 땅의 정기와 우리 선조의 인생이 함께 어깨를 맞대고 더덩실 춤을 추는 신명에 사로잡히는 환상에 빠져든다. 그가 그리는 「춤」은 보통 명사의 춤이 아니라 추상명사의 춤이었으니 … 그의 붓질을 따라 그려지고 있는 것은 — 바로 춤꾼의 어깻짓(행위)이 아니라 그 춤사위에 담겨 있는 정한(情恨)과 신명 같은 춤의 얼(정신)이었다.

글·그림

이廷雄
정
웅
(서양화)

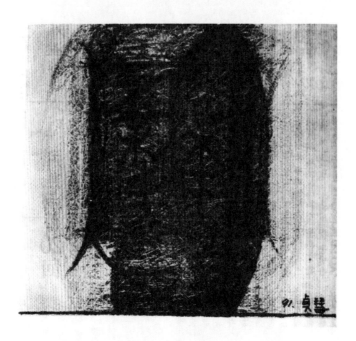

춤은 치열한 삶의 표현

춤이란 가장 형식적이면서 또 자연스러움이 있어야 한다고 본다. 우리가 몸놀림을 겨우 할 수 있을 어릴 때부터 리듬이 주어지면 그 리듬에 맞춰 움직였던 것을 기억한다. 편한 마음으로 자기의 느낌을 춤이라 보고 싶다. 우스럽게 표현하는 것을 춤이라 보고 싶다. 우리가 작품에 열중하고 있을 때 그 작업하는 모습을 무대 위에 올려 놓고 보면 또한 멋진 춤의 한 장면이 될 듯하다. 그리고 우리 인간이 각기 자기의 공간 속에서 열심히 살아가는 것도 춤을 추는 것이라고 보면 억지표현이 되는 것일까! 우리 모두 주어진 공간 속에서 자기의 표현은 좀 더 진솔하게 표현하면서 산다면 우리는 예술적인 삶에 접근하게 되는 것이 아닐까 생각한다.

글 · 그림
李貞彗
이정혜
(동양화)

© 이정희

난 시대를 잘 만난 무용가였다

「춤」이 창간되었을 때 나는 때 맞춰 미국유학을 마치고 귀국해 한참 작품을 시작할 즈음이었다. 한국에 새로운 바람이 일기 시작했고, 나도 그 시기에 합류한 것이다. 1980년대 초는 대한민국무용제가 경연제로 시작해 작품상 안무상 개인상을 제정해 한국 무용수들은 모두 그 대회를 넘보고 있었으며, 대학의 무용과가 이 대학 저 대학에 신설되는 등 무용인구가 급속히 팽창하던 시기였다.

그리고 정치적 사회적으로는 혼란기였다. 1980년엔 광주민주화운동이 일어 많은 사람들이 희생되었다. 민주화의 물결 속에서 난 무용가로서 안무가로서 살푸리 연작을 시작했다. 무용가로서 뭔가 이 사회에 참여하고 싶었던 것이다. 살풀이에 숫자를 붙여 「살푸리 1~9」까지 작품을 내었다. 거의 12년간 그 주제에 매달렸다. 나의 살푸리 연작은 「춤」지는 물론 일간신문에도 평과 공연 알림이 실리곤 했다.

한국 춤의 부흥기를 맞은 1980년대에 「춤」지와 조동화 선생님도 만났으니 나는 시대를 잘 만난 무용가이기도 했다. 지금 생각하면 다시 없을 인생의 하이라이트였다.

이제는 춤을 추고 있는 나의 두 딸과 후배들에게 춤예술이 변함 없이 소중한 예술의 한 장르로 자리매김하여 오랫동안 이어가길 진심으로 바랄뿐이다.

글·그림 이정희
李丁姬
(현대춤)

이 백

내가 춤을 추는 이유

내게 춤을 추게 하는 이유가 있다면 그 것은 어머니 때문인 것이다.

전쟁과 인습 속에서 철저히 무시당하고 배고팠을 그 여인 때문에, 자기 목소리 한 번도 제대로 내지 못한 여인, 가부장 남편도 그에게 따뜻하지 않았다.

허리 조르고 키워낸 자식과도 보이지 않는 거리감이 자리 잡고, 사랑과 희생 의 알갱이가 다하여─허물어져 갔고─ 병들고 죽었다.

내가 춤추는 이유가 있다면 이 엄마의 죽음을 모르는 자식들이 일 년이면 두 세 번 모여 엄마를 만나고 돌아간다는 사실이다.

엄마의 죽음을 모르고 있는 것이다.

글·그림
이 정 희
(섬유디자인)

발레리나의 안짱다리

묘한 계기로 디스코클럽엘 가끔 가게 된다. 딸아이 에미는 다 늦게 추접스럽게 늙는다고 핀잔이지만, 나로서는 자신의 다리가 이런 식으로 움직일 수도 있다는 것을 실로 40여년 만에 깨닫고 발바닥이 눈을 뜬 셈이다. 스텝도 뭣도 없으니 다행이구나 하고 무작정 뛰면서, 최초의 인간이 추었을 최초의 춤이 어떤 형태였을까 싶어질 때가 있다. 신문지와 춤추던 모이라 샤라「온디누」를 추던 마고트 폰테인의 얼굴이 몽롱하게 떠오를 때도 있다.

발레리나의 다리는 수련 때문에 군어서 현실적으로는 거의가 안짱다리라는 얘기를 들은 적이 있다. 그렇다면 현실이 무서워서 이런 괴상한 꼴로 뛰어 보는 나와 현실적으로 안짱다리인 그들 사이에는 어떤 공통점이 있는 게 아닐까. 눈이나 지식으로만 알고 있던 그들에게서 전혀 뚱딴지같은 공감대를 발견하고, 이것도 양(洋)깡통춤이나마 되든 안 되든 직접 뛰어보는 덕이려니 싶어, 고소를 금치 못한다.

글・그림
이제하
李祭夏
(미술평론)

거리에서 매일 춤추는 남자

아침 8시 회사원과 같이 출근을 하여 밤늦게 그들과 같은 시각 즈음 퇴근하는 남자. 그의 하루 시작은 거리의 한 모퉁이에 자리를 잡고 정중히 윗옷을 벗는 것이다. 가게에서 나오는 음악 소리에 맞추어 거리에서 4년째 춤을 추는 남자. 노모의 치매와 시각 장애의 다섯 식구와 집안에서의 생활. 어느 날 형을 따라 행사장에 이끌려 춤을 춘 것에 사람들의 환호와 박수를 받으면서 또 다른 삶의 기쁨을 얻는다. 그때부터 춤은 그에게 삶 자체가 되며 아침부터 부지런히 거리에의 출근이 시작된다. 춤을 출 때 나도 살아있다는 것을 느끼며, 사람들의 관심을 받고 춤을 추는 그 시간만큼은 삶과의 교감이 이루어지며 춤은 인생에서 가장 친한 그의 친구가 된다. 허공을 향한 무언의 자유스러운 몸짓에서 관객도 자아도 의식하지 않는 힘의 흐름과 몸짓으로 얻는 열반의 희열을 본다. 그는 오늘도 춤을 추기 위하여 출근을 한다.

글·그림
이종만
李鍾萬
(서양화)

이　종혁

환희

어둠 속에 이리저리 헝클어진 미로 속
을 헤매다 마침내 마지막 열쇠를 풀고
나와 홀로 선 세상.

한참이나 잊고 있던 태양의 빛이 다시
금 내 눈 속에 일렁이고 뚝뚝 끊어진
세상의 고리들이 새롭게 일어나 연결
지어지며 리듬을 만든다.

한동안 고통 속에 내 마음 깊이 묻어
두었던 온갖 감정의 편린들이 그 리듬
에 맞추어 춤을 춘다.

그 속에 새롭게 열리는 환한 세상 앞에
종교적인 감정마저 느끼게 되는 벅찬
감동 환희.

글·그림　이　종　혁
　　　　　（서양화）

426

응원,
간절한 소망의 몸짓

붉은악마의 응원은 즉흥의 몸짓
그리고 하나의 춤。 태극전사의
몸짓은 발레보다 화려하고 현대
춤보다 강렬하며 한국춤보다 부
드럽다。「붉은」을 모티브로 한
갖가지 분장과 소품, 개성 있는
의상, 그리고 북소리와 응원가
와 함성… 그 속에서 모두들 춤
을 추고 있다。 그 판은 안무 없
이 자발적인 춤사위로 짜여진 작
품이니, 월드컵 응원 몸짓 하나
하나에 우리들의 소망과 기원의
메시지가 담겨 있는 것이다。

글·그림
이
준
희
李準禧
(한국화)

2016. 바람부는 날에 ...

지수

11월의 나무

오늘도 나는 이 길을 지난다. 자주 다니긴 하지만

항상 바쁘다는 핑계로 정신없이 지나던 길이다

바람의 도움일까? 나무가 용기내어 나에게 말을

건넨다

「잠시 걸음을 멈춰보는 건 어때?」

고개를 들어 보니, 바람과 함께 춤을 추고있는 나

무가 보인다

사라락 사라락 아름다운 소리를 내며 ...

갑자기 가슴 한구석이 따뜻해지고 입가에는 미소

가 젖어들었다

자연이 주는 감성의 풍요로움이란 이런 것이겠지

아 : : 이 순간이 초콜릿처럼 달콤하다

아마도 지금 이 느낌은 오랫동안 나의 가슴에 남을

것 같다

그래서 난 널 그리고 있나보다

고맙다 나무야

글 · 그림

이 李
　知
지 洙
수
(한국화)

428

장래희망「나비」

어린 시절, 나는 또래 친구들에 비해 모든 면에서 심히 뒤떨어지고 부족했다. 이해력이 없어 책을 읽어도 내용을 몰랐고 수업을 전혀 따라갈 수 없어 학교에 다니는 의미도 없었다. 시험지의 1번 문제만 읽다가 시간이 전부 가버려찍고 나왔다.

최초의 사회생활을 시작한 유치원에서 선생님이 우리들에게 장래희망을 묻는 시간이 있었다. 그런데 나는 크면 무엇이 될지 당연히 아무 생각이 없었다. 하지만 다른 친구들은 빠짐없이 대답하는 것이었다. 대통령, 장군, 뭐, 뭐... 내 차례가 다가오면서 숨이 막혔다.

「지수는 장래희망이 무엇이니?」모기만한 목소리로 답했다. 「나비요」「아니 무엇이 되고 싶냐고?」더 작은 목소리로「호...랑 나비」「무엇이 되고 싶냐고? 꿈이 뭐냐고?」선생님 목소리에 힘이 느껴졌다. 순간 무서움에「호랑나비」아니고 노랑나비」라고 고쳐 말해버렸다. 선생님은 결국 나를 나무라셨다. 장난친다고.

세월이 흘러 사십 중반이 되어갈 때 불현듯 떠올랐다. 나의 어릴 적 장래희망이 초등학교 3학년 때까지「나비」였음을. 내 작은 몸이 답을 찾지 못해 오그라들던 느낌이 아직도 생생하다.

글·그림
이지수
李知修
(서양화)

춤은 대지의 숨결이다

감나무 잎이 정신없이 흔들릴 때도 그
렇고, 어린 대나무 가지들이 서로 몸
을 부대끼며 노래를 부를 때도 나는
안다.

금낭화 초롱꽃이 바람에 흔들리며 종
소리를 낼 때도 나는 그것이 땅이 숨
을 쉬고 있다는 것을 안다.

사람의 몸이 바람처럼 돌아가며, 아
름다운 여백을 만들어 선을 긋는 때도
나는 그것이 대지가 호흡하는 한 순간
이라는 것을 안다.

세상에서 가장 아름다운 것을 사람들
은 말하지만, 하늘이 아름답다고 하
고, 장미꽃이 아름답다고 하고, 예쁜
얼굴이 아름답다고 하지만, 사람의
몸이 숨을 쉴 때가 가장 아름답다.

글·그림
이 李喆良
철량
(한국화)

| 430

농악무農樂舞의 신명

나도 좀 신나게 춤을 출 줄 알았으면 좋겠다. 타고나길 몸이 뻣뻣해서 그렇게 쉽게는 디스코 춤 하나 못 춘다. 언젠가 크리스마스엔 집에서 음악을 틀어 놓고 우리 집 두 녀석에게 디스코 춤을 가르쳐 준 일이 있다. 학교생활을 하다 보면 피치 못해 학생들과 어울리고 그때 그런 기본을 배운 것이다. 「반지보고 시계보고 빨래하고…」 해가며.

그러나 집사람 왈, 나의 춤추는 모양이 못추는 우리 집 3학년짜리 애처럼 제멋대로라는 것이다.

그래도 내 딴엔 비싼 돈 주고 로열발레 같은 것 등 제법 많은 춤 구경을 다녔고, 그 아름다움에 경탄도 했지만 춤과리치고 북치며 흔들어대는 우리의 농악, 그 토속적인 몸놀림을 볼 때처럼 신명나지는 않았다. 보기만 해도 어깨가 으쓱거리는 우리의 춤, 내겐 이것이 좋다. 춤출 줄 모르면 정말 춤을 보고도 참 멋과 깊이를 이해하지 못하는 것일까?

글·그림 이철주 李澈周 (한국화)

이사도라와 니진스키

조각에서의 동작은 단순한 회전운동에다 제한하거
나, 운동의 중심적인 테마에 예속되거나 한다. 발
레 동작이 얼마만큼 긴장과 이완의 감정, 균형의
감각으로부터 안무를 만들어내는지 나로선 알 수
없는 일이지만 조각 작품의 동작에 비해 시각적 형
상이 충격적이다.

이사도라 덩컨의 동작은 볼쇼이나 로열에서 본 그
런 동작은 전혀 아니었다. 희랍조각에서 영감을
얻었다 하는데 그녀의 제스처는 쇼크였다. 탈신
화한 토르소가 주는 쇼크 같았다.

옛날 뉴욕에 있을 때 니진스키 전기영화를 본 적이
있었다. 사각 흰 벽인 정신병동에서 죽어가는 모
습이 라스트 신인데 내 죽음의 니진스키가 엷은
다. 그러던 어느 날 친구가 그림엽서를 보냈다.

이색적인 의상과 단순한 동작의 니진스키가 엷은
암갈색에 회색빛 도는 색조 속에서 있는 모습을 유
심히 보고 있노라니 나도 모르게 신음소리를 내고
있었다. 지금도 이 두 사람의 환상은 내 미래의 상
황적 공간에서 순례자의 고독처럼 춤추고 있다.

글·그림

이춘만
李春滿
(조각)

단오날의 농악 農樂

아지랑이 낀 봄날의 먼 산을 바라보는 듯 희미하게 떠오르는 몇 가지의 춤이 생각난다. 해마다 그랬듯이 오월 단오절이 오면 축제의 무드는 조성되어 내가 자란 작은 읍고을은 부근 농촌에서 모여드는 농부, 아낙네, 꼬마들로 거리가 꽉 메어 해주목 청년운동장으로 몰린다. 운동장 중앙에는 씨름판과 그네, 그것을 중심으로 원형으로 다락이 지어지고 그 외곽에는 각종 간이음식점과 노점이 꽉 들어찬다.

마지막 날 땅거미가 길게 깔릴 때 장사, 그네의 시상식이 끝나고 이어 광장에 촉수 높은 몇 개의 큰 전구에 불이 켜지면 농악의 요란스런 음률과 군중의 환호소리와 더불어 원색으로 단장한 수십 명이 각기 제멋대로 춤을 덩실덩실 추며 광장을 일주한다. 이어 사자춤놀이가 진행되는데 그 사자의 동작에 동심으로 호기심 진지하게 다락 한 구석에서 목을 뽑아 구경하던 일들이 머릿속에 떠오른다.

이웃에서 종종 굿하는 무당춤, 남사당의 춤과 묘기 등은 수십 차례 보며 자라왔으나 무질서하고 난무에 그치고 마는 느낌이 지금까지도 내 머릿속에서 맴돌고 있다. 무지의 내 눈에 그 이상의 멋을 모르고 지내온 나로서는 처음 드가의 발레리나, 로트렉의 캉캉춤 그림 인쇄물에서 춤의 묘미를 깨달았다고나 할까. 한때 춤추는 사람들을 나의 캔버스에 그려보려 구상도 해보았으나 오묘한 춤의 진의를 소화시킬 수 없다는 것을 깨닫고 단념하기로 했다. 이제는 우리의 좋은 것을 시대성에 맞추어 인생의 희열과 멋진 예술로 승화시킬 과제라고 사계에 당부하고 싶다.

글·그림
李忠根
이충근
(서양화)

까만 눈과 파란 눈

서 가장 중요한 비밀은 작품 전체를 위한 구조를 제공해주는 아이디어가 새로운 아이디어보다 훨씬 반영률이 높다」는 조언을 해줬다.

이후 우리는 서로를 배려하며 「둘:TWO」이라는 서로를 작품을 완성했다. 완성했다고 하지만 그 후의 협업이 없었으니 미완이다. 그러나 서로의 질곡이고 스란히 배어있는 이 작품은 어느 완성작보다 완성도 높은 미완의 작품이다.

흔히 무용가들이 외국의 무용수들과 협업할때 어려움을 느낀다. 서로 간의 문화와 가치관의 차이 때문이다. 그러나 서로를 이해하고 소통하니 문제가 해결되었다. 예술은 그후 자연스럽게 따라왔다.

춤을 추고 공연을 만드는 것이 내 운명이 되고 말았다. 이것은 누가 권유를 해서 되는 것도 아니다. 나 스스로 선택한 일이며, '정중동(靜中動) 동중정(動中靜)'은 내 춤의 모토다.

2005년부터 2007년까지 프랑스의 안무가 겸 무용수 마릴로 아그라파르트(Marie-laure Agrapart)와 협업한 기억이 있다. 한국 남성 무용수와 프랑스 여성 무용수와의 공동 작업이었다. 프랑스 외곽에 위치한 르와이몽 안무재단에서 처음 만났는데, 처음의 기분 좋음과는 달리 서로 간에 의견 충돌이 생기기도 했다. 자칫 프로젝트가 무산될 위기도 있었다. 그때 예술감독인 수잔 버지(Susan Buirge)가 「안무에

글
이태상
李泰相
(현대춤)

왼쪽부터 김경애 김문환 문일지 조동화 김정옥 필자

포효咆哮하는 『춤』의 소리

조동화 선생은 후덕한 분이다. 사방에 후진을 너무나 아꼈다. 소문과 정보의 안테나를 세우고 문화계 후미진 곳의 동정을 항상 살피고 있었다. 거미줄 같은 그 소식 망(網)에 나는 여러 번 잡혔다. 그동안 나는 『춤』지에 연극 리뷰를 오랫동안 쓰고 있었다. 원고 들고 가면 반드시 소액이지만 원고료를 줬는데, 풍문으로 자신이 아끼는 골동품 팔아서 잡지 낸다는 것이어서 받기가 어려워 사양해도 막무가내 푼돈이라 미안하다는 말만 되풀이 했다. 문화예술인들 내력은 어떻게 그토록 꿰뚫고 있는지, 본인이 해방 후 함북에서 피난 와서 6·25 피난살이도 알고 있어서 6·25 기념 원고청탁이 날아들었다.

문화예술이 위기에 직면하면 가

동되는 조동화 선생. 순발력은 놀라웠다. 국립극단이 해체위기에 몰렸을 때를 위시해서 부당한 정책과 부조리한 처사가 시행될 때마다 『춤』지 포문(砲門)의 미소(微少)한 구경(口徑)은 천지를 진동했다. 본인이 일간지에 발표한 「국립극단 폐쇄 비판」글을 위시해서 중요한 시국 발언을 잡지에 전재하는 일 등은 조동화 선생의 시대적 양심과 정의감의 발로(發露)였다. 지극히 고마운 일은 본인이 시작한 「공연예술박물관 및 도서관 건립운동」에 적극 참여하셔서 『춤』지에 지면을 내어 좌담회를 열게 하고 여론을 환기시킨 일이다. 좁고 좁은 편집실에서 접시 같은 작은 테이블 놓고 웅크리고 앉아 대한민국 하늘을 향해 사자처럼 포효(咆哮)하시던 그 당당한 모습을 『춤』 독자들은 상상해주시기 바란다.

글
李泰株
이태주
(예술평론)

춤은 우리를 묶는 끈

예전 우리네 인심은 ⋯ 잔칫날 명절날 심지어는 동네 어른들의 생신날만 되어도 온 동네 남녀노소가 모여 국수 한 그릇을 나누어 먹어도 푸근한 정이 오갔다. 정말 따뜻한 정이 넘쳤었다. 별 부담 없이 어우러지며 즐거운 시간을 보냈다. 없는 이나 있는 이나 모두가 이웃이요 형제인 것이다. 이런 모습은 어디에서 연유되는 것일까? 우리를 묶을 수 있는 어떤 끈이 있었을 것이다. 바로 그 끈이 춤이 아닌가 싶다. 막걸리 한 잔 국수 한 그릇에도 어깨춤을 추며 모두가 정답게 어우러진다. 남녀가 따로 없고 노소가 따로 없다. 덩더쿵거리는 꽹과리 장구 장단에 모두가 하나 되어 인정을 나누고 생활의 찌꺼기를 씻어낸다.

요즈음 우리네의 모습은 어떤가? 우리를 묶었던 우리의 춤이 우리 곁을 떠난 후 우리의 넉넉했던 마음은 사막과 같이 목이 마르다. 다시 따뜻한 가슴들이 어우러질 수 있는 우리의 춤을 되찾을 때 우리네 인정도 여유도 샘솟듯 넘치지 않겠는가?

글·그림
李泰炯
이태형
(서양화)

26/30

수복춤

세계 어느 곳을 다녀보나 춤은 언제나
그 지방색을 보여준다. 즐거움에 대한
움직임, 그것은 춤으로 연결된다.

수와 복은 사람이 살면서 바라는 것이
기에 극히 평범한 진리가 아닌가 생각
된다. 이러한 생각은 인류가 다 가지고
있는 희망인 듯싶다. 우연히 이 그림을
글로 쓰게 되었는데 이것은 슬픔을 이
겨내고 평온에 살기를 바라는 심정을
나타내고 싶었던 그림이다. 짧은 인생
길에 희로애락이 엉키고 즐거움과 외로
움이 같이 있을 때마다 춤과 노래에 시
름을 달래고 현실을 즐기는 곳에는 언
제나 평화가 감도는 것을 볼 수 있다.
누구나 어디서나 마음 놓고 춤추며 살
수 있는 시간이 있기를 바란다.

글·그림
李恒星
이 항 성
(서양화·판화)

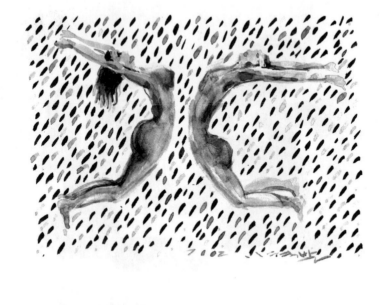

무제 _{無題}

객석이 있고 무대가 있는 곳에서
추는 춤만이 춤이 아니다
그저 지나가는 바람의 리듬에
그저 스치는 생각의 리듬에
손끝이나 몸 전체를 살짝 기대기만 하면
저절로 춤이 된다
아름다운 눈으로 세상을 보면
이 세상에 춤이 아닌 몸짓이 어디 있겠는가

그중에서 가장 아름다운 춤은
사랑하는 사람과의 격정적인 섹스이다
몸의 모든 에너지가
상대의 몸과 융합하고, 우주의 기운과 일치
하여
가장 자연스럽고 본능적인 율동이 되어
가장 아름답고 행복한 이인무가 된다.

글·그림 이혁발
(행위미술)

어느 무희에게

인생의 사계절을
아프고도 뜨겁게
온몸으로 표현하는 기도의 사람이여
막이 열리면
작은 우주가 되는 무대 위에서
웃고, 울고, 뛰며
우리 안에 숨어있는 춤까지
밖으로 끌어내는 생명의 사람이여
춤추는 동안 그대는 진정
우리가 사랑할 수밖에 없는
한 마리 새가 되고

한 송이 꽃이 되고
타오르는 불꽃이 되는가
하늘과 땅을 이어주고
갈라진 것들을 한 데 모으는 천사가 되는가

고단한 삶의 여정에서
몸과 마음이 무거운 우리에게
잠시나마 가벼운 자유의 날개를 달아주는
참 고마운 사람

처음 보아도 낯설지 않은 아름다움으로
순간에서 영원을 사는 법을
우리에게 가르치는 그대
소중한 사람이여

李海仁
이해인
(시인)

주술呪術의 춤

신들린 무당이 춤을 춘다.
점점 음률이 마음을 때리면서 춤을 추
는 「나」는 사라지고 춤, 그 자체만 남
는다.

환희와 고통, 질서와 무질서, 용감과
비굴, 승리와 굴복, 명예와 불명예,
가(可)와 부(否), 객관과 주관, 안과
밖, 존재와 무형태.

이런 하잘 것 없는 것들이 없어져 버리
고 마침내는 유(有)도 무(無)도 춤 속으
로 녹아 들어가 버린다. 신(神)의 소리
가 폭발하면서 춤은 침묵의 주술이 되
어 지혜가 없는 「우리」에게는 눈에 보
이지 않는다. 동작이 없어진 춤은 전
우주를 만지고 돌아다니며 본질과 사
랑을 만끽한다.

순간도 영원도 없이 …
그는 신이다.

글·그림
이호종
李昊鍾
(도예)

빛의 춤

사일렌트의 말기에 독일과 프랑스를 중심으로 영상의 순수성만을 추구하는 영화가 유행했는데, 이른바 전위영화(前衛映畫). 동경에서 중학 삼사학년 시절이니까 벌써 삼십오륙 년 전, 당시에는 으레 극영화에 덤으로 단편이나 문화영화가 끼기 마련이었다.

「빛의 교향곡」이라는 제목에 약간의 호기심도 가졌지만 막상 흑백화면에서 선율에 따라 이모저모 형태를 달리한 빛의 난무는 일순 전율 같은 것을 느끼게 했다. 호수 위에 바람 따라 변모하는 파문 따위 완비교가 안 될 정도로 신비한 빛의 액션(律動)은 감히 그 어느 무희가 빛의 춤을 따를 수 있으랴 싶었고 그 어느 표현주의 화폭보다 아름다웠다.

그 당시 독일에서는 구체적인 표상을 거부하고 기하학적인 움직임을 전위영화계에서 받아들이는 경향으로 미루어 아직도 뇌리에서 떠나지 않는 작품인 「빛의 교향곡(線交響曲)」은 엣게링그의 「선교향곡(線交響曲)」 시리즈, 아니면 한스 리히터의 「리듬」 연작(連作) 중에 하나가 아닌가 싶다.

글·그림
이화수
李化洙
(응용미술)

내가 춤췄던 이야기

초등학교 저학년시절 무용반에 들어가서 친구들과 함께 연습을 하고 여기저기 알 수 없는 행사에 끌려 다니면서 공연(?·)을 하던 기억이 난다. 또는 운동장에 학생들을 모아 놓고 무용선생님이 시범을 보이면 스피커에서 나는 잡음과 함께 음악에 맞춰 우리들은 낄낄거리며 몸을 흔들곤 했다.

춤추는 사람의 동작에서는 일상의 우리의 모습이 아닌 다른 몸짓으로 우리에게 메시지를 담아 에너지가 전달되는 듯하다.

어찌 보면 그림을 그리는 것이나 춤추는 것은 똑같은 과정이라는 생각이 든다. 처음에는 가볍게 숨고르고 차츰 빨라지면서 숨이 가빠지고, 멈추고 움직이며, 당기고 밀고 하면서 동작이 다양하게 전개되고 마무리를 하는 과정과 그림을 그릴때구상하고 스케치하면서 숨 한 번 쉬고 다듬고, 색상을 칠하면서 차츰 붓질이 거칠어지면서 숨이 차치고, 그러면 멈추고 생각하며 다시 그려가는 과정··· 춤이나 그림이나 다를게 무엇인가?

글 · 그림
李興德
이흥덕
(서양화)

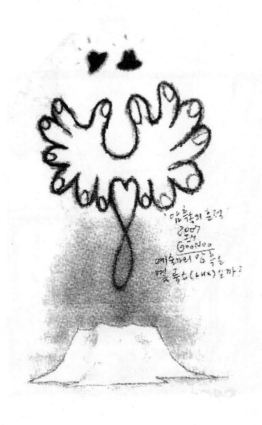

예술가의 암흑은
몇 룩스일까?

얼마 전 백영태발레류보브 공연「암흑」속의 '혼적」을 보았다. 두 시간의 공연이 감동의 무대였다. 공연을 마치고 기념촬영을 하러 무대에 올랐다. 무대는 대명천지(大明天地)였지만 객석은 암흑이었다.

무언가 보이기 시작하였다. 암흑 위로 박수를 받으며 날고 있는 천사의 날개를, 날개 양쪽에서 찡한 광채가 나고 있었다.

우리가 찾고자 했던 암흑의 두 시간, 객석의 두 시간과 무대의 두 시간이 같을 수 없지. 그래도 오늘 암흑은 몇 룩스였을까.

글·그림
임근우
林根右
(서양화)

비 상
飛翔

일상의 가운데에 서서 어쩌면 차단된 베란다 밖으로 날 수 있게 될지도 모른다는 상상을 했었다. 그에 가까운 접근 방법으로 여러 가지 몸짓과 그림 그리기를 한다. 이야기들을 만들어내고 날리기를 거듭하면서 서른둘을 만들었다.

이제 나이에 어울리는 이야기들을 만들어야 하는데....

모든 것이 서른둘이다. 단 하나 그렇지 못한 것이 있다면 내 영혼이 가진 설움이리라. 나의 설움을 이젠 그림 밖으로 끄내어 나의 표현방식으로 포장하여 더 좋은 노끈으로 묶어서 잘 보관해야 한다. 조금의 설움이 남아있지 않는다면....

글·그림 **임 선 자**
(서양화)

수월도인무 水月道人舞

이 편화(片畵)는 내가 좋아하는 임희지(林熙之, 영조 때 사람, 호는 水月軒)를 상상하며 그려보았다. 수월도인(水月道人)은 조선조 화가 중 기인으로 달 밝은 밤에 동네 아이들에게 「꺼우기」깃을 모아서 옷을 지어 입고 쌍상투를 땋고 「저」를 불면서 맨발로 길을 나다녔고, 배를 타고 풍랑을 만났을 때 배 안 사람들이 혼도(昏倒)하여 혹은 부처님을 부르며 염불할 때 수월도인은 크게 웃으며 일어나 춤을 추었다.

나중에 그 상궤(常軌)를 벗어난 짓을 물어보니 「사람이 죽는 것은 언제나 면치 못할 일이지만 바다의 장쾌한 정경은 아무 때나 볼 수 없는 것이 아니냐?」 하였다 한다.

그의 이러한 호방한 면이 그의 몇 점 안 되는 그림은 잘 보여주고 있다.

요즘같이 감흥이 없는 세상에 잠시 수월도인을 생각하여 봄도 정신위생상 좋은 듯하다.

글·그림
林
頌
義
임
송
의
(동양화)

마음의 춤

사람들은 누구나 마음속으로 춤을 춘다고 생각한다。 춤을 배워보지 못한 사람들도 자기만의 세계에선 자기식의 춤이라는 것이 있는 것이다。 나는 이 춤을 꿈이라는 말로 대치하고 싶다。 이 꿈은 과거의 것들일 수도 있고, 현재와 미래의 세계일 수도 있다。 왠지 욕망 같은 것이 엉켜있지만 현실속에선 항상 이방인이 되고 마음속 세계에서만 주인이 된다。 센티멘털도 있고 뼈를 깎는 아픔도 있다。 마음속은 혼자서 뭐든 가능하기 때문에 자유로울 수 있지만 그처럼 외로운 것이 또 있을까…。

나는 어디서부터가 시작이고 끝인지 모를 그림을 그린다。 나의 꿈을 닮았다。 아니 이것이 나의 춤이다。「죽음의 집의 기록」을 쓴 작가는 혼자 있을 수 있는 자유를 박탈당한 것이 가장 괴로웠다고 썼다。 혼자 있음, 고독, 그러나 그 속의 생명력…。

글・그림
林永吉
임영길
(서양화)

춤을 훔쳐보던 어린 시절

아마 여섯 살 때였었던 것 같다. 달동네인 우리 집 근처에 「무용교습소」가 문을 열었었고, 그곳에 다니는 아이들이 예쁜 한복을 입고 선녀 부채 같은 것을 들고 춤을 추는 모습이 더 없이 부러웠었었다. 그 장면을 몰래 지켜보던 나는 어머니를 졸라 그 교습소에 다니게 되었다. 무용보다도 화려한 색동 한복과 치장이 화려한 부채가 너무 아름다웠고 갖고 싶었었던 것 같다.

이후 집에 와서도 덩실거리며 춤을 추게 되고 이 모습을 본 아버지는 외동딸의 재롱이 귀여우셨는지 다음날 아리랑 레코드판을 사들고 오시기까지 했다.

지금은 그림을 그리는 화가가 되었지만, 유년 시절의 그 짧은 춤에 대한 추억이 아름답고 황홀하기까지 하다. 어린 두 딸을 둔 나로서는 이 아이들에게도 춤에 대한 기억을 심어주고 싶다.

글 · 그림

임영숙
(한국화)

천지합일 天地合一

사람은 더러는 참으로 아름답다.

육체가 그냥 살덩어리가 아닌 개념 또는 이념 덩어리

이기에 보이는 데로 표현할 문제가 아니다.

미묘하고 복잡한 심리적 갈등 세계가

천지(天地)와 어우러져 살아가는 조화로운 삶이

예술관을 이루는 기본 명제이다.

인간을 근원적으로 이해하고 교감하는 데에는

사람의 형상이 결정적인 실마리를 제공한다.

어느 순간에 세상이 다시 보이게 되고,

사람에게 눈을 돌렸을 때, 몸짓 하나 하나는

자기의 이야기였고 창작물 자체였다.

연출을 통하든 소박한 행동이든

몸에서 느끼는 감흥은 고독한 작업으로 이끌었고,

자신과 완전한 합일(合一)을 이루는 과정은

슬픔마저 아름답게 형상화한다.

때문에 사람을 중심에 두고 영육을 느끼며

감격하고 이 또한 자연물의 일종,

하면서도 경이로움을 주체하지 못한다.

오늘도 …

글·그림 林鍾斗
임 종 두
(한국화)

미래

未來

길 안내인의 원리를 추구했던 그 사람은「내
일의 길에 당신이 존재한다는 원리만이 당
신이 그 길 위에 존재한다」는 확신이 상대
성의 원리를 분산시킨다고 했다.

내가 만약 그 길 위에 서 있을 수 있다면 그
길에 들어서기 전에 길 안내인의 보호를 받
을 수 있으련만 … 。

고독했던 나날들은 또다시 몇 년 후에 그 길
에 존재한다는 당신의 언어를 상기한 후에
야 깊은 잠속에 빠져 들어갈 수 있었다.

이제는 미래만이 중요하다는 길 안내인의
단어는 끝을 맺지 못한다.

인형(人形)의 모습이었는지 실질적인 형태
였는지 길 안내인의 음성은 또다시 내일을
약속하며 쉬어가고 있었다.

글·그림
임株주煥환
林
(조각)

율동의 창조

시계 속에는 움직임의 원리가 정점을 위한 규칙의 자유를 일그리고 있고 그 시계를 들여다 보며 그곳에 있었던 듯한 불사조의 선회는 일견되어진 그곳을 위해 힘차게 유연한 선을 율시키고 있었다. 물결이 작은 물방울로 이곳저곳을 색채화시킬 때면 먼 옛날의 그녀의 머리카락의 내음이 내 마음에 닿는 듯 그곳에 다시 가보고 싶다는 욕망을 일으킨다. 단순함 보다는 짙은 율동이 창조하는 무대는 새로운 생각들 속에서의 시계의 움직임 같이 그 다른 면을 보여 주기도 한다.

글·그림 **임 주 환**
(서양화)

춤추지 못하는 한恨

춤이란, 내적(內的)인 흥(興)이 외적(外的)인 몸짓으로 나타나는 것이 아닐까.

한잔 술에 흥이 나서 추썩거리는 어깨춤도 그럴 것이고 나비가 날아드는 듯한 고전의 율동도 그럴 것이며 팔·다리며 온 몸뚱어리를 꼬아대는 현대의 춤도 그럴 것이다.

거기다 무용가의 사상과 감정의 표현인 소위 작품발표라는 춤도 다 그럴 것이다.

춤엔 전혀 문외한인 나에게도 살다 보면 춤을 접하게 됨이 허다하다. 즉 음악을 떠나 살 수 없고 더러는 한잔 술도 아니 마실 수 없으려니, 음악이 있는 곳에 춤이 있고 술이 있는 곳에 율동이 있다 보니 그런 것이다.

나야 원래부터 지독스레 내성적이라서 남들 앞에 춤 한번 신명나게 추어 본 일이 없다만 속으로부터 꿈틀거려오는 춤의 충동이야 왜 나에겐들 없겠는가. 더구나 춤이란 남녀노소도 없고 동서고금도 없는 것이려니 남들이 추는 춤을 볼 때마다 나도 덩달아 흥이 나고 어깨춤이 저절로 나오는 것이다.

음악을 들을 때에도 그렇고 한잔 술에도 그렇다. 다만 함께 어우러져 추지 못하는 한(恨)이 나에겐 있을 뿐이다.

글·그림
林春澤
임
춘
택
(서양화)

AP   94, LIM, HYUNKYU

달동네와 바퀴벌레

내가 살고 있는 곳은 영등포구의 한 달동네 마을이다. 좁은 골목, 엉켜진 전선, 얼기설기 인 슬레이트 지붕, 집만 빽빽하고 나무보기 어려운 이곳이 우리 동네다.

그러나 여름만 되면 문제가 생긴다. 밤이 되면 공포영화에서나 본 듯한 매미만한 크기의 거대한 바퀴벌레가 날아든다. 서울 태생인 아내는 곤충에 대한 겁이 많다. 그래서 여름철에는 일찍 귀가해달라고 성화다. 충성도 시골 태생인 나도 갑자기 날아든 바퀴를 잡을 때면 끔찍하다. 신문을 말아서 아무리 쳐도 죽지 않는 바퀴를 보면 소름이 끼친다. 어떻게 이런 큰 바퀴벌레가 서울에 살고 있는지 의심스럽다.

1996년 2월에 이 마을을 떠난다.

내 그림에 소재가 되었던 이 동네가 그리워질 것이다.

글·그림

임 현 규

(서양화)

솔, 바람 그리고 갈대

지난겨울 내내 요양차 강원도에 머물렀다. 유달리 춥고 길었던 겨울, 모든 생명이 정지한 채 나목(裸木)만이 쓸쓸한 겨울산에서 나는 소나무를 만났다.

시련을 딛고 당당하게 존재하는 솔의 푸르른 생명력은 나의 위안처요, 동경의 대상이 되기에 충분했다.

눈에 보이지 않으나 존재하는 또 하나의 생명이 있었다. 그것은 바로 바람이었다. 솔의 생명력과 이것을 호흡하게 하는 시련의 바람, 그 바람 속에는 누군가가 있었다.

그 속에서 나는 갈대를 붓삼아 소나무를 그리고, 바람을 만들고, 생명의 춤을 춘다.

갈대가 종이에 채 닿기도 전, 머물이 후두둑 떨어지면 나의 춤사위는 시작된다. 공간을 가로질러 명징한 생명의 숨소리를 서걱서걱 내는 것이다.

글 · 그림 임 林賢洛
현 락
(한국화)

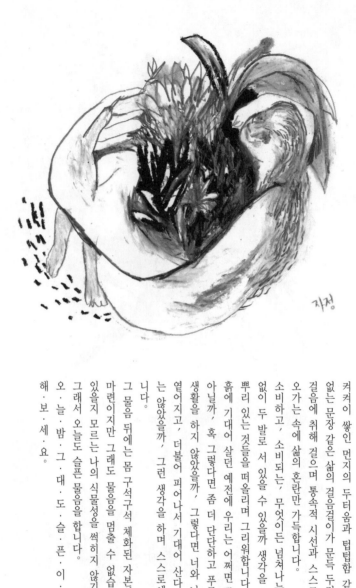

물음

커켜이 쌓인 먼지의 두터움과 텁텁함 같은 생활 속에 주어
없는 문장 같은 삶의 걸음걸이가 문득 두려워집니다.
걸음에 취해 걸으며 통속적 시선과 스스로에 대한 가치관이
오가는 속에 삶의 혼란만이 가득합니다.
소비하고, 소비되는, 무엇이든 넘쳐나는 사회 속에 짓무름
없이 두 발로 서 있을 수 있을까 생각을 하다, 가만히 누워
뿌리 있는 것들을 떠올리며 그리워합니다.
흙에 기대어 살던 예전에 우리는 어쩌면 뿌리가 있었던 것은
아닐까, 혹 그렇다면 좀 더 단단하고 푸른 가치관을 가지고
생활을 하지 않았을까, 그렇다면 너와 나의 경계가 조금은
옅어지고, 더불어 피어나서 기대어 산다는 것을 알 수 있지
는 않았을까, 그런 생각을 하며 스스로에게 식물성을 묻습
니다.
그 물음 뒤에는 몸 구석구석 체화된 자본의 군내에 슬퍼지기
마련이지만 그래도 물음을 멈출 수 없습니다. 어쩌면 남아
있을지 모르는 나의 식물성을 썩히지 않기 위해서지요.
그래서 오늘도 슬픈 물음을 합니다.
오·늘·밤·그·대·도·슬·픈·이·유·를·생·각·
해·보·세·요.

글·그림 **자 정**
(서양화)

454

꽃

꽃은 인생으로 표현하자면 가장 아름다운 시절이다. 그리고 한 생명의 일생에서 가장 극적인 순간이다. 꽃이 아름다운 이유는 거기 있다. 그렇다고 꽃이 꼭 젊음을 뜻하는 것은 아니다. 꽃에 따라 피는 계절이 다르듯 인생에서도 자신을 꽃피우는 시기가 다 따로 있을 테니까. 꽃의 생명력을 지켜보며 시간과 순간의 중요성을 깨닫게 된다. 하루하루 내게 주어진 시간을 꽃피운다는 마음으로 살아야지. 항상 아름다운 꽃을 통해 자연을 느끼면서 생명을 예찬하는 여유를 바란다. 코스모스가 아름다운 이 가을에.

글·그림
蔣基泳
장기영
(서양화)

춤이 주는 풍경

춤의 황홀경, 이것은 특이한 취미의 몇몇 사람들만을 위한 것은 아닐 것이다. 그런데 나는 왠지 「춤」하면 특별한 취향의 몇몇 사람들의 전유물인 것처럼 느껴지곤 했었다. 아마도 식견 부족한 나의 불찰이었을 것이다.

조각이나 공예를 한 탓인지 나는 춤이 가지고 있는 본질, 즉 감정의 폭발이나 육체언어 이런 것보다도 몸의 형태미를 먼저 생각한다. 로댕을 주제로 한 영화에서 보았던 황홀하게 육체의 미를 찾던 그 모습······. 그 이후부터 나도 춤 근처로 가까이 할 수 있는 기회를 갖기를 희망했었다. 격렬한 살아 있는 육체가 그려내는 이미지를 통해 새로운 세계에 접할 수 있다는 기대, 이런 것 때문이었다. 올해는 그 로댕을 흉내라도 내면서 춤 공연을 한 편 보기로 하자!

글·그림

張東業
장동업
(금속공예)

심오한 표출

춤은 단지 몸을 움직이는 것이 아니다.
말과 글로는 도저히 표현할 수 없는
심오한 세계를 표출해낸다.
헤겔은 겉으로 드러나는 것 보다
심오한 것은 없다, 라고 했다.
춤은 굴레에 매인 열정을 분출시키며
심연에 갇힌 순수를 샘솟게 한다.
하여, 상처 받은 영혼을 치유케 하며
가식이 벗겨지고 허세가 비켜서는 것을
보게된다.

신을 벗어야 하는 신성한 곳에서도
춤만은 용서가 된다는 생각이다.

글·그림
장범순
張範淳
(서양화)

춤 예술가들에게 밝은 햇살을

춤은 움직임을 전체로 한다. 리듬을 신고 빛을 더하면 역동
성을 자아낸다. 춤꾼은 나이테를 달리하며 성숙·완숙·조망
의 단계를 거친다. 시간의 나이를 두고서 무수한 춤꾼들의
열정은 흔적을 남긴다. 모진 세월의 풍파로 흐름이 끊긴 우
리 춤들을 복원해낸 안무가들에게 무한한 존중을 표한다.

바람을 단 춤은 날개가 있다. 춤은 국경이 없다. 경계를 허
문 춤들 속에 스타들은 명멸한다. 삶의 이치를 깨우치는 춤
은 자신의 빛깔, 조밀한 구성, 놀라운 기교가 조화되어야만
미학의 상부구조로 연결되고, 예작(藝作)은 탄생된다. 알찬
안무노트를 꾸리는 안무가들, 일상을 춤에 헌신한 춤 연기자
들, 협업자들에게 늘 밝은 햇살이 비치는 날들이 되었으면
한다. 무엇보다 이들의 후원자이며 감시자 『춤』지 500
호를 진심으로 축하하며 앞날에도 늘 햇살이 비치기를….

사진은 2006년 6월 28일~29일 홍천 제1회 최승희 춤축
제. 왼쪽부터 김태원 김매자 박명숙 백홍천 이강렬 김종만
이순열 변인식 조문진 조관희 고창수 백현순 이건청 김진묵
한경자 전상국 정재형 이길륭 최정운… (가운뎃줄) 정순영
박근자 유현목 홍천군수(노홍천) 김동호 … 이병옥 (앞줄)
육정학 장석용 탁계석 홍경희 윤덕경 이희병.

글
張錫龍
장석용
(영화평론)

뚱보여인의 춤

하늘이 타고, 땅이 타고, 석유가 타는 사막에
서의 어느 휴일,
수정처럼 맑아 옥빛 어린 바닷가를 따라 인공
으로 만든 나직한 숲과 잔디밭.
치렁치렁 드리운 흰 자루 옷과 머리에 눌러 쓴
색색 스카프(?) 남자들, 신기한 악기의 신비
스런 리듬에 스스럼없이 어울린 아라비아 여인
들의 춤,
유난히도 비대한 어떤 여인, 그러나 힐난스레
날렵한 몸놀림, 둘러선 무리들의 흐르는 듯한
흔들림과 특이한 박자의 손뼉소리, 괴이한 휘
파람소리 ….
노랗게 물드는 온 세상이 밤 노을 속으로,
아! 한없이 빠져들었던 춤판.
아부다비에서.

글·그림
장성진
張性珍
(서양화)

살풀이 춤

그 하늘 꽃 한 송이 바람에 나부끼나
하이얀 소복에 생 명주 수건
자주빛 통소 소리에 휘몰아 잦아진다.

못 다한 사랑을 두고 간
스무 살 꽃다운 넋이 있어
하늘에 닿는 한이 되니

캄캄한 가슴을 열고
생명의 눈빛을 당겨
정결한 혼을 담은 몸으로, 손끝으로,
눈물로 밤새 적신 생 명주 수건으로
훨훨 구름처럼 풀며 버리며.

글 · 그림
張淳業
장
순
업
(서양화)

장현수의 춤 「청안」 공연해설 중인 필자 (2017)

우리 춤의 오래된 미래

글
장승헌
張承憲
(공연기획)

어쩌다 보니 공연기획자란 꼬리표를 달고 그간 크고 작은 춤 공연들을 기획, 제작하며 공연 현장에서 일상을 보낸 지도 어느덧 30여 년이 훌쩍 넘어 버렸다. 이 수많은 날들 가운데에서 한국 춤의 원형 보전과 창작춤을 배려해온 시간들을 돌아본다.

우리 춤 문화에 대한 애정과 관심을 쏟았던 공간들 속에는 언제나 곰삭은 경구, 「예로부터 소리는 전라도요 춤은 경상도」라는 격언을 습관처럼 떠올리곤 했다. 이를테면 필자 스스로 태생이 영남출신이라, 이 말을 되풀이 할수록 왠지 모를 자부심까지 덧입혀지기까지 한다. 이런 저런 전통춤 공연에서 해설을 할 때에도 나도 모르게 이 표현을 자주, 또 「당당하게」 인용하면서 영남춤과 필자와의 숙명 같은 인연을 피력하고는 했다.

해서 춤의 고을, 고성오광대 이윤석의 「덧배기춤」, 밀양강변 영남춤의 종손 하용부의 「밀양북춤」과 「범부춤」, 남해안 별신굿 정영만의 구음과 「무관」, 부산무형문화재 이성훈의 「동래학춤」, 그리고 중견무용가 윤미라의 「달구벌입춤」에 늘 응원의 박수를 내며 「우리 춤의 오래된 미래」라는 가설을 확인하려는 기획자의 마음이 무시로 그득하다.

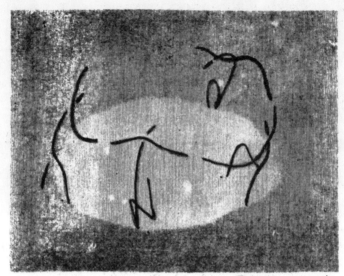

춤 · 나 · 그림

글 · 그림
장 영 숙
張英淑
(판화)

몸을 도구로 한다는 것은 인간 표현의 모든 영역에
서 공통된 것이 겠지만 춤은 몸의 움직임이 주된 것
이어서 무엇보다도 솔직하게 표현되는 방법일 것
이라는 생각이 든다. 그만큼 무용가는 고도의 테
크닉을 갖추어야 하는 등 어려움이 많을 것이고 보
는 이들은 공감의 폭도 클 것이다.

내게는 무용가의 몸놀림으로 이루어지는 무대 공
간의 구도가 이 공감의 폭을 더하는 역할을 한다.
그림을 그린다는 일을 한다는 것은 항상 시각(視覺)
에 충실해야 한다는 것은 아닌지. 춤 속에서도 회
화적(繪畵的)인 요소가 먼저 와 닿는다.

한 사람의 무용가가 무대 위에 서 있다면 그것은
내 화면 안에 하나의 점, 움직여 춤을 춘다면 그것
은 하나의 선, 둥글게 손을 잡고 군무(群舞)를 하
고 있다면 그것은 하나의 원이 되는 셈이다. 그렇
게 해서 내 화면 공간에서는 또 다른 춤이 추어지
게 된다.

훨훨 하늘을 나는 마음

「춤」지의 오래된 빚을 갚는다. 빚도 독촉받지 않으면 잊히는 법이다. 일전「공간(空間)사랑」에서 그만 빚쟁이를 만나 버렸으니 도리가 없었다.

나는 언제나 마음속으로 훨훨 하늘 높이 나는 춤을 춘다. 춤은 꼭 즐거워서만 춰지는 것이 아니다. 슬퍼서도 추는 경우도 있다.

나의 오두막에서 20분 거리인 수안보 온천까지 매일 아침 걷는다. 즐기던 파이프 담배도 기침 때문에 끊은 지 오래다. 그러나 술만은 끊을 수가 없다. 술은 죽는 날까지 헤어질 수 없는 친구이다. 이왕 가지고 태어난 몸, 남김없이 다 쓰고 간다는 것이 나의 생각이다.

글 · 그림
**장
욱
진**
張旭鎭
(서양화)

영혼에 파고드는 춤

나는 별로 춤구경을 하지 않는다. 싫어서가 아니라 관심을 불러일으키는 춤도 없고 시간도 없기 때문이다. 그렇지만 나의 그림의 주제(主題)가 춤이 되는 경우가 많다. 승무는 그런 주제(主題)의 하나이다. 사실 춤의 모습을 그릴 때는 즐겁다.

내가 본 춤에서 잊을 수 없는 것은 한영숙(韓英淑) 씨의 승무이다. 나는 그의 춤에서 춤의 진미를 알게 된 듯하다. 흥겹다든지 멋있었다든지 하는 것만이 아니고 깊이 사람의 영혼을 사로잡는 예술임을 알게 된 것이다. 그래서 나는 예쁜 여인(女人)을 보면 머릿속으로 흰 고깔을 씌우고 장삼을 입히고 그리고 춤추게 하는 버릇이 생겼는지 모른다.

글·그림 **張雲祥**
장운상
(한국화)

8제 의 글, 단편「마린보」, 한국화프레쓰연곳, 화연

일상이 투영된 춤은 바로 나

나에게 춤은 나 자신이다.

일상에서 행하는 모든 것은 춤이 되고, 춤 속에서 행하는 모든 것은 일상의 투영임을 깨닫는다.

어린 시절, 춤 속에서 그리고 일상 속에서 나는 왜 그렇게 바쁘고 부산스러웠던지…, 생각해보면 얼마 전까지도 그랬던 것 같다. 헌데 언제부터인가 그렇게 바쁘게 돌아가던 모든 것들에 틈이 생겨나기 시작했다. 나 자신을, 그리고 다른 많은 것들에 관조하는 시간을 가지며 점점 더 깊어지는 사유의 순간들을 느낀다. 또 시간이 흘러 지나가 보면, 여전한 나 자신을 보게 되지 않을까? 하지만 그때는 한층 더 깊은 나, 깊어진 춤을 느끼고 있기를 바라본다.

글
張有璟
장유경
(한국춤)

창극 唱劇

나이가 들면서 걱정이 배가 나오는 것이다. 주변에
선 날더러 책상생활만 하니까 운동부족이어서 그렇
다면서 요즘 유행하는 디스코나 에어로빅 춤이라도
배우라고 놀린다. 듣기로는 요즘 중년층에서 적지
아니 즐긴다는 것이고 실상 나도 주석(酒席)에서 여
러번 흔들어 대고나니 다음날 몸이 가뿐해 좋았다. 그러
나 이건 서양춤이다. 우리네 것에 젖어온 나로서는
어렸을 적 인상이 지워지질 않았다.

지금은 사라졌으나 서대문에 위치한 동양극장(東洋
劇場)에서 국악극(國樂劇)을 자주 보았다. 징소리·
장구소리와 함께 유명한 임춘앵이며 조금앵 등이 창
(唱)과 춤을 덩실덩실 추면 나뿐 아니라 보는 이들
모두가 넋을 잃을 지경이었다.

풍전세유(風前細柳) 같이 유연하게 몸을 움직이던
그날의 주인공들은 어디에 있는가. 꿈속에서라도
젖고 싶다.

글·그림
張潤宇
장 윤 우
(공예)

2014. 11. 14.
장은정 선생님께... 하선.

© 정하민

몸, 춤, 삶 그리고 오늘

달콤한 게으름에 젖은 휴일, 창호지를 넘어들던 햇살의 따스함에 살며시 눈을 떠보던 유년의 아침, 그 아침 속엔 온 집안을 떠다니던, 왠지 얼마쯤의 슬픔을 떠오르게 하던 음악 카사비앙카가 있었다.

열 살 무렵의 어느 날 부모님과의 남산 나들이길. 우연히 들여다 본 국립극장 무대 위에는 찬란하게 빛나는 색들이 살아 숨 쉬고 있었다. 종군기자를 꿈꾸던 여고시절, 이화여대 강당에서 「춤」을 만나고 급기야 스탕달증후군 (Stendhal syndrome)에 빠지고 말았고, 그 이후의 며칠 동안이 전혀 기억나지 않는다.

그렇게 나는 춤추는 여자가 되었다. 왜, 무엇이, 얼마만큼 좋았었는지 논리적으로 설명할 수도 없다. 그저 운명적이었고 춤이 나를 선택한 듯하다 여겨질 뿐이다. 그리고 오늘, 53세의 새로운 나의 「몸」과 친해지기를 연습 중이다.

세포 하나하나, 근육 하나하나에 새겨진 모든 기억과 시간들이 하는 말들을 알아차리려 귀를 기울이고 그 「몸」에 허락받아가며 춤을 춘다. 그 삶이, 그 삶에서 만났고 또 만나질 사람들이 모두 감사하다.

오늘 나는 춤추는 여자임에 행복하다.

글
張銀庭
장은정
(현대춤)

창밖엔 오월

이른 새벽 꽃무리 피어오르듯, 아지랑이로 대지가 꿈을 꾼다. 밤새 어느 틈에 한밤에 찬 서리는 아련히 안개 속에서 새벽을 부른다. 창밖을 보라. 온갖 소망과 희망으로 통하는 구름다리를‥‥.

아름다운 창문 하나

오월의 시샘이 너울너울 춤을 춘다. 계절은 여러 개의 날개를 달고 춤을 춘다.

물 위는 과거, 물 아래는 미래. 그렇게 현재는 너울너울 춤을 춘다.

향기로운 색동의 꽃잎들이 봄바람 타고 훨훨 춤바람 꽃바람이 오월의 비를 내어준다.

오월의 들꽃에게 창밖은 최고의 축제를 하고 있다.

글·그림
鄭自根
정자근
(서양화)

나에게 마술을 거는 당신

창세의 정지 속에서
한줄기 빛이 날아와
금(金)이 터지는 목소리로 부른다

일어나 서라
숨쉬라
움직이라
뛰어 오르라。

나는 춤이 내게 오는 순간을 만났다
나는 춤이 내게 와서 사는 것을 느꼈다。

누구신가
나에게 마술을 거는 당신。

당신이 명하시면
나는 따른다
당신이 명하시면
나는。

蔣正一
장 정 일
(시인)

장현수 「청안」(2017)

선과 선의 만남으로 표현되는 예술

인문학적 요소와 역사적 배경과 혼의 입체적 결합의 정점에서 시작되는 한국춤, 근육의 기억에 의한 움직임과 머리의 이해력과 호흡이 뒷받침 될 때 한국무용예술을 표현하는 최적의 조건이 된다.

상기한 여건이 조성되지 않았거나 뒷받침이 안 될 때는 움직임과 표현력 부족으로 작품을 무대에 올릴 수 없다. 이게 한국무용예술의 한계임을 잘 알기에 최적의 여건과 충분한 연습량을 확보하려고 함에도 항상 부족함을 절실히 느끼지고, 항상 시간이 부족하다.

자연스럽게 짧은 공연시간과 공연 후에 오는 후유증, 정신적 공허함이 동반된다. 그럼에도 우리 한국무용예술인들이 항상 준비하는 것은 역사적 사실을 바탕으로 한 혼의 아름다움이다. 모두 알고 모두 항상 말하는 한민족의 혼이다.

그것은 힘을 근간으로 한 몸의 쓰임새이다. 몸을 사용하기 위해서는, 반복되는 연습을 통해 내 몸의 각각 다른 쓰임의 근육들이 움직임을 기억하여 움직여줄 때, 아름답고 수려한 동작으로 아름다움이 표현된다. 즉, 하나하나 세포의 기억에 의해, 근육의 움직임을 통해 선과 선의 만남으로 표현되는 예술이 한국춤이다. 나의 춤은 이 아름다움이 기억되는 춤이고 싶다.

글
張賢洙
장현수
(한국춤)

470

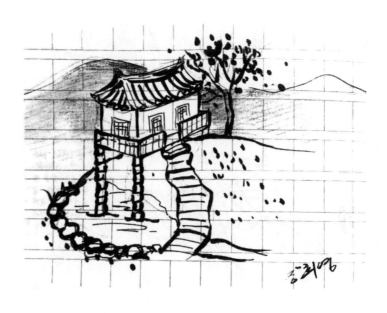

일지암

하루하루 꽉 짜여진 일과의 되풀이 속에서 모든 것을 털어버리고 찾았던 곳은 해남의 대흥사, 역사적으로도 의미가 깊은 곳일 뿐 아니라 사찰과 주변의 아름다운 경관은 찾는 이를 편안하게 해주는 곳이다.

이곳에서도 유독 나의 마음을 끈 곳은 가파른 산행 후에 만나는 일지암이다. 이 일지암을 처음 대한 나의 마음은 「반해버렸다」는 표현이 알맞을 만큼 큰 감동을 받았다. 아무런 장식 없이 나무의 생김을 따라 그대로 지어 놓은 모습하며, 약수의 맑은 물을 대나무 줄기를 통해 흐르게 하여 청아한 소리를 나게 한 생각하며, 눈앞에 펼쳐진 맑은 경치는 멋스러움을 더욱 돋보이게 하고 있다. 은은하면서도 볼수록 새로운 느낌을 전해 받을 수 있는 이 모습이 바로 우리의 아름다움임을 다시 한번 생각하게 한다.

일상생활에서는 찾을 수 없던, 실로 오랜만에 느껴지는 한가로움이며 여유로움이었다.

맑은 약수로 차를 다려 정다운 벗과 함께 나누고 싶다.

글·그림
張姬榮
장희영
(동양화)

온통 생기뿐인 …

춤 하면 나는 생각나는 것이 몇 가지 있다. 먼저, 「나풀, 나풀, 나풀나풀 춤춘다. 노랑나비, 흰나비 나풀나풀 춤춘다.」

이것은 나의 부친이 생존시에 좋은 날이면 일가친척들이 모인 가운데서 흥겹게 춤을 추시며 잘 부르던 노래이다. 칠순 노인이 양팔을 펼쳐들고 덩실 덩실 춤을 추시던 모습이 지금도 눈에 선하다.

여기에는 흥이 곁들인다. 무의식적이며 본능적이다. 그리고 또한 열중한다.

어린이들의 자유로운 스크리블(Schribble, 亂畵)에서, 또는 원시인들의 표현에서 우리들은 솔직하고 거리낌 없는 자유정신을 볼 수 있지 않은가. 이것이 예술의 생명이 아니고 무엇이겠는가?

이제는, 전혀 보지 못하였던 것, 경이적인 것, 즐거운 것을 만들어 인간생활을 신선하고 멋진 예술로 우리들의 시각에, 촉각에, 또한 청각에도 새로움을 보여주지 않으려는가.

글·그림

田相範
전
상
범
(조각)

춤추는 손

1980년 어느 날 프랑스 파리 아카데미 그랑 쇼미엘의 누드크로키 시간이었다.

나의 앞 자리에는 샌디 브라운 머리의 한 중년여인이 예리한 시선으로 모델을 응시하며 스케치에 몰두하고 있었다. 모델은 5분마다 포즈를 달리하고 있었는데 그녀는 누드 모델의 몸체가 아니라 모델의 두 손만 그리고 있는 것이었다.

쉬는 시간에 양해를 얻어 그녀의 스케치북에 그려진 손그림들을 보게 되었는데 다양한 포즈의 손그림들은 마치 모딜리아니의 목이 긴 여인, 혹은 마리 로랑상의 향기롭고 우아한 여인상들을 연상케 하기도 하고 그 다양한 형태와 선묘에서 누드에서는 느낄 수 없는 또 다른 리듬과 조형세계가 그리고 원숙한 무희들의 춤 사위를 보는 듯 색다른 감회에 젖게 되었다.

글·그림
田相秀
전상수
(서양화)

학鶴 춤

여러 해 전에 우리나라 고유의 전통춤인 「학춤」을 TV 화면을 통해 본 적이 있다. 그 「학춤」이 특히 기억에 남는 이유는 그때 기능보유자로 소개된 분이 경상남도(동래그방으로 기억된다)의 한 지방에서 농사를 짓고 있다는 고령의 농부였고, 춤의 유일한 전승자로 나와서 직접 춤을 춘 무용수는 그분의 손녀인 16세가량의 여고생이었기 때문인 것 같다. 지방에 묻혀 살면서 우리의 「학춤」을 고이 간직해 내려온 한 농부의 집념도 그랬거니와, 손녀 되는 어린 소녀가 할아버지로부터 그 춤을 열심히 익혀 훨훨 추고 있는 모습을 볼때 무엇인가 가슴 뿌듯하고 뭉클한 느낌을 받았다.

그 후 어느 신문이었는지는 잘 기억이 않나나 「학춤」이 원색으로 다시 한번 소개된 것을 보았다. 거기에는 이미 어엿한 숙녀로 아름답게 성장한 손녀의 춤추는 모습이 시원스럽게 찍혀져 있었다.

한 달쯤 전에 여럿이 어울려서 홍천강 상류에 천렵을 갔었다. 도중에 한 마을 산턱에 고목이 우뚝 서 있는데 그 고목에 수십 마리의 학이 몰려 서식하고 있는 장관을 볼 수 있었다. 빙빙 나무를 맴 돌고 있는 학, 날개를 활짝 펴고 뽐내고 있는 학, 유유히 명상에 잠겨 있는 듯한 학들, 참으로 오래간만에 맛볼 수 있었던 장경이었다. 그 학을 주제로 작품을 만들어 보았다.

글 · 그림
全晟雨
전 성 우
(서양화)

몸

눈을 감는다.
내 가슴 속 상념들이 부유하기 시작한다.
잡힐 듯 말 듯 수많은 이미지가 나를 희롱한다.
언어로 기호화되지 못할 그것들
순간순간 숨막힐 듯 그들을 향해 손을 뻗어 보지만
결코 잡을 수 없다.

다시 눈을 뜬다.
그곳에 가장 먼저 나의 몸이 닿는다.
육체가 정신을 담는 그릇일 뿐이라 해도
나의 의지로 움직여 본다.
영혼을 실어 팔다리를 뻗어 본다.

어느 새 눈꺼풀 아래 영상처럼
나의 몸은 가볍게 떠오른다.
공간에서 나의 표현은 비로소 자유로워진다.
정신을 담는 그릇일 뿐일지라도
내 몸은.

글·그림
全秀卿
전수경
(한국화)

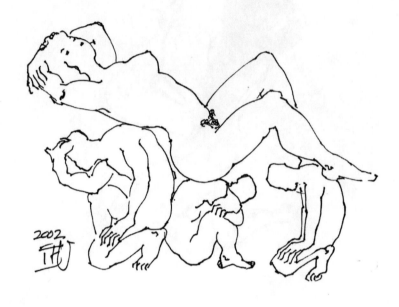

2002

춤과 조각의 매개媒介인 인체

조각사(彫刻史)를 기술한 책의 삽화 내용 대부분이 인체를 다루고 있을 만큼 조각의 역사는 인간의 신체를 표현하는 방법의 변천사였음을 알 수 있다. 또한, 그 방법의 변천과정이 궁극적으로는 인간들이 추구하고자 하였던 가치관의 변천 과정임을 엿볼 수 있다.

춤 역시 오랜 세월 삶에 얽힌 다양한 문제들을 인간의 몸을 매개(媒介)로 창조적 조형미를 구축하며 율동과 몸짓으로 그 해법을 제시하면서 발전되어 왔다.

이러한 이유로 인체란 춤과 조각에 있어 예술이 지향하는 궁극적 절대 가치 추구와 창조의 공통적 매개체이다.

글·그림
田鍾武
전종무
(조각)

사막의 꽃

보이지 않는 것을 보고 표현하는 예술가의 삶이 아름답다면, 기나긴 사막의 건기에 호흡조차 아끼며 기다림의 시간을 보낸 사막의 꽃 또한 아름다움의 극치를 보여준다.

센츄리플랜트(Century Plant)는 백년에 한 번 꽃을 피운다는 사막의 꽃이다. 어느 날 꽃망울을 터뜨리고 그 향기가 천길 만길로 번져 수많은 새들을 부르면, 하늘을 가득 메운 그들의 향연은 사막의 잠을 깨우고 생명됨을 알리는 노래를 부른다. 그리고 꽃이 지면 결국은 고사하게 된다.

누구나 자신만의 아름다움을 피우기 위해 희생과 기다림이 필요하다.

산고의 고통 이후에 만나는 기쁜 조우처럼 오늘도 그날을 위해 자신을 담금질해 본다.

글·그림
田智然
전지연
(서양화)

Galina Ulanowa 「빈사의 백조」

우라노바 Ulanowa 의 「빈사瀕死의 백조白鳥」 사진寫眞에 부쳐서

그것은 피조물(被造物)의 죽엄과 무상(無常)과 무력(無力)에 대한 고통(苦痛), 우리가 「생(生)」이라고 부르고 있는 것의 허무(虛無)에 대한 고통의 회상(回想)과도 같았다. 우리노바 (Ulanowa)는 죽엄의 자연(自然)스러운 묘사(描寫)를 회피하고 있다. 죽엄은 재빠르게 그리고 거의 돌연(突然)하게 그리고 최후에 쓰러지는 장면은 마치 부서지는 것과도 같이 보인다. 한 개의 본질(本質)이 부서지는 것 같았다. 영혼으로 형성(形成)되어 있는 지체(肢體), 그리고 지체 속에 융해되어 버린 영혼으로만 이루어져 있는 본질(本質)의 돌연한, 그러면서도 운명적인 붕괴인 것이다. 우리의 생처럼 그것(死)은 이해할 수 없는 곳에서부터 돌연(突然) 덮여온 다. 그리고 피조물(被造物)은 무(無)로 환원되는 것이다.

글
田惠麟
전혜린
(수필)

정신과 육체 통합의 춤

7살 연약했던 막내에서 현재는 내가 사랑하는 춤을 평생 직업으로 간직한 세상에서 가장 행복한 성인이 되었다. 내 삶의 여정을 돌이켜 보면 삶 속에서 필요한 지혜, 덕, 인내 그리고 다양한 경험들을 춤을 통해 배우고 춤과 함께 성숙해지는 놀라운 경험에 늘 감사한 마음으로 살고 있다. 「춤은 완벽한 리듬 조절과 미적 감각이 있는 인간의 움직임」이라는 춤의 정의를 뛰어 넘어, 정신이 표현하고자 하는 의미를 몸을 통해 표현함으로써 움직임이 정신을, 정신이 움직임을 상호 보완할 수 있는 정신과 육체 통합의 춤(Integration of Mind and Body)을 안무하고 춤추는 우리는 축복받은 귀한 존재임이 분명하다.

글
錢弘燦
전홍조
(발레)

박외선 · 조동화 선생님과 함께 동숭동에서

참 춤, 참 인생

춤!

춤은 나에게 종교다.

춤을 생각하며 지내온 모든 세월은 신앙생활
이다.

춤추는 순간순간은 나의 기도이며,

춤추는 순간순간은

나의 번민과 고뇌로부터 해방되는

참 자유이며, 참 위로이다.

춤을 생각하는 모든 순간은 삶의 희열이고 행
복이며,

모든 이와 진정으로 소통하는 순간이다.

오늘도 신앙고백을 하듯 춤에 대한 감사 기도
를 드린다.

이 가을, 나의 춤 선생님

박외선 선생님, 조동화 선생님이 그립다.

글

鄭貴仁
정귀인
(현대춤)

모든 박자에는 춤이 있다

1990년 국립극장 소극장에서 보았던 안은미 개인발표회는 지금도 잊히지 않는 춤 공연 중 하나다. 이 공연에서 안은미의 에너지 넘치는 춤을 처음 만났다. 그때 머리는 싹 밀기 전 숏 커트였었는데 당시에도 아주 강렬해 보였다. 무대전체를 자유롭게 움직이며 시종일관 열정을 내뿜는 춤의 에너지가 지금도 생생하다. 이 공연에서 또 하나 인상적이었던 것은 6개의 스틱을 양손에 쥐고 타악기를 연주하는 김대환 선생이었다.

춤꾼이 지치면 음악으로 힘을 보태주고, 너무 달려가면 살살 달래면서 끝까지 완주할 수 있게 하는 음악과 춤의 앙상블이었다. 마치 판소리 창자와 명고수가 서로 대화하듯 무대를 채우는 것 같았다. 덕분에 열정으로 가득한 안은미의 춤과 숨결을 충분히 느낄 수 있었다.

음악은 곧 박자이고 또한 모든 것에 박자가 있다고 했다. 술자리에서 젓가락을 두들길 때도 박자가 있다고 했는데 모든 박자에는 춤이 함께 할 수 있다는 생각이 들었다. 그래서 우리 삶은 늘 춤과 함께 하고 있는 것인지도 모른다.

글 · 그림
정기헌
鄭基憲
(춤평론)

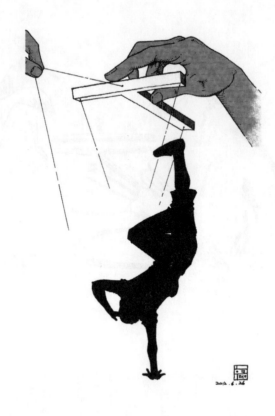

마리오네트

한 채널에선 비보이들의 배틀.
조명 아래 무대 위의 공간은 비보이 크루들의
공간.

심장을 뛰게 하는 비트, 공간 왜곡을 시키는
현란한 몸놀림, 그들은 서로 번갈아 가며 춤
실력을 뽐낸다.

영화 「아멜리아」(쟝 피에르 쥬네 감독)의 O
ST, 얀 티어슨의 뉴에이지 음악에 맞춰 익
스프레션 크루의 마리오네트 퍼포먼스가 무
대에 펼쳐졌다.

줄에 매달려 조종당하는 인형처럼 인형사와
인형은 한 몸이 되어 춤을 추기 시작했다.
나의 엉덩이는 소파에서 분리가 되고 외마디
감탄사는 입을 비집고 뛰쳐나왔다.

그때 놀라움은 나의 머릿속에서 기억되고 각
인되었다.

지금도 열악한 환경에서 좋아하는 춤을 추고
있는 비보이들

그 일을 좋아 하는 사람은 이길 수 없다.

글 · 그림
鄭東秀
정
동
수
(만화)

2000.9

무화 舞畵

춤을 생각한다
춤의 동작들을 어렴풋이 떠올려
머릿속에 그려본다。
춤을 그리기 위해 춤을 춘다。
춤을 추듯 그림을 그린다。
몇 장의 습작을 하는 동안
내 자신은 춤을 추고 있는 듯했다。
몇 가지 동작을 만들어보기도 하고 …
붓을 놀리면서 춤을 추듯
그림을 그려보았다。
재미있는 것은
내가 춤을 알고 있어 표현했다기 보다
하나의 춤을 창조라도 해 나가듯
흥겨움이 있다。
손과 몸을 바삐 움직여 표현했을 때
물감과 붓이라는 매개체를 이용하여
춤을 추고 있던 것이다。
춤 속의 그림。 그림 속의 춤。

글·그림

정두화
鄭斗和
(서양화)

도깨비 모습

부리부리 하게 크게 뜬 눈에, 눈썹은 위로 휙 올라갔는가 하면 처져 있고, 코는 돼지를 연상할 만큼 위로 들춰진 들창코이다. 입은 그 험상궂기가 세상 어떤 것보다 심하여 금방이라도 무섭게 소리를 지를 것 같다. 위 아래로 날카로운 송곳니가 나 있고 눈 위에는 좌우로 뿔이 나 있으며 붉은 얼굴에는 사방에 꼬불꼬불한 수염과 털이 무성하게 나 있다.

이 모습은 세상 그 어떤 괴물보다 무서운 모습을 하고 있지만 공포감보다는 해학과 따뜻한 정서가 느껴진다. 솥뚜껑을 솥 안에 우그려 넣기도 하고, 황소를 끌어다 지붕 위에 아슬아슬하게 올려 놓기도 하며, 잔치 음식을 못 쓰게 만들고 논밭을 망가뜨려 놓는 등 심술쟁이 노릇을 하는가 하면 효성 지극한 나무꾼에게 도깨비 방망이를 주기도 하고, 혹부리 영감의 혹을 떼어 주기도 하며, 맛있는 음식으로 대접을 받으면 평생을 두고 그 은혜를 갚는다. 이런 모습은 과거 우리 서민의 모습이요, 현재 우리의 모습이며 나의 모습이다. 이런 모습을 나의 화면에 옮길 수 있다는 것은 큰 기쁨이며 즐거움이다.

글·그림
鄭銘國
정 명 국
(서양화)

저 춤추는 새

개암 냄새 건듯
봄을 예고하는 청아한 오후
날지 못하던 저 작은 새
콘크리트 빼곡한 숲
춤춘던 틈새 비집고 다시
환한 모습으로 차고 올라
가슴을 뛰게 하고 …

환경이 생명의 조형언어임을 뒤늦게나마 알았
기에「누가 너희를 새 천년에 남기랴」를 수없
이 되뇌어가며 붓질해오기 30년, 이제 작업의
동반자를 기대합니다. 살아있는 모든 생명과
교감하는 삶의 자세야 말로 보람있는 것이라
믿습니다.

이 밝은 오후, 숙연한 마음으로 작업의 조형
공간 속에서 말없이 유영하는 새를 보며 장자
의 나비를 떠올립니다.
새가 나비인지, 나비가 난지, 내가 샌지.

글 · 그림
鄭 莫熙
정 명 희
(동양화)

말하기의 다른 방법

소설가는 소설로, 시인은 시로, 가수는 노래로, 화가는 그림으로, 무용가는 몸짓으로 세상에 말을 건다. 그리곤 저마다 세상에 건넨 그 말들이 많은 사람들에게 회자되기를 기다린다. 많은 이들에게 전해져 소통에 날개를 달았다면 좋으련만 혼자만의 독백으로 끝나버리는 것이 부지기수니 자책하는 날들도 늘어간다.

친구를 따라 그의 춤 연습실에 들러 몸짓으로 세상에 말을 걸려하는 이름모를 무용수를 보았다. 사뭇 진지하다. 동작을 반복적으로 연습하며 몸에 각인시키려 애쓴다. 그의 몸에 각인된 그 언어들이 무대에서 무슨 말을 걸어올까? 많은 이들에게 회자되어 유명인의 반열에 오를 수 있을까? 생각이 여기에 미치자 화들짝 놀란다. 「금자씨」 이영애의 대사가 떠오른다. 「너나 잘하세요」 그래 나나 잘해야지.

글·그림 **정미령**
(일러스트)

우주,
생명이 시작되는 곳

저 먼 미지의 공간에서 시작된 생명을
찾아 끝없는 우주로 항해를 한다.

거대한 혼돈을 깨치고 생명을 탄생시
키는 곳,

큰 에너지를 내뿜고 흔적도 없이 소멸
되는 곳,

생명이 있는 것은 언젠가 소멸되고 소
멸된 것은 다시 새롭게 태어나니 탄생
의 비밀을 찾아 무한한 우주로 여행을
계속 한다.

글 · 그림
鄭炳憲
정 병 헌
(섬유미술)

유 월

바람 속을 걷는다.
바람을 타고 내 기억의 편린들은
오버랩되어 귓가에 파도가 된다.
어느새 눈가에 주름이 고여진
지금의 나에겐
바람은 무지갯빛 그 옛날에 느껴보지도
알지도
못했던 깊은 숨소리와 거친 손짓으로
속주머니에 꼭꼭 숨겨둔 시름까지
훑고 간다.
오늘도 나는
하염없이 바람을 바라보고
또 바라보고 돌아온다.

글 · 그림
鄭先熙
정선희
(한국화)

정승희 무용발표회
CHUNG SEUNG-HI KOREAN DANCE PERFORMANCE
沈淸傳

1974.10.5·6 낮3:30
밤7:30
예 술 극 장 (명동)

東亞日報·京鄕新聞
주관 : 상명여자사범대학
협찬 : 만 예 극 단

나의 첫 창작무용발표회

1974년 명동예술극장에 올렸던 나의 첫 창작무용발표회 「심청」 프로그램을 보고 있으면 만감이 교차한다.

새로운 시도로 가득 찬 의욕적인 무대를 창작무용으로 활짝 꽃피웠다는 평. 당시 무용극을 시도할 때면 전래하던 기존 곡들을 편집해 사용하던 시절' 대담하게 양악과 국악을 혼용해 오케스트라(김희조 작곡)로 창작곡을 사용한 점. 상징적인 무대미술(최연호)을 본격적으로 무대예술에 펼쳐 인상적인 무대를 만들었다는 점' 일반 무용계에 비약적인 발전의 기폭제가 될 것이라는 평으로 상당히 고무되었던 공연이었다.

특히 이 작품에 특별출연 해주신' 영원한 멋의 예인 고(故) 최현 선생(심봉사 역)과 승무자락에 신명을 담아 휘날리던 故 정재만 선생(왕 역)이 그립고 그립다. 무용계에 절제된 한국춤의 극치' 무르익은 춤의 경지를 보여주셨던 두 분은 먼저 가셨지만' 그분들의 춤사위는 영원히 우리의 뇌리에 남아있을 것이다.

글
鄭承姬
정승희
(한국춤)

정신혜 「소나기」(2013)

오늘 이렇게
소나기를 품는다

글
정신혜
鄭信惠
(한국춤)

「춤」의 가치는 몸으로 표현한 추상성과 그 안에 담겨있는 의미의 전달이다. 추상성과 사실성, 혹은 구체적이거나 상상의 영역에서 펼치는 모호성을 볼때 춤과 문학은 서로 다른 듯 닮아 있다. 한국의 대표 단편 소설에 「소나기」는 어린 시절 내 기억 속에서 가장 아름답고 가장 슬펐으며 또 가장 애잔한 이야기였다.

단 몇 개의 문장만으로 모든 줄거리를 함축시켜 얘기할 수 있을 만큼 너무도 익히 알려진 『소나기』를 춤으로 만들었다. 돌아보면 모든 만남과 헤어짐이 …. 각각의 조각으로 남겨져 하나의 결정체를 이루고 있음을 새삼 깨달아버린 지금…. 너무도 짧았던 그 순간들이 만들어낼 영원을 매만지며 오늘 이렇게 「소나기」를 품는다.

바람·물·나무

무작정 떠나봤다. 지긋지긋한 매연, 항상 분주해 보이는 회색도시를 벗어나고 싶었던 충동, 늘 억제하면서 묻혀 살았던 나에게 이젠 탈피할 수 있는 용기가 생긴 것일까?

버스는 나도 모르는 어딘가로 계속 달리고 있었고 그 속도에 맞춰 내 심장도 활기를 찾고 있음이 느껴진다. 차창 밖으로 푸른 들판과 하늘, 가로수들이 빠르게 지나간다.

그곳은 건물보다 나무들이 더 많고, 사람보다 물, 돌들이 더 많은 곳이다. 주위엔 강이 흐르고 바람은 얼굴을 간질이며 불고 있다. 봄볕도 따사롭고, 소나무 숲이 우거진 한쪽 그늘에서 이 자연의 숨소리에 귀를 기울이며 휴식을 취한다.

강 저편에선 펑퍼짐한 몸뻬를 입은 아줌마가 강하류를 향해 열심히 무엇인가를 빌고 있다. 무엇을 비는 걸까? 자연 속에선 그냥 모든 게 단순해질 수 있는 것 같다. 가만히 있기만 해도 변하는 모습들. 이러한 것들을 가슴에 담고 나도 그 아줌마처럼 자연 속에 무엇인가를 기원하는 마음으로 돌아선다. 내가 살고 있는 낯선 도시로.

글·그림

정연화
鄭淵華
(서양화)

뒷동산의 꽃잔치

어렸을 적
들과 언덕을 오가며 꽃을 보고
별을 보고 바람을 보았다.
아침엔 즐겁게 벙글거리고
석양엔 수줍게 입을 다무는
아리따운 그들.
파란 하늘에 별이 초롱 빛나면
밤하늘을 날아다니며 나래짓한다.

그저 생긴 그대로,
삶과 환희를 테마로
시샘도 다툼도 없이
신나는 가락에 맞추어
춤을 추고 있다.

그들을 닮고싶다⋯⋯.

글·그림
鄭
令
敏
정
영
민
(서양화)

492

인생人生은 한판의 살풀이

인생은 어떤 식으로든 한 판의 살풀이 현장이 아닐까 생각해본다. 몇 개의 선(線)을 긋어보고 찍어내는 나의 작업도 무슨 살풀이가 아니고서야…….

한 쪽의 나무판에 몇 개의 살풀이의 선을 그어본다. 그것은 각(角)진 투명한 유리창이 되었고, 그 안에 밀고 들어가 두 팔을 힘껏 벌려본다. 손은 벌려지는데 자꾸 무엇인가 걸린다. 투명한 것 같은 세상에 거미줄 같이 닿는, 자꾸 어느 공간에 나를 묶어 놓으려고 하는 무엇이 있다. 그것을 끊고 싶다. 보이지 않는 선(線)의 폭력, 더 힘껏 팔을 벌려본다. 그래서 나는 춤을 추게 될 수 있을지도 모르겠다. 때로는 몸짓으로 짙게 묻어나는 한 개의 선(線)을 긋고 싶을 때가 있다. 보이지 않는 투명한 무대 위에서 서 한마당의 살풀이 굿을 해보고도 싶다. 나머지 잉크로 내 뒤를 따라 다니는, 보지 않는 척 하면서 늘상 내 뒤를 따라 다니는 내 춤의 그림자를 찍어내지 않을 수 없다.

글·그림

정완규
鄭完圭
(판화)

떠오름과 내려옴

얼마 전 친구와 방문했던 한 전시장에서 오랫동안 좋아했던 그림을 보았다. 사람들이 마구 떠오르는 모습이 인상적이었다. 민들레 홀씨처럼⋯ 꿈을 가지고 눈과 마음이 가득 부풀은 채 하늘로 둥실둥실 떠오르는 사람들.

문득 친구가 한마디 한다. 「왜 내려오는 걸까?」「내려온다구? 누가?」 주위를 둘러보던 나는 잠시 실소를 터뜨리고 말았다. 그렇구나. 친구에게는 그림 속의 사람들이 내려오는 것이었구나!

추락하는 것이었을까? 나풀나풀 날아 내려오는 것이었을까? 내게 이들의 떠오름이 춤을 추듯 둥실거리게 보였던 것처럼 그에게도 이들의 내려옴이 봄비처럼, 겨울비처럼⋯ 선물처럼, 기적처럼 그렇게 살포시 나풀거리는 것으로 보였기를 바란다.

글·그림
鄭又榮
정
우
영
(서양화)

정은혜 「언제나… 그리고, 그러나」(2015)

언제나 그리고 그러나

누구는 춤을 추고 누구는 그 춤을 본다
누구는 그 춤을 말하고, 누구는 그 춤을 쓴다

언제나 두 팔을 벌려 태양을 품는 열정으로
그리고 발끝으로 달빛을 들어 올리는 정성으로
그러나 모든 걸 비워야 비로소 채워지는 춤

언제나 춤을 추며 잼나게 노는 사람이고 싶은데
그리고 반짝이는 진실을 자유롭게 전하는 벅찬 상상
그러나 뼈를 깎는 아픔과 치열함으로 춤을 견디는 사람밖에

언제나 어머니는 너는 등이 넓다며 어깨를 비틀라 하셨다
그리고 아버지는 넌 춤추기 잘했다고 하셨다
그러나 삶과 죽음을 오가는 몸짓, 애절한 그리움에 떨리는 몸

언제나 하늘 땅 산 물 공기의 흐름이 새 춤 새 길을 열어준다
그리고 순수한 날갯짓
자연의 몸짓 속에 또 여름이 갔다
그러나 홀로 질긴 미련은 남았고 영원한 소망은 아직…

글
鄭殷惠
정은혜
(한국춤)

광화문 뒷길
그리고 혜화동 로터리

「어머 안녕하세요?」 주말에 동네
마실 나오신 듯한 조동화 선생님 부
부와 혜화동 로터리 파리바게트 앞
에서의 우연한 만남이 무척 반가웠
다. 공연장이나 행사에서 형식적인
만남과는 달리 오래전부터 알고 지
낸 이웃어른 같은 따뜻한 정이 느껴
졌다. 「커피 드실래요?」 「아, 아
냐 우린 빵이랑 차랑 다 마시고 나
오는 중이야」 하셨다. 옆에 계시
던 사모님께서도 「고마워요」 하신
다. 말로만 대접한 셈이 되었다.
인사를 나누고 수선관 무용실로 향
하면서 갑자기 마음 상자 안에 간직
되었던 청춘의 기억들 속에서 불현
듯 선생님을 만난 또 다른 장면이
춤처럼 영화처럼 떠올랐다. 40년
전 다방과 밥집들이 옹기종기 모여

있는 광화문 뒷길에서 만난 젊은 문
인의 얼굴이 오버랩되면서 세월의
빠름에 새삼스레 아! 소리가 절로
나온다. 이제는 고인인 된 스승 홍
정희 선생님께서 「의숙아 인사드려
무용평론하시는 문학가 조동화 선
생님이셔.」
선생님과 커피 마시러 가는 길에 우
연히 만나 인사를 나눴던 젊은 청년
은 문학인의 태를 풍기는 인상이었
는데, 그 시절 무용과 학생이었던
나는 이런 순간적인 만남조차도 왠
지 나를 어른으로 느끼게 해주었던
기억이 난다.
혜화동 로터리에서의 만남이 그분
생전에 본 마지막 모습, 따뜻한 사
람의 모습이었다.

글
鄭 義 淑
정 의 숙
（현대춤）

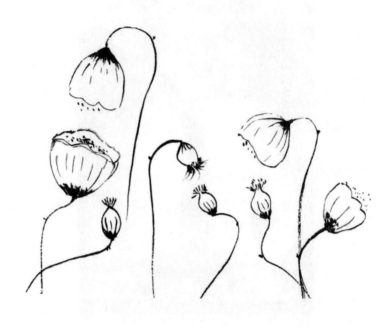

CHOUNG IN HONG

정 담

늘은 밤 하늘엔 달을 마주보고 속삭
이는 별 하나. 오늘밤은 라일락 향기
가 어제보다 더 향기롭고. 밤에만 피
어난다는 사랑 초처럼 가끔은 가던
걸음 멈추고 하늘을 우러러 나아닌
다른 이들의 삶도 생각하는 여유가
있었으면 좋겠다. 여인의 모습을 닮
은 양귀비의 꽃잎은 님의 입술을 닮
아 감미롭고 휘어진 곡선은 여인의 젖가
슴처럼 아름답다. 사랑초며 양귀비
며 야산에 피어나는 이름모를 야생화
를 님의 모습처럼 화폭에 담는다. 행
복한 마음으로.

글·그림
정인홍
鄭仁弘
(서양화)

하회탈 얼굴의 춤 스승

조동화 선생님을 처음 뵀을 때 모습은 30여 년이 흐른 지금도 영화의 한 장면처럼 선명하다. 1987년 햇병아리 문화부 기자로 처음 무용 취재를 나서는 내게 선배는 다짐하듯 말했다.「뭣보다 우선 조동화 선생님을 뵙고 인사 올려.」「누구시기에」하는 마음으로 서울 동숭동 뒷골목으로 찾아갔다.

「춤」지 편집실 문을 밀고 들어서자 한쪽 구석에서 낡은 우편물 봉투를 뒤집어 새 봉투를 만들고 계시던 조 선생님이 하회탈 같은 얼굴로 맞아주셨다. 그 실루엣이 머릿속에서 낡은 필름처럼 떠오른다.

「춤이 뭔지 아시는가?」엄하면서도 다감하게 초짜 기자를 살펴주시던 그 넉넉한 마음이 그립다. 한국 춤에, 한국 문화에, 한국 전통에, 한국 정신에 전신을 투척한 선생님의 삶은 두둥실 가볍게 천상으로 오르셨으리라.

글
鄭在淑
정재숙
(언론)

춤

태고적부터
영혼이 육체를 흔드는 떨림이 있었
다.
희로애락 생로병사를 아우르며
육신 속 깊은 곳에서 운명을 극복
하려는
영혼의 흔들림
— 추임새

정지된 시간 속에서
누구나
발목 손가락을 까닥이며
리듬을 탄다.

영혼이 흔드는 추임새의 연속선이
춤이런가.

글·그림
鄭正植
정정식
(서양화)

신난다, 춤!

신난다. 춤이란 정말 신나는 그 무엇이다. 영화 「스텝 업」에서 춤을 추는 젊은이들을 본다. 그 무한한 자유와 열정에 희열을 느낀다. 그 피나는 노력에 어떠한 보상도 없을지라도.

춤' 그건 신나는 일이다. 때로 삶이 나를 배신하고 절망의 늪에 빠뜨려도, 거기서 일어나 웃을 수 있는 용기를 주는 게 춤이다. 그림을 그리다 문득…, 벼랑 끝에서 나는 용기를 내본 적 있던가. 자유와 열정을 향한 용기를.

글·그림

鄭琮潤
정
종
민
(서양화)

흰색 고무신

춤은 춤이어야 한다.

그런데, 간혹 춤은 춤이 아니어야 더 진실한 것같이 생각되기도 한다. 이젠 한국인 발레리나의 짤막한 다리모양은 보기가 민망스럽다. 이젠 전통 부채춤의 둥근 꽃모양은 더 이상 보기 싫다. 마치 TV 다이얼을 이리저리 돌려보아도 똑같은 가수의 모습이 나오듯이 이젠 지겹고 또 지겹다.

유원지 계곡 그늘진 곳, 그곳은 춤의 본령을 유감없이 볼 수 있는 무대이다.

나의 이모며, 고모, 그리고 어머니 같은 아주머니들, 두루뭉술한 몸매와 물에 배어진 두툼한 손. 그들의 춤은 춤이 아니며, 단지 그들의 생활과 진실이 담겨 있다. 일제식민지 이후 마음 편할 날이 한시도 없었던 그런 시대의 인물들. 그러나 오늘은 남편 걱정도 자식 걱정도 가계부 걱정도 저 냇물처럼 흘려보내자.

그들의 맑은 눈망울은 흰색 고무신의 코처럼 예뻤다.

글·그림

鄭址文
정지문
(서양화)

관객단상 観客斷想

불이 꺼진다(너무 깜깜하다).

막이 오른다. … (무식하게, 시작하기 전에 들어와야지(!) … 막이 내린다. (인사 한번 잘한다. 공허하다. 흘러간 옛 노래에 취했나?)

춤이 자신의 내적 질서의 한 표현이라면 최소한 자기언어는 지녀야 하지 않을까? 싸구려 감정풀이나 여흥의 자락이나 붙잡고 있는 한은 박제된 사고의 노출에 다름 아니다.

예술과 기능은 서로 다른 모습이지 않은가.

예술을 그 시대정신의 한 단면이라고 할 때 춤은 그 시대정신의 육화(肉化)된 몸짓으로 드러나야 하며 그러할 때 우리의 심장도 함께 고동칠 수 있을 것이다.

우리 시대 예술의 과제를 위하여!

글·그림
鄭鎭潤
정진윤
(서양화)

무위無爲의 춤

지그시 눈을 감고 슬픈 사연을 흐느껴 호소하기도 하고 벅찬 가슴을 감싸며 하늘을 우러러 열락(悅樂)의 몸짓을 짓기도 한다. 이것은 유구한 시공(時空) 속에 인류가 터득한 신비로운 춤이며 정(情)의 표현이기도 하다. 조물주가 만들어 놓은 모든 것 중에서 오직 인간만이 제 몸을 불살라 응어리진 정한(情恨)을 저토록 토해낼 수 있는 것이다. 그러기에 춤은 무대에만 있는 것이 아니라 여기 있고 저기 있고 온천지에 있는 것이다.

유난히도 하늘이 높던 날, 나는 분명히 수만의 군무(群舞)를 보았다.

8회말, 그렇게도 초조하고 두근거렸던 가슴과 가슴을 헤치고 드높이 치솟은 3점 홈런의 백구(白球)! 우리는 일본을 통쾌하게 누르고 우승의 영광을 안았다. 수만의 손과 손이 일제히 오르고 지축을 뒤흔드는 환희의 함성이 터졌다. 이것은 정녕 안무자가 없는 무위의 군무였다. 무대는 그라운드, 조명은 9월의 햇빛, 음악은 터지는 함성.

글·그림
丁昌燮
정창섭
(서양화)

춤의 판타지아

나는 새의 날개여
바람에 불리어
가지에서 떨어져 흩날리는
목련(木蓮)의 꽃이파리여

모든 악장(樂章)은 끝났는데
그치지 않고 울리는 선율(旋律)에
착지(着地)할 수 없는 다리여
멈출 수 없는 팔이여

이제는 춤일 수도 없어
이제는 율동(律動)일 수도 없이
바람에 흩날리는
하얀 꽃이파리가 되어

몸체에서 떨어져나간채
날으고 있는 찢어진 치맛자락
떠돌아 다리는 취어감은 팔
도약(跳躍)하는 자세로 뻗쳐 있는
다리여

모든 악장은 끝났는데
착지(着地)할 땅이 없어
허공(虛空)에 수직(垂直)으로 거듭
꽃히기만 하는
다리 없는 토우 슈우즈여。

鄭漢模
정한모
(시인)

어떤 만남

한 생명을 맞이하여 소중히 가꾸고자 할 때 또 다른 만남을 떠나보내며 슬퍼했었다. 반갑지만은 않았었던 쇠잔함에 주춤거렸고 그렇게 시간이 흘렀다. 그런 여러 인연들에 삶의 깊이를 생각하게 된 것은 앞만 보던 나의 시선이 주변을 돌아보기 시작한 그때, 화단 옆에 펼쳐진 풀밭도 볼 수 있었던 그때였다.

그곳에는 새파란 빛깔의 추위가 묻어있는 땅을 뚫고서 새빨간 얼굴들이 올라와 있었다. 앞으로 보여질 온갖 빛깔의 하늘 아래, 뜨거운 햇볕과 시원한 바람을 맞이하며 찬란하게 피었다 질 것을 알면서도 흙 틈을 비집고 그 새빨간 싹을 또 틔웠던 것이다.

그것을 바라보며 문득 외로움을 느꼈다. 이런게 슬픔일까? 올 봄에도 다시 대면하게 될 만남에 이제는 확실한 대답을 마주할 수 있을까? 나약하지만 삶과 죽음의 의미를 곱씹을 수 있게 해준 것과 생명의 가치를 느끼게 해준 그 만남들이 결국 고통속에서도 기쁨 속에서도 풀들은 계속 자란다는 깨달음을 말이다.

글·그림
鄭惠禎
정혜정
(동양화)

원초적인 리듬

인체의 운동으로 하여금 미적 형상을 창조하는 예술로서의 무용은 신체운동의 리듬에 따라 순수한 형식의 통일을 인간의 행동과 동물의 운동의 모방을 갖고 내용상의 미적 효과를 노린다.

원래 리듬은 Pυθμόs(흐르다)에서 유래된 것으로 고대에서는 음악이 무용과 시에 연결되어 있었다.

한편 아리스토텔레스는 리듬을 시간의 질서라고 정의하여 시간적 현상에 있어서 광범위한 의미의 음악이나 시 등의 시간예술뿐만 아니라, 건축 회화 조각 등의 공간예술에도 존재한다고 하였다. 예술에서의 차이점을 리듬, 언어, 멜로디의 세 수단의 구분에 두었고 이들 형태 대부분은 모방이 일반적 개념형태를 지닌다고 하였다.

이렇게 볼 때 리듬의 의미는 춤이 존재하는 한 존재한다. 필연적으로, 리듬이라는 것은 수와 필수적으로 연결되어 있으며 수—리듬—시—모방의 관계는 원초적인 자연의 성격을 띤 일관성 있는 요소들로서 무용을 구성하고 있다.

글 · 그림
鄭惠鎮
정혜진
(동양화)

정혜진 「고풍」(2003)

채우며, 비우며…

키가 작은 아이가 힘들게 춤추는 걸 보기가 안타까워했던 엄마가 있었다. 엄마가 그냥 춤을 그만두면 안 되겠냐고 묻자, 아이는 「엄마, 밥 안 먹고 살 수 있어?」라며 되레 설득하더란 춤은 밥 같은 거야」라며 되레 설득하더란다. 춤추며 살고픈 마음이 절실했던 아이의 명답이다. 나 역시 밥처럼 춤이 절실했던 여 어려서부터 춤을 췄다. 지금까지도 집안에서나 직장에서나 어디서나 나의 삶은 늘 춤으로 가득하다.

춤은 채우고 비우며 이루어진다. 숨을 채우고 비우며, 생각을 채우고 비우며 느낌을 채우고 비우며 만들어져간다. 춤은 결국 가득 채운 욕심을 서서히 비우며 완성되어 간다. 나의 스승께서는 「춤은 추는 것이 아니고 추어지는 것이란다」는 말씀을 늘 하셨다. 오늘도 나는 저절로 추어지는 춤을 위해 욕심을 비우고 춤으로 나를 가득 채우려 한다.

글
鄭惠眞
정혜진
(한국춤)

생명과 소멸
— 춤으로 피어나다

빛이 찾아든 역사의 대지 위에 한 마리 새가 날아들어 춤을 추고 있다. 그 새는 빛이 깃든 이슬의 영롱함과 함께 대지를 깨우고, 하늘을 향해 날개짓하며 자유를 나른다. 새는 어느새 낡은 날개를 접고, 더 멀리 또 다른 미래를 향해 새로운 날개를 펼친다.

춤, 그 형상의 생성과 소멸은 인간 삶의 연속성과 유사하다. 움직임은 만들어졌다 없어지고, 기존의 형태와 생각은 끊임없이 깨부숴지고 새로워진다. 진정한 예술가는 이러한 혼돈 속에서 감동을 주어 인간의 마음을 움직인다.

글·그림
鄭浩陽
정호양
(서양화)

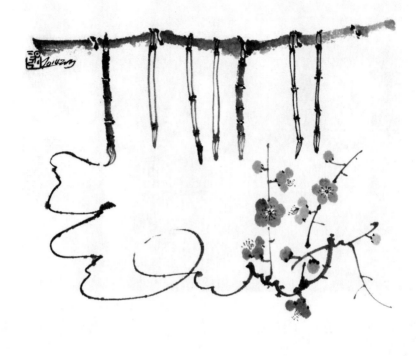

춤추는 붓

붓은 마음을 통해 팔과 손으로 전달되는 이미지를 추구하지만 화지를 만나는 순간 붓은 춤을 추듯 화지 위를 여유롭게 거닐며 때로는 흥에 겨워 스스로 의 몸으로 다양한 필선의 춤사위를 연출한다.

부드러운 모필일지언정 몸에 수묵의 물기를 품어 안으면 어느 사이 스쳐가는 작은 바람에도 휘날리 는 유연함이 칼처럼 예리하게 날을 세우고 어느 때 에는 물처럼 유연함으로 화지 위를 적신다.

붓은 다가설 수 없는 연인처럼 화지를 만나는 순간 떨리는 마음을 진정할 수 없어 몸을 비틀고, 세우 고, 화지 위에 비스듬이 드러눕고 뛰기도 하면서 하루에 수십 번, 수백 번의 몸짓으로 한 폭의 산수 화가 되고, 화조화가 되며, 사군자가 되기도 하면 서 수묵의 향기를 품어낸다.

춤추는 붓끝의 흔적들이 여기저기 가득한 연구실 에서 화지 위의 수고를 뒤로 하고 오래된 대나무 붓걸이에서 자신의 젖은 몸을 말리며 잠시 휴식의 시간을 갖고 있는 붓을 보며 붓끝의 신명나는 또 다른 춤사위를 떠올려본다.

글·그림
**정
황
래**
(한국화)

『춤』지 앞에서 조동화 선생과 필자(오른쪽)

체험이 앞서는 예술

글과 소리와 이미지와 움직임
문학과 음악과 미술과 무용
글이 없는 대사
소리 없는 연극
이미지의 연속
그리고 의미를 담은 움직임
다른 어떤 양식의 예술보다 체험이 앞서는 예술
순간적으로 사라지고 마는 체험의 예술의 지평을
사고와 말과 담론과 기억의 영역으로 넓히신 분을
가운데 두고
그 영역으로 나아가는 항해선 『춤』지 사옥 앞에서
약관을 제법 넘긴 어느 봄날
각기 다른 방식으로 춤예술에 뜻을 둔 두 친구가 함
께했다

글
鄭鎬昌
정
희
창
(춤평론)

자연自然의 춤에서

강변
가을바람
하늘거리는 갈대 숲 …
그곳에서 나는 싱그러운 자연의 춤을 발견하고,
그 신선함에 놀란다.

춤은 자연의 춤이든 사람의 춤이든 즐거움과 아름
다움을 준다.

하지만 나는 조형(造型)된 춤에서보다 자연의 춤에
서 더 절실한 행동을 감지한다.

내 추상화(抽象畵)가 그렇듯이 ' 춤을 만드는 사람
도 자연에서 어떠한 이미지를 얻는 것이 아닐까 생
각해본다. 사실 나는 자연에서 얻은 이미지로 작
품을 구상할 때가 많다. 그러므로 내 그림 밑바닥
에는 자연의 춤이 깔려 있다. 때로 그 춤이 소박한
채로 화면에 뛰쳐나와 나를 당황하게 하는 경우가
없지 않지만.

이 가을에도 좋은 그림을 낳기 위해 「자연의 춤」을
찾아 나서야겠다.
정말 나의 춤을 추고 싶다.

글·그림
諸靜子
제정자
(서양화)

내 삶의 보물창고

어릴 적 나는 말수가 적고 유난히 수줍음이 많은 소녀였다. 친구는 적고 늘 혼자 놀았지만 지금 생각해보면 누구보다도 많은 추억을 갖고 있는 것 같다. 그것은 발산하고 싶은 숨은 재능을 펼칠 수 있도록 꽃과 나무, 새 등 자연이 나의 친구가 되어 주었기 때문이다. 코스모스 길은 노래하는 무대가 되었고, 내 키를 훌쩍 넘는 빠알간 칸나는 크고 넓은 잎을 내밀어 내 손을 잡아 주어 발레리나의 꿈을 키우게도 했으며, 풀밭에 누워 파란 하늘에 그림을 그려 넣으며 화가를 꿈꾸었다. 이제 나이 들어 바쁜 일상에 감성이 사그라지려 하면 어릴 적 추억은 소중한 나의 보물창고가 되어 새하얀 화폭에 새로운 세상을 열도록 붓으로 춤을 추게 한다.

글·그림 **趙康男**
조강남
(한국화)

춤, 바람!

여름 더위는 뜨겁건만 떠다니는 까만
새⋯⋯。

이제는
바람에 떨고있는 강아지풀섶에도
춤바람이네.
우리는 언제나 바람춤일까나?

들녘에 이는 춤, 바람! 바람, 춤!
8월에 이는 춤, 바람, 춤
9월을 못막을 바람, 춤
언제나 불어오는 춤, 바람을 우리는 어
찌할까?

아? 이는 춤, 바람!
바람, 춤바람!

이 바람! 춤, 바람 언제나 멈추려나?

글 · 그림
曹康鉉
조
강현
(서양화)

날고 싶은 꿈

발레는 날고 싶은 인간의 욕망을 가장 잘 드러내는 예술이다. 여기서 「난다」는 것은 성장과 초월의 메타포다. 난 작고 왜소한 육신으로 그저 이렇게 늙다 죽고 싶지는 않다. 사는 동안 보다 높은 격을 추구하며 성장하다 가고 싶다. 그래서 발레를 한다.

발레는—우리의 삶과 같이—고정불변의 어떤 형식이 아니라 살아 꿈틀거리는 생명체이다. 그래서 끊임없이 변화하고 새롭게 구성되지만 그렇다고 무작정 혼란스럽지는 않다. 자세히 관찰하면 생명의 리듬을 집약적으로 보여주는 패턴을 갖고 있다. 이를 테면 올라가면 내려오고, 나가면 들어오고, 강하면 부드러워지고, 태어나면 죽어간다. 니체는 「우리에게 있는 것은 몸뿐이며, 우리의 삶과 죽음은 춤의 리듬에 따라 이루어져야 한다。」는 것을 강조한다. 그는 그 패턴을 간파했던 것이다.

나에게 발레는 이렇게 세상의 이치를 알게 하고 나를 날게 하는 꿈이다.

글
趙起淑
조기숙
(발레)

2016 국제춤축제연맹 집행위원회

예고없이 찾아오는 새로운 무엇

그저 촌부의 장남으로, 반항을 모르는 모범생으로, 누구나 예측할 수 있는 평범한 미래가 주어지리라 생각했다. 아니, 그것은 너무 당연한 것이었다.

인생은 예측할 수 없고, 미래는 단언할 수 없는 것이라지만 내 가족, 친구, 그리고 나 자신조차도 무용인으로서의 삶을 생각해본 적은 없었다.

그런 나에게 춤은 허락도 없이 불쑥 들어와 내 삶을 집어삼켜버렸고, 정신 차리고 보니 상상해본 적 없는 옷을 입고 분칠을 한 모습으로 무대 위에 있었다. 그것이 앞으로의 내 삶인 줄 알았다.

파란 눈에 매부리코인 친구를 만났다. 친구의 친구를 또 만났다. 우리는 각자의 삶 속의 춤을 애기했고, 춤축제라는 공감대를 찾아 하나의 고리가 되었다.

내 삶은 매일같이 변화하고 있음을 체감한다. 예고 없이 찾아올 새로운 그 무엇이 내 삶에, 그리고 내 미래에 어떤 전환점이 될지 기대해본다.

글
趙南奎
조남규
(한국춤)

1973년 12월 27일 무용용어통일위원회 모임(공간 사랑)

무용용어통일위원회 舞踊用語統一委員會

첫 모임 후

1960년대 후반에 들어서면서 대학무용교재나 기타 무용전문서적 형태의 책들이 나타나기 시작하였다。 그러나 저자마다 무용용어나 그 개념서술이 달라 혼란이 올 것이 확실해졌다。 나는 방송·신문사에 있었고 이쪽 저쪽에 무용기사나 리뷰같은 것을 제공해야 하는 입장이었기 때문에 이 용어문제가 여간 신경쓰이는 것이 아니었다。 무용술어통일작업이 시급하였다 … 다행히 1974년에 진흥원에서 무용예술진흥계획이라는 안을 만들때 우리 용어심의위의 법통이 그대로 인정되어 그 계획속에 흡수시켜주면서 근심했던 용어집과 해설본까지 쉽게 출판할 수 있었다。 연극계에서도 우리의 자발적인 용어통일심의운동에 자극받고 연극용어심의위를 구성、 우리처럼 용어집을 만들게 되었다。

사진 뒷줄 좌로부터 박용구、 김백봉、 조동화、 임성남、 박외선、 두사람 건너 안제승、 김천흥、 앞줄 우측 두 번째부터 시계방향으로 김경옥、 조흥동、 최현 씨

글
趙東華
조동화
(춤평론)

516

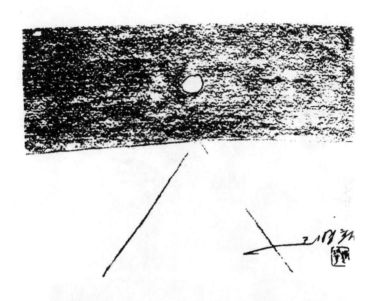

길

「길은 나를 부르며」라는 제목의 시집을 낸 일이 있습니다.

모로코를 위시해서 아일랜드, 스코틀랜드, 네덜란드 등 아프리카, 구라파 등지를 여행하면서 스케치한 그림과 시를 담아서 한 권의 시집으로 묶었던 겁니다.

실로 무수한 길들. 그 무수한 길들을 사람이 걸었기 때문에 생긴 것이 아닌가.

중국의 작가 노신(魯迅)이 「이 땅 위에는 원래부터 길이 있었던 것이 아니다. 사람들이 많이 넜기 때문에 길이 생긴 것이다」라고 한 말이 생각이 났었습니다.

길은 가고 싶은 곳이 있어서 생기는 것, 가고 싶은 곳은 그리움이 있어서 생기는 것이 아닌가. 이렇게 길은 그리움으로 이어지며, 꿈으로 이어지며, 그것은 인생이라는 허망한 공간과 시간으로 이어지는 것.

나는 내 일생을 이 허망한 무한한 길을 철학하면서 살아 왔습니다.

글 · 그림
趙炳華
조병화
(시인)

영혼의 춤

사랑의 한(恨)을 지닌 영혼이 머물고 있는 공간 세상에서 하나가 되지 못한 아픔 그리움의 눈물이 알알이 맺힌 그들은 보석처럼 빛을 발하고 있다.

슬픔과 기쁨, 충만함과 공허함, 평온과 갈등이 해소되는 그들의 춤을 보고 싶다.

이제 애잔하기도 때론 격렬하기도 한 불꽃같은 영혼은 자유롭게 되어 사라지고 그들의 안식처인 나의 작품도 불꽃이 되어 사라질 것이다.

내 작품이 불탈 때 내 영혼도 자유로워진다.

글·그림

趙誠武

조
성
무

(설치미술)

힘과 부드러움의 미학

드로잉에서 유연한 선이 나오기 위해서는 손에 힘이 빠져야 한다고 하는 말이 있다. 유려하고 아름다운 선을 구사하기 위해서는 힘이 필요하다. 그렇다면 어떻게 힘을 뺄 수가 있는가?

이것은 힘을 제거한다는 것이 아니라, 부드러움이 나타나고 힘은 겉으로 드러나지 않게 숨겨져서 부드러운 아름다움을 유지시켜주는 에너지가 아닐까? 그러므로 힘이 없이는 부드러움이 유지될 수 없지 않겠는가 생각해본다. 내가 요즈음 발레리나 작업을 하는 이유 중 하나가 발레리나의 몸동작에서 호흡을 느낄 수 있기 때문이다. 호흡은 생명을 유지시켜주는 경이로운 현상이다. 화면이란 공간에서 연필이 춤을 추고 무대에서 몸으로 춤을 추며 눈으로 보는 이에게 몸으로 하는 말을 가슴으로 듣기를 간절히 갈망 하는지도 모른다. 나는 눈을 감고 아름다움 뒤에 숨겨진 힘과 고통과 기쁨을 느껴본다.

글 · 그림

趙晏奭
조
안
석
(서양화)

삶의 춤

몸의 언어
몸짓의 예술이 춤이다.

두뇌와 가슴 이전에 몸이 먼저 알고 몸이
먼저 느낀다. 체(體)다.
태어나는 순간 몸이 말하고 몸이 듣는 것
을 먼저 배운다.
지식 이전에 본능이고 반응이다.
그 몸이 말을 하고 몸짓이 노래할 때 춤이
된다.

춤은 단순히 무용이 아니다.
춤은 흥이고, 전율이며, 풍류다.

또한 춤은 삶의 소리이고 존재의 색이다.

몸으로 뱉어내는 삶의 이야기
그리고 손과 발, 몸짓이 만드는 오르가슴
이다.

글·그림
曺永高
조영설
(화가)

춤과의 첫만남

춤을 처음 접하게 된 것이 어느 해였던가, 아마 교복을 입던 그 여름이었을 게다. 교과서에서나 읊어 보던 「얇은 사 하얀 고깔은 고이 접어 나빌레라 …」 승무는 춤이라기보다는 모든 사물을 끌어들이는 모습이었다고 표현하는 게 더 적절하겠다.

그때 내 마음을 흔들어 놓았던 모습은 사라졌으나 다시 존재하고 …, 그 속에 나타나는 정지된 모습을 잡으려 노력하는 사람이 되어 있는지도 모르겠다.

미(美)와 춤은 유희다. 그리고 그것은 기념비적인 그 시대의 산물이며 그 속에서 자신을 발견하는 것이다. 그러면 그 속에서 우리는 무얼 얘기해야 할까? 표현언어는 많다. 그중 자신의 언어는 하나뿐, 그 하나를 위해 모든 이는 노력하며 살아가는지도 모르겠다.

뒤돌아 후회 없는 삶, 곧 자신의 언어에 최선을 다하는 이만이 만족할 수 있을 것이다.

글·그림
趙容台
조용태
(조각)

조윤라의 「조현」(2005)

내 심장이 되어준 발레

발리에에서 그랑 쥬떼까지 내 몸의 모든 세포와 근육이 리듬에 따라 살아 움직이는 것을 느낀다. 그리고 내 몸의 모든 기운이 소진된 순간 무아지경의 상태를 경험한다.

어느 날 누군가에게 「발레는 선생님의 심장인 것 같아요」라는 말을 들었다. 언제부터인지 모르겠지만 발레는 나에게 위안과 버팀목이 되었던 듯하다. 연습실에서 땀 흘리며 제자들을 가르치면서, 무대에서 춤을 추면서 기쁨을 함께 하고, 슬픔을 이겨내고, 희망을 꿈꾸면서 살아온 발레인생 50년.

인내와 진실과 지혜를 깨우치게 했던 스승이자 삶의 동반자이다.

무엇인가에 열정을 가지면 삶이 바뀔 수 있고 손이 하늘에 닿을 수 있다」는 누군가의 이야기가 생각난다.

글
趙允羅
조 윤 라
(발레)

춤의 시작

약대생이었을 때 조교를 하면서 식물학과 교수님 명령으로 「조선 생물 술어통일 용어집」을 만든 경험이 훗날 「무용용어통일위원회」를 만들게 되었다. 교수님 대신 「꽃이야기」를 직접 그린 그림과 함께 신문에 연재하였던 것이 「꽃과 전설」이라는 책으로 나와 베스트셀러가 되고, 출판문화상을 받으며 우리나라 꽃 전문가가 되셨다. 어느 날 신문에 난 「대학무용연구생 모집」 광고를 보고 「대학하고 무용이 연결? 마치 뭐 새로운 시작을 암시하는 것 같아」서 「함귀봉 무용연구소」를 찾아갔다. 그곳에서 우리나라 최초의 무용평가 문철민 선생을 만나게 되었다. 고대생 최창봉, 무용가 송범 등도 거기서 처음 만나면서 시작되었다. 6·25 전쟁 때는 정부에서 마련한 예술가 피난열차에 무용 자리가 없음을 알고 급히 「한국무용단(韓

國舞踊團)」을 만들어 담당장교를 설득해 무용가들을 대구로 피난시킬 수 있었다. 이 열차가 터널에서 고장으로 멈췄을 때 「조동화는 가지고 있던 영어콘사이스를을 한장한장 태우며 앞길을 밝혀 우리를 이끌었다」는 한 무용가의 증언은 마치 영화의 한 장면 같다. 그 후 신문, 잡지에 무용평을 쓰게 되면서 마침내 오늘 「춤」지 발간에까지 이르는 일련의 연관관계가 되었다 하고 회술하셨다. 중학생 때 조선일보에 시가 실렸고, 1954년부터 꽃 이야기, 무용논단, 무용평론, 인물평, 동물적인간론, 수필 등 천여 편 가까이 스크랩되어 「춤」지 자료실에 보관되어 있다.

글
曺恩慶
조은경
(춤평론)

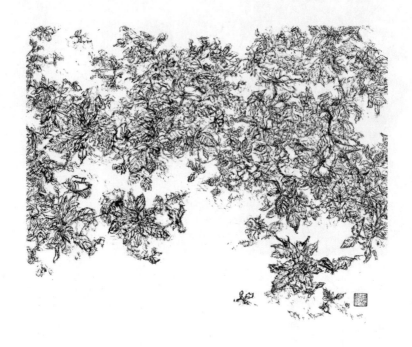

진정한 구원

구원이란 무엇인가. 영화 「밀양」을 보고 누구나 가질 수 있는 의문점이다. 왜 사람은 절망에 빠지고, 왜 그 절망 속에서도 살아가야 하는가. 그러나 정작 그 대답은 영화의 처음부터 곳곳에서 모습을 나타내고 있었다. 주인공 신애의 절망적인 삶에서 항상 작은 도움을 주던 종찬의 존재, 동네 아줌마의 칭찬 한마디, 땅한 구석의 작은 햇빛 한 조각 등.

우리는 힘들 때마다 왜 살아야 하는지에 대한 질문을 스스로에게 던진다. 하지만 그 어떤 거창한 대답도 우리를 만족시킬 수 없다. 우리는 신애가 느꼈던 것과 같은 일상의 소소함이야말로 지금까지 우리를 살아오게 만드는 「진정한 구원」임을 알기 때문이다.

글·그림

趙恩男
조은남
(동양화)

1982년 11월 9일 제4회 「대한민국무용제」 시상식날(구 문예회관 대극장로비). 오른쪽부터 조은미, 육완순, 조동화

삶의 아르케

우리 몸은 시간과 공간의 두 기둥을 지탱하며 주변의 공기를 에너지의 형태로 만들며 춤의 모습을 이뤄낸다. 걷고, 뛰고, 숨 쉬는 지속적인 고리로 서로를 강화시키며 몸의 근원적 발견으로부터 춤은 시작된다. 인간 삶의 행위는 곧 시공간적 이동이고 춤 역시 지나가는 것에 대하여 「지금 여기」에 자유로이 남기는 것이다. 끝없는 변화 안에서 현현하게 몸의 행위로 드러내는 것이 춤인 것이다. 그리기에 춤은 삶이고 삶은 사람의 글자꼴을 이루면서 우리 곁을 스치는 풍경들을 그려내고 있다. 곧 사람이 스스로 풍경이 되어 오롯이 춤이 된다.

■ 사진에 따른 역사적인 사료

무용계에 아직 알려지지 않은 젊은 무용가들에 의해 1980년 창단된 「현대무용단―탐」은 1982년 대한민국무용제에서 작품 「청동무늬―탐」으로 안무상(조은미), 음악상(강석희 서울대 작곡과 교수), 미술상(곽대웅 홍익대 공예과 교수)을 수상하여 당시 무용계에 젊은 파장을 일으키며 언론과 평단의 이목을 집중시켰다.

글
曺恩美
조은미
(현대춤)

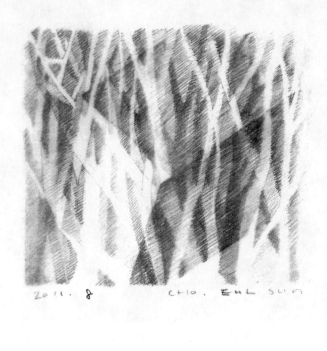

2011. 8   CHO. EUL SUN

여름나무의 춤

내가 사는 아파트는 십수 년이 넘은 곳이라 그런지 나무들이 꽤 높음 짙다. 올 여름은 비와 함께 유난히 바람이 많아 아파트 단지 내에서 마치 춤을 추는 듯한 나무들의 군무들을 볼 수 있었다. 지구 온난화 때문인가? 미지의 어느 곳에서부터 우리 동네까지 영향을 주는가 보다. 오늘도 어제같이 아들을 학원에 바래다주고, 데려오고, 내일도 똑같을 삶의 쳇바퀴 상자 속에서 그 바람을 볼 수 있는 여유를 그래도 억지로 가져보다. 태고적부터 그랬을 나뭇가지와 바람과의 조화스러운 움직임은 현재진행. 요사이 유난히 눈에 보이는 바람과 나뭇가지가 마치 대화하는 듯한 영상은 학생 때 밤새 읽었었던 헤르만 헤세의「데미안」의 한 귀절이 아련히 생각나게 한다. 싱클레어가 에바부인에게서 내부에 존재하던 여인상을 느낀 이후로 바람에 의한 나뭇잎의 움직임이 그렇게 아름다웠었는지를, 그 아름다운 것을 알았다고…. 그런데 우리 아파트의 나뭇가지들이 춤추듯이 바람과 함께 움직이는 이미지들을 아무리 보아도 싱클레어가 느낀 감정 같은 것이 느껴지지 않는 것은 내가 여자이기 때문일까? 아니면, 나만의 메마름일까?

글·그림

趙乙善
조을선
(판화)

어디에나 있는 춤의 상像

글·그림
조인희
(서양화)

일에 몰두하고 있는 어떤 이가 피워 문 담배연기의 아른거림이 아름답게 느껴짐과 거리를 뛰는 어떤 이의 머리 위로 피어오르는 김의 의지가 동질로 느껴질 때가 있다.

영유하는 시간 속에서 스쳐지나 듯 마주치는 많은 사물과 현상 속에서 때때로 크고 작은 몸짓들과 만나게 된다.

TV쇼 프로그램의 통속적인 진행 속에서도 함지박 속 빨래 위 비누거품의 무리 속에서도… 일상은 언제나 표현과 감상적 느낌의 분출에의 욕구로 하나의 흔들거림과 격렬한 몸짓과 섬광으로 번뜩인다.

조용히 흐르는 물 위에 언뜻 비치는 햇살과 조약돌 사이를 흐르듯 유영해가는 은빛고기의 격한 회전과 공간을 솟아오르는 분수의 흩뿌려지는 물보라에서도 나는 현란하게 도약하고 회전하는 어느 맘보댄서의 발끝의 번쩍거림을 느끼게 된다.

화양연화 花樣年華

누구나 태어나서부터 죽는 날까지 인연이란 끈을 하나씩 연결하며 살아간다.

나이가 들면 들수록 그 끈은 점차 늘어난다. 그것이 인연인 줄 알 때도 있고 모를 때도 있지만… 때론 본의 아니게 내가 그 끈을 놓치기도 하고, 상대방이 놓아버려 아쉽기도 하다.

내가 아무리 어려운 상황이 되어도 마지막까지 끈을 잡고 있을 사람은 누구일까?

곰곰이 생각하자 떠오르는 이름, 어머니.

어머니가 잡고 있는 끈으로 인해 나는 오늘도 내일도 춤춘다.

누가 여자의 가장 아름다운 시절은 청춘이라 했을까… 청춘의 딸을 춤추게 하는 어머니의 시절이야말로 화양연화(花樣年華)아닐까?

글·그림
趙章恩
조장은
(한국화)

1991년 여름 미국 캘리포니아 연습실에서

아낌없이 주는 나무

몇 년 전 「춤산책」 100회 기념으로 이동우 평론가가 쓴 글을 접하게 되었다. 믿고 의지하며 항상 정진할 수 있도록 기다려주셨던 조동화 선생님에 대한 감사함과 그리움을 담은 글이었다. 그 글을 읽고 외할아버지가 생각났다. 어릴 적 나는 꼬챙이처럼 말라서 겉보기에도 약해 보이는 소녀였다. 주변에서는 허약해서 병이라도 나지 않을까 걱정했다. 어느 날 외할아버지께서 주변사람들에게 확신에 찬 어조로 말씀하셨다.

「이 아이의 복사뼈를 만져 보거라. 이 아이는 결코 약하지 않다. 발로 힘쓰는 운동을 하면 정말 잘할 것이다.」

몇 년 뒤 나는 발레를 시작했고, 아무리 연습이 힘들어도 외할아버지의 따뜻한 목소리와 표정을 떠올리면 메마른 우물이 차오르듯 금방 자신감이 샘솟았다. 나도 누군가에게 아낌없이 주는 나무가 되고 싶다. 문득 그리움이 차오른다.

글
曹周鉉
조주현
(발레)

환상幻想의 놀림

마음은 늘 신명나는 움직임으로 가득 차 있다.

그것이 무엇일까 하는 물음도 늘 떠나지 않는다.

꿈속에서는 언제나 넉넉한 가슴을 열어 깃발의 나부낌을 즐기곤 한다. 숲속의 함성과, 기상의 나팔 소리를 밀려오는 파도의 함성과, 기상의 나팔 소리를 들었다.

그 위를 덮으며 밀려오는 몸들이 있다. 천사처럼, 귀신처럼, 때로는 물처럼, 바람처럼 와르르 밀려오는 몸짓이 있다. 자연처럼 바람에 나부끼는 몸놀림이 있다.

환희를 동반한 온몸으로 신(神)처럼 다가와 부딪힌다.

살아 있다는 것이 곧 기쁨일 수 있는 환상의 놀림이 머리에 둥그런 통로를 만들어내고 그곳에 신선한 바람을 쑤셔 넣는다.

글·그림

趙忠植

조충식

(서양화)

저물 무렵

오랜만에 그것도 억지스럽게 만들어진 회식자리에서 오랜 벗들을 만났다.

세상살이 녹록치 않은 것처럼 그들의 얼굴에서, 한때 청년의 빛나던 그것은 사라진지 오래전의 일이 되었다.

술이 돌고 언쟁을 하고 인생을 말하다가 움직임이 인다. 술춤 막춤인 생춤 나에게는 그렇게 보였다. 마음과 마음이 춤을 추었다. 서로를 위로하는 움직임이 아니었을까, 그것은…….

글·그림
조 趙
헌 憲
(서양화가)

아버지

아버지는 딸이 안경을 써야 한다는 사실을 받아들이지를 못하셨다. 여자는 안경을 끼면 볼성이 사나워진다고 고집하시며 ···. 먼 곳의 글씨를 볼 수가 없어 공부하기가 어렵다는 말에 아버지는 딸의 손을 잡고 광화문 어디쯤에서 안경을 맞추어 주셨다. 딸이 성숙해졌을 때는 종로 어느 구둣집에서 꽃분홍색 신도 맞추어주셨다. 더욱 높아진 가을 하늘에 아버지하며 조용히 읊조린다.

아버지,
모자 선물 받고 싶어 하셨죠. 이제 어디로 보내드려야 할까요. 아버지 꼭 보내드리고 싶은데요. 아버지하고 멋진 춤 한 번 추고 보내드렸어야 했는데 ···. 아버지, 춤은 결코 오만방자한 멋쩍은 행동이 아닌 것 같아요. 그림이 본능적이듯 춤도 본능적인 것임을 늦게 깨달았어요. 아버지 친구분들의 얼굴 사진에 일일이 써놓은 별명을 보며 웃어봅니다. 아버지 모습 위에는 오직 물음표만 있더군요.

글·그림 **조 혜 숙**
(서양화)

조흥동 「한량무」

숙명으로 다가온 춤

이제 다시 생각해봐도 춤은 나에게 타고난 숙명적 운명이라 믿어진다. 정월 보름날이면 마을 아저씨들이 나를 건립패(농악대)에 무동을 태워 춤을 추게 하였고, 저녁이면 사랑방에서 아저씨 한분에게 소고춤, 초립동 같은 춤도 배웠다.

그 후 초등학교를 마치고는 중학교를 서울로 유학을 오게 되면서 「주만향고전무용연구소」, 「김윤학무용연구소」에서 춤을 배웠다. 그 후 장흥심, 한영숙, 김천흥, 김보남 등 여러 선생님에게도 춤을 배우게 되었다. 이 모든 것이 숙명이었다 생각된다.

그 후 세월이 흘러가고 「춤」지가 창간되어 명륜동 「춤」지 사무실로 조동화 선생님께 인사차 갔더니 선생님께서 하시는 말씀이 「미스터 조는 쟁이가 되지 말고 무용지도자가 돼야 해. 앞으로 몇 회의 글을 썼다가 선생님들로부터 혼난 적이 있다. 이렇듯 춤추는 일 외에는 사방으로 눈을 돌려본 적이 없고 오로지 춤만이 천직이 아닌 천직이 되었다.

이른 아침 새벽잠에 깨어보니 지나온 세월이 주마등처럼 흘러간다. 부모님 생각에 눈시울이 뜨거워진다. 왜 춤을 추었을까? 그렇게도 법관이 되라는 부모님의 염원을 뿌리치고 말았으니…….

글

趙興東
조흥동
(한국춤)

또 다른 세상

곤충은 세상을 어떻게 바라볼까? 두 눈으로 보는 인간의 시각과는 또 다른 세상일 것이다. 잠자리나 나비와 같이 겹눈을 가진 생명체는 여러 각도의 많은 눈이 달려 있다. 아마도 곤충들에게는 세상이 한 곳만 보이는 것이 아니라 전, 후, 좌, 우, 상, 하 모두 보일 것이다.

한 번에 모든 것이 보이는 세상, 모나지 않고 둥근 세상을 상상해본다.

글·그림 **주도양**
(서양화)

(화려한 솜씨를 주는 화가)

스페인에서 받아본 『춤』지

목사 가정에서 태어난 어린 시절에 나는 교회당 종

탑 밑에 쪼그리고 앉아 먼 하늘 끝까지 쳐다보며 낮

에는 밝은 태양과 저녁이면 둥근 달, 조각 달, 수많

은 별들과 헤아릴 수 없는 많은 대화 속에 미지의 세

계를 향해 명상에 잠기는 꼬마 주리였습니다.

춤을 춘다는 것을 생각지도 못한 나의 운명은, 하늘

끝까지 바라보며 명상에 잠겼던 나를 하나님은 머나

먼 땅 스페인으로 인도해주셨습니다. 흙냄새, 꽃냄

새, 바람소리, 하얀 달빛, 수많은 별들과의 대

화… 스페인 땅에서 춤추게 해주었다는 사실…

너무나 기쁘게 생각하고 있습니다. 매월 스페인으

로 찾아오는 『춤』지를 스페인 학생들에게 자랑하면

서… 당시 머리맡엔 항상 『춤』지가 있었습니다.

제가 구독료를 못 보내드려도 조 선생님께서는 따뜻

하신 사랑으로 한 달도 빠짐없이 춤을 보내주셨던

고마움을 잊지 못하고 있습니다. 『춤』지 500호

를 축하드리오며 주님의 은혜 함께 하시기를 기도드

립니다.

글
주 朱
莉
리
(스페인춤)

앙리 마티스의 춤

1910년에 제작된 앙리 마티스의 「춤」, 나는 이 작품을 대할 때마다 항상 춤에 뜻을 두고 있는 친구들과 함께 보고 싶은 충동을 느낀다.

이 작품 앞에서 대화를 나눌 수 있다면 아마 이런 이야기들을 주고받지 않을까?

70여 년 전에 이미 미래의 무용이 도달할 경지에 관해 예언한 예술에 대한 존경과 이로써 증명된 화가와 무용가와의 공감대…

인간의 가장 원초적인 모습에 대한 추구, 속박으로부터 완전히 벗어난 듯한 자유로운 몸놀림, 완벽하게 이루어진 화면의 구성에 대하여 이야기하게 될 것 같다.

그러면서 예술은 각기 높은 경지에 이르면서로 통한다는 말을 실감하게 될 것이다.

글
朱美蓉
주미용
(서양화)

시간게임

정해진 시간, 그러나 언제 멈추게 될지
모르는 시간, 우리는 모두 시간과 게임을
하고 산다. 힘들고 바쁜 시간, 슬프고 고
통스러운 시간, 마치 정지된 듯 지루하기
이를 데 없는 기다림의 시간, 이대로 영
원할 듯한 기쁨과 행복의 시간, 시간은
한 치의 오차도 없이 똑같이 흘러가지만
늘 내게 다가오는 시간은 다르다. 언제
내 시간이 멈추게 될지 겉보기엔 무관심
하게 보여서 삶의 애착이 없어 보일지라
도 당장 내게 하루밖에 시간의 여유가 없
다면 나는 무엇을 하고 있을까. 그리고
그 이유로 얼만큼의 슬픔을 아쉬움을 갖
게 될까. 그렇다면 오늘 하루는 얼마나
소중한 시간이 될까. 나는 오늘도 그림을
그린다. 언제 뜻밖의 시간이 내게 찾아올
지 모른 채···.

글·그림

朱惠卿
주
혜
경
(서양화)

승화 昇華 된 인체 人體

언어라는 표현수단 이전에 우리는 몸짓이라는 것을 통해 우리의 욕구를 표출해왔다. 어쩌면 몸짓은 언어라는 매개체보다 더욱 진실된 표현 수단이 아니었나 생각해본다.

현대에 와서 쉽고 빠른 전달체계가 발달하면서 몸짓은 쇠퇴하고 그 대신에 아름다운 몸짓이 예술행위라는 표현수단을 통해 우리에게 다가온다. 인체는 자신 스스로도 아름답고 그것이 움직이면 함유하는 공간 또한 예술로 승화되어 느껴진다.

춤은 그러한 의미에서 인체를 주제로 조각을 행하는 나에게 무한한 영감을 불러일으키는 동기를 주며 춤 속의 또 하나의 소우주를 발견해 인체를 또 다른 예술행위인 조각을 통하여 승화시킨 인체, 즉 또 다른 이미지를 구상한다.

글·그림
池蕙汀
지혜정
(조각)

춤에 대한 단견 短見

인간의 내면에 있는 많은 생각을 적절히 표현할 수 있는 수단을 가진 사람은 행복하다。특히 인간의 영혼을 살아있는 육체를 통해 표현하는 일은 무엇보다 숭고하고 아름답다。

춤을 추는 이와 그를 바라보는 사람과의 완전한 일치의 순간 ─ 그 짧은 순간의 영혼의 교류는 지치고 혼탁한 우리네 삶에 소중한 위로로 다가온다。그러나 그런 빛나는 순간을 가져오기까지 창작자는 외롭고 기나긴 연습과 끝없는 수련의 과정을 걷고 또 걷는 것이다。

긴 밤을 지새우며 기다린다 해서 우리가 늘 황홀한 해돋이의 순간을 맞이할 수는 없다。그러나 때론 칠흑처럼 캄캄한 절망과 고뇌 속에서도 오로지 한 길을 향해 끊임없이 불태우는 예술가의 영혼은 소중할 수밖에 없다。

글·그림
진춘희
(서양화)

승무 僧舞

나는 춤을 소재로 한 그림을 더러 그렸다. 탈춤, 승무 등. 나의 「승무」에 대해 사람들은 정(靜)의 세계라고 말한다. 그것은 동(動)이나 양(陽)의 세계와는 상반되는 것이다. 스님의 동적인 춤사위를 대상으로 하고 있지만, 그것은 어디까지나 승무 속에 깊숙이 배어 있는 정의 세계를 바라보려는 시도였는지도 모른다.

연꽃, 신혼부부, 백마, 원앙, 청사초롱 이런 것도 내가 그려온 그림의 주제이다. 이런 것은 춤 소재와 함께 그런 어린 추억으로 찾아 들어가는 길목이었다. 요즘 나는 꽃을 많이 그린다. 들꽃들이다. 그림의 소재가 가족으로부터 불교적인 것으로, 그리고 다시 자연의 풍광으로 옮겨 가고 있지만, 궁극적으로 내면에서 찾아가고자 하는 꿈은 마찬가지이다. 그것은 마음의 고향이고, 살아온 꿈의 궤적이다. 나는 오늘도 새로운 그림을 그리고, 새로운 소재를 찾고, 또 새로운 기법을 찾는다. 이 새로움을 찾는 노력은 그 궤적을 효과적으로 드러내 보여야 하는 소명의식이다.

글·그림

차연우

車蓮雨
(한국화)

최진영 「춤, 그녀… 미치다」(2014)

불광불급 不狂不及

「불광불급(不狂不及)」 미치지 않으면 미치지 못한다.

이 사진은 2014년의 마지막 날 대학로예술극장 소극장에서 공연되어진 「춤, 그녀… 미치다」의 한 장면이다.

직설적인 이 작품의 제목은 춤에 미친 여자의 독무가 아닌 춤과 함께 한 그간의 삶을 회고하는 자리였다. 이 공연을 본 바이올리니스트 조진주는 월간 「객석」에 「몸과 머리와 마음을 온전히 춤에 쏟아 부으며 살아가는 사람」 그리고 「… 그저 분방한 자유로움과 모든 것이 날 선 진짜 자유로움은 언제나 그렇듯 차원이 다르다. 그리고 깊은 사색에서 비롯된 생각은 행동과 동반할 때 엄청난 힘을 발휘한다」라고 하였다.

춤은 몸을 수단으로 하는 예술 행위이다. 그렇기에 그것을 행하는 이의 생각과 감정이 잘 훈련된 몸에 담겼을 때 비로소 완성된다고 할 수 있겠다. 몸은 해부학적, 문화 사회학적 구조물이면서 동시에 무한한 의미를 품고 있는 잠재적 언어저장소로서 이를 다양한 감각을 통해 공감각적 심상으로 그려내는 일련의 수행이라 하겠다. 이렇듯 인간에 대한 탐구뿐 아니라 모든 생물에 대한 존재론적 가치를 함께 탐구하게 되는 춤 과정이 나에겐 삶의 지표가 된다.

글
車眞燁
차진엽
(현대춤)

춤밭 속에 장삼꽃

춤밭을 일구고자 하는 느낌이 사각거리며 잔잔하게 다가올 때면, 혼자서도 조용히 장삼 자락으로 곡선의 형상을 허공에 띄우며 긴 시간을 아우르기도 하고 토닥여주던 힘을 자생하기도 하는데…….

정신이 지치면서 외로움으로 사무쳐 간혹 폭풍 같은 바람에 흔들릴 때는…….

붓꽃의 모습으로 몸 추슬러 장단을 부르고, 호흡을 끌어내면서 내 스스로 아끼며 겸손하게 열리던 감각이 파르르 떨리기도 하는데, 삶의 벼랑 끝으로 밀려나 속절없이 스러져가는 자신의 영혼을 끌어안듯 신비한 파문을 만들어가며 춤밭 속에 장삼꽃을 피우곤 하는 내 모습을 보기도 한다.

언제까지나 이러한 감성이 「춤추는 나의 행복이면 좋겠다!」라고 생각하며…….

글
蔡相黙
채상묵
(한국춤)

아름다운 도전

내가 좋아하는 모 코미디프로 중「달인(達人)」이란 코너가 있다.「16년 동안 ⋯를 연구하신 달인 ⋯ 선생을 소개합니다.」엉뚱하고 우스꽝스런 재주를 그 분야의 달인이라며, 짐짓 진지한 표정으로 연기하는 개그를 늘 즐겁게 시청하고 있다. 그러다 문득「왜 16년이라 했을까?」의 문이 들었다. 그래 무엇이든 16년 정도 노력하면 그 분야에서 달인 소리를 들을 수 있지 않을까.

어떤 분야든 전문가가 되려면 평생 몸담고 있어도 지속적인 노력이 필요하다. 하지만 한두 가지 남들만큼 하고픈 생활 속의 바람도 있기 마련이다. 노래, 요리, 스포츠, 유머, 마술, 댄스 등⋯. 이처럼 소박한 바람이 나이나 환경 등의 이유로 희망사항에 그치는 경우가 많다. 달인까지는 아니어도 스스로 즐길 수 있을 정도면 삶이 더 풍요로워지지 않을까. 바로 지금 도전해보자. 아름다운 도전을 위해 파이팅!

글·그림
蔡周希
채주희
(서양화)

떨거지 광대의 술춤

떨거지광대 술춤, 이석금, 토우, 1998

© 이석금

전통적인 동래들놀음 탈과 오늘날의 인물 탈을 만들고 있는 부산의 화가 이석금은 서너 차례 탈굿을 통해 창작탈의 형상화에 관한 한 민중적 전통의 정통성을 지닌 독특한 작가임을 일깨워주었다. 그가 애써 못난 인생군상만을 고집하여 만든 탈에는 곤궁한 삶을 살아온 이의 애절한 사연이 서려 있다. 그는 살아가는 애기를 보듬고 애지중지 살붙이인양 하기에 결코 냉소적이지 않다. 그의 탈은 역사적으로 하등 별볼 것 없는 종내기들의 저린 사연을 가슴에 묻고선 눈물을 감추고 푼근한 웃음을 자아낸다. 「걸옷음 속의 속울음」이기도 하고 「신명과 한의 공유결합」이기도 한 이석금의 작품 내면에서, 웃음의 칼날은 원한과 분노의 날을 삭힌다. 삭히고 삭혀 살풀이로 「그늘」을 거느리면서 쩔어 환한 세계로 이전 하기에 이를 두고 흰 그늘의 미적 세계라고 할 만 하다.

종이를 짓이기고 황토를 풀어 만든 현대판 종이토우 작품은 형상 구비하기가 탈보다 좀더 자유롭기도 하고, 걸지게도 나온다. 마치 작가자신의 나이 오십이 다되도록 작품재료비조차 마련하기 십지 않은 궁색한 살림살이의 신세타령을 춤으로 빗댄 듯한 곳에 「떨거지 광대 술춤」이란 토우 작품이 있다. 이 춤가락은 창작 탈춤의 한 대목에 나오는 「술꾼의 노래」의 백댄싱쯤 된다.

부어라 마셔라, 없는 놈은 없는 놈끼리/한 잔 술이 없어 빌붙어 마셔도, 더러운잔 반지 않는단다. /방방곡곡 면면촌촌 외상 술값 쫙 깔려도/주모야 한 잔만 다오. //간밤에 가랑비가 쐬주 맥주 막걸리 되고/아침해 빈대떡 같이 떠오르는 날, 아니 온다 누가 말하랴/이 땅은 우리의 꺼, 바로 그날 오날이다/그렇다! 떨거지세상, 떨떨 떠얼 떨 떨떠리 떨떨.

글
蔡熙完
채희완
(춤평론)

544

스페인의 밤

잊을 수가 없네' 검은 드레스의 여인이 부른 그 슬픈 가락을…。

노래「아나 마리아」에 맞추어 춤추는 광열(狂熱)의 리듬。스페인의 밤은 슬픈 노래와 열정(熱情)의 무드 속에 뿌옇게 증발되어 가고 있다。

「마드리드」에서도 볼 수는 있지만 플라밍고의 본 고장은 스페인의 남(南)쪽 고도(古都)「세빌랴」。나는「세빌랴」에 못간 아쉬움을, 지중해 쪽의 도시(都市)「바르셀로나」의 선술집에서 풀 수 있었다。

여인들은 커다란 붉은 장미를 머리와 허리에 꽂고 기타에 맞추어 춤을 춘다。무슨 까닭에 그리도 슬픈 것일까。슬퍼서 못살겠다는 표정(表情)들이다。플라밍고는 슬픔의 미학(美學)이 서린 움직이는 예술(藝術)인가 보다。

글·그림
千鏡子
천경자
(서양화)

골목 안 풍경風景

세계 여러 도시를 가면 그 나라 독특한 문화 풍경이 있다. 이것이 바로 골목 안 풍경이다. 석조 문화권의 나라에서는 돌로 된 바닥에 육중한 건물들이 줄을 짓고 있다. 낡았으나 이끼가 끼어 오랜 세월을 살아남은 모습에 이 길을 걸어 보는 외국인들은 자못 역사의 한 가운데 서 있는 듯 착각도 한다.

우리의 골목 안 풍경은 ㄴ담뱃가게를 지나 모퉁이의 구멍가게를 꺾어서 왼쪽으로 돌면 세탁소가 나오고 거기서 10미터 가면 약국이 있고… ㄱ 등으로 이어진다. 더러는 휴지조각도 떨어져 있지만 정감 가는 내 고향 도시의 뒷안길 이어서 좋다.

요즘은 이런 서울의 거리도 변하고 있다. 다정한 천장 낮은 기와집 대신 연립주택들이 빽빽이 들어서고 상점도 대형화되어 고향을 잃어버리는 것 같아 쓸쓸하지만, 그래도 나무가 더러 있는 골목 안을 바라보노라면 위안을 얻는다. 이제 무성한 여름을 기다린다.

글·그림
최기철
崔起哲
(서양화)

춤은 나의 영원한 향수

춤은 나의 생활과는 멀리 있으면서 나는 항상 그 속에서 살고 있다는 것을 깨닫는다. 마음 놓고 춤 한 번 춘 일이 없으면서 나는 늘 춤추고 있다는 것을 의식한다.

건강한 리듬과 그 리듬의 생명감—사실 나는 그것을 의식할 때는 늘 행복하다. 내가 향유하고 있는 우주공간에서 율동적이 아닌 것은 있는가? 영원한 햇살과 흐르는 물과 타오르는 불길에도—나는 새와 비바람 속에도—그리고 내가 어머니 뱃속에서 시작할 때 이미 나는 그 율동의 쾌감 속에 있었다.

그래서 나는 종종 샤먼적인 그런 강렬한 율동이 그리워지는 것일까. 그것에 맞춰 무한히 크고 우람한 영혼의 춤이 춰지니 말이다.

글·그림

崔滿麟
최
만
린
(조각)

첨 보는 춤

좀 어쩌데, 성! 저 춤 말이요,
기막히데요.
그저 하는 소리겠지!
아니라우, 정말 기막히데.
뭐가 그리 기막히데.
저 기맥히게 움직이는 선과 엄숙한 율동이요. 지
그들 드레스 입고 추는 왈츠와는 전혀 차원이 다르
데요. 춤에서 엄숙허고 경건함을 느끼게 허는 춤
은 처음 본데요.
이런 춤은 첨 이래요.
자네도 그런 생각인가?
거리의 무질서와 시끄러움이 주는 깝깝험에서 해방
된 기분이 구마니라우.
나도 답답하면 가끔 여기 와서 저 춤을 보고 있노라
면 좀 차분해지는 기분을 느낀다네.
성님! 서울 참 좋네요. 절간에서나 구경할 수 있
는 춤을 요런 레스토랑에서도 구경헐 수 있은께.
없는 것 없는 서울이구마니라우!

글·그림
최崔汝鎬
문
호
(서양화)

아름다운 작은 **평화** 平和

어린 시절 기억이 새삼 애틋하던 어느 초여름 날, 발길 닿는 대로 거닐다가 자전거 한 대가 지나는 것을 보았다. 할아버지가 모는 자전거, 그 뒷자리엔 어린아이 둘. 그들이 모는 모습으로 꼭 붙어 끌어안고 가는 너무나 평화로워 보였다. 잠시 후 갔던 길로 다시 돌아오는 그들. 할아버지는 담배를, 아이들은 메론맛 나는 아이스바를 하나씩 물고서 그 자세 그대로 자전거를 타고 온다. 마치 소품까지 완벽하게 준비한 휴머니즘 영화의 한 장면을 보는 듯하여 그 자리에서 잠시 넋을 놓고 바라보았다.

이 세상 얼마나 많은 사람들의 얼마나 아름다운 수 없는 장면들이 그 아름다움을 기억해줄 목격자도 없이 세월 속으로 흘러가버리는 것인지. 마치 인적 드문 산속에 혼자 피었다가 지는 들꽃처럼 말이다.

사람의 일생도, 아니 그 어떤 생명체의 일생도 이름 없이 피고 지는 들꽃과 그리 크게 다르지 않다는…. 그런 생각도 든다. 그만큼 덧없고 그만큼 무목적(無目的)이며 그만큼 아름다운.

글·그림 **최미강**
(서양화)

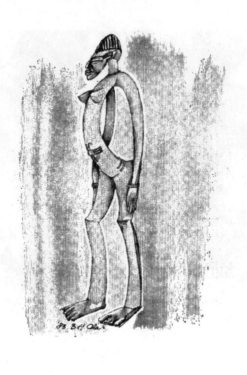

아프리카에서 온 작은 조각

서부 아프리카 세네갈에서 온 작은 목조각(木彫刻)에서 나는 매일 검은 대륙의 신비스런 춤을 맛본다. 괴상하리만치 턱 부분이 아래로 쭉 뻗은 두상(頭像)과 앞으로 튀어 나온 가슴과 배, 거기에 뒤로 힘차게 돌출한 엉덩이, 긴 다리에 살짝 앉을 듯한 무릎이 금세 그들의 리듬을 가져오고 그 리듬을 타고 그들의 춤판이 한바탕 벌어지는 것이다.

세네갈 깊숙이 작은 마을에서 본 그들의 춤판이 다시 재현되어 나타나는 것이다. 그들의 북소리가 들려오고 알지 못할 주문(呪文)과 함께 그들의 원초적인 몸놀림이 검은 대륙의 신비함을 더해간다. 그것은 인간의 원초적인 모습이었으며, 그들의 모든 행위 하나 하나가 새로운 예술의 시작이었다. 이것이 19세기 이래 유럽 예술가들에게 많은 주목을 받아 피카소의 퀴비즘에까지 영양을 주는 위대함을 보였던 것이다.

오늘도 나는 이 작은 니그로 조각을 통해 그들의 리듬과 율동을 보며 원초적인 니그로 예술의 모든 것을 배우고 있다.

글·그림 崔棟薰
최병훈
(서양화)

© 박동주

예술의전당에서 「논쟁」 리허설 중인 필자(2010)

춤으로 「논쟁」

글
崔想哲
최상철
(현대춤)

현대춤을 문학에 견주면 내러티브가 강조된 소설이기보다는 상징 가득한 시(詩)에 가까울 것이다. 하여, 간혹 일반 관객들은 「현대춤은 어렵다」고 한다. 나는 그동안 진정성과 솔직함으로 작품을 대했다. 때로는 추상적인 무용을 노골적인 표현양식으로 메시지를 전달하려는 노력도 직설적인 나만의 화법이었다. 메시지를 얼버무리는 간접화법보다는 노골적인 표현양식을 선택하여 관객과의 소통의 통로를 열고 싶었기 때문이다. 안무가로서 나는, 춤을 통하여 사람들에게 다가가 나를 보여주기 위하여 그리고 그들의 가슴속에서 불타고 있는 것을 춤이라는 빛으로 비춰주고 싶었다. 그래야 우리는 서로에게 그무엇이 될 수 있기에 ···.

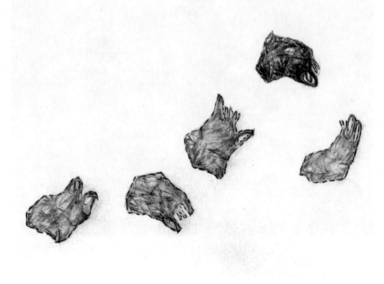

터닝 포인트 Turning point

차가운 겨울바람에 길가에 웅크려있던 검정 비닐봉지가 작은 도약을 시도한다。 무질서하고 무작위적인 공기의 움직임에 몸을 실은 검정 비닐봉지는 바닥을 스－스－ 기다가 기회를 포착, 껑충 뛰어올라 공중에 검은 정점을 찍는다。 하지만 이내 하강 곡선을 그리며 바닥에 미끄러지며 다음 도약을 위한 터닝 포인트를 기다린다。

어떠한 극적인 전개로의 터닝 포인트는 아닐지라도 인생의 미세한 흐름 속에 우리는 끊임없이 전환점을 맞이하며 소폭의 도약을 시도한다。

글·그림
崔善景 최선경
(미디어아트)

무용수의 자유

몸의 움직임은 숨겨진 감정을 은연중에 전달한다. 무대 위의 몸의 움직임은 보편적이며 공유될 수 있는 인간적 의미를 무용수 개인의 주관적 몸의 언어로 창조해내어 청중의 감정의 심연에 던지는 하나의 돌멩이다.

무용하는 몸은 이미 나의 몸이기를 거부한다. 무용하는 몸은 세계인과 그리고 우주와 소통하는 도구이며 무용수는 그저 그 매개체일 뿐이다. 무용수는 가장 충실한 예술의 매개체일 때 가장 큰 희열을 느낀다. 몸의 창조적 승화를 통해 무용수는 예술혼의 자유와 일체가 된다.

글
崔成玉
최성옥
(현대춤)

검은 타이즈의 추억

벌써 35년쯤 전이던가. 스케치를 하고 돌아오던 길에 그녀가 근무하는 학교로 발길을 옮겼다. 교정 화단에는 사루비아가 스러져가는 한 조각 황혼을 감싸고 몸을 태운다. 무용실 안은 벌써 어두워져왔고 그녀는 검은 타이즈를 입은 채로 소파에 깊숙이 파묻혀 나를 기다리고 있는 듯했다.

「독일에 가게 되면 못 올지도 모르겠어요.」 브람스던가, 무겁고 장중한 선율이 흐르자 그녀는 나래를 편다. 파도가 일듯 치솟다가 이내 침몰하고 영원히 움직이지 않을 듯하다가 격정이 몸짓으로 허공을 가른다. 선율과 몸짓은 하나로 용해되고 검은 캔버스에 수없이 스쳐가는 선들의 몸부림처럼 한 줌 바람이 되어 없어지려나. 환희와 고뇌가 이토록 아름답게 표현될 수 있을까. 그녀의 검은 몸 주위에서 아련히 반사되는 선의 율동 속에서 내 영혼은 산산이 부서져 어둠 속으로 흩어진다.

아직도 그녀는 지구의 어느 한 모퉁이에서 못 다한 가녀린 몸짓을 사르고 있을지. 나는 브람스를 들으며 불을 끈다.

글·그림
崔成鎭
최성진
(서양화)

병신춤

춤을 춘다.
오장육부를 비틀며 손짓으로 발짓으로
곱사춤을, 문둥이 춤을, 절름발이 춤을
춘다.

얼쑤 얼쑤 우어우어

깡통소리에 장단 맞추어 타인으로부터
비웃음을, 손가락질을 당하더라도 나는
야 즐겁단다.

꽃이 피고 봄이 오니 우리에게는 이 따스
함이 축복이다.

다리 하나 없고 등에 혹이 있어도 나는야
즐겁단다. 나도 기쁨, 환희, 모두 모두
느낀다 말이여···.

얼쑤 얼쑤 덩실덩실 마음 저 깊은 속의
한(恨), 환희, 원(怨)이 서리어 몸짓으로
표정으로 그림자 되어 흐느낀다.

그 멋이 핏속에, 혼 속에 젖어 병신들이
모여서 춤을 춘다.

얼쑤 얼쑤 우어 우어 더덩실···.

글 · 그림 崔
최 秀
수
(서양화)

1987.9
천사가도으

가슴속의 춤

우리는 춤을 춘다。
춤 속에는 우리가 살고 있다。그 안에는 우리의
환희들… 기쁨, 그리고 가슴이 이어지는 슬픔
들이 숨 쉬고 있다。
누가 우리에게 춤은 이렇게 추어야 한다는 것을
가르쳐주지 않았지만, 우리의 이러한 감성을
어찌 억누르고만 있을 것인가? 그냥 마음의 지
시(指示)에 따라 저절로 몸이 움직이는 대로 놓
아두자。
누가 우리에게 가르쳐주지 않아도 우리는 다 춤
을 출줄 안다。마음의 밑바닥까지 다 드러내놓
고 추어보자。우리가 느끼는 것들을… , 우리
의 한(恨)들을… , 아무런 가식 없이 진솔하게
모든 것을 드러내놓고 그렇게 추어보자。그리
고 마음을 전하자。내 진실을 전하자。그리하
여 내 마음이 당신에게로 묻혀진다면… 。
그래서 우리가 하나가 되어 어우러진다면… 。
아! 그래서 우리가 하나가 된다면… , 우리
가…。

글·그림
최崔
수壽
동童
(서양화)

진정으로 아름다운 것…

옷은 입는 사람의 품격을 나타내고 지위와 그 사람의 취향을 드러낸다고들 한다. 그렇다고 해서 옷의 가격이 그이의 품격을 좌우하거나 잘못 인식될 순 없다. 또한 유행에 너무 민감해서 자신에게 맞지 않는 스타일을 억지로 끼워 맞춘다면 그것 또한 우스운 일이다.

옷이라는 것은 자신에 대한 만족이다. 결코 남의 눈에 비친 자신의 모습만으로 스타일을 만들 수는 없다. 만일 어떻게 옷을 입어야 할까 고민하는 사람이 있다면, 남과 구별될 수 있는 어떤 독특한 자신만의 이미지를 구축해 나가는 것이 어떨까. 가장 중요한 것은 감춰져 있는 자신의 개성을 찾아내서 기쁨을 얻는 것이지 과장된 자기표현은 아니다. 얼굴을 화장으로 커버하듯이 옷으로 자신의 내면을 감추려 한다면 이것 또한 아이러니하지 않은가. 진솔한 자아표현과 고매한 인격에 아름다운 옷까지 곁들여진다면 이보다 더 좋을 순 없다.

글·그림 **최수현**
(패션디자인)

거드러거림 · 껑청거림

나는 춤을 누구에게서 배운 일도 없고 또 춤을 추어 본 경험도 매우 드물다. 그러나 나는 우리 춤사위의 멋이나 흥을 내 나름으로 참 좋아한다. 내가 우리 춤에 대한 눈을 뜨게 된 것은 말할 것도 없이 한국 사람인 까닭에 타고난 배냇짓도 그 바탕이 되었겠지만 중학교 1학년 때이던가 그 무렵에 한창 소문이 높던 최승희의 무용공연에서 우리 춤의 바탕 삼제(三題), 즉 북과 장구만으로 가락을 잡히고, 앞은 맵시로만 추어준 우리 춤가락의 기조(基調)에서 받은 어깻짓과 팔짓의 감명 때문이었다. 그로부터 우리 춤의 멋과 아름다움에 대한 눈을 뜨게 되었다고 나는 기억하고 있다. 어린이 되면서 나는 별로 기방(妓房)에 드나드는 일도 없었고 우리의 좋은 춤을 쉽게 즐길 수 있는 세상도 못되어서 춤과 나는 별로 가까운 사이가 아니었다. 그러나 그 후 내가 좋아하는 수화(樹話)와 어울리면서 술자리에서 접시 바닥을 두들기며 늙은 학처럼 껑청대는 그의 춤 맵시를 가끔 보게 되었고 나는 그 춤이 좋아서 그를 두고두고 부러워했었다. 지금 생각해보면 아마도 우리 춤의 멋과 아름다움은 수화처럼 껑청거리는 허우대와 최승희처럼 거드러거리는 맵시 같은 것이 한몫을 단단히 보는가 보다 하는 생각을 할 때가 있다.

글·그림
崔淳雨
최순우
(미술평론)

언젠가 춤추는 날이

춤을 추는 그림은 언제나 즐겁다。그래서 나는 춤 그림을 종종 그린다。

춤을 꼭 격식에 맞추고 절도에 따라 추는 것보다 흥겹고 신들려 출 때가 더 아름답고 흥미가 있다。

설혹 그것이 세련되지 못해도 그런 정직한 것이 나는 좋다。

특히 춤추면서 법고(法鼓)를 둥 둥 두들기고 할 때면 나는 공연히 신난다。

나는 춤출 줄 모르고 용기가 없어 춤취본 일이 없으나 만일 춤이라도 추게되면 북을 치는 그런 춤을 출 것이 확실하다。

언젠가 한 번 신나게 춤을 출 수 있는 때가 있을까 그런 날을 기다린다。

글·그림
최영림
崔榮林
(서양화)

기억의 신화 神話

깊은 산골을 돌아다녀 보았어도 유년기 시절에 보낸 울창한 소나무들을 볼 수가 없다。 유년시절의 기억은, 푸르고 늠름한 소나무들은 신화의 풍경이다。 소나무들 사이로 오고가는 사이에 느껴지는 것들, 특히 겨울이면 소나무와 소나무 사이에 불어오는 바람을 타고 집까지 올라가는 일은 몸에 배어 있었다。 소나무와 소나무들이 부딪치며 불어주는 솔바람 소리 그 쾌청은 아직도 생생하다。 소나무 숲 사이로 둥그렇게 뜬 달을 보고 어린 두 소녀는 절을 하고 쾌청한 겨울 푸르름 사이로 밝은 달빛 아래 소나무 사이로 걸어왔었다。

신화 속의 환영은 현실이었다。 자연은 현실의 진실들을 보여주었다。 이젠 소나무가 서 있는 자리에 사람이 서 있다。 너무 많은 사람이 서 있다。

기억 속에 사라져 버린 환영의 이별은 신화가 되고 말았다。 사람과 사람 사이를 거닐면서 둥그단달과 쾌청한 솔바람 소리를 들어야 할 환영의 기다림을 가져본다。

글·그림
최영애
崔英愛
(서양화)

불어오는 바람 안에서

매순간 숨가쁘게 이동하는 사람들로 가득한 도심지에서 누군가를 기다리고 있을 때였다.

냉정한 감정의 사람들의 시선을 피해 스산한 바람과 실랑이 하고 있는 검은 콘크리트 위의 낙엽을 한참 바라보다 고개를 들었다.

빠르게 움직이는 인파 속에 지팡이를 짚고, 절뚝거리며 걸어오는 어르신이 보였다.

불어오는 바람 안에서, 천천히 하지만 리드미컬하게 움직이는 그의 걸음걸이 속에서 춤의 운율을 느끼기 충분했다.

글 · 그림
崔
최
有
유
(한국화)

최은희 「당신은 어디로 갑니까?」(2014)

춤 예찬

메마른 대지를 적시는 봄비처럼, 우리 춤에 대한 애정으로 예술 춤 한편을 감상하는 것은 각박한 현대를 사는 많은 이들의 가슴을 촉촉이 적셔줄 수 있는 샘이 되지 않을까?

흔히 춤에 대에 일반인들은 흥겨울 때 취하듯 추어대거나 '여성의 전유물로 여겨 원시적이고 감각적이며 진지하지 못한 것으로 보려는 시각들이 많다.

내가 택한 춤, 무대에 서기까지 끊임없는 훈련과 인내를 감수하며 삶의 결을 표현하고자 했던 춤, 다층적 인생의 분노와 서러움도 담아내고자 했던 춤, 이런 춤들은 많은 춤꾼들이 노력으로 예술로서의 위상을 갖추게 되었다. 그러나 아직도 춤에 대한 대중의 시선은 싸늘하기만 하다.

인간은 고래로 춤에의 열정을 가지고 있었다. 열정이 모두가 춤이 되는 것은 아닌 법。춤꾼들은 자신의 신체를 수련하듯 꾸준히 반복되는 고행으로 춤을 무대에 올린다. 춤꾼들의 환상에 세계가 무대에서 봄날의 꽃봉오리처럼 피어나는 것이다.

현대인이여! 몸의 언어로 전해지는 춤꾼들의 몸짓을 보라。무언에서 감동을 맛볼 수 있을 것이다.

글
崔恩姫
최은희
(한국춤)

562

2002. CHOI

춤추는 木魚
목어

삼라만상이 아직은 새까만 채로 혼돈과 미명 속에
멈춤(停止)으로만 있을 때,
하필이면 내장을 다 빼버린 배 통속을
방망이로 따악 딱 딱 두들깁니다.

고요를 호되게 걷어 버립니다.
제 비늘을 하늘과 땅, 산지사방으로 흩뿌리고도
두 눈은 까딱 않고 세상을 똑바로 쳐다보며
기어이 큰소리로 호통을 칩니다.
어리석은 중생들아 일어나라,
물속에 송사리, 가물치 네놈들도 일어나라.

탐진치(貪瞋癡) 삼독(三毒)의 휘장이 후두두둑 걷힙니다.
이제야 삼라만상이 쿵하고 일어나 너울너울, 덩더쿵
숨을 쉬듯, 기절하듯, 본디의 제 짓으로 꿈틀댑니다.

춤을 춥니다.

글·그림
崔子賢
최자현
(西洋畵)

563 | 춤이 있는 풍경 |

최정임 「동백꽃아리랑」(2013)

나의 춤

비 개인 뜰에 내려서 하늘을 보니
앞산 능선을 휘감은 운무
노을빛 가득한 하늘을 보니
이유 없는 허허로움이 차올라
조용히 눈을 감고 바람을 느낀다.

가녀린 몸매 붉은 꽃술이 바람에 살랑대는 세이지꽃
조조롱 하얀 꽃종을 매달은 그리움을 닮은 은방울꽃
우아하고 화려한 한(가시) 돋친 장미꽃
함박웃음 몽골몽골 사랑꽃 피우는 백일홍
뽀얀 꽃향에 그리움이 묻어나는 백합꽃
흐드러진 꽃 속을 어루만지며
화간접무(花間蝶舞)를 꿈꾸며 피어 흐르고 흐르던 바람이
내 핏줄 속을 타고 흐르며 춤으로 춤으로,
눈빛으로, 손끝으로, 발디딤으로, 온통 내 몸이
세이지꽃이 피듯
은방울꽃이 피듯
백합꽃 피듯
너울너울 바람타고 나의 춤으로 피어난다.

글
崔丁壬
최정임
(한국춤)

564

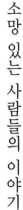

소망 있는 사람들의 이야기

누군가 항상 나를 시험에 들게 한다면 나는 더 이상 그만 두겠소。 나는 당신을 믿으오。 누군가 항상 나를 시험에 들게 한다면 나는 더 이상 그만 두겠소。 나는 당신을 사랑하오。

정도를 걷기 위해선 정도를 지켜야지。 믿음을 주건 주지 않건 사랑을 주건 주지 않건.

X는 사랑이 필요하고 Y는 믿음이 필요하다。 무엇을 버리라 했을까? 사랑의 시험하기를 포기할 수 있는 사람은 사랑을 얻고 / 믿음의 시험하기를 포기할 수 있는 사람은 믿음을 얻을 수 있지 않을까?

글·그림 崔芝源
최지원
(서양화·설치)

1966년 12월23일 지방법원 앞에서, 왼쪽에서 다섯번째 조동화, 아홉번째 필자

「앵무새사건 전원 무죄」

동아방송의 「앵무새」등 사건에 대해 검찰이 일 상고를 포기함으로써 기소된지 5년만에 崔彰鳳피고인(4년 · 당시 DBS방송부장) 등 6명 전원에 대한 무죄가 확정 됐다. 검찰은 6 · 3데모직후인 지난 64년7월 동아방 송의 「앵무새」프로(밤 9시 50분부터 5분간)와 뉴스가 정부시책을 비난, 6 · 3학생데모를 선동했다하여 당시 방송부장이던 최씨를 비롯, 뉴스실장 高在彦씨(43, 외 신부장 李鍾求씨(49, 제작과장 趙東華(조동화)씨(47, 편성과장 李潤夏씨(38, 제작과원 金榮孝씨(38, 등 6명 을 내란선동 및 선전혐의로 기소했었는데 1심인 서울형 사지법은 「앵무새 프로와 뉴스가 학생데모를 선동하려 명백하고 현존한 위험이 있는 내용을 방영했다는 증거가 없을뿐더러 피고인들이 내란을 선동하려고한 범의가 있 었다는 증거가 없다」고 판시, 피고인 전원에게 무죄(구 형은 각각 징역 3년)를 선고했었다.

이 사건은 검찰의 항소로 서울고법에 계속중이다가 서울 고법형사부에서 1심과 같은 이유로 항소를 기각, 피고 인전원에 무죄를 선고했는데 이날 검찰이 상고를 포기함 으로써 무죄가 확정된 것이다. (1969년 7월 16일자 동아일보 기사 중에서)

글
崔彰鳳
최 창 봉
(언론)

후학들에 밑거름이 될 터

작품 활동의 기반으로 적용해왔던 나만의 예술적 주관이 있다면 바로 뿌리 깊은 생명력과 창조성이라 할 수 있다。 무용의 대중화와 우리식의 현대무용을 세계에 알릴 수 있을 거라 믿었기 때문이다。 내가 시도한 춤에는 한국춤의 철학적 배경을 기초로, 그리고 호세 리몽의 테크닉과학적인 움직임 분석, 그리고 라반의을 적용한 독특한 춤의 언어였다。

가족들과 함께 한 시간보다 연습실에서 있었던 시간이 더 많았던 탓에 가족들을 생각하면 항상 미안한 마음이 먼저 들었지만 한 가정의 엄마, 그리고 아내이기 이전에 한 인간으로서 정말 최선을 다하며 살아온 세월이었다。 힘들 때마다 「하면 된다」하면 된다。 해서는 안 되는 일은 없다」던 아버지의 말씀을 되새기며 오로지 한 길만을 숨 가쁘게 걸어왔다。 지치고 쓰러질 것 같을 때마다 남몰래 두 아이의 사진을 꺼내보았던 일들을 돌이켜보면, 늘 내 곁에는 나를 든든히 지켜주었던 가족이 있었다。 또한 가족과 같은 제자들이 함께 하였기에 오늘 이 자리까지 올 수 있었다。

그동안 100여 편의 안무 활동을 해오면서 진정 가족과 같은 마음으로 후학양성에 힘써온 결과 한국 무용계를 이끌어 가고 있는 여러 명의 차세대 교수들을 배출하게 되었고, 감사하게도 2007년 가장 젊은 나이에 최연소 대한민국예술원 회원이 되는 영광까지 안게 되었다。 이 모두가 진정한 예술가로 거듭나라는 의미로 여겨 앞으로 더욱 더 겸허한 자세로 예술 활동에 매진할 것이다。 나아가 제자들이 한국 무용계의 새로운 역사를 만들어갈 수 있도록 그들의 거름이 되고 빛을 밝혀주는 스승이 되는 것이야말로 나의 마지막 사명으로 여기고 싶다。

글
崔淸子
최청자
(현대춤)

「해설이 있는 발레」를 향한 칭찬

30년 전 국립발레단에서 활동할 때부터 2014년 4월 하늘로 가시기 전까지 조동화 선생님께서는 늘 저를 지켜보셨고, 늘 응원해주셨다. 늘 조용히, 멀리서 그러셨다.

한국 무용평론 1세대이자 동아무용콩쿠르 창설 주역이신 선생님을 직접 뵙고 처음 인사드린 건 동숭동「춤」지 편집실「이달의 좌담」자리였다. 선생님께서 당시「해설이 있는 발레」를 통해 춤의 대중화에 앞장서고 있다고 칭찬하시며 박수를 보내시던 그 순간, 얼마나 벅찼고 감사하고 또 부끄러웠는지 모른다.

춤의 사회적 의무와 책임에 대한 선생님의 고민은 여전히 현장을 지키는 예술가들에게 고스란히 전해지고 있다. 춤 현장을 지키고 있는 사람으로서 춤의 인문학적 사명과 사회적 책무를 숙제로 갈무리해 열심히 풀어야겠다.

글
崔泰枝
최태지
(발레)

소리나지 않는 소리로

동작이 아름다워지는 것은 움직임에 대한 무언
의 구성 때문이다.

움직임의 문법은 목적을 향해 줄달음치는 경우
도 있고 목표지점을 버려두는 경우도 있다.

밖의 아름다움을 야기하는 경우도 있다.

하나의 일상사가 춤이 되어 네모반듯한 공간에

서 숨을 쉰다.

— 김영태의 「갈색 몸매들」 중에서

춤이 있는 풍경.

낯선 얼굴들이 아니다.

춤의 곡선, 무대 위에 숱하게 남겨진 빛깔의

세계와 선의 아름다움.

하늘을 나는 새의 몸짓과

호숫가의 백조까지

소리나지 않는 소리로 서로를 끌어안아 처음을

이루고 있음을.

글 · 그림

최혜숙
崔慧淑

(서양화)

흥겨운 어깨춤

감미(甘味)로운 청춘(靑春)의 숨결
꿈꾸는 듯한 표정(表情)
유연(柔軟)한 윤곽선(輪廓線) 그리고 저마다 지닌 육
체(肉體)의 율동적 조화(律動的調和)
젊음의 발랄한 춤을 볼라치면 매우 귀(貴)한 미적(美
的) 감각(感覺)을 표현한 회화작품(繪畵作品)을 보는
것보다 흥미롭고
열정적(熱情的)인 율동(律動)으로 나타내는 감정의
대화, 사지(四肢)와 동체(動體)가 어우러지는 선(線)
과 면(面)과 색(色)으로 부르짖는 삶은 더욱 놀랍다.
스텝도 몰래, 형식도 몰래
홀로 흔들리는 흥겨운 촌부의 어깨춤은 오랜 세월 몸
에 밴 생(生)을 자연스럽게 발산시키어 보는 이로 하
여금 부담이 없어 또한 좋다.
나에게도 같이 호흡하고 춤추며 스스럼없이 즐길 수
있는 여유를 가질 수 있으면—하는 바람을 가진 채
오늘을 보낸다.

글·그림 崔熺秀
최 희 수
(서양화)

먼발치에 춤이 있어

캔버스를 앞에 놓고 있자면 문득 내가 아닌 나를 인수받는 기분이 든다.

먼발치에서 바람에 일렁이는 드세지 않은 파도며 그 파도 소리를 음률화시켜 기쁨으로 받아들이는 아름다운 사람들.

단조롭고 외롭겠지만 무엇이 단조롭고 외로운지조차 모르고, 진실하여서, 그 진실의 기준이 아이같아 더욱 아름다운 사람들. 허무함이 직관되어 기쁨이 되고 「그믐달처럼 사그라지는 목숨」이란 박목월 시구에 아무런 동요 없이 긍정을 하는, 그런 사람들의 모습이 저기 먼발치에서 나를 객석 삼아 흐드러지게 춤을 춘다.

나 또한 그들을 모델 삼아 그림 그리고.

글·그림
表和榮
표화영
(서양화)

어떤 무희(舞姬)의 춤

고개 숙여
악사들 줄을 울리고

자작나무 바람에 휘듯이
그녀 선율에 몸을 맡긴다

물결 같이 구름 같이
춤은 몹시 제약된 동작

「어찌, 가려 낼 수 있으랴
무희(舞姬)와 춤을」

백조(白鳥) 나래를 펴는 저 우아
강철 같은 도치(倒置)를 겪었으니

맨발로 가시 위를 뛰는 듯
춤은 아파라

皮千得
피천득
(시인)

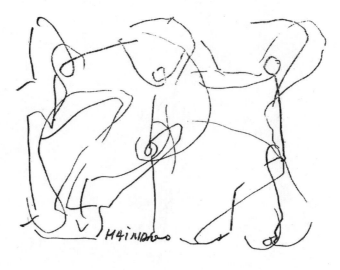

춤을 보면 그림에 절망絶望 하고

한창 젊은 시절, 나는 음악을 들으면서 그림에 곧잘
절망하곤 했다. 아낌없는 감정의 격랑으로 나를 몰
입시키곤 하던 그 음률의 신비! 그런데, 캔버스 앞
에서 붓을 들기란, 바다에서부터 바로 물에 발을 디
딘 것처럼 딱딱하고 심심할 뿐이었다.

나는 요즘 춤을 보면서, 다시 나의 그림에 절망하고
있다. 인간 감정의 가장 원초적인 표현인 춤. 춤은
아낌없는 목숨의 발산이자 목숨 타오름의 꽃이 아니
겠느냐。 그리고 살아서 움직이는 조각이 있다면 춤
의 그 어떤 절정을 말하는 게 아닐지 ‥‥.

춤은 흐르는 물결, 휘몰아치는 바람, 서걱거리는 낙
엽, 사람이 영혼의 깊은 곳에서 내뱉는 속 숨결。 그
러나 그림이란 차라리 바위랄까, 숨을 죽인 탑(塔)이
랄까, 길섶에 웅크린 석상(石像) 이랄까. 그림은,
아아 그림은 답답하고, 말이 없고, 그저 미련한 자
의 하품 같은 것이라고나 할까 ‥‥. 내가 그림에 절
망한 만큼 춤추는 것이 어떤 이도, 그림을 보면서 자신의
춤에 절망하길, 나는 바라고 싶다.

글 · 그림

하인두
河麟과
(서양화)

사랑의 숲

바람이 별을 찾아가다가 너무 멀어 머물다 가는 곳, 그곳에는 사랑의 숲이 있습니다. 그 옛날, 한 아이가 개울가에 앉아서 달을 보며 꿈을 꾸고 어느 소녀가 한 남자를 사랑하여 이름모를 꽃이 되어 버린 곳이었기에 지금도 그렇게 사랑의 꽃들이 많이 피어 되어 버렸는지도 모르지요. 많은 시간들이 흘러 그곳에는 빨간 꽃들이 피었고 형형색색의 잎들 속에는 맑게 파란 하늘도 보인답니다.

늦은 밤, 바람이 쉬어간다는 아름다운 숲을 도시의 꼭대기에서 바라봅니다. 어느덧 달을 바라보며 꿈을 꾸었던 소년은 훌쩍 중년의 나이가 되었고 세상을 바라보는 까만 눈 속에는 빠르게 지나가는 서울의 불빛들이 자꾸만 비춰집니다.

지금까지 살아온 날들보다 앞으로 살아가야 할 날들이 적을런지 모르기에 오늘밤도 그렇게 아쉬워하는지 모르겠습니다. 고개들어 바라보면 사랑뿐이었고 고개들어 앞을 보아도 사랑뿐입니다. 내 부모가 날 사랑했듯이 이젠 내 가족들과 아이들을 사랑하며 오늘 하루를 보냅니다. 그래도 살다가 가끔 힘들고 허전할 때면 난 사랑의 숲을 바라봅니다. 그 안에는 언제나 우리들이 그려놓은 아름다운 사랑이 가득하니까요.

글·그림

河正民
하정민
(한국화)

그대와의 사랑

누군가를 떠나보내고 다시는 이별의 흔
적들을 갖지 않으려 했는데 내 어깨너머
로 사랑은 말없이 다가오네.

아직은 익숙지 못한 우리의 사랑이기에
간혹 당신에게서 무의식 중에 느껴지는
옛사람의 향기。 예고 없는 사랑 혼란함
에 텅 빈 마음의 여백은 더욱 하얗게 보
이는데 당신은 어느새 내 마음속 깊은 곳
까지 빨갛게 칠해버렸네.

내 작은 떨림을 아는지 모르는지 어디서
불어오는 작은 미소 그리고 창문너머 시
작된 여름비들의 합창。 난 노래하네。 수
줍게 고개 숙인 널 닮은 꽃에게 넌, 하나
님이 예견한 이별 앞에 순종한 날 위해
되돌려 주신 선물이라고。

글·그림
하 정 민
(서양화)

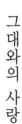

© 하영미

태아 때부터 시작한 춤

우리들의 일상 속에서 에너지를 가지고 움직이는 모든 것들이 춤이라고 생각한다. 그 움직임들은 나름대로의 리듬과 아름다움을 가지고 있다. 항상 자기의 역할을 하는 시간과 공간 속에서 존재하고 있기 때문이다.

이런 의미에서 내가 춤추기 시작한 것은 아마도 태아 때부터가 아닐까?

내가 어떤 기술을 요하는 춤을 추기 시작한 것은 초등학생 때부터이며, 춤추는 일과 춤을 가르치는 일을 아직도 하고 있으니 평생을 춤과 함께 살았다고 본다.

나에게 춤은 생활이며, 생활의 기쁨을 주는 활력소다. 나를 성숙하게 이끌어 주는 동반자가 바로 춤이니 아마도 나는 죽는 순간까지 춤과 함께 할 것이라 생각한다. 육신은 못 움직일지라도 내 머릿속의 나는 하늘나라를 향해 나비처럼 훨훨 날아가고 있을 테니까…….

글
河禎愛
하정애
(현대춤)

춤은 가장 인간적 人間的 인 것

춤은 출 수 있어서 좋다。 그림이 그릴 수 있어서 좋은 것처럼!

두서없이 몇 자 써놓고 나니 무슨 선전용 문구 같기도 하고, 한잔하고 외치는 구호 같기도 하다。 아니, 좀 더 솔직하자면 춤에 대해 별반 아는 것이 없는 자의 부끄러운 자조라는 느낌을 떨구어낼 수가 없다。

간혹, 춤이라는 것에 대해 또는 그림이라는 것에 대해 생각하게 될 때 (모든 이론적인 면을 접어두고라도) 그것은 가장 인간적인 것이므로 또한 가장 인간적이라는 단어 자체가 난해하여 그 구속력이 부족할지 모르나, 어느 시각어느 환경에서건 그것은 인간과 인간의 삶 속에 깊이 연루되고, 영위되어지는 순간의 한 표출일 것이다。

모든 것이 해체되고, 다원화되어 가는 상실의 시대에 우리의 춤이, 우리의 그림이 표현하는 모든 것에서 인간은 인간 본연의 감성을 일깨울 수 있을 것이다。

글·그림
河熙貞
하
희
정
(동양화)

환상의 덫

춤이 하나의 선(線)으로 표출될 때 그 선은 생명의 원초적 유희로 승화되고, 춤이 또 하나의 선으로 중첩될 때 그 선은 나의 영혼을 애무한다. 그리고 그 선이 허공에서 사라질 때 그 선은 긴 고독의 여운으로 남는다.

간혹 춤이란 영역을 기웃거리다 보면 마치 환상의 덫에라도 걸려든 듯 나의 영혼은 무아의 세계로 끝없는 비행을 시작한다.

춤이란 현실(생명)과 영혼(삶)을 결합시켜 주는 하나의 의식(儀式)이 아닌가 싶다. 오늘도 그 의식이 내게 있어서 또 하나의 체험을 중첩시킨다. 그것은 다름 아닌 생명의 환희 그 자체인 것이다.

글·그림
한萬榮
만
영
(서양화)

터키의 「수피─회전춤」

회전춤으로 만난 신의 세상

단순한 듯 무심한 듯 천천히 돌기 시작하다 점차 고조되며 그려지는 원 속에, 마치 중심대 역할을 하듯 굳건히 서 있는 사람의 모습, 그것은 하늘의 소리를 땅으로 내려주고 있는 강렬한 「내리꽂음」이었다. 그렇게 사람이라는 존재로 하늘과 땅이 이어지고 하나가 되는 춤 「수피─회전춤」은 점점 빨라지는 회전으로 인해 고통이 수반된다. 이것은 신과의 영적인 교감을 위해 죽음의 세계로 들어가는 과정을 표현한 것이라고 한다. 결국 하늘과 땅, 삶과 죽음, 고통과 희열 이 모두가 하나인 것이다.

터키 여행 중에 만난 작은 액자 속의 수피댄스는 나의 작품 「새굿」(2004)의 첫 장면인 당골의 춤이 되었다. 여기서 무용수는 150번의 회전을 통해 신에게 더 가까이 다가가고자 하늘을 향해 수직형으로 뛰던 한국의 무당춤이 수피춤의 수평형 당골춤으로 재탄생된 것이다.

수피춤 그림 하나에서 시작된 창조의 힘, 그것은 나에게 사물을 바라보는 열린 관점과 고정관념을 깰 수 있는 용기를 준 영원히 기억될 강렬한 장면이다.

글
한명옥
韓明玉
(한국춤)

무당의 춤

내 고향은 삼팔선 너머 평북 영변이라는 곳, 옛날에는 연주라고도 불린 고구려 시대의 고성이 있는 고을로써 이곳에는 「굿」을 즐겨 매일 성시를 이루었다. 그 고성 한 모퉁이에 성황당이 있어 굿하는 무당들과 점쟁이들이 들끓어 자주 놀러가 보았다. 무당들의 그 울긋불긋한 차림과, 머리엔 수많은 꽃을 꽂고 마구 추어대는 그 흥겹고 신바람 나는 춤은 무슨 리듬이라 할까? 얼굴이 벌겋게 상기되어 주문을 외우는 그야말로 신들린 무당의 기이한 정열은 그때의 나를 무척이나 매료시킨 듯했다. 나 역시 어릴 때부터 신기가 있었다고나 할까? 춤을 즐겨왔고, 정신세계의 무한한 동경이 팔의 움직임을 타고 캔버스 위에 물감과 그림으로 표현될 때 즐거움을 느껴 지금까지 몇십 년 동안 예술과 함께 지내왔다.

도시 춤이란 무슨 법칙이 있다 할까? 모든 예술이 다 자기 쓰고 싶은 대로, 자기 부르고 싶은 대로, 자기 그리고 싶은 대로 자유롭고 순진하게만 표현될 수 있다면, 바로 인류가 태초에 존재할 때부터 시작돼온 노동의 움직임 속에 생존을 거듭해온 자연만큼이나 참된 것이 아니 할 수 있겠는가? 이래서 나는 그 어렸을 때 보아온 무당의 법칙과 궤도 없이 신들려 추어대는 광경을 지금도 잊지 않고 있다.

글·그림 韓奉德
한봉덕
(서양화)

이 가을에

또 가을이 왔다. 언젠가는 가을도 오지 않을 거다. 이 많은 환경공해로 인해 때가 되면 여름이나 겨울만이 있게 되는 게 아닐까. 그러잖아도 짧은 이 가을을 아직은 느끼는 지구에서 살고 있다는 것도 운이 좋은 건지도 모르지. 어제보다 오늘, 또는 내일이 더 나아질 것이라는 기대와 희망으로 살아본 지 오래되었다. 그런 단선적인 생각에 흥미를 잃었었기 때문인가 보다.

날카롭기 그지없던 사고로 자신과 모든 것을 바라보던 시기와, 어느 정도 흐믈해진 시각으로 세상을 바라보던 시기의 차이란 이렇게부터 다가온다.

이제는 아마 더 이상은 열아홉과 스물의 나이 때처럼 그렇게 날카로워지지 않을게다. 이제 남은 것이라고는 점점 더 뭉클해지고, 부드러워지고, 그러다 종국에 아래의 날카로움에 의해 베이는 일만이 남았을 것이다. 할 수 있는 거라곤 조금은 덜 베이게끔 자신을 가꾸는 정도이겠지. 어딘가 조금 지릿거리기도 하지만, 이런 건견 딜만한 거다.

저 콤플렉스 덩어리로 똘똘 뭉친데다 성질도 괴팍하고 게으르기까지 한 우리 경리의 병적인 히스테리지.

글 · 그림
한상정
(서양화)

춤과 맺은 인연
춤으로 맺어진 인연

어리석은 사람은 인연을 만나도 몰라보고 보통 사람은 인연인 줄 알면서도 놓치고 현명한 사람은 옷깃만 스쳐도 인연을 살려 낸다.

— 피천득, ㄴ인연ㄱ 중에서

지도자의 길을 걸으며 후학들과의 인연에서부터 예술가들, 공연과 관계있는 수많은 사람들과의 그 어떠한 인연(작품)도 나에게는 매우 소중하다.

한국현대무용협회 이사, 부회장 직을 거쳐 제9~10대 한국현대무용협회 회장, 국제현대무용제(MODAFE) 예술감독을 6년간 역임하고 파다프(PADAF) 예술감독

으로 활동하는 현재에 이르기까지 추억하며 웃을 수 있는 ㄴ아름다운 인연ㄱ이 있다는 것에 감사한다. 여러 중요 행사를 치렀지만 그중 한국현대무용협회 창립 30주년 행사를 회장을 역임하는 임기 동안 할 수 있었다는 걸 기쁘게 생각한다.

무용가로서 안으로는 다른 예술 영역과의 협업 활성화와 융복합적인 작업을 선도하는 일, 그리고 밖으로는 예술가들에게 자신의 길을 찾을 수 있는 기회를 열어주고 발굴과 성장을 지켜봐주는 조력자로서 힘차게 달려왔다. 무용계의 외연을 넓혀갈 수 있는 길이라면 끊임없이 모색해 나가리라. 또 많은 인연들을 통해 크고 작은 변화와 기쁨을 불러오리라는 예감과 함께 나도 누군가에게 귀한 인연으로 여겨지길 바라며 ···.

글
한선숙
韓善淑
(현대춤)

풍어제 豊漁祭

바다가 좋아서 바다를 자주 찾곤 하던 나는 어느 해
엔가 풍어제를 따라 나섰다가 잊을 수 없는 환상을
본 적이 있다.

그날은 바람이 많이 불어 내가 탔던 배는 심하게 흔
들리고 있었는데, 그런 와중에도 풍어제 의식이
진행되었다. 인상적이었던 것은 더할 수 없이 엄
숙하던 어부들의 표정이었다. 그들의 표정 속에는
풍어를 바라는 것 이외에 생활의 터전인 바다에 대
해 깊은 외경심을 가지고 한 해의 무사함을 비는 간
절한 마음이 담겨 있었다.

오징어를 비롯한 각종 해물로 차려진 제상과 모여
든 갈매기 떼 사이로 한 무당이 나타난 것은 순간적
이었다. 무당은 파도에 흔들리는 배 위에서 어부
들의 염원을 대신 빌어 주기나 하는 듯이 금칼을 휘
두르며 춤을 추기 시작하였고, 갈매기의 날갯짓은
파도의 물보라도 거기에 화답하여 춤을 추었다.

그 뒤로 세월이 많이 흘렀지만 아직도 바다를 찾을
때면 그날의 환상이 생각나며, 그날의 경험을 사
실이었던 것처럼 착각하고는 한다.

글·그림
한승수
韓承洙
(동양화)

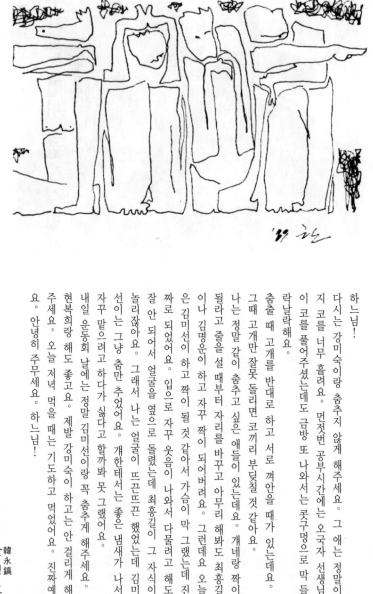

잊힌 연서 戀書

하느님!

다시는 강미숙이랑 춤추지 않게 해주세요. 그 애는 정말이지 코를 너무 흘려요. 먼젓번 공부시간에는 오국자 선생님이 코를 풀어주셨는데도 금방 또 나와서는 콧구멍으로 막 들락날락해요.

춤출 때 고개를 반대로 하고 서로 껴안을 때가 있는데요. 그때 고개만 잘못 돌리면 코끼리 부딪칠 것 같아요. 나는 정말 같이 춤추고 싶은 애들이 있는데요. 개네랑 짝이 될라고 줄을 설 때부터 자리를 바꾸고 아무리 해봐도 최홍길이나 김명운이 하고 자꾸 짝이 되어버려요. 그런데요 오늘은 김미선이 하고 짝이 될 것 같아서 가슴이 막 그랬는데 진짜로 되었어요. 입으로 자꾸 웃음이 나와서 다물려고 해도 잘 안 되어서 얼굴을 옆으로 돌렸는데 최홍길이 그 자식이 놀리잖아요. 그래서 나는 얼굴이 뜨끈뜨끈했었는데 김미선이는 그냥 춤만 추었어요. 개한테서는 좋은 냄새가 나서 자꾸 맡으려고 하다가 싫다고 할까봐 못 그랬어요.

내일 운동회 날에는 정말 김미선이랑 꼭 춤추게 해주세요. 제발 강미숙이 하고는 안 걸리게 해주세요. 오늘 저녁 먹을 때는 기도하고 먹었어요. 진짜예요. 안녕히 주무세요. 하느님!

글·그림 韓永鎬
한영호
(조각)

탈춤

내 나이 스물다섯 살 때
졸업논문으로 만들었던 탈춤!
알맹이가 빠져 있었었다.

이제는 어렴풋하게 알 것 같다.
모든 것을 달갑게 희생하며 살아오신 시어머니,
당신의 희생을 버거워 하시면서도 책임감으로 또
하루를 희생하셨던 친정엄마,
작업의 목마름을 채우지도 그렇다고 놔버리지도
못했던 나

땀나는 한바탕의 살풀이를 통해
시어머니의 희생과 친정엄마의 한과 나의 욕심을
풀어보고자 했던 것일까?

이젠 딸내미가 봄의 기운을 받아 피어나고 있다.
딸내미가 할머니들의' 이 엄마의 살풀이를 한바
탕의 춤으로 풀어냈으면…‥.

글·그림
韓恩淑
한은숙
(도예)

풍
風

인간은 무엇을 보고 몸을 움직여서 갈구하고,
표현하려고 하는 춤을 추기 시작했을까.
아마도 그것은 바람이 아니었을까.

바람에 너울대는 갈대, 풀들의 작은 움직임을 보고
몸의 움직임으로 마음을 표현하고 싶은
욕구가 생겼을지도 모른다.

즐거우면 즐거운 마음을,
슬프면 한스런 마음을,
갈구하고자 할 때엔 기도하는 마음을
몸짓으로 나타냄으로써
우리는 정화된 원래의 마음으로 돌아갈 수 있으리라.

바람이 잦아들면 본래의 정지된 모습으로 돌아가는
풀들의 움직임을 배운 것인지도 모른다.

글·그림
韓銀姬
한은희
(동양화)

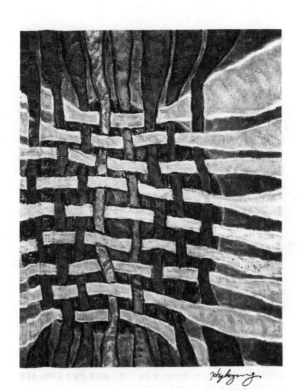

욕망

강한 선율과 약한 선율이 교차되면서 그
런대로 조화를 이루어 나갑니다.

마치 익숙한 습관처럼.

의식과 무의식의 흐름이 상반되는 가운데
현실과 꿈 사이를 오가고 있습니다.

무엇인가를 찾고 있는 것처럼.

소박과 자유의 한계를 뒤로 하고 너울거
리는 욕망을 키워나가고 있습니다.

애절한 소망을 이룰 수 있을 것처럼.

글·그림
한혜경
韓惠敬
(서양화)

열심히 살자

산다는 것은 힘들다. 죽는다는 것은 더욱 힘든 일이다. 웃고 우는 인생(人生), 이제 곧 닥쳐 올 앞일에 대하여 까마득히 모르고 있다. 그렇기 때문에 노력도 하고 좌절도 하고 꿈을 꾼다.

찬란한 밤하늘을 보자. 밝은 태양의 여름 하늘을 보자. 무서운 태풍이 휘몰아치는 날을 생각할 필요는 없다. 미리 조심하고 무서워 말자. 마침내 우리는 즐겁게 살 수 있다고 생각하자. 풀잎은 연약한 벌레도 험한 산 눈이 쌓이는 골짜기에서 그렇게 행복하게 사는 것을 보자.

사는 작은 포유류(哺乳類)들도 그렇게 행복하게 사는 것을 보자.

아직도 세상은 40억 년이나 남아있다지 않는가. 그때까지 … 살기가 힘들기 때문에 살아가는 일이 뜻있다고 왜 생각지 않는가. 내일을 위해 오늘을 열심히 살자.

글·그림
韓華信
한
화
신
(판화)

춤은 아무나 못 춰

어린 시절 신문지를 풀에 으깨어 진흙 위에 말려 탈바가지를 만들어 쓰고는 탈춤을 춘 적이 있었다. 무대 위 강한 광선 속에서 허우적거리다 내려오면서 나는 춤은 아무나 추는 게 아니구나 생각했었다.

그 후 남들이 들여다 볼 수 없게 창살로 가려진 서울사대 무용실의 작은 구멍 속으로 계속되는 연습 모습을 보았을 때도, 서울예고 무용실을 슬쩍 넘겨보았을 때도, 매년 아메리칸 댄스 페스티벌 때문에 모여든 사람들이 역한 땀 냄새를 품어대면서도 무더위 속에서 연습하는 모습을 보았을 때에도, 나는 춤은 아무나 추는 게 아니구나 굳게 생각했었다.

하지만 이제 그들의 땀방울들, 자신과의 싸움에서 이겨내지 않으면 나올 수 없는 동작들, 그들만이 알고 있는 무엇이 있어서 입을 꼭 다물고는 온몸의 기를 모아 내뿜어대는 격 있는 저들의 눈매, 손끝, 발끝을 볼 때마다 나는 춤추는 자들은 분명 선택받은 자들이라고 생각하고 있다.

글·그림
함^咸순^順옥^玉
(동양화)

춤추는 이

손 끝으로
하늘 중심을 가리키고
발끝은 땅의 중심을 딛는다

영혼과 몸과
우주의 대전체가
하나로 합일하는 순간의 불꽃

파도같은 출렁임
난만한 나비의 나래짓 뒤엔
일순의 고요

춤추는 이여
온 몸으로 노래하고 말하고
신비의 세계를 여는 이여

핏줄에서 핏줄로
가슴에서 가슴으로 감전되는
초고압 전류의 전율

許英子
허영자
(시인)

너머의 알 수 없는 그 무엇

총총총

어디서 밀려드는지는 알 수 없었지만,
밀려드는 바람결 사이에 나를 맡겨 본다.

바람결 사이로 빠끔 내다보는
시선과 몸짓의 흐름에 따라 나는 유영하며 떠돈다.

바람결 사이를 끝없이 부유하며 넘나들지만,
생물처럼 커졌다 작아짐을 반복하는 알 수 없는 그
무언가는
내 눈과 손에 잡히지 않는다.

또다시 너머의 보이지 않는 그 무엇을 찾으러
바람결 사이로 여행을 한다.

총총총

글·그림
許晶媛
허정원
(서양화)

「코리아 페스티벌(korean festival)」(1999)

춤과 나무와 나

나는 요즈음 꽃나무에 관심을 가지게 되었다. 사람이 자연에서 와서 자연으로 가기 때문임을 깨달아서일까 아니면 자연에 눈을 돌릴 만큼 나이가 들어서인가?

사계절을 온전하게 보내는 나무에서 나는 한국 춤사위의 핵심을 발견한다.

나무는 겉으론 아무런 움직임이 없는 것처럼 보이지만, 뿌리에서 줄기로, 잎으로, 열매나 꽃으로, 그리고 다시 줄기와 잎에서 뿌리로 한시도 쉬지 않고 움직인다.

이것이 바로 정중동의 모습 아닐까? 움직임이 적은 동작에서 더 많이 표현하고 많은 동작은 오히려 정적으로 표현하는 우리 춤의 핵심원리와 동일하다.

나무를 통해 자연을 배우고, 삶의 진리를 배우고 예술의 도를 배운다.

글
洪敬姬
홍
경
희
(한국춤)

풀빛처럼

푸른 초록 풀빛처럼
시(詩)처럼 흐르는 그대의 춤같이
머언 기억 속에 나의 춤은 황홀했었다.
하얀, 연분홍의 옷과, 토·슈즈를 신고 ― 추
억 ― 이라는 선율 속에 가슴이 저리도록 고독
을 어슴푸레 느껴오던
사춘기 시절이
정신적 방황과 성숙으로
조용히 나를 만들고 있었던 것 같다.
아름다운 꿈은 슬프고, 슬픈 꿈으로 인간이
다시
태어나는 것처럼
나는 다시 초록 풀빛이 되어 ― 추억이라는
선율 속에 날개 빛을 파닥여본다.

글·그림
洪紀子
홍기자
(서양화)

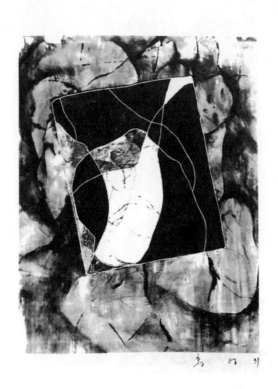

안과 밖

안과 밖이란 상충적인 세계가 있었었다.
부조화 속에서도 완전함을 완성하려는 듯 그들은
공존을 모색했었다. 가치관이 흔들리는 세상, 참
과 거짓이 모호한 현실……

그 가운데에서 안과 밖도 각자의 정체성에 회의를
품었다. 그러고 나서 안과 밖은 깨달았다. 그들의
존재는 원래부터 정해진 것이 아니라 세상의 틀이
일시적으로 그들을 분리시켜 놓았다는 것을…….

틀(frame) 속의 세계와 틀(frame) 밖의 세계는 그
후로 완전히 다른 세계에서 자신의 운명과 역할에
순응해야만 했다. 세월이 흘러 세상의 틀은 변화
를 맞이하였다. 그리고 안과 밖도 변화의 물결을
동, 안과 밖의 혼일 융합……

이러한 변화로부터 안과 밖은 다시금 각자의 처지
기억할 수 없는 운명이 되었다. 안과 밖의 역할 변
를 인식하게 된다.

「안과 밖은 원래 없었으며 우리의 존재는 단지 인간
의 편의상 만들어낸 상징기호(symbol)에 불과했었
을 뿐이야……」

글·그림 弘誠希
홍 성 희
(동양화)

'Idealist' 2002. mor

여행 旅行

물고기 한 마리가 날개를 달고 먼 항해를 시작했다.

꿈을 찾아 떠나는 여행.

어디를 향해 가고 있는 것일까

그는 우리가 꿈꾸는 세계

우리가 살고 있는 세계를 넘나들며

춤을 춘다.

춤을 가만히 들여다 보면

꿈들이 가득가득 맺혀 있다.

먼 여행길에는 기쁨과 슬픔, 사랑, 즐거움이

길동무가 되고

어둠 속에서

빛을 발견하기도 한다.

긴 여정 속에서

아름다운 꿈을

간직한 채 퍼덕거리는 처연(凄然)한 날갯짓은

우리가 닮고 싶은 꿈일지도 모른다.

글·그림

洪細淵
홍세연
(서양화)

내가 바라보는 그 남자는

내가 바라보는 그 남자는 한 남자로서 세상의 모든 남자로서 무명의 철학자로서 영혼의 독신자로서

세상의 모든 밤과 낮을 그의 영혼의 방에서 지키고 있다.

서늘한 바닷물이 출렁이는 그의 사색의 침대에는 완성되지 못한 채 되풀이 되는 그의 사유와 부화되지 못한 그의 상념의 알들이 부유하고 있다.

알들을 품어줄 겨드랑이 밑의 체온이 없기에 세상에 태어나지 못한 이 미숙함을 온전하지 못한 이의 아버지로서 그는 슬픈 연민의 시선으로 그 알들을 바라보며 쓰다듬고 있다.

거북이 등을 어깨에 메고 그는 바라만 보고 있다.

그가 태어났고 그가 자랐고 그가 떠나왔고 그래서 지금 그가 돌아가야만 할 그의 영혼의 침대의 푸른 물결을.

글·그림 **홍 수 자**
(조각)

자기 自己 표현의 시대 時代

글·그림
홍순남
(서양화)

학창시절 흔히 사람들은 미술시간을 학과
공부로부터 잠시 해방될 수 있는 시간쯤으
로 생각했었는지도 모르겠다。 하지만 이
시간이 나에게 있어선 가장 신나는 시간이
었던 듯하다。 왜냐하면 내가 무언가를 표
현한 만큼 선생님과 친구들 사이에서 주목
의 대상이 되었으니까⋯⋯。

작년에 캐나다를 여행할 기회가 있었다。
젊은 사람들의 배낭엔 캐나다 국기가 적지
않게 눈에 띄었는데 이유인 즉 미국사람들
과 같은 아메리칸으로 불리고 싶지 않다는
이유였다。

자기가 표현하지 않고, 알리지 않고서는
주목받기 어려운 세상이 되었다。 표현방식
에 있어서의 차이와 견해를 달리하는 이와
의 갈등도 고려는 해야겠지만 무언가를 표
현할 수 있다는 자체만으로도 또 무언가를
표현하고 보인다는 건 상당히 의미가 있는
일인 듯하다。

춤, 경탄의 예술藝術

사람에게는 더러 우연한 기회에 의외의 결과를 얻는 경우가 있다.

몇 해 전 마침 창건되고 얼마 되지 않은 우리의 큰 무대에 올랐던 외국 현대무용단의 내한공연이 내게는 바로 그런 경우였던 것 같다.

그것은 그때까지 한낱 참고예술로서 소녀적일 수밖에 없었던 나의 무용관(?)에 강타를 퍼붓는 것이 되었던 것이다.

인류가 창조해낸 문명가운데 그 어느 것이라고 육체를 도외시하고 이룩된 것이 있으랴만, 육체의 힘을 그토록 요구하는 예술이 다시없었던 것처럼 그 무대는 황홀하여 관객(나)은 완전히 압도되고 말았었다.

그 정직한 표현, 성실한 자세 그리고 그 맹렬한 열기, 오늘도 나는 나의 화폭 앞에서 그날의 감격을 되새겨 본다. 그것은 바로 육체를 대가로 치룬 경탄스러운 문명인 것이다.

글·그림
홍순주 洪淳珠
(한국화)

고양이

요즘 난 아비시니안 고양이에 흠뻑 빠졌다. 작은 얼굴에 큰 귀, 미끈한 근육질 몸매에 보석 같은 눈.

고양이는 참 좋은 춤꾼이다.

바늘 끝에 앉은 듯
해먹에 누운 듯
꽃을 딛고 뛰어 올라, 나비를 할퀴듯 희롱하고
포물선으로 내려오면
금새, 졸린 눈으로 온 우주를 숨죽이게 하는
고양이가 좋다.

어떻게 움직여도 어떤 모습으로 멈추어도
녀석의 몸이 곧 녀석의 마음이다.
몸과 마음이 애초부터 하나였던 그대로 고양이는 춤춘다.

아비시니안 고양이는 춤꾼 중에 춤꾼이다.

글
洪承燁
홍 승 엽
(현대춤)

말나무

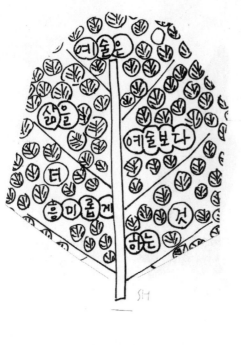

「말나무」는 프랑스의 전위미술가 로베르 필리우 (Robert Filliou, 1926-1987)가 남긴 유명한 역설, 「예술은 삶을 예술보다 더 흥미롭게 하는 것」을 재료로 삼은 지주 간판 형태의 조형물이다. 로베르 필리우는 미국 로스앤젤레스의 코카콜라 공장 직공으로 일하다가 UCLA에 입학해 경제학을 전공한다. ONU 한국 지부에서 공무원으로 근무하기도 했던 그

는 이후 극작가를 거쳐 미술가로 변신하면서, 그의 다양한 삶의 행로가 암시했듯 예술과 삶의 경계를 허물기 위한 부단한 발걸음을 시작한다. 일찍이 박제된 미술품의 전통적 유통 회로에 염증을 느낀 그는 1960년부터 시인이자 반예술적 미술가의 길을 걷기 시작한다. 이러한 그에게 말과 글은 가장 중요한 예술의 도구였다. 전시, 공연, 경영, 출판 등 다각적 방식으로 작품 세계를 펼쳤던 로베르 필리우는 삶과 예술의 관계에 대한 보석 같은 말들을 우리에게 던지고 갔다. 그에게 있어 예술이란 보이지 않는 것으로의 시적이고 감성적인 인도였으며, 행위를 촉발하는 신비한 언어들을 지닌 마법의 오브제였다. 또한 그에게 예술 행위는 쉽없는 창조, 끝없는 네트워크, 영원한 축제를 통한 이 세상 모두의 재능이 꽃피는 멋진 공화국을 목표로 한 것이었다. 마르셀 뒤샹, 존 케이지의 후예였던 그는 말과 글, 소리, 오브제를 도구로 예술적 창조란 무엇인가에 대한 근본적 질문을 던지고 있다. 필리우에서 말나무, 이 세상 모두로 이어지는 이 작품은 「끝없는 네트워크」라는 로베르 필리우적 메아리이며, 예술이 삶을 예술보다 더 흥미롭게 하기를 꿈꾸는 방식이기도 하다.

글·그림

洪承惠
홍승혜
(서양화)

홍은주 「문득 저 푸름」(2003)

문득 저 푸름

춤꾼으로 산다는 것은 남사당패의 어름사니가 줄 위를 걷는 것과 같다.

단단하고 널찍한 평지를 마다하고 스스로 줄 위로 올라 된서리와 비바람 맞으며 혼자 피고 지는 그 세월을 감내하는 일, 그럼에도 자신의 예술혼을 이어가는⋯.

최소한 나의 춤 길 30년은 그랬다.

「죽어 있는 것들만 널려져 있는 주변에 푸른 기운이 (문득 그 푸름 속에 들어가 간혀버리고 싶다) 춤이 문을 열어줄 때까지」(김영태 시) 내가 누군가의 줄을 이어 타고 있었고, 오늘도 줄 위에서 푸르른 꿈을 꿀 수 있도록 한 작품 「문득 저 푸름」.

2003년 리을무용단 정기공연 「예순 하나의 가을」이라는 테마로 배정혜 선생님의 환갑에 헌정하는 작품이었다. 13년의 시간이 흘러 2017년 리을무용단 정기공연을 연습하는 연습실의 늦은 밤의 뜨거움은 변함없이 한결같다. 그들은 이 밤도 밤과 새벽의 경계에 서서 오늘도 춤으로 세상의 이야기를 나누고 쌓고 허문다.

푸르른 세상을 꿈꾸며 오늘도 줄 위에서 푸른 새벽을 걷고 있다.

글
洪銀珠
홍은주
(현대춤)

춤

너의 기(氣), 너의 동(動)
너와 나의 체온이
작은 꽃
선명한 붉음으로 키우고

네게서 내게로의
뜨거운 입김은
가슴 불가마로 만들어

네 손과 내 손이
너와 나의 따스함이
작은 우주를 잉태케 하여

마른 먼지 속
슬픔 잃어가는
너와 나의 핏줄 속으로
따스이 져져든다.

글·그림 홍
재
연
(서양화)

시간이 멎어버린 세계를

내가 대학 4학년 때인가, 1963년 가을. 그때 국전작품으로 「원무」라는 발레를 주제로 한 작품을 출품한 적이 있었다. 흔한 동양화의 소재를 피하고 싶었고, 무한한 율동감과 현란한 빛깔을 동양의 흰 화선지 위에 춤추게 하고 싶었기 때문에 나는 흡족한 마음으로 제작에 열을 올렸었다. 동양의 관념의 세계만을 그대로 받아들이기에는 너무나 젊음이 컸기 때문에 동양의 고요와 서양의 움직임의 세계를 조화시키고 싶었다.

정적이고 비현실적이고 관조의 세계를 이상으로 하는 전통동양화에서는 움직임이 영원히 사라져버린 시간의 정지 같은 것을 느끼게 된다. 이 숨 가쁘게 돌아가는 세상에서 시간이 멎어버린 세계를 보는 것도 하나의 구제가 될지도 모른다.

하기야 같은 춤이라도 리듬을 타는 서양과 달리 우리의 전통춤은 멜로디를 타고 흐른다. 그러니까 우리의 춤은 페인팅하는 것이 아니라, 그리는 동양화의 세계와도 같은가 보다.

글·그림
홍貞姬
홍정희
(동양화)

미모사와 삶

미모사 꽃향기 그윽한 어느 날
그대의 향기인가 눈을 떴더니
코끝에 아리한 사랑의 한숨만 미모사 꽃가
지를 휘어 놓는다.

가닥가닥 여리디여린 연두빛 풀가지가,
그대와 나의 명주실 같은 사랑 같아
삶이란 외줄기 강물과도 같고,
먼 전생의 인연을 생각한다 …….

망막한 우주에서 피어나는 한 떨기 꽃과도
같다.

아니 삶이란 맺힘이자 풀림이며, 닫힘이자
열림이다.

그 끝없는 순환의 세월이 새겨진 벽 속에 내
전생의 회한과 내세에 대한 동경이,
그리고 영원히 추구해야 할 깨달음이 빛나
는 어둠으로 놓여 있다.

글 · 그림
洪貞嬉
홍
정
희
(동양화)

로트렉의 그림에서
1977 6
HONG

피가레의 밤

지하철(地下鐵)을 타고 피가레에서 내리면 유명
(有名)한 로트렉의 무란루루쥬 극장이 있고 한국
서 온 화가(畫家)들도 몇 분 피가레 호텔에 묵고
있다. L씨 O씨가 사는 호텔이 내가 사는
ORDENER 가(街)에서 그리 멀지 않기 때문에
페가 된 적도 한두 번이 아니다. 때로는 이 파
리에 와서 공부하는 몇몇 젊은 화가(畫家)들과
같이 통닭도 삶고 포도주도 마시곤 했다.

피가레에 내리면 무란루쥬란 네온사인이 황홀
한 색으로 찬란하게 관광객들을 유혹한다.

이것은 다름이 아니라 그 유명(有名)한 불구의
몸으로 무란루쥬에서 그림을 그렸다는 로트렉
의 춤추는 여인(女人)의 그림이나 그가 그린 많
은 포스터를 그려 부친 작품(作品)을 볼 수 있는
곳이라고 해서 유명하다. 이 극장 현관에는 모
작이지만 춤추는 여인(女人)의 큰 그림이 관람
객들의 눈을 끈다. 그림은 로트렉의 쟈르단 드
파리의 포스터로 너무나 유명한 그림인데 나름
대로 그린 그림이다.

글 · 그림
洪鍾鳴
홍종명
(서양화)

스 노 우 스 노 우
스 노 위 스 토 리

snow snow snowy story

글쎄, 그 하얀 목련 꽃 덩이와도 같
은 눈이 초저녁부터 사분의 삼박자
로 내리더니 한밤중이 되니까 동그
랗고 검은 수 많은 눈동자처럼 변하
더니 새벽녘에는 열어 놓은 창문으
로 처들어와서 잠시 잠깐 내 얼굴
곳곳에 정신 없이 입을 맞추고 혼을
홀딱 빼놓고 나서
언제 그랬냐 하고 사라져 버리는 거
야 글쎄.

글·그림

洪志侖
홍
지
윤
(한국화)

이 여름에

유난히도 더운 여름이다. 여름이면 이열치열 해가며 더위를 식히곤 했는데, 금년은 그렇지가 않다. 이열치열 했다가는 큰일을 치를 정도로 심상치 않은 날씨였다. 도시의 그것은 콘크리트와 아스팔트 때문인지 농촌보다 더욱 그 속의 사람들을 안간힘 쓰게 한다. 짐짝 같은 지하철에서 그리고 버스에서 사람들은 견딘다.

산다는 것은 무엇일까, 마침내 싸움이고 견뎌낸다는 것이다. 삶은 기다림으로 이루어졌다는 말이 있는데, 이 말을 바꾸어 말하면 견뎌낸다는 것이 아닐까.

인간이 그늘을 찾고, 심지어는 추위를 동경했던 이 여름, 고통스런 그 여름동안 그러나 이와는 아무 상관없는 듯 호사를 누리는 사람들도 있었다. 이들의 여름과 결코 특별해본 적 없는 도심 속의 샐러리맨들의 여름은 얼마나 다른가.

어떻든 가을은 올 것이다. 그리고 모두 이 여름의 고통을 잊어버리고 자연의 엄숙함을 칭송할 것이다.

글·그림
홍진기
(동양화)

날아올라 세상을 품자

춤은 표현이고,

춤은 도약이고,

춤은 소통이다.

춤은 대화이고,

춤은 관계이고,

춤은 연결이다.

춤으로 세상에 올라

춤으로 세상을 품어보자.

글·그림
洪贊碩
홍찬석
(서양화)

백조의 호수

호숫가에
「지그프리드」가 앉아서
한 마리의 백조를 본다。
하늘 구름으로 춤 추는
백조를 보고 있다。

백조는 사랑의 화신
「오데트」 공주
사랑하므로 사람이 되는
신비의 여인
춤 추는 여인
사랑의 「오데트」

「로스바트」의 딸
「오딜」이 「오데트」로 변신하여
빈사의 춤을 춘다。
왕자는 그에게 매혹되고
「오데트」를 잊는다。

「오데트」는 고독의 꽃잎,
빛나는 눈

황금찬
黃錦燦
(시인)

가을의 춤

언제나 이맘때쯤 들녘이 내려 보이
는 숲속 오솔길을 따라 걷노라면 뜨
거운 가슴만큼 빨간 고추잠자리가
앞서거니 뒤서거니 맴을 돈다. 왜
지 모를 가슴 찡한 추억이 밀려올
때면 가던 길 멈추고 단풍잎 하나
기도하는 맘으로 눈에 담는다.

소슬바람이 부는 들녘, 흐느끼는
억새의 몸짓이 하늘거리는 코스모
스의 자태가 어쩜 그리도 우리의 춤
사위와 닮았을까나?

바람에 몸을 맡긴 채 물 흐르듯 자
연스레, 깃털 같은 흔들림이 멈춘
듯 이어지며 가슴에 여울이 된다.

아, 가을은 정녕 사랑하고픈 계절
이다!

글·그림
黃庠午
황상오
(한국화)

일러스트 정승혜

로시니의 라덴차를 듣던 달밤에

바다 위에 달이 뛰어오르기 시작한다.
춤추기에 아름다운 시간이다.
사랑에 빠진 사람은 이 기쁨을 놓치지 않으리라.
아! 벌써 달은 바다 위에 반쯤 떴네.
재빨리 춤추자. 돌자.
하늘에서
별이 반짝일 때까지,
그리고 달이 반짝일 때까지,
우리는 세상에서 가장 아름다운 사람이 되어,
밤을 새워 춤을 출 것이다.
우리는 뛰고, 돌고, 앞으로 나간다.
뒤로 돌아가고 다시 되돌아온다.
춤추는 우리 모두 만세!
춤을 출 때, 나는 왕이 되고, 왕비가 된다.
춤은 세상에서 가장 아름다운 기쁨이다.
가장 사랑스러운 욕구이다.

― 이탈리아 작곡가 조아키노 로시니의
「La Danza(춤)」를 들으며 달밤에

글 **황 승 경**
(음악연출)

나의 길

1968년 5월에 나는 태어났다.

어머니의 비릿한 젖내음을 느꼈고,
아버지의 까끌까끌한 손바닥을 느꼈다.

내 나이 아홉 살에 빈센트 반 고흐의 「자화상」을
보았다.

그리고 화가의 꿈을 키웠다.

연필에 집착했다, 아니 지우개에.

그리고 지우고 지우고, 또 지우고…….

스무 살에 그녀를 만났다.

그녀를 사랑했다, 아니 집착했다.

사랑하고 집착하고 집착하고 헤어지고 또 집착
하고…….

지금 나는 그림을 그린다.

칠하고 찍고 지우고, 또 칠하고 찍고 그린다.

글 · 그림　**황 승 호**
　　　　　（동양화）

가시꽃 엉겅퀴의 위로

가시 하나하나마다 지키고픈 기억 있어
꼬옥 꼬옥 움츠리고 있는 표정이 매일 보
는 누군가와 닮은 듯해 사랑하게 된 가시
꽃⋯ 엉겅퀴,

무엇이 부끄러운지
온몸을 작은 가시로 꼼꼼히 차려 입고 분
홍빛 미소를 머금는다.

지나는 사람 없을 외로운 길
고운 빛깔, 여느 꽃보다도 강인한 모습으
로 곧게 서 있음은 눈맞추어줄 이를 향한
오랜 기다림일까⋯

야물게 모아 올린 간절한 기도의 손처럼
세월이 지나도 흐트러짐 없는 자태로 언
젠가 가시가 부드러운 깃털되어 노닐 날
네 사랑의 수고로움을 나누고 싶다.

글·그림
황신영
黃信英
(동양화)

강강술래의 향수 鄕愁

멀리 강강술래의 노랫소리에
향수 같은 것이 있다.
여인들의 신바람과 열기 있는
그 무리 춤에는 이상한 향기로움과 흥분
이 있다.
단순하고 무기교한 놀이,
반복의 리듬이 어떻게
그토록 감정을 고조(高調)시킬 수 있을
까⋯⋯。
소박함, 그리고 더 뺄 수 없는 그런 단
순함 속에서
무한한 힘을 느낀다.
예술이란 마침내 그런 것이 아닌가.

글·그림
黃榮性
황영성
(서양화)

꼭두각시의 춤

나는 늘 사람을 소재로 그림을 그리고 있다. 그것도 잘 알 수 없는 사람의 움직이는 모습의 상황을 표현하려 하고 있다. 때로는 여자인지 남자인지 구분할 수 없는 그림을 그릴 때가 있다.

그러나 약동하는 사람들의 상태나 생생한 생동감을 나 나름대로 화면에 정착시켰을 때 무언가 리듬이 흐르고 한 동작이 다음 동작으로 옮겨가는 순간순간의 여러 모습에서 흥겨운 춤의 가락을 느낀다.

왜소한 모습의 사람이 줄타기를 하는, 꼭두각시의 재주부리며 춤추는 모습을 내 모습으로 바꾸어 보려고 할 때가 있다.

글 · 그림
황용엽
黃用燁
(서양화)

분홍신

신기만 하면 멈추지 않고 춤을 추게 되는 동화 속의 분홍신, 아마도 이사도라 덩컨은 분홍신을 신고 태어난 사람일 게다. 벗고 싶을 때 맘대로 벗을 수도 없는, 희열인 동시에 업보를 의미하는 분홍신. 비단 춤일 뿐 아니라, 자신의 천직에 미친 듯 몰두하는 사람들, 그들은 모두 분홍신을 신고 춤추는 사람들이다.

춤을 추라—죽을 때까지 멈추지 말고 춤을 추라—분홍신, 그것은 신(神)이 가장 사랑하는 인간에게만 주는 행복인 동시에 불행이다.

끝없이 춤추는 사람이 되기 위하여, 멈추려 해도 멈출 수 없는 춤을 위하여, 내 발에 딱 맞는 분홍신 하나를 가지고 싶다.

글·그림
黃珠里
황주리
(서양화)

춤은 날갯짓

삶을 춤출 바엔 한 마리 나비의 날갯짓과 우리의 날갯짓이 다를 것이 무엇이겠는가.

다시 깨어날 수 없는 어둠이 온 천하의 색깔을 집어삼키고 한 마리 나비의 모양도 날갯짓도 휘쳐가기 전에, 서둘러 형형색색을 하얀 공간마다 꾸며야겠다.

언젠간 빛바랜 낙엽과 같은 색이 되어 형색을 알아 볼 수 없다 해도 우리의 날갯짓은 숭고한 의무가 아니겠는가. 리듬을 잃었거든 이제라도 찾아서 시간 위에 올려놓아 우리의 숨을 몸짓으로 대신해볼까나.

이 밤엔 불 밝힌 창가에 나방 한 마리가 방충망에 매달린 채 밤을 잊으려 소리없이 애를 쓴다.

글·그림
黃學萬
황학만
(서양화)

검은 바다

빨간 하늘
노란 새가 되어
파란 바다 속
하얀 물고기 되어
컴컴한 세상 속에
반짝 별이 되다.

자진모리장단 속에
오색 깃발 되어
떨리는 몸짓으로
하늘과 땅이 하나 되고
흐드러진 춤사위에
죽은 자와 산 자가 만나
무리는 하나가 된다.

꿈속의 노랑나비는
붉은 태양 속으로 날고
새장 속의 파랑새는
검은 바다를 향해 난다.
세상은 하얗게 된다.

글·그림 **황효창**
(서양화)

| 춤이 있는 풍경 |

이 도서의 국립중앙도서관 출판예정도서목록(CIP)은 서지정보유통지원시스템 홈페이지
(http://seoji.nl.go.kr)와 국가자료공동목록시스템(http://www.nl.go.kr/kolisnet)에서
이용하실 수 있습니다. (CIP제어번호: CIP2017024831)

┃ 춤이 있는 풍경 ┃

엮은이 / 한국춤평론가회
펴낸이 / 조유현
편　집 / 이부섭
디자인 / 박민희
펴낸곳 / 늘봄

등록번호 / 제300-1996-106호 1996년 8월 8일
주소 / 서울시 종로구 동숭4길 9 (동숭동 19-2)
전화 / 02)743-7784
팩스 / 02)743-7078

초판발행 / 2017년 10월 15일

ISBN 978-89-6555-060-0 03680

ⓒ 월간 춤

※ 값은 표지에 있습니다.